"十四五"国家重点出版物出版规划项目
教育部长江学者创新团队发展计划
南京大学文科卓越研究计划"十层次"项目

本书系国家自然科学基金项目（72272076、71772085、71372032、71972096）、国家自然科学基金重点项目（72132004）和教育部人文社会科学重点研究基地重大课题（CYD-2020002）的阶段性成果。

高质量发展阶段货币政策研究论丛

Macro-environment,
Corporate Governance and Firm Behavior

宏观环境、公司治理与企业行为

陈冬华 沈永建 等 /著

中国财经出版传媒集团
经济科学出版社
Economic Science Press

总　序

2013年，我们团队的研究计划"经济转型期稳定物价的货币政策"入选教育部"长江学者创新团队发展计划"，并于2014年正式立项建设。团队以范从来教授为带头人，骨干成员包括陈冬华、王宇伟、周耿、张勇、刘晓辉、高洁超、盛天翔等。立项建设以来，团队延续之前的方向，在货币政策领域开展持续性研究。2017年，经教育部专家组评估，团队的建设工作被评价为优秀，并获得了滚动支持。到2020年底，已完成两个完整的建设周期。期间，团队始终围绕中国的货币政策开展深入研究。也正是在这一时期，中国货币政策制定和实施的内外部环境都发生了较大变化。从内部来看，中国经济步入新常态，增长方式面临转型的同时，金融市场的市场化改革不断深入。从外部来看，虽然和平与发展仍是时代主题，但全球的不稳定性和不确定性明显增加，经济全球化遭遇逆流，中国的金融开放面临新的挑战。在这一背景下，如何提高货币政策的有效性成为十分重要的问题，团队围绕这一问题开展了一系列的研究和探索，形成了本套丛书。总体来看，丛书在关注中国的货币政策问题上表现出以下四个方面的特色。

一、从价格稳定到金融稳定，探索货币政策与宏观审慎双支柱的政策框架

大量文献研究表明，将价格稳定设定为货币政策的最终目标符合社会福利最大化的原则。这成为20世纪80年代以来各国中央银行逐渐转向通货膨胀目标制的理论基础。团队的研究最初也以"经济转型期稳定物价的货币

政策"为切入点展开研究。2008年国际金融危机的爆发使人们对单一的价格稳定目标展开了深刻反思。美国虽然在2008年之前实现了价格稳定目标,但金融体系却出现了重大风险,并直接引致次贷危机的爆发。兼顾金融稳定目标的"宏观审慎管理框架"成为货币政策发展的新趋势。因此,在研究中团队适时将研究落脚点拓展到金融稳定。

实践表明,稳定价格的货币政策无法确保金融稳定。在通货膨胀目标制的货币政策导向下,物价和产出增长虽然平稳有序,但是金融失衡却快速发展,主要表现在信贷快速扩张、资产价格泡沫膨胀,系统性风险在时间和空间两个维度持续积累。而立足个体金融机构稳健运行的微观审慎政策亦无法有效化解金融不稳定因素。与之不同的是,宏观审慎政策是一种专门针对金融稳定目标设计的跨部门、逆周期制度安排,强调从宏观整体角度抑制金融与实体经济之间的顺周期反馈机制、防止系统性风险的传染和爆发,从而维护经济金融稳定运行。

相比欧美发达国家,中国在宏观审慎政策实践上走在前列。2008年底,中国银监会就根据银行规模前瞻性地提出了动态资本要求。2012颁布的《商业银行资本管理办法(试行)》则明确了逆周期资本计提要求。中国人民银行在2011年正式引入差别准备金动态调整机制,并于2016年将对银行业的差别准备金动态调整机制和合意贷款管理升级为"宏观审慎评估体系"。《中华人民共和国国民经济和社会发展第十三个五年规划纲要》首次明确将"防控风险"纳入宏观调控目标体系,并首次提出要"构建货币政策与审慎管理相协调的金融管理体制"。2017年成立的国务院金融稳定发展委员会从制度安排层面突出了货币政策、宏观审慎政策等协调的重要性。党的十九大报告则正式提出"健全货币政策和宏观审慎政策双支柱调控框架"。

从协调的必要性来看,货币政策与宏观审慎政策相互间的政策外溢性很强。二者所使用的工具如政策利率、逆周期资本充足率等,虽然各自调节的目标不同,但都会直接作用于金融体系。尤其是中国,在以银行为主体的金融体系和以信贷为主导的间接融资格局下,货币政策和宏观审慎政策的相互影响非常明显,二者的调整会直接作用于传统银行,并影响其与影子银行的信贷行为,进而影响产出、价格等宏观经济变量。因此,必须构建货币政策与宏观审慎政策协调的双支柱框架,以引导信贷资源合理、高效配置,确保宏观经济与金融的双稳定。在中国的宏观审慎政策实践中,人民银行和银保监会是两个关键主体，如何协调不同部门间的宏观审慎政策值得学术界做深入思考。团队基于上述视角，对中国货币政策与宏观审慎双支柱调控的政策框架进行了思考。以金融稳定与经济稳定的分化为起点，探讨了中国货币政策与宏观审慎政策的双支柱协调框架。在分别就货币政策、宏观审慎政策的转型与创新进行详细分析的基础上，从多个角度研究了双支柱框架的协调路径和完善空间，为理解近年来中国宏观调控创新的逻辑和可能方向提供了一定的启示。

二、从总量调控到结构调整，宏微观结合关注金融供给侧结构性改革

随着中国经济从高增长阶段向高质量发展阶段迈进，构建符合高质量发展阶段的货币政策框架成为推进国家治理体系现代化的客观要求。特别是金融层面供给侧结构性改革思路的提出为下一步的货币政策研究提出了新的问题。从货币层面看，当前我国货币运行与实体经济运行出现割裂且日趋明显，表现为M2/GDP居高不下，金融资源配置效率低下，甚至出现资金空转的现象。与此同时，大量有活力的中小微企业却面临融资难、融资贵的困境。这种割裂使宏观管理当局在制定和实施货币政策时陷入两难。针对上述结构性问题，团队的研究认为，对货币政策的研究必须引入新元素。其中，将宏观层面问题向微观视角研究拓展，从理论和实证两个层面强化宏观研究的微观基础是一个重要的选择。

团队在国内主导发起了"宏观经济政策与微观企业行为"学术研讨会，以此推动团队研究从宏观向微观层面拓展。为此，团队吸收了长期从事微观领域研究的成员，他们在发挥自身优势的同时，将宏观经济政策因素纳入对微观企业的研究，并以公司治理为切入点，深入探讨了宏观环境下的微观企业行为。这一研究为团队其他成员将宏观与微观研究结合提供了重要的基础。

首先，团队成员侧重从商业银行的角度，研究了货币政策的信贷传导渠道。疏通货币政策传导机制、增强服务实体经济的能力是货币政策框架建设的重心。然而，由于受到政策运行外部环境因素的干扰，现有兼具数量型和价格型的混合型特征货币政策框架非但不能有效疏通货币政策传导，反而还造成了货币信贷总量收缩和投向扭曲等一系列问题，由此也导致了金融活水难以支持实体经济的高质量发展。因此，团队成员从微观主体行为决策角度考察了现阶段货币政策传导不畅的梗阻因素及其影响机制。从现实情况来

看，受各类外生冲击的影响，央行注入银行体系的流动性往往会滞留其中，或者在投向实体经济过程中出现行业、期限错配，由此造成了货币政策传导的梗阻。由此，研究团队以银行信贷资金配置行为为切入点，考察了银行贷款渠道的梗阻因素及其影响机制。从期限结构的视角来看，不同期限的银行贷款对宏观经济产生的效应存在差异。中国商业银行特殊的利率定价机制下，货币政策紧缩（宽松）时，银行将减少（增加）中长期信贷资源配置，而由于不同货币政策立场下的金融杠杆变化，导致货币政策的上述影响效应表现出非对称性，进而弱化了货币政策传导的有效性。从信息沟通视角来看，中央银行对宏观经济信息、金融稳定信息的沟通会通过影响微观主体预期的形成，并进一步作用于消费和投资行为，最终影响到宏观经济的稳定运行。为此，研究团队分别从信息沟通对微观主体的宏观经济运行风险预期和金融稳定预期的形成、银行风险承担意愿变化等方面系统考察信息沟通渠道存在的梗阻因素及其影响机制。从防范金融风险目标视角来看，金融风险不仅会引发宏观经济波动，而且还会弱化货币政策传导效率，防范金融风险已构成中央银行制定货币政策的重要约束条件。研究团队以 2008 年国际金融危机爆发以来我国金融风险不断积聚现状为背景，运用金融压力来刻画金融风险，以微观主体非理性行为为切入点，并借鉴行为金融学领域的"情绪加速器机制"，系统考察金融风险的测度、经济效应以及中央银行应对金融风险的操作策略。

其次，团队成员从微观和结构的视角关注了中国的高货币化率（M2/GDP）问题。高货币化率现象虽是典型的宏观经济现象，其背后反映的却是微观经济中的各类结构性问题。这一点在 2008 年以后表现得尤为突出。长期以来，人们关注高货币化率问题时，习惯于从分子（M2）的角度分析高货币存量的形成原因，而忽略了对分母（GDP）的关注。导致过多的注意力集中在"货币发行"这一层面，认为 M2/GDP 高企的原因一定是 M2 发行过度，社会上甚至普遍将该现象归咎于所谓的"货币超发"。事实上，若金融资源配置失当，等量的货币投放在推动 GDP 增长中的能力出现下降，也会引致 M2/GDP 的上升。而这恰恰可能是 2008 年以来中国的货币化率指标大幅攀升的主因。众所周知，2009 年的"四万亿"财政刺激和"天量信贷"虽在短期内刺激了经济的增长，但金融资源的配置扭曲加大了经济中的结构性矛盾，给中国宏观经济的持续增长带来隐忧。货币信贷资源流向了 GDP 创造能力较弱的部门，在形成诸如"产能过剩"、"僵尸企业"和"房地产过热"等现象的同时，民营经济、实体制造业等领域获得的金融支持出现下滑。随之出现的货币化率攀升便与此相关。可见，若不结合微观经济主体的行为对上述现象加以分析，很难寻找到问题背后的根源并提出合适的解决方案。因此，有必要基于微观和结构的视角，从中国经济转型中的结构变迁特征和微观经济主体的行为动机出发，以中国的高货币化率成因为切入点，对中国宏观货币金融层面的重要问题进行研究和讨论，提出优化金融资源配置结构，提升货币使用效率的政策建议。

三、从传统技术到互联网技术，关注新技术背景下的货币政策转型问题

近年来，互联网技术的飞速发展给货币政策带来两方面的冲击。

首先，互联网技术带来货币形式的变革。以支付宝和微信支付为代表的数字形态货币逐渐被人们广泛接纳。数字货币不仅通过降低支付成本和提高支付效率给人们带来了便利，还能够助力普惠金融、实现社会公平，其潜在的反洗钱、反逃税功能对政府也有着巨大的吸引力。数字货币发展的根基是互联网，互联网发展推动个体经济模式逐渐转型为群体经济模式，促进大量新业态产生。这些新业态对货币的应用场景提出了新的需求，未来的数字货币不再是一成不变的体系，而是跟随经济发展模式变化而不断升级的生态系统。相对于传统货币，数字货币更值得信任。法定数字货币的实施不仅提高了货币防伪性能、降低全社会的货币防伪成本，而且货币的去匿名化将强化信誉机制，社会信任水平将大幅提高，大大促进人们之间的协作。不仅群体经济模式将朝着更有效率的方向进化，而且协作产生的创新将加速平台经济的发展。相对于传统货币，数字货币所有交易都可以追踪，以往地下经济的税收流失和资源错配的问题可以得到根本性的解决。政府完全可以改变征税的模式，从事后征税转变到交易时征税，经济活动的过程和结果更加确定，市场效率和公平性都得到大幅的提高。相对于传统货币，数字货币最大的优势在于使用过程中产生大量的数据，而法定数字货币本质上是经济发展模式运行的总账本，记录了线上线下所有的经济活动的信息。从这个意义上而言，数字货币有助于加速线上线下的融合，并提高政府的治理水平。团队成员在探讨各类经济新业态发展的基础上，对互联网背景下市场的信息不对称和效率问题进行研究，并沿着互联网经济的理论框架，对未来货币变革进行分析和展望。

其次，互联网技术带来金融科技的兴起，这对货币政策的传导机制和传导效率都形成了影响。一方面，团队成员在货币政策的银行流动性创造效应中讨论金融科技带来的作用。随着金融科技水平的不断提升，货币政策影响银行流动性创造的效果将被削弱，并且不同类型银行存在异质性情况。货币政策调控银行流动性创造时，要充分关注金融科技的影响，考虑将金融科技纳入宏观审慎监管，健全双支柱体系，同时在微观监管中予以差异化的业务引导。另一方面，团队成员关注了金融科技对商业银行信贷资源配置效率的影响。小微企业在中国经济发展中发挥着重要作用，而小微企业信贷也成为银行信贷配置中的热点问题。着眼于整个银行业体系，金融科技有助于促进银行小微企业信贷供给，并且将改变银行业的最优市场结构，银行类型不再成为小微企业信贷供给的障碍。因此，从宏观层面来看，金融科技的运用有助于银行信贷结构调整，从而有利于提高货币政策的传导效率。未来，要充分发挥金融科技带来的技术升级效应，注重金融科技发挥效用的微观基础，地区银行业金融机构的增减应该与金融科技发展水平、银行业市场结构相结合。

四、从经济开放到金融开放，研究新时期的汇率形成机制问题

20世纪90年代以来，新兴市场爆发的一系列的货币和金融危机以及国际资本市场一体化的迅速推进，引起了学界对汇率制度和货币危机以及汇率制度和资本流动之间的关系等重大理论问题的反思。这种反思使汇率制度的研究在21世纪后重新成为国际金融领域研究的一条主线。在新的时代背景下，如何利用跨国的数据集实证地分析发展中国家汇率制度选择的决定因素，是我们理解汇率政策制定的重要理论依据和参考。

几乎与此同时，进入21世纪以来，人民币是否应该升值迅即成为国际社会关注的热点问题，引起了学界和政策制定者广泛的讨论和争论。这些讨论和争论很快就转变为对人民币汇率制度选择和汇率制度弹性问题的关注。于是，中国应选择什么样的汇率制度以满足中国的政治和经济诉求，成为最近十余年来国内外学界的研究热点。受2007~2008年全球金融危机的深刻影响，人民币国际化也成为我国亟待破解的重要现实和理论问题，而人民币国际化的起点和逻辑前提之一，便是人民币汇率形成机制的改革和进一步完善。

以上述问题为背景，团队成员在一般性理论梳理和分析基础上，首先着重考察了20世纪50年代以来汇率制度选择的理论发展，然后以跨国面板数据为

样本，在考察汇率制度演变的特征事实基础上，深入研究了资本管制、金融结构、出口产品分散化和政治制度等经济和政治因素对汇率制度选择的影响，最后，以中国为案例，考察了人民币最优汇率制度选择、人民币汇率制度弹性测度及人民币汇率制度弹性对通货膨胀和经济增长的影响。

总体来说，这套货币政策研究系列丛书紧紧抓住中国货币政策转型这一关键问题，体现了创新团队六年来在相关领域的研究成果。感谢教育部长江学者创新团队发展计划对丛书出版的支持，这将激励团队在这一领域持续研究，为中国特色的货币经济学建设贡献自己的一份力量。

前 言

党的十九届四中全会审议通过的《中共中央关于坚持和完善中国特色社会主义制度 推进国家治理体系和治理能力现代化若干重大问题的决定》(以下简称《决定》)中明确提出:"中国特色社会主义制度是党和人民在长期实践探索中形成的科学制度体系,我国国家治理一切工作和活动都依照中国特色社会主义制度展开,我国国家治理体系和治理能力是中国特色社会主义制度及其执行能力的集中体现。"《决定》站在全局高度,高屋建瓴地指出了建设国家治理体系的重要性和紧迫性,对指引公司治理的研究和探索具有两个方面的重要意义。一方面,《决定》提出的国家治理概念不是单一维度的,而是多层次、多维度的系统工程。那么,公司治理是其中的应有之义。从这个角度看,建立和完善中国特色公司治理机制是贯彻落实党的十九大精神、推进国家治理体系和治理能力现代化的一项重要举措(郭树清,2018)。另一方面,《决定》对治理体系的准确把握,又启发研究人员,将公司治理置于国家治理体系和治理能力的大框架下予以审视,从企业所处的宏观经济环境和宏观治理体系的角度出发,思考中国公司治理的现状、问题和出路。党的二十大报告中深刻指出:"中国式现代化为人类实现现代化提供了新的选择,中国共产党和中国人民为解决人类面临的共同问题提供更多更好的中国智慧、中国方案、中国力量,为人类和平与发展崇高事业作出新的更大的贡献。"中国特色的公司治理演化与发展,中国公司治理能力和体系的现代化,必然也是这一中国式现代化道路的体现成果和组成部分;其背后的文化基础,必然也是这一人类文明新形态。

近十多年来，有感于传统的基于微观层面的企业行为研究往往在西方研究身后亦步亦趋，割裂了微观企业行为与宏观经济环境之间的天然联系，理论探索难以有实质性突破，更难以触及企业的"真问题"（饶品贵、姜国华，2011），部分学者开始探索从宏观环境对微观企业行为的影响与互动角度展开对经济现象和治理问题的研究。目前，包括笔者在内的研究人员，已经形成了一批从经济环境、管制以及法律环境、经济政策角度解释微观企业行为的研究。本书的目的，即对这些研究的内容进行介绍和总结，以期能够为进一步响应《决定》要求，推动理论界和实务界积极探索在宏观框架下更好地厘清中国公司治理的"推动力""真痛点"，寻找中国公司治理的"出路"，真正做到社会科学研究的"顶天立地"。

这样的努力和尝试有一定的理论根源。党的二十大报告强调："充分发挥市场在资源配置中的决定性作用，更好发挥政府作用。"从研究工作的视角来看，中国企业行为内生于公司治理机制和体系，而中国企业的公司治理机制和体系又嵌入于企业所处的宏观环境。从新制度经济学理论基础出发，企业的本质是契约的集合，而公司治理是保障契约能够订立和执行的机制。从这一意义上来说，企业的行为总体上受到公司治理的激发和规范，而后者又离不开国家所提供的外部规范体系的约束。这一规范体系有着丰富的内涵和表现，如法律规范、党内法规、党的政策、国家政策、社会规范等（刘作翔，2019），这些形式多样的规范体系构成了企业所赖以存在的外部宏观环境。从马克思主义政治经济学说的角度出发，这些规范体系又必然蕴含了国家意志和目标。因此，中国企业的行为不可避免地既服从股东利益最大化的传统治理目标，又必然性地融入了政府和社会的发展目标。因此，本书从治理角度研究企业行为，也就自然不能不从外部宏观环境出发。

作为整体性的外部宏观环境是每一个体都可以感知，但却难以刻画入学术研究中的。更为合适的办法是，将宏观环境拆解为可以观察和衡量的不同视角，如经济政策、管制、法治建设等。并在此基础上层层细分，如经济政策包含产业政策、货币政策、财政政策、区域政策等；政府管制包含进入管制、价格管制、质量管制、环境管制等。进而分别考察其变化和差异性及对企业行为的具体影响。这样的研究视角，优点在于在理论上为每一项研究找到最适合的经济学理论根源，在实证上提供清晰和严谨的学术证据；缺点在于，在每一单项研究中，无可避免地具有片面性，可能存在以局部均衡代替总体均衡的缺陷。但当这样的研究越来越丰富，所提供的实证证据日益完整，则我们有希望获得一个接近全貌的图景。当然，现今的学术工作离这样的完整图景尚有巨大的距离，其完善需要无数学者的共同努力。本书的目的在于，从有限但典型的学术成果出发，既为读者初步刻画出一个图景的轮廓，又为全图提供一些细小、详实但必要的局部。

产业政策是宏观经济政策的重要内容之一，从1953年开始便作为五年规划中的重要组成部分而存在，并始终扮演着政府调控市场经济的角色。同时，也很少有一个领域能像产业政策这样集中而广泛地引起争论。远至五年规划的实施，近至林毅夫、张维迎产业政策之辩，无不引起学界和业界乃至坊间的热烈讨论。研究产业政策，无论是理论上，还是政策实践上，对于厘清政府与经济的互动关系，更好地发挥政府作用，从宏观到微观再回到宏观，都具有重要的意义。产业政策的制定科学性与执行有效性很大程度上会影响我国经济的发展与产业的转型。政策制定过于详细、执行力度过大会降低企业管理的自由度、引发证券市场过度反应甚至影响经济的长远发展；政策制定过于简略、执行力度过低又会增加市场的不确定性、诱发资源错配甚至与政策预期背道而驰。因此，研究产业政策如何影响微观企业以及微观企业如何对其作出反应，会帮助我们深入了解产业政策的执行渠道与实施效果，进一步优化政策的制定与实施。本书作者是我国第一个运用实证研究的方法，将产业政策的影响引入微观企业行为及其治理研究的学者，十多年前本书作者的这一领域研究，对随后大量的本领域成果产生了一定的影响。

管制是政府调控经济的重要手段，其最终目的是影响宏观经济，而对微观企业的影响是中间必不可少的环节和路径。多样性的管制措施约束了企业的边界、行为方式和资源配置。2014年，法国经济学家让·梯若尔（Jean Tirole）因其"对市场势力及市场监管的分析"而获得当年诺贝尔经济学奖，这使得政府管制再次成为学术界关注的热点。早期的政府管制理论认为，为解决市场失灵问题，政府会对某些领域进行管制，其最终目的是提高资源配置效率、促成社会总体福利最大化，这也成为政府管制理论的主流观点，即公众利益理论（Mac Avoy, 1970）。斯蒂格勒（Stigler, 1971）则提出相对立的利益集团理论，认为管制的目的是平衡各利益集团之间的利益分配。可以肯定的是，在处于经济转型期的中国，管制存在于多个领域，并在过去几十年的经济增长中发挥了极为重要的作用。管制是政府调控经济的重要手段，其最终目的是影响宏观经济，而对微观企业的影响是中间必不可少的环节和路径。

法律环境对于金融市场的重要性，在西方研究体系中，似乎牢不可破（La Porta et al.，1997；Bhattacharya & Daouk，2005）。但是，我国正处于计划经济向市场经济、传统社会向现代社会的转型中，法律法规的完善仍须假以时日，有效落实也非一日之功。而且，从历史上看，中国缺乏民法传统，民事纠纷主要由刑法替代解决，但刑事惩罚未必能补偿受害者的财富损失。历史传统与转型现实的双重约束，构成当前中国法律环境进步的极大挑战。基于资本市场的公司治理和企业行为的研究与发展，无法脱离这一基本情境孤立地观察与分析。需要说明的是，法律环境不仅包括立法问题，还包括执法问题，两者共同构成了一个地区的法律环境。对中国的情境而言，一方面，中央政府制定了诸多全国性法律法规，构成了总体的法律制度。地方政府在不违背上位法的前提下，也出台了许多地方性的规章制度，同样构成地方法律环境的一部分。另一方面，由于地方政府服务地方经济的意愿、能力的不同，法律在各地的执行情况存在差异（黄文艺，2012）。这两方面决定了在我国各个地区之间存在法律环境的不同（付子堂、张善根，2014）。这种不同与各个地区经济发展、企业行为的差异性一起，给我们观察和理解法律制度对微观企业行为的影响提供了一个良好的场景。本书作者是我国最早关注并开展管制及法律环境对公司治理和企业行为实证研究的学者之一，二十年以来始终致力于这一领域的耕耘，并逐渐将管制、法律和非正式规则结合起来，从中华文明的视角展开新的话语体系构建和阐释。限于篇幅，这些成果将被包括在作者的另一本著作中。

在现有研究中，公司治理这一概念基本沿袭了西方语境下的内涵，意指一系列保护资本提供者获得投资回报的方法（Shleifer & Vishny，1997）。而本书所定义的公司治理是借鉴格兰诺维特（Granovetter，1985）提出的"嵌入"理论，以"政府—企业"关系为缔约基础，综合考虑政府的社会福利最大化和企业的股东利益最大化为复合目标的公司治理。简言之，是嵌入政府行为的公司治理。本书所定义的企业行为，包括但不限于微观企业的商业模式、投融资、财务管理、会计政策、资本结构、企业业绩等财务会计行为以及非会计财务行为。

除导论外，本书分为三篇，共十四章。本书的总体思想和理论框架体系由陈冬华提出和设计，章节体系和结构由陈冬华和沈永建共同讨论设计完成。各章节主要作者如下：导论，陈冬华、徐巍和沈永建；第一章，陈冬华、姚振晔、新夫；第二章，陈冬华、姚振晔；第三章，陈冬华、李真、新夫；第四章，全怡；第五章，沈永建、尤梦颖、梁方志；第六章，沈永建、范从来、陈冬华、刘俊；第七章，沈永建、梁方志、蒋德权、王亮亮；第八章，沈永建、徐巍、蒋德权；第九章，陈冬华、相加凤；第十章，陈冬华、徐巍、齐祥芹；第十一章，陈冬华、陈富生、沈永建、尤海峰；第十二章，陈冬华、梁上坤；第十三章，陈冬华、祝娟；第十四章，陈冬华、俞欣、张周，由滕蕙阳负责翻译。

本书着重从中国企业所面临的宏观环境入手，分析嵌入宏观环境的公司治理如何影响微观企业行为。本书界定的宏观环境包括产业政策、管制和法律环境三类，它们是我国转型经济发展阶段中出现的或形成的对微观企业产生重要影响的基础宏观变量。若在微观企业研究中忽略了这些独特的宏观环境，其研究结论则不全面，缺乏本土化气息。尤其是公司治理研究，更需要嵌入于我国独特的宏观环境。

我国企业的公司治理很难独立于所处的宏观环境，其目标不同于西方国家单纯的投资者保护。既然嵌入于宏观环境，那么，中国企业公司治理必然要反映宏观环境特征。在中国，企业面临一个重要的宏观环境就是政府。政府的社会福利最大化目标自然也就成为公司治理本身的一部分目标，即中国企业公司治理既要考虑投资者保护，又需要考虑社会福利最大化。基于这样双重的公司治理目标，企业行为自然会受到影响。

需要承认的是，虽然本书尝试将中国企业的公司治理、企业行为嵌入中国企业所面临的独特的宏观环境展开分析，既寻求理论创新，也努力讲好中国故事，最终建立中国公司治理问题研究的话语体系。但这样的研究毕竟尚处于探索阶段，作者的学力也尚有未逮之处，疏漏之处在所难免，恳请各位同仁批评指正的同时，也希望能够抛砖引玉，吸引更多的研究人员进入这一领域的研究中来。

本书的完成受到国家自然科学基金课题："公司治理与政府行为——基于嵌入理论的解释与实证"（71772085）、"道德内化与公司治理——基于中国文化的理论与实践"（72272076）、"人口老龄化对企业劳动力成本影响的传导机制及企业应对策略研究"（71972096）、教育部人文社会科学重点研究基地"南京大学长江三角洲经济社会发展研究中心"暨"区域经济转型与管理变革协同创新中心"重大课题——"长三角区域提升上市公司质量及治理水平研究"（CYD-2020002）、教育部创新团队发展计划滚动支持项目"经济转型期稳定物价的货币政策"（IRT_17R52）和国家自然科学基金重点项目"国有企业混合所有制改革机制研究"（72132004）的资助，在此作者一并表示衷心的感谢。

目录

导论 / 001

第一篇 产业政策、公司治理与企业行为

第一章 产业政策与企业行为：综述与展望 / 023
第一节 我国产业政策的制度背景 / 024
第二节 西方研究视角下的产业政策及其对我国宏观经济的影响 / 033
第三节 我国产业政策对微观企业行为的影响及经济后果 / 035
第四节 未来研究展望 / 038

第二章 政府行为与股价同步性
——来自我国产业政策的证据 / 041
第一节 文献回顾、问题提出与研究假设 / 043
第二节 研究设计 / 048
第三节 产业政策的宣告与股价同步性 / 051
第四节 进一步分析：信息中介、特质信息与信息效率 / 055
第五节 稳健性测试 / 061
第六节 研究结论、启示与局限性 / 062

第三章 产业政策与公司财务 / 064
第一节 文献综述 / 066
第二节 研究问题 / 069

第三节　数据和实证分析 / 073

第四节　结论 / 104

第四章　基础设施投入与中介市场发展
　　　　——来自中国审计市场的经验证据 / **106**

第一节　制度背景与文献回顾 / 108

第二节　理论分析与假设提出 / 110

第三节　研究设计 / 112

第四节　实证结果分析 / 115

第五节　进一步的拓展与分析 / 124

第六节　结论与启示 / 131

第二篇　管制、公司治理与企业行为

第五章　管制、公司治理与企业行为：综述与展望 / 137

第一节　金融管制、公司治理与企业行为综述 / 138

第二节　薪酬管制、公司治理与企业行为综述 / 141

第三节　环境管制、公司治理与企业行为综述 / 144

第四节　研究展望 / 145

第六章　显性契约、职工维权与劳动力成本上升
　　　　——考察《中华人民共和国劳动合同法》的作用 / **150**

第一节　理论框架 / 151

第二节　实证分析 / 154

第三节　结论和政策启示 / 171

第七章　社保征缴机构转换改革、企业养老支出与企业价值 / 173

第一节　制度背景与研究假说 / 176

第二节　研究设计 / 180

第三节　描述性统计与假说检验 / 183

第四节　进一步检验 / 187

第五节　稳健性检验 / 191

第六节　研究结论、局限与政策建议 / 195

第八章　信贷管制、隐性契约与贷款利率变相市场化
　　——现象与解释　/ **199**
　　第一节　制度背景、理论分析与假设的提出　/ 202
　　第二节　研究设计　/ 206
　　第三节　描述性统计分析　/ 210
　　第四节　留存贷款的估计　/ 212
　　第五节　实证检验结果　/ 214
　　第六节　稳健性测试　/ 219
　　第七节　研究结论、启示和局限　/ 220

第九章　独立董事任期管制合理性研究　/ **222**
　　第一节　文献回顾　/ 225
　　第二节　理论分析与假设提出　/ 228
　　第三节　研究设计　/ 235
　　第四节　实证分析与进一步说明　/ 239
　　第五节　研究结论　/ 248

第三篇　法律环境、公司治理与企业行为

第十章　中国法律环境与企业行为：综述与展望　/ **253**
　　第一节　为何关注法律环境　/ 253
　　第二节　法律环境对企业行为的规范　/ 255
　　第三节　法律环境对交易的促进　/ 257
　　第四节　法律环境对其他制度的替代　/ 259
　　第五节　总结和展望　/ 261

第十一章　高管继任、职工薪酬与隐性契约
　　——基于中国上市公司的经验证据　/ **263**
　　第一节　文献综述　/ 265
　　第二节　制度背景、理论分析与假设提出　/ 266
　　第三节　研究设计　/ 271
　　第四节　描述性统计分析　/ 274

第五节　实证检验　/　275

第六节　结论及启示　/　280

第十二章　公司资金占用与管理层变更　/　**281**

第一节　文献回顾、理论分析与假设发展　/　283

第二节　样本选择、变量定义与描述性统计　/　286

第三节　实证检验　/　288

第四节　研究结论与局限　/　298

第十三章　盈余管理行为中的经理人惯性
　　　　　——一种基于个人道德角度的解释与实证　/　**300**

第一节　文献回顾　/　302

第二节　理论分析和研究假设　/　306

第三节　研究设计　/　309

第四节　实证结果分析　/　314

第五节　进一步检验　/　323

第六节　稳健性测试　/　325

第七节　研究结论和意义　/　331

第十四章　对外直接投资互动与母国制度安排　/　**334**

第一节　文献回顾与假设提出　/　335

第二节　样本数据与研究设计　/　341

第三节　实证结果与分析　/　346

第四节　母国制度和投资效率　/　354

第五节　研究贡献　/　356

第六节　结论　/　358

主要参考文献　/　359

后记　/　369

导论*

在现有研究中，公司治理这一概念基本沿袭了西方语境下的内涵，意指一系列保护资本提供者获得投资回报的方法（Shleifer & Vishny, 1997），其缘起于科斯的理论框架，即企业是出于节约市场交易费用的目的而将双方交易内化为权威指令的产物（Coase, 1937）。这一"权威"又被理解为契约关系所决定的权力，并由此将企业视为一组契约的集合（Cheung, 1983）。那么，通过激励、监督等措施来保障契约的执行，降低资本提供者和经营责任受托者之间的利益冲突（Jensen & Meckling, 1976），就成为公司治理的原始命题。显然，这其中并没有政府的存在。随着研究的发展，政府逐步被引入公司治理分析框架，并演化出宏观和微观两种观察视角。在宏观视角下，拉波塔、洛佩兹·德·西拉内斯、施莱弗尔和维什尼（La Porta、Lopez-de-Silanes、Shleifer & Vishny, 1997、2000）（这四位作者以下简称LLSV）将政府行为视为外生变量，考虑总体的制度供给、法律环境等政府行为对公司治理的影响，其中尤其重视对公司治理结构和效果的考察。在微观视角下，从不同的政府目标出发，又派生出"支持之手"和"掠夺之手"两种观点。前者认为政府的目标在于促进社会福利，进而认为政府可能对企业进行支持，从而帮助公司治理目标实现（Stiglitz, 1989）；后者认为政府行为的动机在于政治家的私利，进而认为政府可能对企业进行侵害，干扰了公司治理的目标（Shleifer & Vishny, 2002）。这三种观点都深刻地影响了后续研究，并引发了一系列关于政府行为与公司治理关系的讨论。

无论将政府单纯视为制度环境的提供者，或者企业利益的支持者，抑或是

---

* 导论原文以《嵌入理论视角下的中国公司治理与政府行为——一个整体框架》为题发表于《会计与经济研究》2021年第3期，有所改动。

企业利益的侵害者，其背后都存在清晰的"政府—企业"二元分割，都默认政府与企业各有清晰的组织边界、独立的利益目标。而在中国这样一个儒家经史传统悠久（费孝通，2003；周飞舟，2019）并正在转型复兴的经济体中，这样的分割实际上可能是不准确的，至少是不清晰的。中国的政治实践表明，政府担负着谋求社会福利、推动社会发展的终极目标，同时，脱胎于计划经济的改革路径决定了政府是大量资源的掌握者（Lin et al.，1994；金太军、袁立军，2011），而市场经济的选择又决定了政府不再以计划经济的形式直接进行生产活动。于是，政府的经济发展目标必须经由企业行为来完成。落实在行为上，政府通过产业政策、补贴、信贷、管制等一系列行为来对企业进行支持与引导，实现自己的社会发展目标，在确保市场发挥决定性作用的同时，让政府更好地发挥作用，实现从有限政府到有为政府的转变（林毅夫，2012）。对企业来说，服务于政府目标，执行政府战略，争取政府支持，获得竞争优势，谋求自身发展，这是一种天然的激励，也是一种内在的共同愿景，而这样的合作体系一旦达成，实质上就形成了一组虽未言明、但真实存在的"政府—企业"契约，构成了事实上的委托代理关系。换言之，政府和企业之间就不再是界限分明的独立存在，而是契约关系的双方。在契约框架内，政府和企业的目标就存在一定程度上的一致性。而在一个更大的维度上，政府和企业追求发展的目标也是一致的。相应地，政府的作用就不只是提供一个良好的外部环境，而是有更多的内生于其目标的行为（Lin et al.，1994）；通过多种方式向企业分配资源就不能单纯视为对企业的帮助，而更应该是一种委托；政府要求企业承担一定的社会福利责任也就不能被视为对企业的掠夺，而更可能是委托方向代理方要求的回报。因此，从这一意义上来看，政府行为与企业行为构成了契约关系的完整图景，任何单纯的割裂似乎都不足以解释现实。值得注意的是，这一契约关系并不天然自我运行，和其他委托代理关系一样，也存在逆向选择和道德风险等诸多问题，相应地也需要一套机制来履行监督、激励等职能。这可能就要求公司治理有与之相适应的发展，而不仅仅局限于西方背景下，单纯为所有者或者有限的利益相关者提供保障。

为此，我们从经济社会学中汲取了必要的营养，特别是格兰诺维特（Granovetter，1985）提出的"嵌入"理论，不能在经济分析中预设行动者可以独立于文化、政治及历史的脉络之外而追求其目标，也不能将行动者视为完全依附于社会关系所赋予他的角色而不具有自主性，应该将行动者置于其所属的社会关系之中，承认其在做一项经济行为时有自己的理性和偏好，但也要重视其理性与偏好是在与社会进行互动的过程中形成和决策的。对于公司治理而言，由于企业和政府之间存在前述契约关系，其内容和形式也具有这样的"嵌入"特征。一方面，对于公司的所有者来说，维护自身利益是其天性，因此，公司治理保护股东利益的基础职能仍然存在；另一方面，企业作为受托责任的履行方，公司治理又要兼顾政府目标，以保障"政府—企业"契约能够顺利运转。对前者的忽视，会将公司治理引向"内生"于政府行为的机械决定观点。某种意义上，格兰诺维特（Granovetter，1985）的思想是卡尔·波兰尼（Karl Polanyi，1944）在《大转型：我们时代的政治经济起源》（The Great Transformation – The Political and Economic Origins of Our Times）中关于迷信"自我调节市场"的批判的建设性和具体化延续。在西方学术史上，事实上也不乏对基于自由主义的市场、交易和治理理论的不同声音。但是，遗憾的是，这些都不同程度地淹没在自由主义的海洋里。

中国的经济社会文化的发展，将为世界提供一条中国特色的现代化新道路，奉献一种人类文明的新形态。因此，我们需要一个新的分析框架来更为具体和细致地考察公司治理与政府行为之间的关系，既要从五千年的历史视野中寻找中华文明的基因和密码，又要从中华民族伟大复兴的战略全局和世界百年未有之大变局这两个大局的洪流中找到分析的时代图景，实现中华优秀传统文化的创造性转化和创新性发展。有鉴于此，我们试图从嵌入视角出发，构建一个公司治理与政府行为的新的分析框架，以更好地解释中国公司治理实践，特别是其中与西方经典论述不一致之处的合理性。这一努力可能会在学理上部分地更新公司治理的研究范式，拓展公司治理的研究范围。在理论上克服西方"自由市场"背景下公司治理研究的局限，构建符合中国有为政府情境的公司治理理论。这也会使我们对中国公司治理实践的评价更为客观，从而增强理论自信和制度自信。由此构成"政府—企业"契约的缔约基础，也是公司治理能够成为这一契约保障机制的前提。周飞舟（2019）认为，我国社会学在政府行为研究的范式演变过程中，逐步走出了"国家与社会"二元对立西方范式，视"国家与社会"为一体。这实际上与我国传统上的"家国一体""家—国—天下"的思维范式也是一脉相承的。我们的研究与之相呼应，视"政府与企业"为一体，即便两者之间存在某种契约，也是一体内部互相嵌入服务于统一目标的契约，与西方将两者割裂为二元对立主体的范式是不同的。而理解这种新的框架和范式,需要回到中国的历史精神中去理解和把握(费孝通,2003;渠敬东,2015)。我们的工作也并不试图否认现有相关研究的巨大价值,而是希望在前人研究基础上,从一个新的视角入手,提供一个更为客观与全面的理论视角。在实现国家治理能力和治理体系的现代化过程中,公司治理的现代化必然是其中一个重要的组成部分,与现代化新道路和人类文明新形态相呼应,中国特色公司治理的现代化新道路和其中所包含的文明新形态,同样需要学者深入研究其学理。

一、嵌入的前提:企业和政府的契约

认识公司治理和政府行为之间的嵌入关系,须先厘清中国现实条件下企业和政府之间的历史理路。首先,中国现行的社会主义市场经济脱胎于计划经济体制,当改革开始之时,各项与市场经济相适应的法律和制度尚未完全建立(Allen et al., 2005),在计划经济体制下,政府掌握着几乎所有的经济资源,企业这一市场主体甚至都还没有完全建立。政府选择了渐进式的改革路径,也就排除了等待建立好一套完善的制度之后再来发展市场经济的模式(抑或不是排除,而是不可能),在发展的过程中对遇到的问题进行改革(林毅夫,2012;孙早、鲁政委,2003)。这一渐进式改革路径决定了政府不可能像古典经济学传统所希望的那样,采取所谓"无形之手"的态度,仅仅提供基本的公共服务而不涉及微观领域。完全自由的"自我调节的市场"在真实世界中并不存在,市场总是在文明和文化所建构的社会中发生,并服务于这一文明和文化所需要实现的目标自身。因此,这个事先准备好制度再建设市场的想法恐怕是不切实际的。其次,中国的发展始终以人民为中心,在全心全意为人民服务的宗旨指导下,经济发展和社会福利增进是政府最主要的目标(金太军、袁建军,2011),这一总体目标通过中央和地方之间的行政授权和责任分解,落实为各级地方政府的责任主体,最终,通过考核、晋升、动员、教育等形式转化为官员的个人激励(周黎安,2007),且进一步在不同程度上内化为政府官员的理想行动。中国的治理体系中,不仅需要制度主义的考察,更要加强基于干部的行动主义分析。在市场经济制度下,经济增长需要依靠企业的发展来实现。注意到这两点,那么西方理论下以施莱弗尔和维什尼(Shleifer & Vishny,2002)为代表的"掠夺"理论也就不能够用来解释中国情境下政府的行为目的。

前述种种对政府行为和企业关系的理解，其本质根源还是来自将政府和企业进行二元分割的视角。来自社会学的相关研究已逐渐表明，这一西方式二元割裂视角可能是存在缺陷和不符合中国社会发展实际的（费孝通，2003；周飞舟，2019）。历史地看，企业与政府在中国很难是完全相互独立的个体，因而也很难将之进行二元分割的独立分析。费孝通（2003）提出要从中国经史传统的角度来理解中国社会的重要性，而现有的来自西方的社会学研究范式阻碍了这一研究视角的深入。周飞舟（2019）提出了要研究中国社会中关系的伦理根源，"迈向有历史维度的政府行为分析"，视"国家与社会"为一体，才能真正理解中国情境下的国家和社会的关系。

从中国渐进式改革历程来看，现代语境下的企业源自计划经济时代，政府逐步放权的结果。其中，现代国有企业来自计划经济体制下国有企业的改造，天然和政府具有"血缘关系"。而如果回溯民营企业的起源则会发现，改革发端之始的民营企业，往往是由"乡镇企业""集体企业"演化而来（刘世定，1995；田国强，1995）。这些"乡镇企业"，在计划经济时代也是政府在乡村的延伸，而不是独立的个体。而即使经过改制，这些企业在发展之初，无论原料、生产资料、销售，哪一个环节都绕不开政府（范从来等，2001）；他们的经营者，也大多来自前政府官员。因此，这些企业也天然和政府之间具有"亲缘关系"，而无法简单地予以割裂。换句话说，在中国经济体制渐进式改革的过程，也是现代企业从政府"肌体"上逐步生长的过程，在此过程中，政府和企业从来没有能够真正地独立过，也就从根本上决定了两者只能是一个有机体，而不能割裂的观察。

在当代的现实情境下，政府和企业之间发展出了以一系列契约为框架的委托代理关系。在改革开放的背景下，政府有强烈的动机促进经济发展。在市场经济条件下，企业成为完成这一目标的承载主体，政府给予企业一定程度的支持，以帮助和引导特定企业实现具体的经济增长目标。对具体企业来说，政府提供的支持既是短期利益，也是有助于企业长期发展的资源，这也就构成了企业参与契约的激励。双方缔结着一系列没有明确条文、但彼此都认同的"政府—企业"间契约。

从产业政策角度看，2001年到2011年间，有超过60%的A股非金融上市公司获得了产业政策支持，这些受到国家产业政策支持的公司往往享有更宽松的 IPO 管制、更优惠的银行贷款条件等融资优惠（陈冬华等，2010；祝继高等，2015）。根据陈冬华等（2010）的统计，从财政补贴角度看，2001 年到 2010 年，A 股市场平均每年有 1457 家非金融类公司接收到政府补贴，补贴总额高达 8900 亿元，每个公司年均补贴金额达 6000 万元。即使不考虑这些补贴可能给企业带来的竞争优势及其长期价值增益，单从补贴金额上来说也是一笔不小的收益。此外，政府还会帮助企业获得银行借款（孙铮等，2005；余明桂、潘红波，2008）、降低税负（王小龙、方金金，2015）、进行研发创新（周亚虹等，2015）等。政府给予企业的这些支持并非毫无目的，而是承载了特定的经济发展期望。如产业政策可能是为了促进产业结构调整，优化经济结构；对特定企业的财政补贴支持可能是为了帮助这些公司脱离暂时的财务困境或者支持其进行研发创新；对企业 R&D 的支持可能是为了实现国家技术赶超战略；对特定地区的税收优惠可能致力于通过当地企业的发展来带动区域经济发展等。可见，在这一契约中，政府是资源的提供者，为企业提供的资源承载了政府的经济发展目标，因而扮演了委托者的角色。政府的经济发展目标和企业的逐利动机存在一定程度上的一致性，因而成为两者合作的基础。企业是资源的接受者，也是政府经济目标的实现途径，扮演了代理方的角色。企业和政府形成了实质上的委托代理关系，也就默认了企业在谋求自身利益的同时，需要通过经营活动完成政府所赋予的发展目标。

但是，企业和政府之间的契约并不一定会自动运行良好。第一，与其他委托代理关系一样，企业作为受托责任的履行者存在事前的逆向选择和事后的道德风险问题。一方面，政府支持对企业而言是现实的即期利益，这就可能导致企业利用信息不对称通过逆向选择获取政府提供的资源。如企业可能通过负向的盈余管理行为来伪装成需要政府帮助的"困难"企业，以获得政府的脱困补贴；也可能会通过发送虚假的创新信号来吸引政府的注意，以获得政府给予的 R&D 补助（安同良等，2009），等等。另一方面，在获得政府支持之后，企业也存在道德风险问题，可能会放弃对政府经济目标的完成而只顾及自身的短期利益。如企业可能在得到了产业政策的支持之后，并不追求产业升级和研发创新，而是由于过度自信从而扩大投资规模，热衷于"铺摊子"式的低效率投资（毕晓方等，2015），通过增加非发明性专利申请等策略性创新行为回避其本应承担的创新义务（黎文靖、郑曼妮，2016），等等。这些机会主义行为的存在，阻碍了"政府—企业"契约的有效执行。

在以往的研究中，企业的上述行为往往被视为政府微观干预行为无效甚至有害的证据。然而从政府和企业之间的契约关系出发，这些现象的存在，则似乎更应该归咎于企业的治理问题而不是政府行为本身。第二，政府对企业的委托很难进行事后的绩效衡量。在市场经济的大环境下，政府要想获得关于企业的准确信息具有较高的信息成本。对国有企业而言，无论是中央国资委还是某一地方国资委，其控制的企业动辄数十上百，要想直接对每一个企业的具体经营生产状况有准确的了解可能是困难的，现实的办法则是依赖于管理层的报告。由于经营权和所有权的分离，以管理层为代表的企业内部人和所有者之间存在信息不对称，而管理层的利益往往又和企业的短期绩效相捆绑，他们就有一定的动机扭曲企业的实际状况以维护自身利益。对民营企业而言，由于和政府之间缺乏直接的股权关系，其企业运营情况更难以被政府所知悉。这就导致了政府在付出很大代价对企业进行支持之后，却难以评价自己的支持行为是否和承载的发展目标相匹配。如果政府可以理性地预见到这一困境，那么势必会有一定的措施来保障企业尽可能地不会偏离契约内容，而改变企业的治理结构可能就是其中之一。第三，政府行为也可能对契约内容有一定偏离。虽然经济发展是政府的核心动机，但社会福利的增进还包含其他非效率目标。政府作为委托方同时也是资源的提供方，在一定范围内向接受政府资源的企业要求部分利益回报是契约中的合理内容。在形式上，可能表现为要求企业承担部分冗员（曾庆生、陈信元，2006）、提供社会捐赠（梁建等，2010）。问题在于，这些非效率目标的程度是否合理是难以衡量的，超过合理程度的非效率责任会影响到企业所有者的利益，导致其参与契约的意愿不足。在现有研究中，政府要求企业承担非效率目标的行为往往一边倒地被归为"掠夺之手"范畴，其解决也往往寄希望于良好的制度环境以约束直至停止政府的微观干预。但是，偏离除了因为个体的原因，从集体的角度来看，更多是一种无意或者是认识论意义上的局限所致。一旦被理性或知识进展所察觉，这种偏离就会得到纠正，因而不会成为一种可持续的长期偏离。从"政府—企业"契约角度看，政府对企业的非效率要求只是契约中的一面，考虑到契约中还有政府对企业支持的另一面，这一政府行为似乎不应该被完全视为洪水猛兽，关键在于如何确定合理的范畴以及如何防止政府超过这一合理范畴。从这一意义上来说，以保护股东利益为基本职能的公司治理似乎应该有所作为，其在形式和内容上也可能会有所改变以适应政府的干预。从另一个角度来看，这样的一种企业价值或效率的下降，并非简单的整体社会福利的减少，而近似是一种价值的转移；并且，某一个体的价值减少，增进的不是另一特定个体的价值，其增进的是社会性的价值，因而，这样的偏离带来的也不是资本主义式的私人财富变动的影响。当然，整体与个体、长期与当下、公平与效率之间的关系，在发展的不同阶段、不同的社会、不同的地区，其合理性都有不同的理解，完全精准地把握是很难的，绝对的社会抑或个体的零价值损耗是不可能的，但不在这一全面的视角下理解政府的行为，就会出现重大的理论偏差，以及对实际工作的错误指导。基于西方的政府理论，以及构建其上的公司治理理论，背后隐藏着自由主义的哲学基础，而这一基础，在中国从来没有实现过主流的地位，也似乎找不到文化和社会的土壤。

由此可见，中国渐进式市场经济改革路径以及文化社会层面的特质，决定了要求政府仅仅作为制度提供者而放弃微观行为是脱离现实的一厢情愿，而单纯的帮助或者掠夺理论也无法贴切地解释中国的政企关系。政府通过提供支持以换取企业的发展和特定经济或者非经济目标的实现，以经济利益为激励吸引企业的参与，两者之间构成了委托代理为核心的契约关系。其中，无论是代理方还是委托方都可能存在超出契约的行为，为了契约的有效运行，公司治理作为一项契约保障机制可能适应契约的内容而有所改变，而这一点似乎并没有得到足够的重视。现有研究大多沿袭了西方理论视角，碎片化地去对公司治理的这些改变进行解释，从而得出了部分偏向性的结论。在政府与企业之间存在前述契约的背景下，公司治理需要实现保障股东利益的使命，同时又要保证企业对政府受托责任的完成。

二、嵌入的途径：治理结构的改变

确保上述治理目标能够实现必须要有抓手，也就是要通过某些直接或间接的途径对公司治理结构进行改造，以使契约双方可以通过这些途径在契约框架下实现各自利益的保障。从不同的角度出发，这样的途径可能有很多，我们在此重点通过国有股权和政企连接两个角度展开论述。选择国有股权和政企连接，一方面是由于这两者是中国公司治理显著区别于西方之处，另一方面也是考虑到两者在现有研究话题中的重要性。

（一）国有持股

西方经济学研究中往往认为国有企业的效率不尽如人意（Alchian，1965；张维迎，1995）。然而有趣之处在于，国有企业却获得了更多的政府支持（孔东民等，2013；杨洋等，2015；王克敏等，2015）。这似乎和"政府—企业"契约中政府通过支持行为推动经济发展的初衷存在矛盾之处。有部分研究对此做了解释，并提供了诸如父爱主义（科尔内，1986）等答案，但若从嵌入角度出发，可能会发现其中的另外一些新的逻辑。

首先，国有股权有助于缓解政府的信息劣势。"政府—企业"契约实现的一大障碍是政府和企业之间存在严重的信息不对称。在作出支持决策之前，政府并不掌握哪些企业将会完成其委托的特定经济目标；在支持发生之后，政府也很难对支持行为的后果是否真实地符合预期作出评价。为了保证契约的有效运行，就需要建立一套信息机制来解决这些问题。将政府与企业之间的委托关系通过国有产权的形式转化为股权关系，从而将信息内部化是可能的方法之一。关于股权的研究表明，大股东作为企业内部人，可以更好地掌握与企业经营状况相关的信息（Grossman & Hart，1980；王化成等，2015）。政府以股权关系为依托，成为企业的内部人，也就将政府与企业、企业股东与管理者的双重代理问题转化为股东与管理者之间的代理问题，从而减少委托链条，增加信息效率。这就在一定程度上有利于解决逆向选择和绩效评价问题。当然，这种信息上的增益可能只是相对于政府作为单纯的外部委托者而言的，国有企业内部股东和管理者之间依然存在信息不对称，政府的信息获取仍然依赖于企业的管理层，这也就意味着信息问题的解决还依赖于其他的治理机制。

其次，国有股权可以降低政府和企业之间的利益分歧。对资本来说，获得利润是其本质追求；而对政府来说，企业普遍性地获利意味着经济发展，这就构成了两者之间的利益相同之处。但政府特定的经济发展目标往往需要企业进行产业升级、加大创新投入等，这些行为既可能代表着企业未来的竞争优势，又意味着其不确定性风险的提高。这些分歧的存在可能导致企业只追求政府支持本身，而不愿承担政府的具体经济发展目标。换句话说，政府和企业之间的委托代理关系还面临企业的道德风险挑战。通过国有股权，政府将外部委托人和所有者的身份合二为一，自然也就将自己的发展意志转变为企业的目标，这就基础性地降低了两者之间的利益冲突。同时，政府作为大股东，也增加了其监督管理层的能力，进一步保证了企业经营行为与自己的目标相一致。

最后，国有股权对管理层的激励作用。在前述的两点中，国有股权通过将外部契约内部化的方式以一个直白的逻辑缓解了政府与企业之间的委托代理冲突。但是，由于经营权和所有权的分离，企业内部的委托代理矛盾并没有得到解决，作为股权所有者的政府可能还面临管理层对契约的违背。政府所追求的特定经济目标可能需要一段较长的时间才能实现，而由于任期限制，管理层的经济利益往往与企业的短期绩效关联度更大，这就使得管理层可能出于自利动机放弃对政府目标的追求，转而采取机会主义行为获取短期收益。在中国情境下，国有产权派生出了国有企业管理层的行政级别，这些国有企业的经营者不仅有企业内的身份，而且也被纳入政府行政的体制内（Chen et al., 2017）。这就意味着，国有企业的管理层也具有政府官员的双重身份，自然使其能够和政府目标更多地保持一致，从而保证政府和企业之间契约的执行。

不仅限于以上的原因，比如还有多变场景下的契约成本节约、个体利益和群体利益的同步关注、职业经理人考察信息成本的降低，等等，政府与企业的协同发力和创新得以成为可能，以上的逻辑可以为现实中的丰富现象提供一个趋于统一的解释框架。如实证证据表明，政府更愿意将补贴资源投向国有企业（陆正飞等，2009；孔东民等，2013）；产业政策支持鼓励行业的民营企业，也更可能被国有化（李文贵、邵毅平，2016）。这都是因为国有产权降低了政府委托逆向选择和企业的道德风险，保障了政府的利益，政府实施契约的动力增加。在"政府—企业"契约框架下，国有产权作为一项治理路径，可能对契约双方都会形成保护机制，从而增加了双方履行契约的意愿。换言之，政府行为通过国有产权"嵌入"了公司治理之中。

（二）政企连接

国有股权部分地解决了"政府—企业"契约中的治理问题，但民营企业也是国民经济中的重要构成部分。在我们的分析框架中，民营企业同样存在种种代理问题，同样需要某些途径来实现政府与企业之间的利益保障。但民营企业缺乏国有企业那样以产权为纽带的信息机制，政府解决企业的逆向选择和道德风险更加困难。此时，政企连接就可能成为公司治理嵌入政府行为的途径之一。为解释政企连接在契约中的嵌入作用，我们先从现有研究对政企连接的认识入手。

现有研究表明，中国民营企业对获得政企连接表现出了浓厚的兴趣（冯天丽、井润田，2009），其主要原因之一是民营企业将此作为赢得政府支持的手段（杨其静，2011），从实证结果看，这的确可以为企业带来更多的政府资源分配。如获得银行贷款的概率增加、信贷期限更长（白重恩等，2005；张敏等，2010；余明桂、潘红波，2010）；更多的政府补贴（余明桂等，2010）；更容易突破行业壁垒进入管制行业（罗党论、刘晓龙，2009），等等。上述研究从企业动机出发，部分解释了政企连接存在的原因，却没有说明政府为什么愿意接受这样的安排，并愿意对之进行帮助。换句话说，政企连接是否有其存在的合理性？对于一件只有负面影响的活动，理论上参与双方中会有主动退出的一方，重复的博弈不应该发生，我们不应观测到持续的现象。也就是说，我们对于这一问题的分析，依然可能处在西方情境下的"政府—企业"二元分割对立的视角中，忽视了中国历史传统和当下现实中所塑造的"协同一体"的嵌入可能。另外，对政企连接的后果，现有实证研究也呈现出不一致的结果。部分研究表明，政企连接意味着资源错配和政府干预，降低企业价值（张敏等，2010；袁建国等，2015）；还有部分研究表明，由于资源效应，政企连接会增加企业的长期价值（于蔚等，2012；田利辉、张伟，2013）。

那么，政企连接在企业价值创造中究竟扮演了什么样的角色，所谓降低价值和价值增益是否会同时存在，还是只是由于考察的角度不同所致？我们尝试在嵌入视角下，将政企连接作为"政府—企业"契约的治理途径对以上问题作出解释。

首先，企业构建政企连接并非易事，往往主要经由两条路径。一是，某一地区或者行业的优秀企业，经过法定程序获得政治身份。二是，企业通过聘请前官员担任企业高管而获得与政府的联系。这两条路径都存在一个选择过程，前者是通过企业过去的经验绩效和社会责任（如纳税等）履行情况对企业家进行筛选，确定其中的优秀代表；后者是前官员以自己的声誉为担保，通过自己对企业的了解来进行选择，同时可以将政府的意志更好地传递到企业中去。无论是哪一种途径，实际上都起到了信息作用，都表明这些企业是相对较为优质的企业（孙铮等，2005）。这就在一定程度上缓解了逆向选择问题，降低了政府一方的契约风险。

其次，政企连接使得原本是体制外的企业家和职业经理人具有了部分

"类官员"的属性,其激励行为也就会遵循类似于"锦标赛"逻辑,监督上也有了类似体制内全覆盖的新体系。在古典经济学假设中,经济利益是唯一的激励因素,但应该看到的是,随着掌握财富的增加,经济激励的边际效用逐步降低,其他激励因素的重要性则会逐步上升。对于企业家和高管来说,他们大多拥有巨大的经济财富,这时政治身份给予他们的政治荣誉就构成了额外的激励,是一种来自社会的尊重和肯定。而且,这一激励因素会随着政治身份的抬升而逐步增加,这种序列升迁保证了政治荣誉作为激励的持续性。相比于获得政治荣誉,失去荣誉往往意味着"面子"的巨大损失,同时也向其所处的社会关系网络释放了负面信号,从而构成负向激励。政府拥有身份及荣誉授予和收回的权力。这一方面使企业家和高管在获得政府支持之后,愿意主动承担政府目标以获得荣誉;另一方面,又使得政府可以对有严重道德风险的企业家和高管进行惩罚。因此,政企连接可以减弱"政府—企业"契约中企业的道德风险,更好地保障政府目标和利益的实现。

从以上两点可以看出,政企连接作为一项治理机制,可以减轻政府在契约中的信息劣势,增加企业履约的激励,将实业界中更加认同政府发展目标的优秀人才团结在身边,提升企业对政府施政方针的了解和认同。这就提供了政府对政企连接企业进行资源倾斜并导致企业价值增益的另外一重逻辑。由于"政府—企业"契约的持续性,这一解释也更好地说明了政企连接可以长期被政府采纳和社会认可的原因。综上所述,在"政府—企业"契约框架下,作为委托代理双方的政府和企业都面临对方违约的风险,而且由于外部的制度特征和文化传统,这些违约行为无法完全通过西方式法律行为得到裁决。因此,契约双方以国有产权、政企连接等方式构建了看似笼统实则有效的治理机制,通过这些机制,双方的利益在一定程度上得到了保障,从而促进了契约的履行。从另一个角度看,这也就意味着中国的公司治理结构不是单纯与保护股东利益的使命相适应的,而是需要考虑与"政府—企业"契约中政府的目标与行为相匹配。

三、嵌入的后果:治理行为的变化

通过国有产权、政企连接等途径,公司治理嵌入在了政府的目标和行为之中,既承担保护股东利益的使命,又起到保障政府目标实现的作用。相应地,这些嵌入机制也会带来公司治理行为上的改变，使其能够与政府目标兼容。在本部分中，我们从绩效评价和激励内容两个角度为切入点，对治理行为的变化予以阐述。

（一）绩效评价的多维化

业绩评价是公司治理的重要行为之一，也是激励等治理行为的基础，其完整的内涵应该包含"谁对谁的业绩进行怎样的评价"的问题，即评价的主体、客体和方式的问题。当前主流的业绩评价理论包括"股东价值最大化"和"利益相关者价值最大化"两大分野。前者强调的是股东对管理层的业绩进行评价，并追求股东利益的最大化。其中的主客体较为清晰，评价的方式也较为直接，大多采用会计利润或者公司市值等经济指标。但反对者认为，这一评价思想是资本强权的体现，忽视了社会的公共利益以及股东的长远利益（李心合，2003）。后者强调利益相关者对企业业绩进行评价，并追求利益相关者之间利益的增进与平衡（陆庆平，2006）。这带来了两个问题，一是作为评价主体的利益相关者，其外延范围具有不确定性，窄到银行、供应商、员工等与企业利益密切相关者，宽到社会公众、自然环境等可能都可以被纳入利益相关者的范畴。二是这些利益相关者的利益众多，且并不一致甚至存在冲突，由谁来协调利益并形成强制力使企业接受这一评价导向似乎并不清晰。

若我们从"政府—企业"契约出发，会发现两种观点在嵌入视角下存在奇妙的结合之处。在这一契约之中，政府具有发展经济的主要目标，并需要兼顾社会的其他福利增进。作为委托人，政府以向企业提供支持为激励，吸引企业参与契约，并通过国有股权、政企连接等途径影响公司的治理结构，使其目标能够在一定程度上通过公司治理得到保障。自然地，政府作为契约的委托方，也就扮演了绩效评价的主体角色，其目标也就会反映在绩效评价之中。由于政府实施契约的主要动机在于经济发展，就意味着企业需要实现价值增加，这就决定了其对企业的绩效评价必然和股东利益存在一定的一致性，亦即需要以经济效率为导向。同时，政府也需要实现其他方面的社会福利增进，反映在契约中即为政府要求企业承担一定的社会福利任务作为获得政府支持的成本之一。政府目标可以在一定程度上代表社会总体的福利诉求，那么，政府的社会福利目标也可以被视为最大范围上利益相关者诉求的协调结果。也就是说，政府通过嵌入企业的国有产权、政企连接等治理结构，将最大范围的利益相关者利益诉求传递至企业层面。这也就决定了从公司治理的嵌入视角出发，对企业的业绩评价可能存在多个维度。

首先是经济维度。在嵌入视角下，以经济发展为主要目标的政府和以盈利为目标的资本所有者之间存在目标上的耦合。这就导致无论是政府还是股东，都希望企业能够获得价值增加。在现实中，政府通过引入 ROA、EVA 等经济指标对国有企业进行考核并制定相关奖惩机制（汤谷良、戴天婧，2015），即是这一目标的体现。同时，政府的经济目标还可能包含了其他特定的目标。例如产业结构的调整、技术创新的实现等"赶超战略"导向（林毅夫等，1996）。这就意味着，在"政府—企业"契约框架下经济绩效并不局限于会计业绩或者短期内的市值表现，而是会指向更为具体的指标，并且带有一定的长期价值导向。这可能也是理解现有实证证据对政府干预与企业价值的关系往往得出不一致结论的切入点之一：以短期绩效衡量，往往得出政府行为会降低企业价值的结论（邓建平、曾勇，2009；张敏等，2010）；而在长期视角下又会发现政府干预会增加企业价值（田利辉、张伟，2013）。另一个显著的区别在于，政府对经济绩效的评价可能具有全局性。对政府而言，经济绩效并不仅仅局限于契约关系中某一特定企业，也可能是作为一个整体的产业或者区域，特别是政府同时作为企业股权拥有者时，更能够容忍其拥有单个企业的经济损失而追求全局利益，追求政策的正外部性。例如，为实现技术赶超战略，政府可能放弃对部分国企短期经济绩效的要求，而追求使国有企业充当技术模仿、技术扩散中心的职能（刘元春，2001）。因此，在嵌入视角下，经济维度的确是业绩评价的重心之一，但是这里的经济维度包含着更为丰富的内涵。

社会绩效也是政府对企业进行绩效评价的重要维度。正如我们之前所说的，所谓利益相关者概念范围存在较大弹性，也缺乏能够使企业真正遵守这一评价导向的强制力。而政府一定程度上可以视为广泛意义上利益相关者的代表，通过"政府—企业"契约，政府要求企业承担一定的社会负担作为获得支持的成本。自然地，这一要求也会转化为对企业进行绩效评价的导向，从而解决了评价主体和强制力的问题。从企业慈善捐赠管窥，可以看到政府社会绩效评价导向的端倪。一方面，现有实证证据表明，具有国有股权或者政企连接的企业，更多履行了慈善捐赠的社会职能（梁建等，2009；贾明、张喆,2010);另一方面,进行了更多慈善捐赠的企业,又会更多地获得融资、补贴等政府支持(张敏等,2013;戴亦一等,2014)。这些证据可以理解为一个跨期博弈过程,即在第一期的"政府—企业"契约中,受到政府支持的企业按照政府意志履行一定的公共福利增进任务,政府从社会绩效角度对其行为进行评价,并在第二期的契约中以更多的支持活动作为对企业的奖励。这也就支持了在嵌入视角下,社会绩效可能是绩效评价另外一个重要的维度。

由此可见,在"政府—企业"契约框架下,公司治理中的业绩评价兼顾了股东价值最大化和利益相关者价值最大化的双重导向,表现出对经济利益的追求和对社会福利的兼顾。只是其中的经济绩效不仅包括短期盈利目标,还包括特定的具有长期性的目标;社会福利不仅仅是狭义概念上的利益相关者利益,更是全社会的整体福利增进。这再一次表明了以嵌入视角考察中国公司治理的合理之处,即公司治理既需要保证股东的经济利益,又需要考虑到政府的目标追求。

(二)激励内容的多样化

在西方视角下,激励机制被设计用来保证代理方和委托方利益的一致性,往往着眼于将高管的经济利益和股东价值相关挂钩,如将现金、分红、期权等高管的经济收益与公司盈利、市值等相关联(Jensen & Murphy,1990)。在嵌入视角下,由于"政府—企业"契约的存在,政府成为企业绩效评价的主体之一,其绩效评价的维度不再限于企业的短期经济利益,而呈现多元化的特征。相应地,也会引致激励机制随之改变,以使企业的绩效评价目标能够转化为经营者的行为动力。同时,由于公司治理通过国有股权、政企连接等途径嵌入政府行为之中,还会引起企业经营者本身激励函数发生改变,这些都可能导致激励内容的多样化。

正如我们在前文中分析的那样,政府行为的核心动机之一是为了发展经济,实现特定的经济目标。在"政府—企业"契约框架下对企业绩效评价的重点依然是经济绩效,这也就必然导致对公司经营者的激励会以企业的经济绩效为基础。同时,正如嵌入理论指出的那样,个体的决策会受到经济利益和其他因素的共同影响,企业经营者的效用函数中也会包含相当比例的经济利益考量。两者相结合,可以预测在"政府—企业"契约下,企业的激励机制会更加强调将经营者的经济利益与企业的经济绩效相关联。这一点也得到了相关实证证据的支持，例如，尽管存在薪酬管制，但处于该契约中的国有企业高管会有更强的薪酬业绩敏感性（姜付秀等，2014），而且一定程度上，反映企业长期经济绩效的市场业绩在薪酬业绩中的重要性逐步上升（辛清泉、谭伟强，2009）。同理，这一现象也存在于政企连接企业中，这些企业中高管薪酬业绩敏感性也要高于非关联民营企业（刘慧龙等，2010）。且政企连接导致的超额薪酬与未来业绩之间显著正相关（唐松、孙铮，2014）。如果注意到政府的经济绩效评价中可能还包含具体的指向性，如执行产业政策、完成创新目标、实现区域经济发展等。那么从嵌入视角出发，似乎还可以预测在"政府—企业"契约下，这些目标的实现也会和经营者的经济利益相挂钩，这也是留待实证检验的方向之一。

如果说以上的激励内容表现出的是对西方激励理论的继承和实践，那么，在"政府—企业"契约下，激励内容还有自己的独特之处。一方面，政府还需要通过企业来实现自己的部分非经济目标，政府可能将企业非经济绩效的评价结果与经营者激励相挂钩，以保障企业能够完整地履行契约。这一推论的实证证据较少，仅有证据表明高管薪酬和慈善捐赠之间存在正相关关系（谢鹏、刘春林，2016），而更直接的证据可能是未来发掘的方向之一。另一方面，正如我们在治理结构的改变中所阐述的那样，国有股权、政企连接等嵌入途径导致相关企业经营者的激励函数发生了一定的变化，升迁、获得更高的政治荣誉等可能成为他们的激励因素，这也会导致激励内容的改变。这一推论同样部分地得到了现有实证结果的支持，例如经营业绩增加会提高国企高管的晋升概率（杨瑞龙等，2013），反之会导致国企高管降级风险的上升（刘青松、肖星，2015），而承担政府社会目标会带来其政治晋升概率的上升（姜付秀等，2014）。类似地，我们似乎也可以预期在政企连接的级别问题上，可能存在同样的现象。

由上述两点可以看出，激励内容也会因"政府—企业"隐性契约而有所改变。将西方式的经营者经济利益与股东经济利益相关联的范式，拓展到经营者经济和非经济激励因素，与政府经济目标和社会目标之间的交叉关联。在体现所有契约参与者经济考量的同时，公司治理也反映了参与者在契约之下对非经济目标的追求，因而呈现出"嵌入"的属性。

四、嵌入的约束：进一步讨论

（一）关于效率的讨论

如果从总体上再次审视公司治理嵌入政府行为的内在逻辑，会发现这一机制的合理性来自它对"政府—企业"契约执行成本的节约。换句话说，正是通过一系列结构和内容的改变，公司治理一定程度上提供了这一系列契约的可操作性。但不容忽视的是，执行成本的节约并不必然指向效率最优，最终对契约的评价还要考虑契约本身的效率，或者说，契约目标达成与契约成本之比。

举例来说，为了解决契约中的信息不对称所带来的成本问题，国有产权和政企连接被用来降低信息成本，这一安排在给定"政府—企业"契约存在的背景下具有合理性。但如果离开了政府的支持，国有企业或者政企连接企业是不是一定比非政企连接民营企业有更高效率的经济产出，仍然是一个存有争议的问题。正如新制度经济学指出的那样，由于其内部固有的产权、激励、监督等问题存在，国有企业本身在微观层面上的效率可能并不高于非国有企业（张维迎，1995）。这就可能导致，尽管契约被更好地执行了，最终的经济产出却不一定达到最大化的情况。再比如，通过绩效评价和激励内容的改变，政府实现了社会福利目标与经营者的激励相容，可以保障契约的顺利执行。但是，和其他的社会福利完成途径相比，企业承担社会福利的效率是否相对更优，也是值得讨论的。这也就意味着，政府目标的实现程度受到了目标实现方式的制约，公司治理的嵌入是在特定方式下实现目标的合理选择，而非无条件的最优解。

（二）发展模式的适应性

"政府—企业"契约源自政府行为，其目标是通过对企业的支持推动经济长期健康发展。从逻辑根源上来说，这需要政府行为能够代表未来经济发展的方向。在经济转型的初级阶段，经济发展很大程度上存在有迹可循的实现路径，政府从战略高度出发，可以克服市场失灵，识别出相对较优的发展路径（林毅夫，2012）。此时，通过支持行为将政府的发展导向转化为企业的经营目标也就具有发展意义上的合理性，进而也赋予了与之匹配的治理机制具有合理性。但是，随着发展水平的提高，可供借鉴和模仿的发展道路逐渐消失，政府对未来的预见性可能不断弱化，也就意味着政府支持的有效性可能会逐步降低。

以技术进步为例，在"赶超战略"的指导下，落后国家的技术进步可以通过学习、模仿实现（林毅夫等，1996），因而带有一定的确定性。这时政府可以通过国有产权或政企连接进行目标企业筛选，在"政府—企业"契约框架下对其进行补贴，促使企业进行特定方向的技术模仿，并通过激励机制和绩效评价确保企业能够实现特定的技术目标。但是，当可供学习模仿的对象逐渐消失，技术进步的主导力量会逐步转向创新，特别是不可预测的意外创新。正如熊彼特（1934）所说的那样，创新意味着不确定性，也往往由具有破坏性的小企业完成。这时不但政府补贴的技术方向不再明确，而且未来可能具有突破性成果的小企业等并不一定在现有治理机制能够筛选出的范围之内。这也就对契约的有效性和治理机制的合理性提出了挑战。但是，中国的经济社会发展，始终体现着实事求是的态度，并启发着我们不断冲破既有的思维框架。在有组织的创新和自由探索的创新之间的关系上，我们还需要保持一个更加开放的视角，不要被既有的理论所束缚。

（三）公共治理的挑战

从逻辑顺序上看，公司治理的嵌入是"政府—企业"契约的产物，其中，政府对企业的资源分配构成了契约的逻辑起点，而对企业的绩效评价则构成了契约的逻辑终点。这其中政府的作用就显得十分重要，显然，契约存在的正当性依赖于政府行为必须始终以经济发展和社会福利增进为目标。而无论是起点还是终点，这一目标都可能受到干扰，也就给公共治理带来了更多的挑战。

例如一般情况下，政企连接是一种企业相对更为优秀的信号，政府为了避免逆向选择问题，而将资源分配给政企连接企业具有契约意义上的合理性。但是，这一规则会被市场发现并予以模仿，产生新的逆向选择问题。企业投入不菲的代价去追求政企连接，挤占了企业本该用于能力建设的有限资源（杨其静，2011）。因此，要保证公司治理嵌入政府行为的合理性，就要保证"政府—企业"契约的正当性，这就给公共治理提出了更高的要求。因此，提高治国理政的能力，实现国家治理能力和治理体系的现代化，成为摆在我们面前的重大任务。

（四）文化传统的力量

中国的经济社会发展将会走出一条与西方不同的现代化新道路，呈现人类文明的新形态，这就需要"把马克思主义基本原理同中国具体实际相结合、同中华优秀传统文化相结合"。中国文化中关于"士的精神""天听自我民听""天下主义"的优秀传统，也是"政府—企业"一体化考察的重要基础和源泉。中国强调"和合"的传统，与西方立足于宗教的个体主义的"离分"传统完全不同。党的十九届六中全会审议通过的《中共中央关于党的百年奋斗重大成就和历史经验的决议》中指出："习近平新时代中国特色社会主义思想是当代中国马克思主义、二十一世纪马克思主义，是中华文化和中国精神的时代精华，实现了马克思主义中国化新的飞跃。"中华文明和时代实践之间有着深刻的传承关系。习近平总书记2021年3月在福建考察时明确指出："如果没有中华五千年文明，哪里有什么中国特色？如果不是中国特色，哪有我们今天这么成功的中国特色社会主义道路。"中国特色的政企关系及其所体现的公司治理，饱含着中华文明的滋养和激发，又得到时代发展任务的发扬和形塑，是中国国家治理现代化的组成部分，与塔洛克的西方政府及其运作原理有着根本的不同。离开了对中华文明的考察，离开了对新时代中国发展的生动实践的体验，要理解这种政企协同互动同构的模式是十分困难的。

五、总结与启示

从政府发展经济与增加社会福利的目标出发，本部分借鉴了经济社会学中的"嵌入"概念，将公司治理与政府行为相联系，将政府与企业放在统一的目标中分析，尝试构建一个统一和完整的理论分析框架。近四十年来，政府与公司治理之间的关系问题逐渐在公司治理研究中占据了重要一席，取得了丰富的学术成果，成为中国研究中具有重要价值的中国学术贡献和世界级学术成果。但由于前提假设的不一致和观察视角的差异，有关研究结论，特别是涉及中国制度背景的相关研究，往往表现出某些冲突和矛盾。如何系统性地以存在政府行为干预为前提，认识公司治理这一契约保障机制的变化与作用；如何以一个整体性的视角去解读现有研究存在的分歧，无疑是一个兼具理论和现实价值的议题。

考虑到政府的目标和广泛存在的产业政策、金融政策、补贴等政府支持行为，我们先将政府和企业的关系解释为以委托代理为核心的"政府—企业"契约。在此观点下，衍生出了双方之间可能存在的委托代理矛盾，进而将研究的重点集中于，如何通过公司治理结构和内容的改变来缓解这一矛盾。在此过程中，我们发现公司治理会表现出既为资本所有者的利益提供保障，又需要兼顾政府意志的双重特征，因而具有符合经济社会学中"嵌入"概念的特性。然后，我们对公司治理的这种嵌入性特征所面临的约束条件进行了讨论。结合已有的部分实证证据，我们对该理论框架的解释力进行了印证，发现其能够较好地为中国公司治理中的种种特殊现象提供一个合理的解释，可以部分地为某些看似矛盾的实证发现提供一个具有一致性的内在逻辑。

就学术研究而言，一方面，本书提供的分析框架可能再次提醒我们在对相关实证结果进行解读时需要选择具有全局性的逻辑起点，避免从某一个具体角度出发导致对现象解释的片面性，特别是那些和西方经典论述中存在不一致的现象；另一方面，也可能有助于促进我们从"政府—企业"契约出发，以嵌入性视角考察公司治理在中国情境下的特别之处，从而发掘出新的、具有中国特色和理论价值的研究问题。就实践层面而言，我们的理论框架为中国政府在经济增长中的作用提供了新的微观视角，可能会对政府在现阶段实行"政府—企业"契约提供一定的借鉴，并且有助于增强理论自信和道路自信。同时，我们对嵌入成本的讨论可能为在未来的发展中，政府行为的优化、公共治理的提升、发展模式与政府干预手段的匹配等问题带来一些有益的思考。

本书中提出理论框架的解释力也可能是有限的，而其不断被修正完善的过程，正是中国特色公司治理实践不断被认识和中国特色公司治理理论不断被构建的过程，正是西方公司治理实践不断被更新和西方公司治理研究不断被超越的过程，是全球各国公司治理以一种更加平等、公正、科学和客观的方式被认可和被展示的过程。传承自中华文明、发扬于时代精神的中国特色公司治理，作为一种新的公司治理现代化道路的提供者、新的公司治理文明形态的承载者，在人类文明的交流和互鉴大潮中，极有可能为全球的公司治理和经济社会发展提供更丰富的选择做出贡献。

第一篇

产业政策、公司治理与企业行为

第一章

产业政策与企业行为：综述与展望*

党的十八届三中全会提出："经济体制改革是全面深化改革的重点，核心问题是处理好政府和市场的关系，使市场在资源配置中起决定性作用和更好发挥政府作用。"这表明，政府与市场的新型关系，是有中国特色的社会主义市场经济特征之一。不仅仅满足于有限政府，更着眼于有为政府；不仅仅满足于自我纠正的有效市场，更注重追求全局和长远利益的积极矫正的有效市场。在有为政府与市场作用之间，始终在追求一种动态的更优的均衡，以促进经济社会更好更快发展。

在上述问题上，自新中国成立以来，很少有一个领域能像产业政策这样集中而广泛地引起关注。远至"五年规划"的实施①，近至林毅夫为振兴东北提出的产业政策建议，无不引起学界和业界乃至坊间的热烈讨论。研究产业政策，无论是理论上，还是政策实践上，对于厘清政府与经济的互动关系，深入了解从而更好发挥政府作用，从宏观到微观再回到宏观，都具有重要的意义。对我国而言，产业政策从1953年开始便作为"五年计划"中的重要组成部分而存在。产业政策的制定科学性与执行有效性很大程度上会影响我国经济的发展与产业的转型。政策制定过于详细、执行力度过大，会降低企业管理的自由

---

* 本章原文以《中国产业政策与微观企业行为研究：框架、综述与展望》为题发表于《会计与经济研究》2018年第32卷第1期，有所改动。

① 最初被称为"五年计划"，后逐渐淡化"计划"字眼，从"十一五"开始，在官方文件中以"五年规划"而确定下来。在本书的写作中，为了尊重历史，在少数涉及早期官方文件时，我们仍采用"五年计划"。

度、引发证券市场过度反应，甚至影响经济的长远发展；政策制定过于简略、执行力度过低，会增加市场的不确定性、诱发资源错配甚至与政策预期背道而驰。因此，研究产业政策如何影响微观企业以及微观企业如何对其做出反应，会帮助我们深入了解产业政策的执行渠道与实施效果，进一步优化政策的制定与实施。

第一节　我国产业政策的制度背景

自1953年第一个五年计划以来，截至2023年，我国共推出十四个五年规划。五年规划的制定，如《国民经济与社会发展第十三个五年规划纲要》中所述，意在"阐明国家战略意图，明确经济社会发展宏伟目标、主要任务和重大举措，是市场主体的行为导向，是政府履行职责的重要依据，是全国各族人民的共同愿景"。我国高速发展的经济与社会现实也表明，五年规划的制定至关重要。无论是推进国家工业化进程，还是全面实现现代化建设，抑或推动国家产业结构调整，五年规划在不同的历史发展时期不断修正和改变自身的角色定位，以达到推进国家经济与社会发展的目的。

这其中，产业政策发挥了至关重要的作用。以"十三五"规划为例，我国国民经济与社会发展第十三个五年规划的主要目标包括经济保持中高速发展、创新驱动发展成效显著等，以实现"创新发展、协调发展、绿色发展、开放发展、共享发展，确保全面建成小康社会"。为了完成上述目标，五年规划中明确提出了"文化产业成为国民经济支柱型产业""培育壮大新兴产业，改造提升传统产业""支持战略性新兴产业发展""加快推动服务业优质高效发展""发展绿色环保产业"等一系列的产业政策目标。同时，为了能够具体深入地推动并完成上述产业政策目标，五年规划中还详细制定并列示了"农业现代化重大工程""高端装备创新发展工程""战略性新兴产业发展行动""信息化重大工程""能源发展重大工程"等一系列具体的产业政策目标和举措。

可以发现，产业政策构成了五年规划的重要部分，并且在推进国民经济与社会发展中发挥着重要作用。基于此，陈冬华等（2010）首次选取了五年规划中的产业政策进行了宏微观领域研究，祝继高等（2015a，2015b）、黎文靖和郑曼妮（2016）等学者纷纷引用，本书也重点选取五年规划中的产业政策进行相应的研究。

一、产业政策的制定过程

图1-1列示了产业政策的制定、执行和修正的逻辑。依据既定的国民经济发展情况与社会现实，政策制定者会提出适合经济发展的目标。在这一目标的指引下，五年规划与产业政策相继出台，相关部门也会配以财政、税收、信贷、汇率、进出口等一系列政策，以便影响微观企业主体行为，进而更加有效地推进目标的实现和政策的落实。同时，政策不完备性与微观企业主体多样性等特征的存在，意味着微观企业主体行为不一定按照既定预测逻辑发生。即便按照预测逻辑发生，其行为与目标是否一致也存在疑问。与目标一致的部分，符合集体理性，政策制定者可以将其作为公共利益，用于下一期目标与政策制定的重要收益参考；与目标不一致的部分，符合个体理性，政策制定者可以将其作为代理人私人利益，用于下一期目标与政策制定的重要成本参考。最终，综合衡量成本收益，并结合既有发展情况，政策制定者会制定下一期的目标与政策。

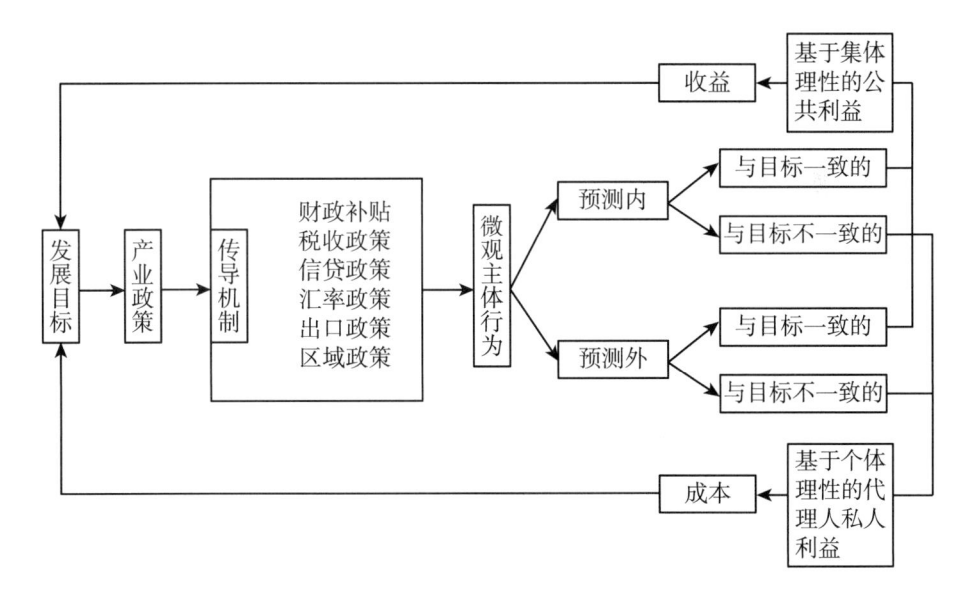

图1-1 产业政策研究的逻辑框架

国家产业政策的制定过程，伴随着五年规划的制定过程。五年规划编制的科学性与可靠性也直接影响了产业政策的科学性与可靠性。因此，我们有必要对这一制定过程进行解析。具体而言，在经历了数十年的不断摸索与实践后，五年规划的制定过程已经趋于稳定。以"十三五"规划为例，其主要包含四个阶段。①

（1）中期评估阶段。为了对上一个五年规划的实施情况进行审核与论证，国家发展改革委牵头组织政府部门内部评估、第三方独立评估、评价结果审核等一系列活动，在此基础上形成中期评估报告并提交论证。随后，通过国务院审核、全国人大常委会审议、全国人大财经委预审查等一系列环节，最终完成五年规划的中期评估工作。

（2）基本思路研究阶段。在第一阶段完成后，国家发展改革委组织科研机构、学术机构开展重大课题研究等一系列活动。在研究成果和各部门基本思路的基础上，国家发展改革委起草并形成基本思路意见稿，并在五年规划编制会议等过程后，提交党中央和国务院。

（3）党中央《建议》② 编制阶段。在上述基本思路的基础上，中央财经领导小组会成立五年规划起草小组，具体负责规划建议的起草和调研工作。规划建议形成初稿后，会先后进行两轮集体决策过程，并最终在中央全体会议上正式通过。这一过程充分体现了党内集体决策的科学严谨性。

（4）《纲要》③ 正式编制阶段。国家发展改革委在上一阶段进行的同时，进行五年规划纲要的起草和编制工作。通过多种渠道途径、众多社会团体的建议和讨论，实现公众的献言献策；通过与不同部门、地方政府、领域专家的讨论，实现衔接论证。在经过征求意见会议、国务院常务会议等一系列重要环节后，《纲要》最终由全国人大审议通过。

综上所述，中国的五年规划与产业政策制定"是一个公共政策决策过程，它反映了在中国特有的政治体系内所发生的一系列政治行为或过程，不同的机构和参与者之间相互作用的过程，也是一个逐步制度化、规范化和程序化的过程"。④ 政策制定的制度化、规范化与程序化，意味着政策的科学性，这也是产业政策研究的重要基础。

---

① 王绍光、鄢一龙：《"十三五"规划编制需要历经多少步骤》，人民网，2016年3月21日。
② 以"十二五"为例，2010年10月中国共产党中央委员会第十七届五中全会通过了《中共中央关于制定国民经济和社会发展第十二个五年规划的建议》，为方便起见，此处简称《建议》。
③ 以"十二五"为例，2011年3月中华人民共和国第十一届全国人民代表大会四次会议通过并正式颁布《中华人民共和国国民经济和社会发展第十二个五年规划纲要》，为方便起见，此处简称《纲要》。
④ 胡鞍钢：《详解"十二五"规划制定过程》，载《财经国家周刊》2010年10月29日。

二、产业政策的执行路径

依据现有的机构设置和制度安排,产业政策的执行路径大致可以分为"块"效应和"条"效应,分别由地方政府和职能部门主导,如图1-2所示。

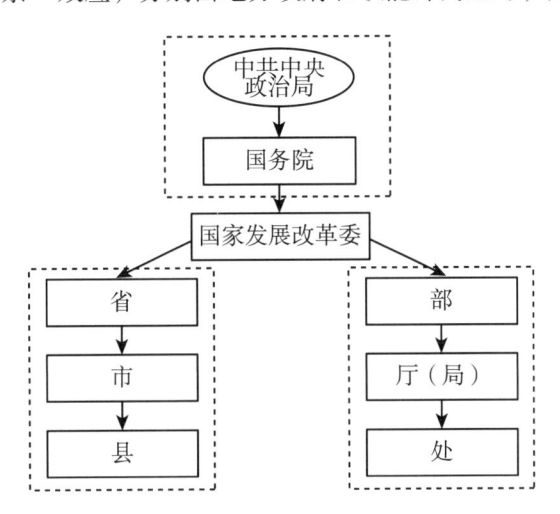

图1-2 产业政策制定及推进的基本框架

"块"效应依附的主体是地方政府,指地方政府在产业政策推动和执行方面的作用。从政府机构的设置情况看,我国政府层级架构主要包括中央、省、市、县、镇等主体。2005年10月22日,国务院针对"十一五"规划的编制工作发布了《国务院关于加强国民经济和社会发展规划编制工作的若干意见》。文件中便明确指出,"国民经济和社会发展规划按行政层级分为国家级规划、省(区、市)级规划、市县级规划"。表明"块"效应在产业政策执行过程中扮演着重要角色。具体而言,可以从产业政策和地方政府两个角度展开。

(1)产业政策角度。作为政策制定者,地方政府参与了中期评估、基本思路确定、《建议》起草、衔接论证、审批与发布等几乎所有的制定过程。在某种程度上,产业政策的方向可以体现地方政府的需求与动机。作为政策建议者,地方政府会上报产业政策执行评估报告、开展地方基本思路研究,这使得中央政府可以更加了解不同地方的产业政策执行情况与经济发展状况,进而使得产业政策更加适合地方发展的趋势与需求。同时,多轮次征求意见和衔接论证可以保障产业政策更加配合地方发展,而不是产生冲突。例如,"十三五"

规划制定时，中央政府与地方政府就规划指标、实施手段等各方面进行了充分论证，以形成合力，避免相互抵消。再比如，在这一轮产业政策制定过程中，地方政府全程参与了征求意见活动，并配合中央政府执行了数次地方调研活动。作为政策执行者，地方政府能否有效执行产业政策受到中央政府的监督。中期评估的重要基础是地方政府的内部评估，这一方面说明地方政府在制定五年规划时提供了重要的信息；另一方面也表明中央政府会不断监督地方政府对五年规划的执行情况。综上所述，地方政府完全有动机去主动执行和落实产业政策。

（2）地方政府角度。首先，我国各级地方政府存在明显的层级关系，且这种依托行政区划所建立的层级关系具有逐级权利分配的特征，上级地方政府可以通过财政、税收、人事等一系列权力安排实现对下一级地方政府的控制，实现由上自下、逐级递减的权利分配体系。在这种制度安排下，产业政策的制定与实施可以顺利地逐级向下传递，进而落地实施。以"十三五"规划为例，在国家层面五年规划制定并发布后，各省级人民政府会迅速制定并发布与地方经济社会发展相适应的省级五年规划，随后各地市级、县市级甚至乡镇级政府会依次根据具体情况并结合上级政府的政策文件制定符合自身发展的五年规划。其次，我国于1994年开始实施分税制财政管理体系。虽然这一制度带来了众多的好处，但是也使得地方政府的财权大大降低。在这种情形下，地方政府用以发展地方的可使用资源会大大降低。五年规划和产业政策的实施，会为地方政府带来更多的资源和更强的正向外部性，进而满足地方政府发展经济、促进就业等一系列的需求。因此，地方政府会积极主动地根据五年规划与产业政策的文件内容，制定当地的五年规划与产业政策，以充分利用中央政府的政策与资源。综上所述，地方政府会积极主动地执行和落实产业政策。

"条"效应依附的主体是相关职能部门，指行业经济与职能部门的推动过程。虽然得到了地方政府的支持，但如果没有职能部门的配合，产业政策同样难以落地实施。众所周知，为了促进产业政策的实施，税收政策、融资信贷政策、人才政策等一系列措施必不可少。而这些具体措施的实施，依赖的便是具体的行业与职能部门。总体而言，我们可以将"条"效应分为行业部门和政府职能部门两部分进行阐明。

（1）行业部门角度。与地方各级人民政府一样，行业部门也存在不同等级的职能部门。这些部门的职能有别于地方政府，他们的主要职责是具体规划与落实所属行业的发展。以煤炭产业为例，"十三五"规划出台后，国家对应出台了《能源发展"十三五"规划》。随后，国家发展改革委、国家能源局依据上述文件，并结合煤炭行业实际情形，于2016年12月22日出台了《煤炭工业发展"十三五"规划》，以配合国家产业政策的具体落实和实施。这一通知的出台，意味着"十三五"规划中煤炭行业的具体措施得到了落实。可以看出，煤炭行业的执行主体为能源局和煤炭行业管理部门，这便是本部分所说的行业部门。这一主体可以很好地落实产业政策，主要包含三个方面的原因。首先，作为国家发展改革委等部门的下属机构，落实五年规划与产业政策是其职责所在，也是其被考察的工作范围，因此，这一主体存在执行政策的必要性与客观性；其次，在五年规划与产业政策的制定过程中，行业发展咨询与调研活动的主体便是行业部门，作为政策的制定者与参与者，他们存在与地方政府一致的动机与愿景以执行产业政策；最后，从行业竞争视角看，一个行业获得国家的支持并大力发展意味着该行业部门掌握的资源会大大增加，因此，各行业有动机借助国家产业政策壮大自身行业实力，维护行业地位。综上所述，行业部门是产业政策执行与落实的重要主体之一。

（2）职能部门角度。作为各级人民政府的重要组成部门，职能部门在政府落实工作的各个环节发挥作用。但与各级政府不同的是，其不仅仅隶属于各级人民政府，还受制于上级职能部门。正是这一交叉形式的制度安排，职能部门在完成地方政府任务的同时，会很好地完成更高层面的任务。以税收部门为例，为了配合"十三五"规划的实施，针对不同地区、不同行业明确不同的收税政策，国家税务总局于2016年12月2日发布了《"十三五"时期税务系统全面推进依法治税工作规划》和《"十三五"时期税务系统全面推进依法治税部门重点工作任务分解表》。这一政策的执行主体为各级国家税务局、地方税务局等单位，即本部分所说的职能部门。文件的下达意味着职能部门不再仅仅依据地方政府的要求制定政策，同时也要兼顾更高层面的税收安排。某种意义上，这一举措可以减少地方政府间竞争，加强总体利益的实现。另外，自上而下的任务下达意味着税务部门必须执行并接受上级部门的监督，进而成为产业政策落地执行过程中不可或缺的一环。

三、产业政策的执行情况

从内容上来看，五年规划已经从最开始的单方面支持逐渐转向支持、限制、结构转型等多方面并进，以使得经济更加有序健康发展。总体而言，产业政策的影响大致可以分为以下几个维度。首先，政策制定机构会根据行业现状做出对各个行业的基本判断，进而做出支持与否的决定，即现有研究的政策支持与否变量。其次，众多的研究机构会进一步判断相应行业需要一般支持还是重点支持，即现有研究的政策支持力度变量。最后，针对行业的之前支持力度、现状以及未来发展预期，决策者会做出是否要降低支持力度或者提升支持力度的决策，即现有研究的政策支持变化变量。一旦企业所在行业获得了政策支持或者支持力度变大，企业预期获取的优惠会加大，进而增加企业价值。而企业获得的支持力度下降、取消甚至被限制发展，那么预期企业未来的优惠会降低，进而导致企业价值下降。

表1-1列示的是作者手工收集的上市公司产业政策支持的年度分布情况。可以看出，"八五"计划至"十二五"规划期间，我国产业政策总体支持力度为70.39%，表明上市企业中大部分企业受到或者曾经受到产业政策的支持，也表明产业政策对上市公司存在较大影响。同时，从年度分布可以看出，1991~2005年（即"八五"计划到"十五"计划），我国产业政策的支持力度持续上升；2006~2015年（即"十一五"规划到"十二五"规划），我国产业政策的支持力度逐渐下降。可以看出，我国产业政策的定位在不断变化，在样本范围早期，产业政策作为政府扶持的重要手段，得到了充分的运用；而在样本范围后期，产业政策的定位发生了变化，相应支持力度也发生变化；这一定位变化与"使市场在资源配置中起决定性作用和更好发挥政府作用"的论述不谋而合，也与"五年计划"更名"五年规划"的历史沿革一致。

表1-1　　　　　　　　产业政策支持情况年度分布

年份	未支持公司（家）	支持公司（家）	公司总数（家）	支持比例（%）
1991	9	9	18	50.00
1992	39	39	78	50.00
1993	94	140	234	59.83

续表

年份	未支持公司（家）	支持公司（家）	公司总数（家）	支持比例（%）
1994	144	215	359	59.89
1995	154	240	394	60.91
1996	181	434	615	70.57
1997	234	602	836	72.01
1998	263	680	943	72.11
1999	302	748	1050	71.24
2000	345	854	1199	71.23
2001	250	1010	1260	80.16
2002	247	1078	1325	81.36
2003	249	1135	1384	82.01
2004	266	1212	1478	82.00
2005	268	1211	1479	81.88
2006	403	1153	1556	74.10
2007	430	1239	1669	74.24
2008	439	1275	1714	74.39
2009	471	1399	1870	74.81
2010	546	1675	2221	75.42
2011	939	1516	2455	61.75
2012	982	1601	2583	61.98
2013	1031	1672	2703	61.86
2014	1026	1715	2741	62.57
2015	1081	1856	2937	63.19
合计	10393	24708	35101	70.39

为更加直观地探究产业政策在行业发展中的作用，本部分选取了房地产业、社会服务业、传播与文化业、信息技术业四个代表性行业进行观察分析，图1-3列示了四个行业不同年份上市公司数量分布情况。选择房地产业，是因为行业的特殊性导致其先后经历了重点发展阶段和限制发展阶段，便于我们对比观察；选择社会服务业、传播与文化业、信息技术业，是因为"十二五"规划以来，服务、文化、科技等方面受到大力重视和发展。

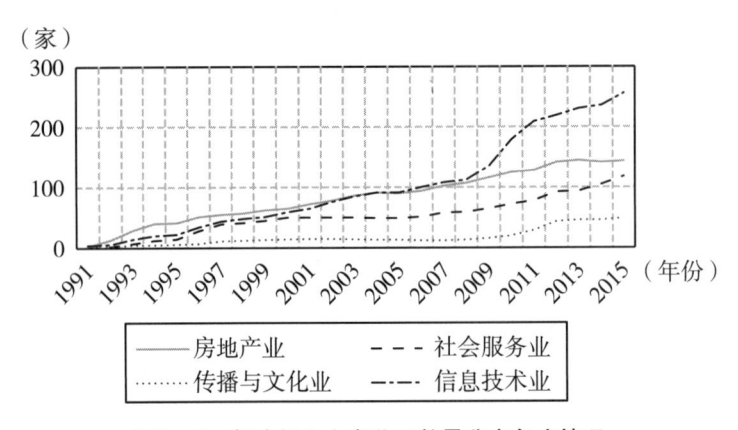

图 1-3　部分行业上市公司数量分布年度情况

资料来源：上市公司数据来自国泰安数据库，产业政策数据为笔者整理。

房地产业作为国民经济支柱性产业之一，在"十五"计划和"十一五"规划（即 2001～2010 年）被鼓励和扶持发展，而自"十二五"规划开始（2011 年至今），考虑到系统性风险等一系列问题，房地产业不再作为产业政策支持对象，这一点与现实情况也比较相符。从图 1-3 可以发现，1991～2000 年，房地产行业上市公司总体而言处于低位稳定状态，数量也基本在 50 家左右；2001～2010 年，房地产业上市公司数量增长到 120 家左右，这种迅速的增长情况与产业政策的支持一致；2011～2015 年，房地产行业上市公司数量总体而言处于高位稳定状态，即始终维持在 140～150 家，这种现象与产业政策的取消息息相关。总体而言，房地产业的发展受到了产业政策的重要影响。

社会服务业的发展与我国经济的发展密不可分。在"八五"计划、"九五"计划期间（即 1991～2000 年），我国产业发展的重心在重工业等行业领域；在"十五"计划、"十一五"规划期间（即 2001～2010 年），随着经济的发展和国民生活水平的提高，社会服务业开始受到国家关注，获得了政策的支持；在"十二五"规划、"十三五"规划（即 2011～2020 年），社会服务业被作为国家重点支持行业迅速发展，并提出了大力发展社会服务业的口号。由图 1-3 可以发现，社会服务业上市公司在 1991～2000 年逐步上升，但仍旧处于较低水平；在 2001～2010 年上市公司数量维持了这种低水平的稳定，且在 2009 年之后开始出现上升的态势；2011 年之后，社会服务业上市公司迅速增长，且仍旧保持着持续上扬的趋势；三个阶段的数量趋势与产业政策的支持情况保持了较为一致的态势，表明产业政策的存在促进了社会服务业的发展。

传播与文化业的发展历程与社会服务业的发展历程较为相似，所不同的是其发展更晚。直到 2010 年,"十二五"规划和"十三五"规划的相继出台意味着文化产业走上了历史舞台,两个重要文件中均设立独立的章节重点阐明了文化产业的重要性,并提出了弘扬传统文化和大力发展文化产业的目标。在此之前,文化产业的发展一直处于自由发展状态,虽然诸如出版业、广播电影电视业等在"八五"计划期间便被列为产业政策扶持行业,但工业制造业、社会服务业的发展重心导致了其并未受到较多重视。1991~2010 年,我国文化产业类上市公司一直保持着 10 家左右的低水平值,且表现为国有企业占主导地位的态势;而 2011 年以来,随着大力发展文化产业措施的推进,文化产业类上市公司迅速发展,从 10 家增长到 50 家左右,虽然相较其他行业水平仍旧很低,但相比自身而言,文化产业得到了大力的发展与支持。

最后一个是信息技术产业。无论是从五年规划的支持力度角度,还是科教兴国战略的提出角度,信息技术产业一直以来都是我国经济发展的重中之重。从"八五"计划到"十三五"规划,信息技术产业一直被作为重点发展和大力支持的行业。也正是因为相应政策的支持,我国信息技术产业的上市公司数量从 1991 年开始便逐年稳定增长,且一直未放慢脚步。尤其是近些年来,为了更好地发展信息技术、互联网科技、通信技术等一系列高精尖且关系经济发展命脉与未来的领域,国家进一步推出了以"战略性新兴产业推进规划"为代表的一系列规划。这一系列举措的推出,使我国信息技术产业进入了高速增长的时代。在较短时间内,该行业上市公司的数量从 100 家左右迅速增长到 250 家左右,且这一趋势没有减慢的态势。信息技术产业的发展历程不仅表明产业政策对行业发展的重要性,也同时表明,相应政策的配合与落地是充分发挥产业政策作用的关键所在。

第二节 西方研究视角下的产业政策及其对我国宏观经济的影响

一、西方视角下的产业政策

宏观政策在经济发展中的地位一直是学者争论的焦点。新制度经济学的发展为人们提供了新的研究路径,即制度可以改变微观经济体的偏好,进而改变其行为。这一观点被众多学者所接受，拉波塔等（La Porta et al., 1997）、佩罗蒂（Perotti, 1995）、克罗兹纳（Kroszner, 1999）、斯特拉恩（Strahan, 2001）相继从公司融资、公司民营化、金融体制改革等视角研究政府参与这只"看得见的手"对于微观经济体的影响，宏观政策与环境对于微观企业的影响这一研究进入人们视野，而产业政策作为重要分支逐渐被人们所关注。那么，作为宏观政策的一部分，产业政策是否会影响企业行为与价值呢？

针对这一问题，相关学者进行了研究。墨菲等（Murphy et al., 1989）指出，宏观产业政策具有强大的推动力。克里斯库奥洛等（Criscuolo et al., 2012）从企业投资与就业的角度进行了实证研究，发现产业政策的支持会带来企业投资的上升和就业数量的增加，暗示未来企业价值的增加。阿吉翁（Aghion, 2012）从企业竞争角度出发，系统分析了产业政策的效果，最终发现产业政策可以通过促进企业竞争完成价值的增长。与此同时，克鲁格和通杰尔（Krueger & Tuncer, 1982）、比森和韦恩斯坦（Beason & Weinstein, 1996）分别利用土耳其和日本的数据进行了实证研究，发现产业政策给公司以及行业带来的收益不明显。布朗尼根和威尔逊（Blonigen & Wilso, 2010）进一步探究了上下游企业链条中产业政策的效果，他们发现处于上游的企业受到政策扶持并获取相应补助时，处于下游的企业成本会增加，竞争力会降低，暗示产业政策实施效果不能只观测单一公司。纳恩和特勒副勒尔（Nunn & Trefler, 2010）也得到了类似的结论，他们发现产业政策对经济的促进作用存在于制度环境较好的地区。

可以发现，西方发达经济体中产业政策实施效果存在较大差异，其对经济的作用取决于竞争、制度环境等因素的变化。因此，谈及产业政策，西方学者更愿意将其视为一种经济的不确定性。而对于我国产业政策，国外学者尝试从政策制定与政策执行、政策受众的信息传递与信息不对称等角度进行探究，但观点并未形成一致。陈玲（2011）以 1980~2000 年为观测区间，尝试探究我国集成电路行业产业政策的实施效果，发现制度障碍、共识诉求是产业政策制定与实施的关键，并提出"制度—精英"双层决策理论，为分析我国产业政策提供了坚实的基础。那么，我国产业政策实施效果究竟如何呢？

二、产业政策对我国宏观经济的影响

林毅夫等（2003、2007）认为，不同经济发展阶段必然伴有不同的产业结构，而产业政策的执行便会起到引导作用，纠正市场的失灵。吕明元（2007）则指出，产业政策以及制度创新使得一些产业具有较强的国际竞争力。可见，在我国经济不断发展、产业不断转型的进程中，产业政策作为一种宏观政策被寄予厚望，产业结构不断调整、不断升级等任务被赋予其中。我国经济的不断发展壮大也暗示了，产业政策确实起到了其应有的作用，成为经济发展中有效的政府干预手段。

刘澄等（2011）、雷玷和雷娜（2012）、舒锐（2013）、宋凌云和王贤彬（2013）、邢毅（2015）等分别从战略新兴产业、经济增长、工业行业增长、地方产业生产率、能源消费强度等方面进行了研究，总体而言发现了产业政策正面影响宏观经济的证据。程俊杰（2015）分别从税负、贸易保护、创新补贴等角度研究了我国制造业，发现产业政策在一定情形下可能导致产能过剩。孙早和席建成（2015）研究钢铁行业发现，产业政策的实施效果受到政府考核双重目标、市场化水平等因素的影响。陈钊和熊瑞祥（2015）研究国家及出口加工区出口额发现，产业政策效果的实现主要存在于有比较优势的行业中。可以发现，我国宏观产业政策对宏观经济发展总体起到了积极的作用，但是，仍旧存在许多需要考虑的因素。如黄先海等（2015）研究发现，产业政策的实施存在一个以行业竞争程度为特征的最优实施空间，而不是完全有效。此外，张莉等（2017）从城市土地出让层面进行了研究，发现产业政策显著提升了城市工业用地的出让总数和面积。韩永辉等（2017）发现，产业政策的出台显著提升了地区产业结构的调整，且这种效应主要依赖于地区市场化水平和地方政府的能力。

上述研究表明，我国产业政策取得了较为正面的影响，但仍有较大的改进空间。因此，探究产业政策如何传导至微观企业、微观企业受到何种影响以及微观企业会如何反应，对于产业政策的制定与实施至关重要，这也是研究宏观产业政策与微观企业行为的出发点之一。

第三节　我国产业政策对微观企业行为的影响及经济后果

关于产业政策对微观企业行为影响的研究，目前主要聚焦于微观企业日常投资、融资、补贴、创新等视角。

在融资方面，产业政策的扶持会使得相关企业获得更加宽松的融资环境。陈冬华等（2010）率先考察了国家产业政策对上市公司股权融资、股权再融资、银行贷款三方面的影响，发现获得产业政策支持的行业股权融资的额度和家数更高，股权再融资的机会更多，长期银行借款数额更大。虽然他们发现短期借款呈现相反趋势，但总体而言表明产业政策的支持使得微观企业融资环境得以改善。张纯和潘亮（2012）在此基础上将产业政策具体划分为限制性政策和鼓励性政策，发现限制性产业政策对于遏制相应产业银行借款的增加存在一定差异，而鼓励性产业政策则会促进相关产业银行借款尤其长期借款的增加，研究发现与前者基本一致。连立帅等（2015）则发现，获得五年规划中产业政策支持的企业获取更多长期信贷融资的现象，主要存在于高成长性的国有企业中，而2008年经济刺激政策中的产业政策支持的企业则会促进其短期信贷融资的增长。马文超和何珍（2017）进一步研究发现，产品市场竞争激烈程度会影响产业政策对银行信贷资金配置效率的影响。虽然，产业政策总体而言促进了企业融资环境的发展，但民营企业融资难等问题仍需进一步研究和改善。

产业政策的存在会缓解支持行业或企业的融资约束，甚至大幅度增加其银行借款额度和便利，那么未获得支持行业或企业会坐以待毙么？祝继高等（2015）以2001~2010年我国A股上市公司为样本，进一步探究了企业如何应对未获得产业政策支持而带来的类似融资约束问题。他们发现，未能获得产业政策支持的企业会存在更强的动机去建立与银行的联系，以增加银行借款进而弥补债务融资约束。李莉等（2013）从行业进入的视角进行了探究。他们实证分析了2005年颁布的产业政策对民营企业进入鼓励性行业的影响，发现短期内民营企业进入鼓励性行业较少，且进入后短期效益较差，但从长期看，民营企业更加倾向于进入受鼓励行业，以便获得政策带来的优惠。张新民等（2017）利用省级政府产业政策数据研究发现，产业政策的出台一定程度上会提高辖区内公司的融资约束水平，且民营企业、金融市场化水平较低地区的企业样本更显著。

在投资方面，黎文靖和李耀淘（2014）研究发现，产业政策会增加民营企业的投资额，但投资效率会有所下降。同时，受政策激励企业的投资与银行贷款现金流敏感性上升，而民营企业会获得更多银行贷款支持，暗示民营企业借助产业政策支持突破行业壁垒。陆正飞和韩非池（2013）从产品市场和资本市场两个角度进行了研究，发现受到产业政策支持的企业其现金持有水平与产品市场的成长正相关，且长期性的政策会影响企业持现的市场竞争效应和价值效应，但短期性政策会进一步引发投资的不可持续性，在一定程度上支持并印证了上述发现与结论。徐朝阳和周念利（2015）通过观测我国家电和钢铁产业，认为解决产能问题的关键在于建立和维护公平竞争的市场环境，进而让产能集中发挥作用。何熙琼等（2016）研究发现，获得产业政策支持的企业会获得较多的银行借款，进而使得企业投资效率增加，且这种效应在市场竞争程度较高的时候更显著。王克敏等（2017）发现，获得产业政策支持的企业会获得较高政府补贴、借款，但是带来的是投资水平高、投资效率低、投资不足等问题，为解决上述问题，建立竞争机制、加强董事监督、关注长期发展等方面可以被考虑。

当前，鼓励企业创新与产业升级已经成为国家战略，宏观政策亦表现出大力支持之势。黎文靖和郑曼妮（2016）利用2001~2010年我国A股上市公司专利申请数据，实证分析了我国产业政策对企业创新的影响。他们发现，受到产业政策支持的企业，其非发明专利申请数量会显著上升，且当企业预期政府补贴和税收优惠会增加时，其专利申请尤其非发明专利数量会显著上升。余明桂等（2016）则具体探究了产业政策促进创新的路径与渠道。他们发现，产业政策促进创新的现象主要集中在民营企业中，产业政策会通过信贷、税收、政府补贴、市场竞争机制等渠道促进重点鼓励行业的创新；同时，范围放宽到一般支持行业时，仅市场竞争机制会发挥效用。

此外，李文贵和邵毅平（2016）从企业国有化的视角进行了探究，发现获得政策支持的企业会表现出更强的企业国有化倾向，之后会获得更多的政府补贴，缴纳更少的税收；但同时，国有化也意味着更多的员工就业、高额的管理费用和职工薪酬。韩超等（2017）将产业政策分为供给型、需求型和环境型，发现供给型产业政策会抑制企业绩效的提升，而另外两种产业政策效果不明显。可见，产业政策的影响是多方面的，当涉及国有民营性质差异时尤其显著，因此，简单判断产业政策好与坏是不科学的，我们要做的是从更加全面、更加长远的视角对其进行研究。

上述研究主要关注产业政策对短期微观企业日常行为决策的影响，意在探究产业政策的传导路径和作用机制。陈学彬（1997）曾指出，政策信息的不对称程度会影响政策的实施效果。因而，部分学者也关注了产业政策的信息宣告与市场反应等问题。韩乾和洪永淼（2014）发现，基金等信息优势投资者会存在产业政策信息的滥用问题,进而导致企业未能获得长期的资金支持,不利于产业政策的实施,表明产业政策信息宣告需要进行事中的信息管控与监管。陈冬华和姚振晔(2018)则从信息效率的视角进行了研究,发现产业政策的宣告会降低企业股价同步性,说明产业政策的宣告总体而言仍旧提高了证券信息市场的效率。探究产业政策信息在证券市场上的定价及信息传导机制有现实意义,不仅有利于产业政策信息的合理定价和正确传导,也有利于企业做出正确决策,保证政策顺利实施。

第四节　未来研究展望

以往研究集中于关注产业政策对微观企业日常行为的影响,有助于我们深入了解和探究产业政策的作用路径与运行机制。然而,这种思维逻辑的深入同时也可能使得研究者落入某一细小环节,而忽略了产业政策的整体性。基于此,我们结合产业政策的缘起、制定、传导、实施等方面,重新构建了产业政策的研究问题与理论框架,以方便研究者寻找其中的不足,进而探究可能的研究方向与契机(见图1-4)。

首先,现有研究对产业政策外部性、长远性的关注不足。产业政策的外部性可能与企业价值最大化目标(乃至利益相关者价值最大化的目标)相抵触。我国产业政策制定是一个自上而下的过程,在制定过程中会充分考虑国家的长远发展。我国经济的高度发展也表明,政府相应政策执行与实施为宏观经济发展带来了实在的好处。具体到企业,则会出现不一致的情况。产业政策的制定致力于行业、地区甚至国家的全面发展,其自身带有外部性属性,这决定了产业政策在短期内不一定会有助于企业价值的提升。证券市场价格衡量的是与企业相关的信息的价值,因而,此时证券定价可能会降低。但是,如果产业政策外部性会带来上下游或者地区经济的发展,那么在长期视角下其可能带来的是上下游企业的稳定长远发展或者地方经济发展下的协同效应。再如,国有企业等在从事公共产品行业活动时面临的外部性更大,从利益相关者视角下看是有利的,但基于企业价值最大化视角的投资者或股东却不尽然。如果市场未能理性定价,产业政策的执行效果难免大打折扣。因此,充分了解产业政策外部性下的真实绩效是有必要的。

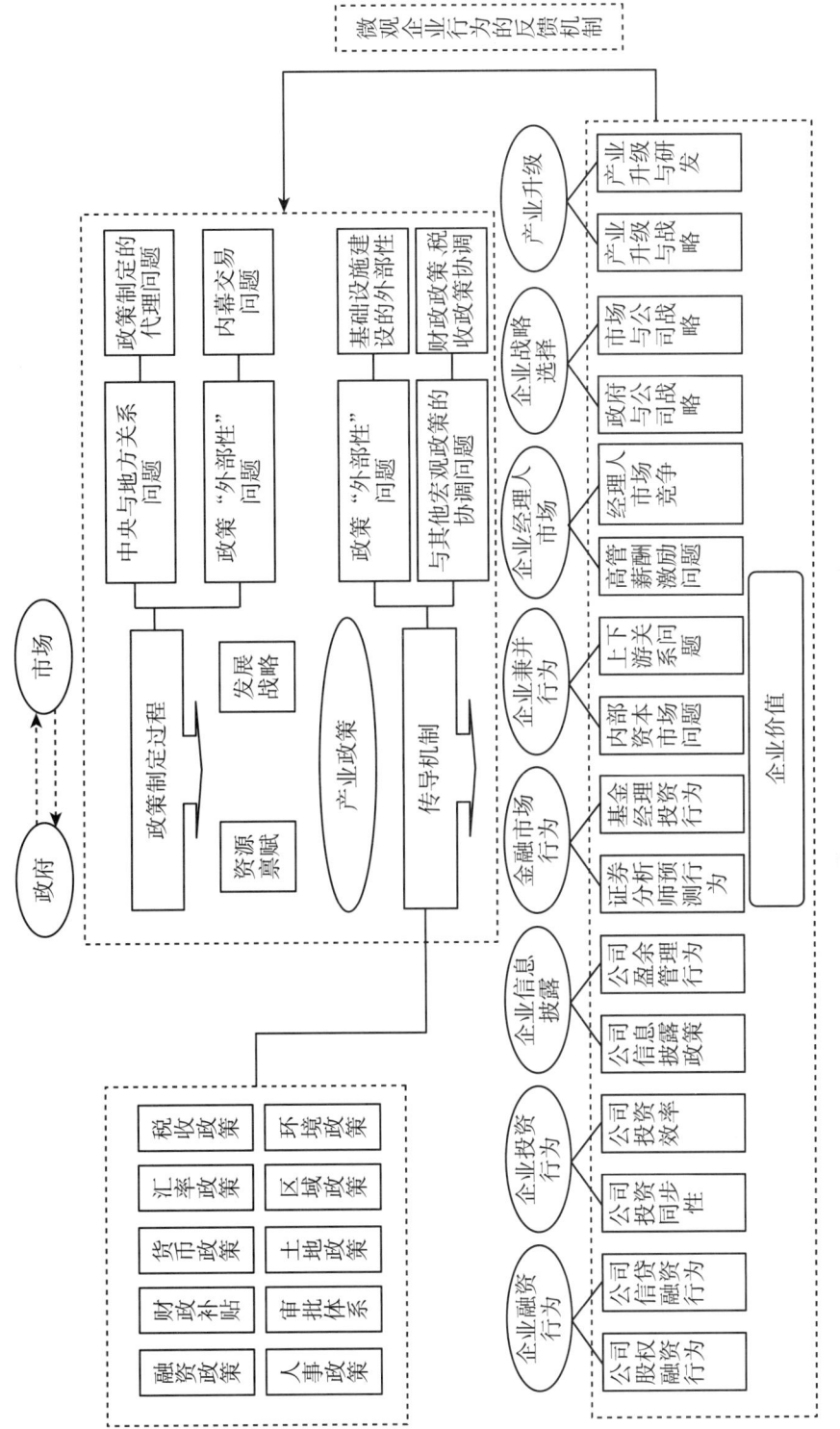

图 1-4 产业政策研究问题与理论框架

其次，现有研究关于产业政策的衡量较为单薄。关于产业政策研究的文章，其变量选取主要为国家五年规划、国家振兴发展规划、十大振兴产业规划等政策文件。通过文本分析，尝试将其中关于产业政策的信息寻找出来并定位，进而将其归纳为未获得支持行业、一般支持行业、重点支持行业，甚至限制性行业等。这种方法源于陈冬华等（2010），也在学术界得到广泛的运用。该种方法虽然能较好地刻画出产业政策的支持力度，但仍存在一些值得我们改进的地方。比如，国家产业政策的范围选择使得我们变量的选取遗漏了地方政府的作用。虽然有文献涉及地方政府在产业政策中的作用，但是，仍旧未能直接抓取地方政府在这其中的作用。因此，或许我们可以通过类似构建国家级产业政策变量的方法，尝试构建地方产业政策的变量。这样，不仅可以更好地了解地方政府在这其中的作用，同时可以更加深入地了解产业政策传递过程中地方政府因地制宜角色下政策的具体执行情况。

再次，现有研究对证券信息市场的关注较少。产业政策的实施改变了企业投资、融资、创新等方面的行为，进而影响企业价值的变化。因此，产业政策信息具有信息含量，可以参与市场定价。例如，韩乾和洪永淼（2014）研究战略新兴产业披露行为时发现，机构投资者借助其自身拥有的信息优势和处理能力及一般投资者的非理性反应，可以赚取不菲的收益，暗示产业政策信息具有信息含量；同时他们也发现，这种情况下会导致相应公司出现利益反转的现象。这种情形的发生会使得获得政策支持的公司未能获得市场正确的估值和合理的资金支持，不利于证券市场资源的优化配置，甚至带来金融的不稳和相应政策的难以执行，进而影响经济的健康长远发展。政策信息的披露需要有一个度，以配合政策的执行和政策目标的实现。那么，我国产业政策信息的披露是否达到了引导市场和公众，进而配合政策实施的合理的"度"呢？周振华（1990）、江小涓（1991）指出，产业政策的实施会带来一定的偏差，可能优于预期，也可能与期望背道而驰。产业政策的信息披露机制会影响企业发展、政策执行、金融稳定等，因而需要对其进行系统分析与研究。

最后，现有研究较少涉及微观企业对宏观政策的影响。宏观经济政策与微观企业行为的互动，不仅仅局限于宏观经济政策对微观企业的影响。政策制定与实施的基础和前提是现有的经济情势、企业情况等，微观企业行为的变化必然会引发政策的变化。如互联网企业金融创新的出现，反过来促进了我国金融创新政策与监管的出台。因此，未来或许可以较多地关注微观企业行为对宏观产业政策的影响。

第二章

政府行为与股价同步性[*]
——来自我国产业政策的证据

我国经济发展过程中,政府始终扮演着极其重要的角色。货币政策、产业政策、财政政策、区域政策,以及各式各样的政府行为的出台与实施,共同影响了宏观经济的发展与微观企业的运行。随着经济社会的发展,政府的角色与定位也在变化中不断演进。从党的十五大"使市场在国家宏观调控下对资源配置起基础性作用",到党的十六大"在更大程度上发挥市场在资源配置中的基础性作用",到党的十七大"从制度上更好发挥市场在资源配置中的基础性作用",再到党的十八大"使市场在资源配置中起决定性作用和更好地发挥政府作用",可以看出,政府始终在寻找促进经济发展的均衡与定位。那么,特定的政府行为究竟对经济的发展产生了何种影响,特别就微观的市场层面而言,目前研究的观点并不统一。本章选择资本市场的信息效率作为考察对象,来检验政府行为在这一领域的影响。莫克等(Morck et al., 2000)发现,政府行为的存在可能会降低市场的套利交易,进而降低资本市场信息效率。同时,林毅夫和李永军(2003)、林毅夫(2007)则提出,产业政策的执行可以发挥引导作用,纠正市场失灵,表明政府行为在信息效率上可能存在好的影响。本章尝试从资本市场及微观企业层面寻找政府行为影响的证据,以期更好地理解政府行为,进一步厘清政府行为对经济发展及信息市场的作用。在政府行为方面,考虑到产业政策的重要性、广泛性与持续性,本章选取产业政策作为研究政府行为的切入点;在资本

---

[*] 本章原文以《政府行为必然会提高股价同步性吗?——基于我国产业政策的实证研究》为题发表于《经济研究》2018 年第 53 卷第 12 期。

市场方面，本章选取信息效率指标——股价同步性作为研究对象。

股价同步性被用于衡量公司股价变动与市场平均变动之间的关系。对股价同步性机制的研究，学界大致分为"信息效率观"和"非理性行为观"两种观点。前者以莫克等（Morck et al., 2000）为代表，认为股价同步性衡量的是信息效率的高低；后者以韦斯特（West, 1988）为代表，认为股价同步性衡量的是市场噪声、投资者情绪的多少。相较后者，"信息效率观"更多地被人们所接受，股价同步性逐渐成为衡量证券市场信息效率的重要指标之一。在"信息效率观"下，外部投资者保护下的信息套利行为和私有产权保护下的政府行为，被认为是造成发展中国家股价同步性较高的根源所在。外部投资者保护较差时，套利交易对公司外部人吸引力较差，公司特质信息进入股价的可能性大大降低；私有产权不完善下的政府行为存在较大不确定性，这会降低投资者信息套利行为并提高噪声交易比重（De Long et al., 1990）；公司特质信息的降低及噪声交易的提高，使得证券市场股价同步性提高，证券市场信息效率降低。因此，在上述类型的证券市场，降低股价同步性存在两种可能的途径：提高产权保护水平，促进信息交易行为的发生；降低政府干预水平，减少市场噪音的产生。

产权保护水平一定的条件下，众多学者从信息披露机制、公司治理结构、外部信息中介等角度进行了探索，以寻找提高证券市场信息效率的途径。政府行为方面，学界研究相对较少。诸如"政策市"现象的存在似乎表明，政府行为会提高股价同步性，降低股价同步性的可行方式是降低政府干预的水平。那么，政府行为真的会提高股价同步性，抑制信息套利行为的发生吗？目前尚无直接证据。如果政府行为带来了股价同步性的降低，以莫克等（Morck et al., 2000）为代表的"信息效率观"似乎应进行一定程度上的修正。以"十一五"规划到"十三五"规划为观测区间，本部分利用国家产业政策数据对上述问题进行了实证检验，发现政府行为没有带来股价同步性上升，反而使得股价同步性显著下降。进一步截面分析显示，上述结果主要存在于分析师跟踪较多、机构投资者持股比例较大、媒体报道较多的样本公司中，表明政府行为促进了信息套利行为的发生。

聚焦于政府行为视角，本章研究了产业政策对股价同步性的影响，发现以产业政策为代表的这类政府行为显著降低了股价同步性。本章的主要贡献在于以下三个方面。第一，给出了政府行为影响股价同步性的直接证据。现有研究主要从信息披露、公司治理、信息中介等视角探究降低公司股价同步性的渠道,本章一定程度上填补了政府因素影响股价同步性文献的不足。第二,本章对莫克等(Morck et al.,2000)提出的"信息效率观"进行了一定程度的修正。"信息效率观"指出,产权保护较差情况下的政府行为会提高股价同步性,抑制信息套利行为,本章的发现一定程度上修正了这一观点,有助于股价同步性研究的进一步推进。第三,从信息定价的角度探索了产业政策对股价同步性的影响。研究不仅丰富了产业政策与信息市场领域相关的文献,同时也表明市场对于产业政策等宏观信息的定价是理性的,有利于投资者重新认识我国证券市场。

第一节 文献回顾、问题提出与研究假设

一、文献回顾

股价同步性与信息效率关系的争论由来已久,存在两种相反的观点。一些学者认为,股价同步性负向反映股票信息含量,即股价同步性越高,股票中包含的公司特质信息越少。莫克等(Morck et al.,2000)研究发现,在制度环境和产权保护较差的国家和地区,其股价同步性较高;不完善的产权保护阻碍了公司层面的信息进入股价,使得股价同步性较高。杜尔涅夫(Durnev,2003)发现,R^2较低的行业或公司存在更高的现时回报与未来盈利关系,表明更多的未来信息存在于当前股票回报中,股价同步性与股票信息含量显著负相关。李等(Li et al.,2004)、陈和哈米德(Chan & Hameed,2006)等学者则分别从资本市场开放程度、分析师跟踪等角度支持了这一观点。

另一些学者认为,股价同步性正向反映了股票信息效率。韦斯特(West,1988)认为,公司价值相关信息快速融入股价会降低股价波动,使得股票一致性波动加强。凯利(Kelly,2014)研究发现,较低股价同步性企业存在规模较小、机构持股较低、分析师跟踪较少、股票流动性较低等特征,表明股价同步性与公司信息环境正相关。达斯哥普塔等(Dasgupta et al.,2010)研究发现,公司透明度较高的公司存在较低的公司层面波动,有较高股价同步性。陈等(Chan et al.,2013)则发现,股价同步性与流动性正相关,表明公司层面信息较少的公司面临的是较低的信息不对称性。

我国学者的研究主要侧重第一种观点。王亚平等(2009)、金智(2010)、

黄俊和郭照蕊（2014）分别从机构投资者、财务会计准则、新闻媒体报道等角度研究信息传递与股价同步性的关系，发现公司信息融入股价越多，同步性越低。许年行等（2011、2013）分别从心理互动、羊群行为等视角研究了投资者行为对股价同步性的影响。李增泉等（2011）、王艳艳和于李胜（2013）则从关系型交易、债权人出发，丰富了信息需求者角度股价同步性的研究。可以发现，股价同步性研究主要关注公司特征、信息需求者、投资者行为等因素对公司信息传递的影响。莫克等（Morck et al.，2000）指出，产权保护不完善下的政府行为可以影响股价同步性及信息套利行为，但是，目前较少文献给出政府行为是否以及如何影响股价同步性的直接证据。

或许对成熟资本市场而言，上述研究是足够的。但我国证券资本市场背景下，关系交易、特定债权人等现象的存在会进一步降低市场投资者对公司特质信息披露的要求。作为新兴的发展中国家，我国宏观层面的调控和政策，对于经济发展的影响不可忽视，市场投资者会更加关注政府政策、干预或调控信息。因此，在我国制度背景下研究股价同步性形成机制，仅关注公司层面信息披露可能存在缺陷，研究政府行为对股价同步性的影响具有现实意义。

二、问题提出：政府行为、产权保护与风险套利

施莱弗尔（Shleifer，1994）指出，一些政府干预强的国家存在利用立法、许可权、国有化等一系列措施影响甚至关闭企业，以达到财富转移目的的现象。这种情况下，企业的发展与估值会受到政府行为的影响，后者变成一种不可或缺的资产定价信息。莫克等（Morck et al.，2000）从产权保护视角给出了发达国家和发展中国家股价同步性高低现象的解释。他们认为，发展中国家存在大量的政府行为，这种不确定性因素使得风险套利者很难把握企业未来价值变化，使得信息搜集难度加大。同时，发展中国家产权保护较弱，这使得风险套利者所获收益很难达到预期或者被保护。在政府行为和产权保护较差的双重影响下，发展中国家证券市场风险套利行为被抑制，噪声交易成为价格的主导因素。系统性风险的增加、脱离基本面的加重和噪声交易者情绪等多因素的存在，使得股价同涨同跌现象更加明显。

但是，上述产权视角的分析无法解释制度完善的日本存在的高股价同步性现象，且分析中缺少中国上市公司 A 股样本数据，这进一步增强了我们对该

理论适用性的疑问：政府行为或产权保护究竟会如何影响股价同步性的变化？

要回答这一问题，需要从上述基本假设说起。首先，政府行为较多的情况下存在很强的不确定性，这使得套利者难以掌握政策信息。我国经济发展过程中存在着较多的政府行为，产业政策、财政政策、货币政策等一系列措施不断出台。但从宏观角度看，近三十年来我国经济取得了巨大的发展，全要素生产率不断提高，宏观工业企业量增长显著。从微观视角看，政府行为在市场不完善的情况下发挥了指导作用，企业在创新、融资等方面受到的影响是显著且明确的。因而，我国政府干预下的政府行为可能体现的是一种明确性较强的信号。各项政策的制定与执行存在较为严密与科学的路径，这进一步降低了我国政府行为不确定性的特点，降低了套利者的交易成本。

其次，政府行为一定的情况下，风险套利者的信息搜集成本较低。一方面，对于国家宏观调控政策，政府会在既定的时间统一公布。专业的风险套利者较一般投资者具有更强的信息处理能力，这使得风险套利者运用相同的公开信息仍可以获取存在优势的信息进而获利（韩乾、洪永淼，2014）。另一方面，我国目前的信息披露环境仍有待完善，这在一定程度上说明外部投资者对宏观信息的依赖度较高。差序格局的关系型社会中存在各种关系与联系，而相较一般投资者，专业的风险套利者可能拥有更多的关系和渠道获取其需要的特定信息，进而使得信息搜集的成本进一步下降。此时，即便产权保护较差，信息套利交易下边际成本大于边际收益的交易临界点仍会显著提高，进而使得更多的政策信息被风险套利者使用，降低股价同涨同跌的可能。

综上所述，我国政府行为较弱的不确定性及信息搜集成本的低廉性，可以一定程度上促使政府行为的信息融入股价，而非众多文献中提及的会提升股价同步性。考虑到政府行为影响企业行为的普遍性及政策研究的特殊性，本章拟选取产业政策对上述问题进行实证研究。一方面，在研究政府与市场互动领域，产业政策不仅切实影响了企业行为，同时还引发了集中而广泛的争论；另一方面，产业政策涵盖获得政策支持和未获得政策支持企业，即实验组和对照组，方便进行对比研究。

三、理论分析与研究假设

具体而言，主要从以下三个方面进行讨论和分析。

首先，不同国家间的产业政策存在异质性。我国中央层面的产业政策主要集中于国家五年规划中。但随着时间的推移，我国五年规划和产业政策的制定与实施过程发生了重大变化。同时，众多欧美等发达国家亦存在多种多样的产业政策，且实施效果各异。克鲁格和通杰尔（Krueger & Tuncer，1982）探究土耳其产业政策时发现，产业政策对本国企业及行业的影响不明显。比森和韦恩斯坦（Beason & Weinstein，1996）研究日本产业政策时发现了类似的结论。布朗尼根和威尔逊（Blonigen & Wilso，2010）则在探究美国钢铁行业产业政策时发现，产业政策对上游企业存在正向利好影响，对下游企业存在不利影响。阿吉翁等（Aghion et al.，2015）针对中国产业政策进行了研究，发现产业政策可以促进企业竞争进而实现价值增长。可见，不同国家间产业政策的实施效果存在较大的差异，且受到制度环境等因素的影响。

随着产业政策的实施，不同国家为推行产业政策而制定的配套措施也存在方式和程度上的差异。如美国钢铁行业的产业政策，其在执行过程中可能会受到行业、地区等因素的影响。一方面，单一行业的政策实施可能会受到其他行业的影响，甚至遭遇竞争性替代行业的打压；另一方面，不同地方政府间存在行业结构、税率大小等方面的差异，其受到钢铁行业产业政策的影响可能会截然不同，进而导致不同地方政府对其支持力度呈现出不同情形。再比如中国的产业政策，其来源于国家五年规划，是推进国民经济与社会发展的重要组成部分。这种自上而下的国家级政策在现有机构和制度安排下会受到地方政府和职能部门的大力支持。诸如税收政策、补贴政策、进出口政策等众多配套措施会相继出台，以保证国家产业政策的实施。这种实施路径与重视程度上的不同意味着产业政策对企业行为的影响存在显著差异，不同国家间产业政策存在异质性。这一结论可以解释莫克等（Morck et al.，2000）研究日本股价同步性较高与产权保护较高不匹配的现象，即政府行为的异质性导致不同国家政府行为对股价同步性的影响机制不同。

其次，国家产业政策对微观企业个体的影响存在异质性。作为五年规划重要组成部分和实现推进国民经济与社会发展的重要手段，产业政策的最终呈现会表现为针对不同的行业施加不同程度和形式的措施。如五年规划中，产业政策的支持力度会呈现出一般支持和重点支持的差异（黎文靖、郑曼妮，2016；Chen et al.，2017）。李文贵和邵毅平（2016）则发现，获得产业政策支持的企业不仅会获得补贴和税收优惠，同时也会承担就业、薪酬等压力。另外，在现有机构设置与制度安排下，我国产业政策的实施存在地方政府和职能部门两个实施路径。地方政府不仅参与国家产业政策的制定过程，也会根据上级地方政府要求制定符合国家产业政策精神的有利于当地经济发展的地区产业政策，进而表现为产业政策在不同地区存在差异。韩永辉等（2017）研究发现，产业政策会影响地区产业结构，但该效应依赖于地区市场环境和政府能力。职能部门主要扮演制定支持配套措施的角色。随着国家产业政策的实施，职能部门会制定各自职能领域的支持政策，如银行出台的针对支持行业公司的优惠信贷政策，税务部门出台的支持行业公司的税收政策，等等。

由上可知，产业政策在现实路径传导过程中最终会表现为，产业政策影响企业行为存在行业、地区、力度、形式等方面的差异。同时，即便同行业同地区的不同公司，其获得产业政策支持的情况也不尽相同。如李文贵和邵毅平（2016）便指出，获得产业政策支持企业通过国有化这一途径才会获得相应的政策优惠；而未获得产业政策支持企业也可能通过不同的手段来应对产业政策带来的影响。因此，产业政策对微观企业的影响存在个体上的异质性，这种异质性意味着企业活动和企业价值变化的差异性，反映在股价波动上则是股价同涨同跌程度的下降和股价同步性的降低。

最后，产业政策影响企业行为的异质性会带来企业真实活动的变化，进而导致套利交易的增加和信息环境的改善。研究表明，随着产业政策的实施，企业会在融资活动、投资活动、创新活动等方面发生显著的变化。甚至，面对产业政策可能带来的政府补贴、税收等方面的优惠，企业会作出进行公司国有化等重大战略决策。此外，产业政策实施也可能会引发管理者过度自信等问题，进而影响企业的日常经营活动。产业政策引发企业真实活动的变化，意味着微观企业会产生新的公司层面的特有信息。在其他因素不变的情况下，公司层面信息的增多意味着企业价值可能发生变化。

为了更有效地进行投资决策，投资者需要更多公司层面信息。面对投资者信息需求的提高，不同信息供给主体行为亦会发生改变。一方面，随着自身生产经营活动变化，微观企业主体会向市场披露更多信息。一般情况下，企业会通过年报披露企业投资、融资等方面的变化，通过自愿性报告披露企业创新等方面的变化。且随着企业投资、融资活动的深入，企业需要向银行、合作伙伴等主体披露更多公司内部信息，进而带来公司信息效率的提升和股价同步性的降低。另一方面，公司活动的复杂性和产业政策影响的异质性使公司层面信息具有一定的专业性，这会提升一般投资者决策分析的信息成本。信息专业性的提升和信息需求的增加会带来投资者对市场信息中介需求的提升。从信息中介角度来看，机构投资者、分析师等中介机构具备较高信息搜集和处理能力。同时，产业政策的科学性和执行路径的有序性会使得产业政策影响微观主体的行为具有较强的确定性，这种确定性的存在意味着信息套利交易成本和风险的降低。因此，面对较强的信息优势、降低的套利风险以及较大的信息需求，机构投资者、分析师等中介机构会选择搜集、处理、分析产业政策带来的公司特质信息，进而通过信息买卖甚至自身投资交易等渠道向市场传递。套利交易或信息传递的结果便是更多的公司层面信息传递到证券信息市场，进而带来股价同步性的降低。

综上所述，提出以下假设。

假设2.1：其他因素不变的情况下，与未获取产业政策支持的公司相比，获取产业政策支持的公司股价同步性可能会下降。

第二节　研究设计

一、模型设定与变量定义

股价同步性指标借鉴莫克等（Morck et al., 2000）、顾等（Gu et al., 2010）的研究。本章采用双重差分方法进行研究，寻找实验组与对照组间股价同步性的差异。全样本市场收益率是实验组与对照组之间的简单平均或加权平均，这种标准的选取会带来较大误差。为消除上述统计因素带来的影响，根据中国证监会行业分类标准计算流通市值同行业加权平均收益率作为市场收益率标准。如果产业政策信息会反过来提高股价同步性，那么同行业间同步性应该会更强，因此这在一定程度上增加了因变量选择的稳健性。具体而言，运用模型（2.1）估计拟合优度R^2，运用等式（2.2）对R^2进行对数化处理，最终得到股价同步性指标 SYNCH。SYNCH 越大，表明股价同步性越高，公司个股信息效率越低。

$$R_{it} = \alpha_0 + \alpha_1 \times R_{mt} + \varepsilon_{it} \tag{2.1}$$

$$SYNCH = \log\left(\frac{R_i^2}{1 - R_i^2}\right) \quad (2.2)$$

其中，R_{it} 为第 t 日的个股收益率，R_{mt} 为第 t 日流通市值加权平均同行业收益率，行业分类依据中国证监会行业分类标准；R_i^2 为模型（2.1）的拟合优度。

借鉴顾等（Gu et al.，2010）、李增泉（2005）及王艳艳和于李胜（2013），设计回归模型（2.3）用于研究假设的检验。回归模型（2.3）设计如下：

$$SYNCH = \alpha_0 + \alpha_1 \times IP + \alpha_2 \times IP \times POST + \alpha_3 \times POST + \sum Control + \varepsilon \quad (2.3)$$

模型（2.3）涉及以下主要变量。

1. 被解释变量

股价同步性（SYNCH），由模型（2.1）和等式（2.2）联合计算得到。

2. 解释变量

产业政策支持与否（IP）。借鉴现有研究（黎文靖、郑曼妮，2016；Chen et al.，2017），通过筛选五年规划文件，存在"鼓励""支持"等字眼的行业为支持性行业，政策支持（IP）赋值为1，否则为0。政策宣告之后（POST）为虚拟变量，产业政策宣告之后，POST 赋值为1，否则为0。$IP \times POST$ 为产业政策与政策宣告的交乘项，根据研究问题，预期符号显著为负。

3. 控制变量

财务杠杆（LEVERAGE），为公司负债总额除以资产总额；公司规模（LNTA），为资产总额的自然对数；市值账面比（MB），为市值与资产总计之比；审计师事务所（BIG4），财务报表由四大会计师事务所审计，则 BIG4 为1；市场活跃程度（QUANTITY），为股票交易量的自然对数；股权集中度（OWNERSHIP），为第一大股东持股比例；盈利能力（ROE），为企业净资产收益率；上市年限（LIST），为企业上市时间的自然对数；为了控制行业特征差异性（王艳艳、于李胜，2013），控制了行业总规模（INSIZE）和行业总数量（INNUM）。

为减轻极端值影响，对所有连续变量进行上下1%的 Winsorize 处理，同时按公司进行聚类；考虑到股价同步性在不同行业、地区及年份可能存在系统性差异，控制了行业、年份、地区的固定效应，以进一步剔除相关影响；公司在不同板块或地区上市面临的信息披露要求存在一定差异，所以控制了交易所特征、B股上市、H股上市等特征的固定效应；此外，为了确保较高稳健性，报告了经异方差调整的 Robust 结果。表2-1列示主要变量定义与说明。

表 2-1　　　　　　　　　主要变量的定义与说明

变量类型	变量名称	变量符号	变量说明
被解释变量	股价同步性	SYNCH	由模型（2.1）、等式（2.2）联合计算所得
	拟合优度	RSQ	由模型（2.1）计算所得
解释变量	政策支持与否	IP	获得政策支持取值为1，否则为0
	政策宣告之后	POST	产业政策宣告时点之后则为1，否则为0
控制变量	财务杠杆	LEVERAGE	负债总额除以资产总额
	公司规模	LNTA	资产总额的自然对数
	市值账面比	MB	市值与资产总计的比率
	行业总规模	INSIZE	行业内企业总资产之和的自然对数
	行业总数量	INNUM	行业内企业数量的自然对数
	审计师事务所	BIG4	财报由四大事务所审计取值为1，否则为0
	市场活跃程度	QUANTITY	股票交易量的自然对数
	股权集中度	OWNERSHIP	第一大股东的持股比例
	盈利能力	ROE	企业净资产收益率
	上市年限	LIST	企业上市时间的自然对数

二、样本选择与宣告时点

本部分实证检验涉及分析师、机构投资者等样本，其披露分别始于2001年和2003年，因而主要观测"十一五"规划、"十二五"规划及"十三五"规划产业政策。以沪深A股上市公司为初始样本，剔除金融行业、IPO当年样本、ST等样本、年交易少于30周样本，以及缺少控制变量样本，最终获得"十一五"规划至"十三五"规划共计8404个观测样本。模型所用数据中产业政策相关变量为手工搜集，其余控制变量来源于CSMAR数据库和CCER数据库。

产业政策源于五年规划，宣告时点分别为"十一五"规划、"十二五"规划和"十三五"规划的宣告时点：2005年10月11日、2010年10月18日和2015年10月29日。为了排除日期不确定性，使产业政策能充分释放反应，同时尽量避免其他因素干扰，并减少时间带来的干扰并增加稳健性，分别将产业政策事件宣告前、后30个交易日的时间窗口作为事件期（$POST=1$）和事件前期（$POST=0$）。

三、描述性统计与分析

表 2-2 报告了本章主要变量的描述性统计结果。可以发现,获取产业政策支持（IP）的公司占了 61.2%,略高于黎文靖和李耀淘（2014）报告的 60.32%,低于余明桂等（2016）报告的 66.40%。股价同步性（SYNCH）的均值和中位数分别为 0.083 和 0.120,拟合优度（RSQ）的均值和中位数分别为 0.520 和 0.530。拟合优度略高于王亚平等（2009）报告的 0.41 和李增泉等（2011）报告的 0.42,且高于莫克等（Morck et al.,2000）报告的大多数国家。其他变量分布情况均在合理范围之内。

表 2-2 主要变量的描述性统计

变量	观测值	均值	标准差	p25 分位数	中位数	p75 分位数	最小值	最大值
SYNCH	8404	0.083	1.042	-0.551	0.120	0.776	-2.971	2.403
RSQ	8404	0.520	0.212	0.366	0.530	0.685	0.049	0.917
IP	8404	0.612	0.487	0	1	1	0	1
LEVERAGE	8404	0.485	0.198	0.336	0.492	0.637	0.073	0.923
LNTA	8404	21.997	1.260	21.107	21.861	22.695	19.524	25.782
MB	8404	4.089	3.833	1.680	3.032	5.070	0.575	26.147
INSIZE	8404	26.578	1.357	25.546	26.711	27.520	23.224	29.433
INNUM	8404	3.866	0.706	3.332	4.043	4.511	1.609	4.673
QUANTITY	8404	21.158	1.336	20.160	21.272	22.132	18.301	24.213
OWNERSHIP	8404	37.449	15.597	25.199	35.475	49.267	9.570	75.000
ROE	8404	0.050	0.159	0.022	0.066	0.116	-0.921	0.335
LIST	8404	2.072	0.765	1.609	2.197	2.639	0.000	3.091
BIG4	8404	0.070	0.255	0	0	0	0	1

第三节 产业政策的宣告与股价同步性

一、单变量检验与分析

本节对拟合优度（RSQ）和股价同步性（SYNCH）进行了单变量 t 检验实

证分析，表 2-3 报告了相应结果。"组内差值"指同组公司事件宣告前后股价同步性的差异，对应 t 检验统计值为"组内 t 值"列；"组间差值"指未获取政策支持公司组与获得政策支持组之间"组内差值"的差异。

表 2-3　　　　　　　　股价同步性单变量 t 检验

变量	产业政策	宣告之前	宣告之后	组内差值	组内 t 值	组间差值
RSQ	未支持	0.566	0.514	-0.052***	6.944	0.020**
	支持	0.544	0.472	-0.072***	12.655	(2.567)
SYNCH	未支持	0.306	0.056	-0.250***	6.739	0.106***
	支持	0.199	-0.157	-0.356***	12.682	(2.713)

注：括号里的数字为 t 值。**、*** 分别代表在 5%、1% 的水平上显著。

以 SYNCH 为例，"未支持"公司组在事件宣告之前股价同步性均值为 0.306，事件宣告之后其均值下降为 0.056，下降幅度为 0.250，在 1% 水平上显著；"支持"公司组在事件宣告之前股价同步性均值为 0.199，事件宣告之后其均值降为 -0.157，下降幅度为 0.356，在 1% 水平上显著。两组对比可知，"支持"公司组在事件宣告过程中股价同步性下降幅度更大，两者相差 0.106，在 1% 水平上显著，表明获得产业政策支持公司股价同步性显著下降，一定程度上支持了研究假设。RSQ 的检验与之一致，不再赘述。

二、多元回归分析

本章通过准实验下的双重差分回归模型进行了分析，表 2-4 列示相应回归结果。列（1）为仅包含控制变量的回归结果，列（2）为仅包含解释变量的回归结果，列（3）为包含控制变量和解释变量的回归结果；因变量为前后 30 个交易窗口下的股价同步性指标 SYNCH。文章回归表格仅列示主要变量的回归结果，剩余变量用"其他"进行替代。

由列（1）可知，股价同步性（SYNCH）与财务杠杆（LEVERAGE）显著负相关，与公司规模（LNTA）、市场活跃程度（QUANTITY）等变量显著正相关，这一结果与王艳艳和于李胜（2013）等的发现一致。由列（2）可知，不控制其他因素的情况下，政策支持与否与政策宣告之后的交乘项（IP × POST）系数为 -0.106，且在 1% 水平上显著（t 值为 -2.837），表明相比未获得政策支持公司，获得政策支持公司在事件宣告之后同步性显著下降。由列（3）可知，加入控制变量后，交乘项系数为 -0.106，在 1% 水平上显著，表明上述结论仍旧成立，支持了研究主假设。

进一步地，我们探究了产业政策支持力度对上述发现的影响。参考陈冬华等（2017），将产业政策区分为一般支持（IPA2）和重点支持（IPA3）：五年规划中出现"支持""鼓励"等字眼，则产业政策为一般支持，IPA2 等于 1，否则为 0；五年规划中出现"重点""大力""首位"等字眼，则产业政策为重点支持，IPA3 等于 1，否则为 0。

表 2-4　　产业政策会降低支持组公司股价同步性吗？

自变量	因变量：股价同步性 SYNCH		
	(1)	(2)	(3)
IP × POST		-0.106*** (-2.837)	-0.106*** (-2.835)
IP		0.087* (1.730)	0.131*** (2.706)
POST		-0.250*** (-8.799)	-0.250*** (-8.792)
LEVERAGE	-0.267*** (-3.775)		-0.261*** (-3.681)
LNTA	0.155*** (9.369)		0.154*** (9.303)
MB	-0.028*** (-7.312)		-0.029*** (-7.452)
INSIZE	-0.175*** (-3.806)		-0.165*** (-3.504)
INNUM	0.123 (1.419)		0.104 (1.176)
QUANTITY	0.100*** (5.552)		0.101*** (5.612)
OWNERSHIP	0.001* (1.855)		0.002* (1.918)

续表

自变量	因变量：股价同步性 SYNCH		
	（1）	（2）	（3）
ROE	-0.013 (-0.170)		-0.012 (-0.168)
其他	控制	控制	控制
常数项	-1.453 (-1.373)	-0.098 (-0.957)	-1.600 (-1.474)
N	8404	8404	8404
调整 R^2	0.197	0.158	0.221

注：括号里的数字为 t 值。*、*** 分别代表在 10%、1% 的水平上显著。

如表 2-5 所示，列（1）为未支持公司与一般支持公司样本的实证结果，交乘项（IPA2×POST）系数为 -0.032，不显著，表明一般支持公司股价同步性下降较未获得支持组公司无显著差异。列（2）为未支持公司与重点支持公司样本的实证结果，交乘项（IPA3×POST）系数为 -0.145，在 1% 水平上显著，表明获得重点支持公司股价同步性相较未获得支持公司显著降低。列（3）为同时控制未支持、一般支持和重点支持公司样本的实证结果，可以发现一般支持交乘项（IPA2×POST）系数为 -0.032，不显著；重点支持交乘项（IPA3×POST）系数为 -0.145，在 1% 水平上显著；两组交乘项系数间差异为 0.113，F 值为 5.18，在 5% 水平上显著。总体而言，相较产业政策未支持公司，产业政策支持公司股价同步性下降更大，且支持力度越大，同步性下降越明显。

表 2-5　产业政策支持力度差异对股价同步性的影响

自变量	因变量：股价同步性 SYNCH		
	（1）	（2）	（3）
IPA2×POST	-0.032 (-0.654)		-0.032 (-0.656)
IPA2	0.104* (1.678)		0.089 (1.637)
IPA3×POST		-0.145*** (-3.441)	-0.145*** (-3.446)

续表

自变量	因变量：股价同步性 SYNCH		
	（1）	（2）	（3）
IPA3		0.053 (0.777)	0.155*** (2.900)
POST	-0.250*** (-8.762)	-0.250*** (-8.780)	-0.250*** (-8.791)
其他	控制	控制	控制
常数项	-2.162* (-1.710)	1.715 (1.270)	-1.586 (-1.454)
N	5018	6644	8404
调整 R^2	0.229	0.227	0.221

注：括号里的数字为 t 值。*、*** 分别代表在 10%、1% 的水平上显著。

第四节 进一步分析：信息中介、特质信息与信息效率

基于产业政策降低股价同步性的现象，可能的解释是，产业政策信息被投资者细化为公司层面信息。研究表明，分析师、机构投资者、媒体报道等在公司信息搜集与处理、缓解信息不对称、提高信息效率等方面发挥着重要作用。上述信息中介参与程度越高，套利交易者参与度可能会越高，产业政策信息被细化为企业信息的可能性就越大，噪声交易者交易的空间会越小，上文发现的结果可能越明显。为此，本部分从分析师、机构投资者、媒体报道三个视角进行截面分析。

一、基于分析师视角

相较一般投资者，分析师具有较强的专业性，其在信息挖掘和信息处理方面存在优势。具体而言，分析师可以通过政策文件、公司年报、分析师调研甚至特殊关系等渠道深入了解公司，并根据具体情况作出产业政策对该公司影响的判断，这一定程度上加强了信息准确性；同时，分析师团队专业性也可以减

少具体信息分析时间，以及提高信息分析的精度。因此，当存在较多分析师跟踪时，信息精度的提高会使得产业政策信息进入股价的程度大大提高，进而降低股价同步性。

本部分利用跟踪公司的分析师数据进行了分样本观测，图 2-1 (a) 和 (b) 列示的是分析师跟踪人数差异带来的 SYNCH 分布变化情况。可以发现，在较低分析师跟踪人数样本中，获得支持组公司和未获得支持组公司股价同步性均有所下降，且斜率基本一致，表明产业政策支持与否公司间无显著差异；较高分析师跟踪人数样本中，获得政策支持组公司和未获得支持组公司股价同步性均有所下降，但获得产业政策支持公司股价同步性下降更大，表明在高分析师跟踪样本中产业政策的影响更明显。分析机构数目以及分析报告数目数据分样本下趋势变化一致，不再列示。

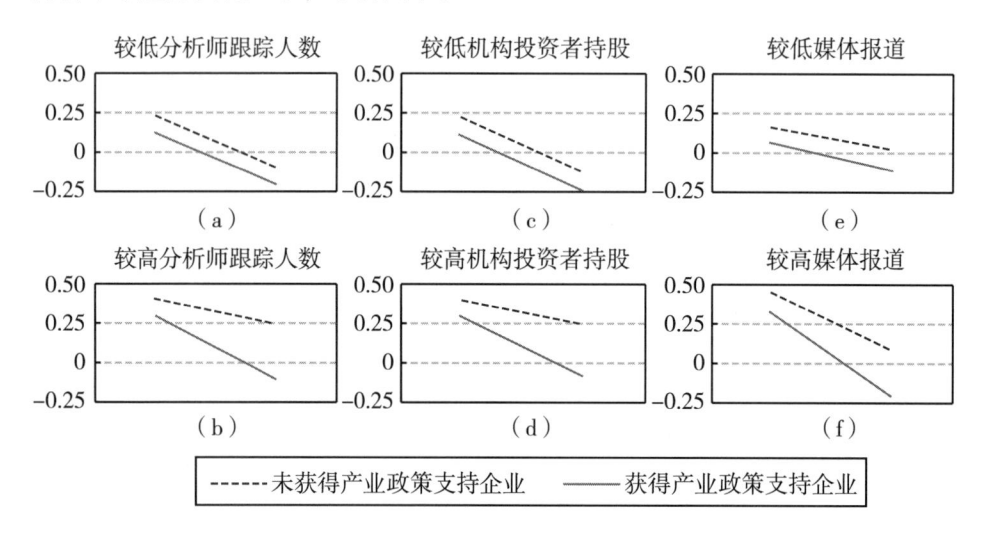

图 2-1　信息中介机构对股价同步性变化趋势的影响

进一步进行分样本回归分析，表 2-6 为相应结果。可以发现，在列 (1) 分析师机构较低组，$IP \times POST$ 系数为 0.002，不显著；在列 (2) 分析师机构较高组，$IP \times POST$ 系数为 -0.234，在 1% 水平上显著；两组系数差异的卡方值为 9.26，在 1% 水平上显著，表明产业政策降低支持组公司股价同步性的现象主要存在于高分析师组。列 (3)、列 (4) 和列 (5)、列 (6) 分别为根据分析师数量和分析报告数量的分样本回归结果，与分析机构数量分组检验一致。综上所述，产业政策对股价同步性的作用受分析师因素的影响，分析师跟踪越多，信息进入股价越充分，股价同步性降低越明显。

表 2-6　　产业政策影响股价同步性机制中分析师的作用

自变量	因变量：股价同步性 SYNCH					
	分析师机构数量		分析师数量		分析师报告数量	
	低	高	低	高	低	高
	(1)	(2)	(3)	(4)	(5)	(6)
$IP \times POST$	0.002 (0.037)	-0.234*** (-4.313)	0.007 (0.128)	-0.232*** (-4.317)	-0.009 (-0.163)	-0.215*** (-4.008)
IP	-0.004 (-0.056)	0.226*** (3.065)	0.004 (0.056)	0.219*** (3.023)	0.020 (0.305)	0.203*** (2.844)
$POST$	-0.322*** (-7.901)	-0.161*** (-3.837)	-0.313*** (-7.501)	-0.177*** (-4.262)	-0.311*** (-7.446)	-0.179*** (-4.342)
其他	控制	控制	控制	控制	控制	控制
常数项	1.385 (1.017)	-4.294** (-2.493)	1.753 (1.280)	-4.414*** (-2.629)	1.192 (0.858)	-4.266** (-2.539)
Chi^2	9.26		9.25		6.95	
$(Prob > Chi^2)$	0.0023		0.0024		0.0084	
N	4476	3928	4384	4020	4376	4028
调整 R^2	0.214	0.258	0.204	0.263	0.213	0.255

注：括号里的数字为 t 值。**、*** 分别代表在 5%、1% 的水平上显著。

二、基于机构投资者视角

作为证券市场重要参与者，机构投资者被人们所关注。相关学者研究发现，机构投资者在稳定市场、促进公司治理等方面存在优势。同时，一些学者则发现机构投资者拉升股价、危害市场流动性甚至引发崩盘的证据。可以发现，机构投资者对证券市场而言存在两面性。上述行为的发生均依赖机构投资者强大的信息搜集和信息处理能力，即机构投资者存在信息优势。产业政策信息的套利行为建立在准确的方向性与较强信息优势的基础上。机构投资者较强的信息处理能力可以帮助其作出较一般投资者更加准确的方向判断。尤其当机构投资者参与公司治理过程中时，其对公司更加了解，进而可以在更低成本下获取信息的同时作出更加准确的判断。这种信息优势最终会体现为产业政策信息最大程度地细化到公司价格中，进而体现为信息效率提高。为此，我们判断产业政策使得股价同步性下降的现象主要存在于机构投资者较多的样本中。

图 2-1（c）和（d）为机构投资者持股比例差异带来的股价同步性变化情况。可以发现，在机构投资者持股较低组，两类公司股价同步性均下降，且下降幅度较为一致；在机构投资者持股较高组，未获得政策支持公司股价同步性下降，获得政策支持组公司股价同步性下降更明显；对比可知，产业政策影响股价同步性降低的机制在高机构投资者组更明显，支持了我们的假设。

我们根据机构投资者持股比例中位数将样本分为低机构投资者持股和高机构投资者持股组，并进行了分样本回归分析，相应实证结果如表 2-7 列（1）和列（2）所示。可以发现，较低机构投资者持股组，$IP \times POST$ 系数为 0.003，不显著；较高机构投资者持股组，$IP \times POST$ 系数为 -0.229，在 1% 水平上显著；两组系数间卡方值为 9.01，在 1% 水平上显著，表明两组样本间交乘项系数存在显著差异，即产业政策降低股价同步性的实证结果主要存在于较高机构投资者持股样本中。

表 2-7　产业政策影响股价同步性机制中机构投资者的作用

自变量	因变量：股价同步性 SYNCH							
	机构投资者		证券投资基金		社保基金、保险基金、证券公司		合格的境外投资者	
	低	高	低	高	低	高	低	高
	(1)	(2)	(3)	(4)	(5)	(6)	(7)	(8)
$IP \times POST$	0.003 (0.051)	-0.229*** (-4.364)	-0.056 (-1.022)	-0.161*** (-3.042)	-0.010 (-0.172)	-0.208*** (-3.936)	-0.106*** (-2.645)	-0.077 (-0.607)
IP	0.033 (0.514)	0.182** (2.490)	0.129* (1.928)	0.140* (1.911)	-0.008 (-0.120)	0.214*** (3.029)	0.092* (1.823)	0.487*** (3.325)
$POST$	-0.343*** (-8.191)	-0.144*** (-3.555)	-0.286*** (-6.971)	-0.209*** (-5.070)	-0.306*** (-7.229)	-0.189*** (-4.661)	-0.267*** (-8.723)	-0.104 (-1.083)
其他	控制	控制	控制	控制	控制	控制	控制	控制
常数项	0.483 (0.368)	-4.226** (-2.357)	0.887 (0.634)	-3.455** (-2.038)	1.220 (0.877)	-3.816** (-2.327)	-0.857 (-0.766)	-9.755** (-2.570)
Chi^2	9.01		1.84		6.40		0.05	
$(Prob > Chi^2)$	0.0027		0.1745		0.0114		0.8208	
N	4360	4044	4312	4092	4258	4146	7602	802
调整 R^2	0.216	0.245	0.228	0.221	0.211	0.253	0.221	0.246

注：括号里的数字为 t 值。*、**、*** 分别代表在 10%、5%、1% 的水平上显著。

温军和冯根福（2012）研究发现，机构投资者存在异质性，不同机构投资者的治理效应及发挥作用机制存在差异。那么，是否所有机构投资者均存在产业政策的信息传递效应呢？我们将机构投资者分为证券投资基金、合格的境外投资者和社保基金、保险基金、证券公司三类，探究不同投资者间是否存在差异，具体如表2-7所示。可以发现，列（3）和列（5）$IP \times POST$的系数分别为 -0.056 和 -0.010，不显著；列（4）和列（6）系数分别为 -0.161 和 -0.208，均在1%水平上显著；高低证券投资基金公司间系数差异的卡方值为1.84，不显著；高低社保基金、保险基金、证券公司间系数差异的卡方值为6.40，在5%水平上显著；两种分组实证结果表明，上述发现存在于证券投资基金和社保基金、保险基金、证券公司较高持股样本中。列（7）和列（8）为合格的境外投资者较低和较高组回归，较低组系数为 -0.106，在1%水平上显著；较高组系数为 -0.077，不显著。结果表明，产业政策信息套利行为主要发现在较低境外投资者持股中，暗示机构投资者间存在异质性。

三、基于媒体报道视角

作为备受关注的信息传递渠道，媒体具有搜集能力强、受众范围广等特点。在通信高度发展的今天，媒体成为不可或缺的信息渠道。关于媒体作用的观点目前主要分两种：一类学者认为，为了自身效用最大化，媒体过度追求娱乐导向或者轰动效应，其更多地具备"情绪功能"；另一类学者则认为，媒体在日趋严峻的竞争环境下，会花更多精力来整理、发掘信息，使其更多地具备"信息功能"。当媒体具备"情绪功能"时，向市场传递的情绪大于信息本身，因情绪等造成的噪声交易会占主导，使得受众公司股价同步性会上升；当媒体具备"信息功能"时，向市场传递的信息大于情绪，基于信息的交易会大大增加，使得股票信息含量提高，受众公司股价同步性下降。

如果媒体传递产业政策信息更多地具备"情绪功能"，则相比未支持企业，受支持企业股价同步性会上升；如果媒体传递产业政策信息更多地具备"信息功能"，则相比未支持企业，受支持企业股价同步性会下降。为进一步验证以上推论，本部分根据媒体报道分样本进行了检验。根据公司当年媒体报道的数量，依据中位数将样本分成低媒体报道组和高媒体报道组，图2-1

（e）和（f）列示的是媒体报道分样本的趋势变化情况。在 30 天交易日窗口期下，低媒体报道组中未获得支持组公司和获得支持组公司股价同步性均下降，两者间无明显差异；高媒体报道组中，获得政策支持组公司股价同步性下降比未支持组更大，支持了上述研究推论。

本部分使用分样本回归模型对上述问题进行检验，相应结果如表 2-8 所示。可以发现，在低媒体报道组中，交乘项系数为 -0.041，不显著；在高媒体报道组中，交乘项系数为 -0.175，在 1% 水平上显著；交乘项系数差异的卡方值为 2.96，在 10% 水平上显著。实证结果可知，产业政策使得股价同步性降低的现象主要存在于高媒体报道组，媒体存在"信息功能"。除了公司媒体报道，公司所在地的媒体报道环境一定程度上也会影响上述机制的传导。为此，依据上市公司注册地，按照所在省份当年报刊刊发数为标准进行分样本检验，结论与列（1）和列（2）一致。

表 2-8　产业政策影响股价同步性机制中媒体报道的作用

自变量	因变量：股价同步性 SYNCH			
	低媒体报道组	高媒体报道组	低注册地报道	高注册地报道
	（1）	（2）	（3）	（4）
$IP \times POST$	-0.041 (-0.791)	-0.175 *** (-3.106)	-0.035 (-0.648)	-0.179 *** (-3.406)
IP	0.153 ** (2.327)	0.115 (1.550)	0.100 (1.472)	0.160 ** (2.282)
$POST$	-0.128 *** (-3.205)	-0.367 *** (-8.519)	-0.268 *** (-6.471)	-0.234 *** (-5.989)
其他	控制	控制	控制	控制
常数项	-2.064 (-1.417)	-1.769 (-1.075)	-0.374 (-0.256)	-2.033 (-1.280)
Chi^2	2.96		3.77	
($Prob > Chi^2$)	0.0853		0.0520	
N	4164	4240	4200	4204
调整 R^2	0.205	0.260	0.205	0.239

注：括号里的数字为 t 值。**、*** 分别代表在 5%、1% 的水平上显著。

第五节 稳健性测试

为进一步丰富本部分的研究层次，保证研究结论的稳健性，我们还进行了以下稳健性测试。

一、双重差分模型同趋势分析

双重差分模型的基本条件为平行趋势假设成立。对本部分而言，则意味着在产业政策宣告之前，产业政策支持与否，公司间股价同步性的变化趋势是一致的。为了增加研究的稳健性并验证文章双重差分模型的有效性，对产业政策宣告之前的样本进行了安慰剂检验。实证结果表明，文章样本符合平行趋势假设。

二、基于滚动窗口的动态研究

产业政策对股价同步性影响是一个循序渐进的过程，随着时间的推移这种影响是否会发生变化？本部分借鉴何平等（2017）的研究思路，尝试采用基于滚动窗口的实证研究方法对上述问题进行动态研究。图2-2列示的是产业政策全样本下的滚动回归结果。总体而言，随着产业政策的宣告与实施，获得产业政策支持企业的股价同步性在较长的动态窗口下呈现出逐渐降低的趋势，一定程度上支持了研究结论。

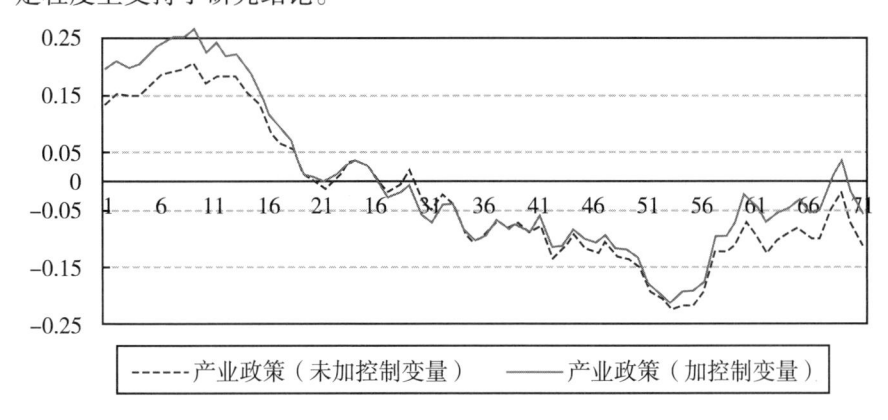

图2-2 产业政策影响股价同步性的滚动窗口回归结果

三、产业政策影响股价同步性的全年度长期视角研究

产业政策作为一种国家级政策,每五年发布一次,影响周期为五年。因此,作为一种长期政策,其对企业的影响可能存在长期性,文章的研究区间应该扩展至全年度而非短时间区间范围。基于此,参考错层事件双重差分方法,进一步探究了国家产业政策影响股价同步性的长期表现。研究表明,产业政策对股价同步性的影响同样存在于长期视角窗口中。

我们还进行了如下测试:拓展时间窗口、剔除政策变化样本、增加"九五"计划和"十五"计划样本、替换周股价同步性、观测政策异质性、牛熊市差异测试、控制媒体提前报道、股价同涨同跌分析等。总体而言,本章的研究结论仍旧成立。限于篇幅,该部分表格未报告,如需可向作者索取。

第六节　研究结论、启示与局限性

宏观层面各项经济政策的实施对我国微观层面公司行为影响巨大。这种影响带来的是公司价值与政策信息之间的价值相关性,即宏观政策信息同样具有个体差异性的信息含量。同时,宏观政策信息具有搜集成本较低、影响方向较明确等特点。知情交易者在满足搜集成本较低、信息影响较明确时,会依据成本收益原则进行套利交易,进而使得政策信息融入股价,促进信息效率的提高。因而,研究我国的股价同步性形成机制,对政府行为的研究必不可少。以我国"十一五"规划到"十三五"规划为研究样本,本部分检验了产业政策是否会影响我国证券市场的股价同步性。研究发现,相比未获得政策支持的企业,获得政策支持的企业股价同步性会下降。此外,截面分析发现,上述结果主要存在于分析师跟踪较多、机构投资者持股较多、媒体报道较多的企业中,表明产业政策影响股价同步性的现象是有效的信息套利行为。

基于上述研究发现,本章提出三种可能提高股票市场信息效率的政策性建议。第一,重点关注产业政策制定过程中的信息公平性问题。政策制定者应该同时加强机构投资者等信息中介机构以及中小投资者对产业政策信息制定的参

与度，这一定程度上可以降低信息优势者的知情交易行为，维护中小投资者利益与证券市场的公平性。第二，加强产业政策披露后资本市场中介机构的沟通与分析。市场中介机构在产业政策披露后的有效分析与沟通，可以进一步促进产业政策信息细化为公司特质信息，进而有利于证券市场信息效率的提高。第三，在公司年报自愿性披露部分，增加关于产业政策影响公司前景与未来的专门讨论。产业政策信息细化为公司特质信息过程中，公司增加针对该部分的讨论与分析，不仅可以提高市场中介机构的信息传递效率，同时可以直接向市场传递有关企业价值的增量信息，进而提高信息效率。

本部分的研究也存在一定的局限性。研究发现，机构投资者、分析师及媒体报道在产业政策传递过程中发挥了重要作用，但未能深入探究不同主体间传递信息的差异及特点。此外，本章基于国家产业政策信息进行了研究，但地区产业政策的实施是否会对上述机制产生影响，以及产生何种影响等问题仍待进一步探究。

第三章

产业政策与公司财务*

  产业政策与公司财务的研究是宏观经济学与会计和财务学的交叉学科研究。产业政策是许多后发国家实现工业化过程中所推行的一整套重要政策的总称（国务院发展研究中心产业政策专题研究组，1988）。中国的产业政策受到政府部门、理论界和实务界人士高度关注。关于我国产业政策的理论探讨也曾引起重要学者的关注（林毅夫、张维迎，2016）。产业政策作为国家治理的一个重要手段，也亟待在新形势下从不同理论角度去构建新理论和新思维（洪银兴，2021）。而在这样一个宏观大背景下，我国会计学和财务学的研究缺乏对研究对象（如企业）所处的宏观环境和生存土壤的关注，因而，研究话题和研究结论往往带有一定的局限性。特别是在西方大量文献的长期影响下，中国本土的会计学者逐渐失去自己的话语权（陈冬华、李真，2015）。这是会计学和财务学主动愿意与宏观经济学交叉融合的最重要原因，也是会计学和财务学研究开始愿意正视在我国长期存在、影响重大的诸如产业政策等国家治理和政府宏观管理手段，并融合加以深入研究的原因。

---

* 本章主体部分最早成于2009年，曾在2010年中国会计与财务研究国际研讨会（China Accounting and Finance Review）（2010年12月4－5日）和《中国会计学刊》（China Journal of Accounting Research）学术年会（2010年12月17－18日）公开报告。本章原文英文版以 Effects of China's Five－Year Plans on the Chinese Financial Sector and their Consequences 为题发表于《中国会计学刊》2017年第10卷第3期，有所改动。宏微观互动的研究发展至今，特别是在会计和财务学研究领域引起高度关注。本章根据习近平总书记的《习近平谈治国理政》（第一卷、第二卷、第三卷），在新时代的新环境和新语境下，进一步修改完善而成。

在面对产业政策与公司财务这样一个新话题，避不开讨论政府与市场关系这一经久不衰的问题。2008年金融危机之后，以《华盛顿宣言》为思想指导的资本主义市场经济理论在国家治理、金融稳定等重大问题上受到极大冲击（Lin，2012；林毅夫，2016）。2021年，我国GDP超过114万亿元，在经济总量上连续两年突破百万亿元大关。① 2021年4月6日，国务院发布《人类减贫的中国实践》白皮书，宣告中国7.7亿农村贫困人口摆脱贫困，提前10年实现《联合国2030年可持续发展议程》减贫目标。中国经济不仅在总量上取得重大突破，同时在共同富裕道路上迈出了坚实的一步。中国的经济发展模式受到了越来越多主流经济学家的关注（Sachs，2011；Stern，2011）。特别是全球新冠肺炎疫情蔓延导致人们对资本主义自由市场机制缺乏统一组织协调、抵御重大突发公共安全事件的质疑。而在中央政府的统筹安排和集中管理下，中国政府在这次全球新冠肺炎疫情暴发时采取的防控措施，得到良好的效果，保障了人民群众的生命安全。中西方在防疫问题的巨大差异，也重新激发了人们关于政府与市场两种资源配置方式的激烈争论。本部分的研究试图从中国产业政策如何深刻影响公司财务决策来回答政府与市场关系问题的争论。

本部分主要研究国家宏观产业政策对微观企业财务行为——融资行为、投资行为以及经济后果的影响。具体来说，我们细致考察了全国人民代表大会决议通过的四个"五年规划"的正式公开发行文本，具体为"八五"计划到"十一五"规划，时间跨度为1991~2010年，通过文本分析的方法，识别出政府支持和鼓励的行业，设计产业政策的相关变量，来检验受到政府支持和鼓励的行业在融资行为、投资行为和业绩表现方面的影响。首先，我们考察受到政府支持和鼓励的行业中的上市公司在股票发行市场和银行信贷市场中的融资行为。股票发行市场主要考察首次股票发行（initial public offerings，IPO）和再融资行为（secondary equity offering，SEO），银行信贷市场主要考察上市公司银行贷款的增长率。我们的基本假设是，政府主导的产业政策是否有效地将资源引导到具有战略意义的行业，这些受政府支持和鼓励的行业是否享有更高的股权融资机会和银行贷款增长。与融资行为类似，我们也考察了产业政策支持和鼓励的行业，产业政策对所在行业的公司投资

---

① 《2021年中国经济年报》，中国政府网。

行为的影响。与此相对应的假设是，政府主导的产业政策是否增加了受支持和鼓励行业的投资，并进而影响了其投资效率。最后，我们考察了产业政策对公司财务业绩表现的影响。

在公司融资行为方面，我们发现一个有趣的融资序列：产业政策在 IPO、SEO 和银行信贷市场方面影响力是逐渐减弱的。我们发现受政府支持和鼓励的行业更容易获得 IPO 资格，并获得更多的 IPO 融资额。在区分企业性质后，我们还发现国有企业相比非国有企业获得更多的 IPO 资格和更多的 IPO 融资额。在再融资市场上，产业政策为受政府支持和鼓励的行业带来更多再融资机会和融资额的效果则减弱，表现为产业政策对上市公司的再融资机会有显著影响，而对于再融资额没有显著影响。同时，在区分企业性质后，我们未发现产业政策在国有企业和非国有企业之间的显著差异。进一步地，在不控制其他因素情况下，产业政策能够引导银行为政府支持和鼓励行业中的上市公司提供更多的银行贷款。但是，这个结果在控制其他因素后就弱化了。在本章发现的产业政策融资序列，可能存在一个解释是由于我们的样本集中在上市公司，导致银行对上市公司存在无偏差的信贷供给。这也为我们后续研究提出了新的方向。

在公司投资行为方面，我们发现受政府支持和鼓励的行业中的上市公司投资会更多。国有企业和非国有企业都存在这个现象，但是，非国有企业在产业政策鼓励下存在过度投资行为。

在公司财务业绩表现方面，我们发现受政府支持和鼓励的行业中的上市公司表现出更好的股票收益率，并带来更多的经营活动净现金流量。但是，随着在受支持和鼓励行业中国有企业占比提高，产业政策的正面效应则会减弱。尽管我们发现了产业政策在财务业绩方面的积极影响，但是，从不良贷款发生的可能性看，我们发现政府支持和鼓励的行业，不良贷款的比率会显著上升。

第一节　文献综述

研究新兴市场国家的财务与会计问题，必须首先从基础性的文化和制度安排入手，从上到下加以研究（Williamson，2000；Claessens et al.，2002；

Piotroski & Wong，2010；Fane et al.，2011；Chen et al.，2017）。因为，这些国家的文化、政治、法律、经济制度等问题相伴相生，相互影响，处于一个过渡演化的进程中。而其中的公司财务和会计等问题则只是内生于这些基础因素当中的，因此，只有首先理解更为基础性的因素，才能更好地去解释由这些基础因素决定的财务和会计问题。我们试图从宏观的角度，考察国家产业发展战略对公司财务与会计的影响。当真正理解了整个宏观经济蓝图的来龙去脉，才能真正理解发生在这一大背景下的各种财务问题。我们的研究与以下的文献相关，并在这些文献的基础上做出了贡献。

国家治理结构决定了社会资源的分配（Olson，1965；Shleifer & Vishny，1994；Alesina & Rodrik，1994；Fisman，2001；La Porta，Lopez-de-Silanes & Shleifer，2002；Dinc，2005；Faccio，2006；Khwaja & Mian，2005；Sapienza，2004；Claessens，Feijen & Laeven，2007；Perotti & Vorage，2008）。国家治理结构的一种重要标准是看政府在配置资源中是否居主导地位。从世界经济发展史的角度看，政府的这种作用呈现出一个十分有趣的脉络。在工业革命早期，当今的欧美等发达国家在其初始工业化的进程中，政府在制度建设、保护私产、贸易保护等方面发挥了至关重要的作用（Adelman，2001）。第二次世界大战以后，随着战后经济恢复，政府在经济发展中的作用得到了共识。这一时期以凯恩斯为主的国家干预主义盛行。同时，日本、韩国以及东南亚地区在这一时期率先实现了经济腾飞，而"东亚奇迹"的背后是强有力的政府（World Bank，1993）。这也让人们认识到后发国家经济发展中政府的作用。但是，随着东南亚金融危机的爆发，政府的作用受到了非议（Krugman，1994；Stiglitz & Yusuf，2001）。有趣的是，当2008年全球金融海啸爆发的时候，引发了人们对市场机制配置资源的讨论，同时也促使各国政府出面救市，人们开始重新认识政府在经济发展中的作用。而1978年以来的中国，在政府主导下实现了长达30年的经济增长，尽管存在诸多问题，但还是成功实现了经济总量的增长，被勃兰特和罗斯基（Brandt & Rawski，2008）称为"伟大的中国经济转型"。

产业政策与公司财务的研究与20世纪中后期发展起来的"大推进"理论相关。格申克龙（Gerschenkron，1962）考察了欧美国家工业化历史的重要事件，给出了一个比较客观的落后国家的工业化蓝图。首先，与已经实现工业化的国家相比，落后国家的发展过程会有很大不同，这不仅表现在发展速度以及生产和组织结构方面，而且在制度上存在很大差异。并且这种制度差异使得这些落后国家没有可以借鉴和参照的可能。其次，先进国家和落后国家之间在工业化过程中的"精神"和"意识形态"也存在显著差异。最后，落后国家在赶超中表现出来的诸多特征，与这些国家的落后程度和自然资源禀赋有关。墨菲、施莱费尔和维什尼（Murphy、Shleifer & Vishny，1989）借鉴罗森斯旦·罗丹（Rosenstein-Rodan，1943）的研究提出了大推进理论，构建了一个落后国家和地区如何实现工业化的理论模型。他们指出，中国台湾和韩国等经济的工业化，其前提是必须由政府主导在不同部门相互协调的投资，这种作用就是大推进理论的基础。

　　一个繁荣强大的国家才可以保护每个人的产权不受外来的侵害。在这个问题上，几乎没有什么异议。中国某种意义上被称为"发展型国家"，是有其历史和时代背景的。格申克龙（Gerschenkron，1962）的后发优势理论（late-developing advantage theory），也为落后国家提供了实现这一梦想的可行路径。赶超战略之所以可能成功，一部分原因在于先进国家的发展，显著降低了落后国家战略决策的信息成本；另一部分原因是政府可以降低交易成本。在某种程度上，先进国家成了各项技术、制度和思想的试验场。赶超战略倘若能够取得成功，最大的受益者莫过于政府，因为政府可以取得执政的合理性基础，这符合巴泽尔（Barzel，1989）的分析框架。随着中国的不断发展，关于"人民富裕"的目标逐渐被修改为"人民幸福"的表述，说明了中国的发展已经逐渐进入了新的阶段。

　　也许任何一个经济体的赶超都必须从简单的模仿做起，中国似乎也不例外。中国的经济赶超发展，大体经过了三个阶段：简单模仿的完全计划经济的赶超、基于比较优势战略的政府与市场双驱动的赶超、基于制度创新的赶超。目前，我们似乎处在后两个阶段的过渡之间，这也许构成了现实中国最主要的制度背景之一。每个阶段向后一个阶段的转换都会是艰难的。中国作为后发国家，在1949年新中国成立初期制定了优先发展重工业的赶超战略，由于不符合中国自身的资源禀赋优势，因而经济增长缓慢。1978年改革开放以后，政府改变了发展重工业的国家战略，转而发展具有资源比较优势的劳动密集型产业，从而实现经济的高速增长（林毅夫等，1994）。在中国经济发展的过程中，或许正是存在实现赶超的可能，使得政府力量成为一种可能具有经济理性的存在。政府可以集中资源，模仿先进经济体的技术和制度，同时又可以运用政府的干预之权，来降低市场的交易成本，从而使得经济能以更快的速度增长。政府通过运用产业政策的有形之手规划应该优先和重点发展的产业，在需要实现多元目标的产业设立国有企业，并在融资上对这些产业和国有企业进行倾斜。斯特恩（Stern，2011）将这种经济发展的模式称为"中国超级经济模式"（China's superior economic model）。

第二节　研究问题

一、产业政策与公司财务

1. 产业政策与公司权益融资

产业政策是否影响我国资本市场股票首发上市（IPO）和再融资（SEO）是一个全新的问题。中国的股票市场成立于 1990 年，源于中国改革开放之初抱着"摸着石头过河"的这种经验，从股票市场建立之初，政府就严格控制股票的发行上市。为了适应市场的发展需要，1992 年 10 月，国务院成立了证券委员会作为全国证券业务的主管机构，同时设立证券监督管理委员会作为证券委员会的监管执行机构。1998 年，国务院机构改革，将证券委员会和证券监督管理委员会合并，成立国务院直属的证券监督管理委员会，其为正部级单位。证监会的历任主席大多出自政府高层，在出任主席之前有担任过国务院秘书长、人民银行副行长等要职，多位主席为中共中央委员或候补委员。中央政府通过人员任命、兼任等方式对证券监管部门形成了有效的治理，从而能够有力地贯彻国家政策。在本部分考察的公司融资行为中，IPO、SEO 作为股票市场中两种重要融资方式，我们希望观察到，中央政府制定的产业政策是否会影响到这两种融资活动。

IPO 和 SEO 的发行制度历史沿革从 1992 年至今，已经经历了多次重大变革。从政府监管的角度看，主要的趋势是从审批制向核准制演变，但本质上对 IPO 和 SEO 的监管模式并没有发生改变。在证监会关于 IPO 和 SEO 的相关文件中，对于公司发行上市的条件，共同的一点是要求"符合国家产业政策"。按照上述对中国体制的分析，我们有理由预期，中国政府可以通过有效的控制体系贯彻其政策意图，从而引导资源更多地向其鼓励的部门和行业聚集。因此，我们预期在 IPO 和 SEO 可以观察到，当政府产业政策鼓励该行业时，则该行业的 IPO 和 SEO 的增长会显著超过其他行业。

国有企业的存在是政府执行其发展战略的重要环节，政府对于国有企业的控制和影响远超非国有企业。另外，对国有企业的支持还可以壮大国有企业，为政府下一步执行战略提供更加强大的微观基础。因此，不仅出于战略的需要，也出于利益的动机，国家推行的产业政策会更加青睐国有资本密集的行业，而国有资本密集的行业也会更加乐于执行国家的产业政策。由此得到以下假设。

假设 3.1：产业政策支持的行业里的企业会得到更多的权益融资（IPO 和 SEO）。

假设 3.2：在产业政策支持的行业中，国有企业密集的行业会得到更多的权益融资（IPO 和 SEO）。

2. 产业政策与银行贷款

中国的银行贷款市场是由国有银行主导的（Allen et al., 2005）。在银行贷款的描述性统计中，在我们所收集的 1996～2010 年 2467 笔银行贷款中，累计发生额为 5985.2 亿元，其中，国有四大银行（中国工商银行、中国银行、中国农业银行、中国建设银行）发放的贷款总额为 238.24 亿元，非国有四大银行共发放 360.28 亿元（其中还包括国家开发银行、交通银行）。这一数据显示国有四大银行在上市公司中的贷款总量低于其他银行，但是，如果看平均贷款额，仅国有四大银行就占到整个贷款额的 39.80%，说明国有四大银行在上市公司中占有规模优势，明显高于其他银行。对于总量上的差异，我们这里也不能排除其他原因：一是数据问题，由于该数据取自上市公司进行银行贷款时对外公开披露的临时公告，可能存在数据统计不齐全的可能；二是国有四大银行的客户以非上市的国有垄断企业为主，由于股票市场最初大量的上市公司相对一些国有垄断企业的财务状况相对较差，因此，在上市公司群体中，国有四大银行在总量上并不占垄断地位。

一方面，从国家治理角度看，国家对金融体系的宏观管理是整个国家治理体系的一个有机的部分。我们可以简单比较一下国有四大银行高管背景以及任命过程与非国有银行之间的区别。如2022年，中国工商银行董事长为第十九届中央候补委员，中国银行党委书记、董事长行政级别为副部长级。他们作为整个国家治理体系中的一部分，表现出来的行为必然会与非国有银行，特别是股份制银行有显著差异，尤其是在贯彻国家政策意图方面。所以在本部分中，我们有理由预期国有四大银行和非国有银行之间存在系统性差异，国有四大银行更有动机贯彻国家产业政策。

另一方面，政府的产业发展战略必须经由经济的路径才能实施，否则所有的产业政策就会成为空中楼阁，这个主要的路径就是给予符合产业方向的企业优惠的融资条件。另外，这样的制度安排也会吸引更多的企业来进入这一受到鼓励的行业，直到融资的优惠与增加的成本在边际上达致均衡。应该承认，执行类似的融资优惠政策，比直接投资建立新的国有企业来得更经济和有效率。基于国家治理角度，融资市场对政府产业政策的支持可以表现在证券市场（直接融资市场）和借贷市场（间接融资市场），这两个市场目前都不同程度地受到政府的宏观管理和监督。证监会的主席需要国务院的任命，而主要的银行都是国有控制的。因此，融资市场的控制者可以高效率地执行政府的产业政策。由此得到以下假设。

假设3.3：产业政策支持的行业中，企业会得到更多的银行贷款。

假设3.4：在产业政策支持的行业中，国有企业密集的行业会得到更多的银行贷款。

从国家治理的层次看，IPO和SEO由于涉及广大人民群众的公众利益，受到监管部门的严格管理，产业政策会得到更大程度的贯彻和支持。但是，在政府影响较小的领域（或者说市场力量勃兴的领域），政府的力量就会受到制约。在IPO市场，政府审批制度居于主导地位，政府监督最严格。而在SEO市场，由于这时公司已经取得了上市资格，公司取得再融资的资格要相对变得容易，并且受到更多市场因素的影响。在银行借贷市场，虽然多数银行都是国有，但是，竞争依然非常激烈，这和证券市场的股票发行由证监会审批不同，银监会并不能决定银行具体的贷款决策。因此，相比而言，银行市场的竞争最为激烈，市场化氛围也最为浓厚。由此得到以下假设。

假设3.5：由于政府的影响（市场化程度）在 IPO、SEO 和银行借款这三类融资市场逐级递减（递增），所以，产业政策在这三类融资市场对企业融资的影响也逐级递减。

二、五年规划和公司投资

中国的经济增长被认为是投资驱动型的增长，投资在 GDP 增长中所占的份额超过了30%（Barnett & Brooks，2006）。那么，产业政策是如何影响微观企业投资行为以及投资效率的，这是一个经验问题。自2008年金融危机之后，中国经济备受关注，其中投资是一个重点。在投资驱动型的经济增长模式下，为了实现国家的宏观战略目标，得到扶持的产业必然主要以投资的方式实现其自身的增长。我们试图去发现，产业政策是否对微观企业的投资行为带来影响。由此得到以下假设。

假设3.6：产业政策支持的行业中，企业投资水平（过度投资）更高。

假设3.7：在产业政策支持的行业中，国有企业密集的行业投资水平（过度投资）更高。

三、五年规划和公司财务业绩

政府驱动与市场驱动之间应该存在一定的界限，与市场注重货币性回报相比，政府的经济战略可能更注重多重目标的实现。这种多重目标可能表现在以下两个方面：一是保证政府财政收入的充足；二是更关注市场暂时不会涉足的、或者暂时盈利较低甚至不会盈利的但是对国家长远发展来说具有重要意义的产业。在经济后果上，无论是第一个方面，还是第二个方面，都会在短期内导致公司业绩的下降，债务不能偿还的比率会增加。但是，如果第二个方面确实成立，那么意味着政府支持的产业里的公司业绩较低应该是一个短期内的问题，长期内应该表现为与其他领域的公司业绩没有显著差异。我们考虑三种业绩衡量标准，股价表现（市场衡量）、现金流增长（会计衡量）和不良贷款比例。由此得到以下假设。

假设3.8：从长期看，相对未受到产业政策支持的行业，产业政策会对产业政策支持的行业财务业绩带来显著影响。

第三节 数据和实证分析

一、样本和数据

我们手工收集整理了1991~2010年我国发布的四个五年规划的报告，其中，包括第八个（1991~1995年）、第九个（1996~2000年）、第十个（2001~2005年）和第十一个（2006~2010年）五年规划。我们采用文本分析的方法，具体提取了五年规划中有关产业政策的相关文本内容，并据以确定政府决定要支持和大力发展的产业。上市公司的行业分类是基于中国证监会2001年公布的《上市公司行业分类指引》和发布于2007年的"第6号指引上市公司的企业行为——修改后的行业分类"。其中，制造业分类是基于由国家统计局于1984年发布的《国民经济行业分类》（GB/T 4754）和2002年修订的《国民经济行业分类》（GB/T 4754—2002）。

中国上市公司的数据来自锐思数据库的1991~2010年IPO和SEO数据以及CSMAR的中国股市交易数据库中1996~2010年银行贷款数据。中国银行业的年度报告是手工收集的。我们收集整理了我国不同行业的不良贷款率数据。我们收集整理了历年《中国统计年鉴》以获得行业经济增长数据。

二、产业政策的变量设计

为了评价政府对国民经济和资本市场的影响，我们收集了五年规划政府文件。这些文件详细说明了未来五年我国产业政策的详细规划。例如，第八个五年规划的第三章包括"第八个五年规划期间主要经济部门发展的目标和政策"，它涵盖了农业和农业经济、水利建设、能源工业、交通运输和邮电通信业、原材料工业、地质勘查和气象、电子工业、机械制造业、国防工业和国防科研、纺织工业等。对于每个行业，这些报告明确指出了该行业在未来五年的目标和方向，以及实现这些目标的措施。从这些文件中，我们确定了决定政府支持行业的关键词。我们定义了一个工业政策变量 IP，如果一个行业在当前的五年规划期间得到政府的支持，则 IP 为 1，否则为 0。

三、公司融资行为

1. IPO/SEO

自 1990 年成立两个证券交易所以来，中国现有上市公司 1718 家，募集资金总额 36620 亿元。① 我们关心的是产业政策如何影响企业融资。我们遵循拉詹和津加莱斯（Rajan & Zingales，1998）的观点，但使用以行业和五年规划组合为单位。具体地说，我们在五年规划期间特定行业的 IPO/SEO。

我们计算了 j 行业五年规划 t（与上一个五年规划相比）的 IPO/SEO 总金额（数量）的增长率。定义以下四个变量：IPO 金额增长为 $(SumIPO_{jt} - SumIPO_{jt-1})/SumIPO_{jt-1}$；IPO 频率增长为 $(NumIPO_{jt} - NumIPO_{jt-1})/NumIPO_{jt-1}$；SEO 金额增长为 $(SumSEO_{jt} - SumSEO_{jt-1})/SumSEO_{jt-1}$；SEO 频率增长为 $(NumSEO_{jt} - NumSEO_{jt-1})/NumSEO_{jt-1}$。其中，$Sum$ 表示 IPO/SEO 金额，Num 表示 IPO/SEO 数量，估计以下回归，以确定政府产业政策是否影响企业融资：

$$IPO\ Growth\ or\ SEO\ Growth = \beta_0 + \beta_1 IP_{jt} + \beta_2 Growth_{jt} + \beta_3 \log(Assets)_{jt-1} + \beta_4 P10\_5_{jt} + \beta_5 P11\_5_{jt} + e1_{jt} \quad (3.1)$$

其中，$Growth_{jt}$ 是根据《中国统计年鉴》计算的五年规划期间 j 行业的增长率，$\log(Assets)_{jt-1}$ 是行业 j 总资产中位数的对数，$P10\_5_{jt}$ 和 $P11\_5_{jt}$ 是指 "十五"期间和 "十一五"期间，分别等于 1 和 0 的指标。如果产业 j 在五年规划 t 中得到政府的支持，产业政策 IP_{jt} 等于 1，否则为 0。如果 IP_{jt} 系数为正，那么有证据表明，政府的产业政策会影响股票金融市场。

表 3-1 中 A 组和 B 组分别报告了 IPO 和 SEO 的样本选择。表 3-2 显示，1991~2010 年，IPO 总金额为 14210.4 亿元，SEO 总额为 17796.6 亿元。采掘业（矿山）和运输及仓储业是股权融资机会的两大接受者。

---

① 《中国统计年鉴》（2010 年）。

表3-1　股权融资（IPO/SEO）和银行贷款融资的样本选择

Panel A：IPO				
A1：IPO样本筛选				
项目				公司数（家）
1991~2010年A股上市公司				2060
减：金融类上市公司				30
减：IPO融资额缺失公司				7
所得上市公司样本数				2023
A2：IPO样本分布				
项目	总数	"八五"计划（1991~1995年）	"九五"计划（1996~2000年）	"十五"计划（2001~2005年）	"十一五"规划（2006~2010年）
所得上市公司样本数（家）	2023	282	722	328	791
支持公司数（家）	1469	175	549	297	448
所占比例（%）	72.61	62.06	76.04	90.55	56.64
A3：IPO行业分布				
项目	总数	"八五"计划（1991~1995年）	"九五"计划（1996~2000年）	"十五"计划（2001~2005年）	"十一五"规划（2006~2010年）
行业（个）	41	36	41	37	41
支持行业数（个）		24	24	26	17
所占比例（%）		(66.67)	(58.54)	(70.27)	(41.46)

Panel B：SEO					
B1：SEO全样本					
项目	Firm	=1	=2	=3	>3	总计
配股（次）	650	393	178	61	18	1010
增发（次）	722	547	157	16	2	917
合计（次）						1927
B2：SEO五年规划分配					
五年规划			配股		增发
"八五"计划（1991~1995年）（次）			219		3
"九五"计划（1996~2000年）（次）			635		52
"十五"计划（2001~2005年）（次）			101		67
"十一五"规划（2006~2010年）（次）			55		795
合计			1010		917

续表

Panel C：银行贷款				
C1：贷款种类				
贷款种类	Big4		Non-Big4	
	贷款次数（次）	贷款总额（十亿元）	贷款次数（次）	贷款总额（十亿元）
无抵押贷款	330	94.6628	291	215.1753
抵押贷款	682	60.3518	844	144.9589
项目融资、贸易融资和票据贴现	9	3.0171	21	46.1803
信用证和票据购买	9	0.4620	14	6.4781
其他	111	62.4998	156	63.1229
C2：贷款总额				
五年规划	Big4		Non-Big4	
	贷款次数（次）	贷款总额（十亿元）	贷款次数（次）	贷款总额（十亿元）
"九五"计划（1996~2000年）	42	24.7746	32	10.0013
"十五"计划（2001~2005年）	583	80.0171	539	154.0553
"十一五"规划（2006~2010年）	516	116.2018	755	311.8589

注：Big4 表示国有四大银行，Non-Big4 表示非国有四大银行。

表 3-2　股权融资（IPO/SEO）和银行贷款融资的描述性统计

行业	行业缩写	股权融资（十亿元）		银行贷款（十亿元）	
		IPO	SEO	Big4	Non-Big4
农业	AGRIC	20.63	35.10	1.50	1.02
采掘业	MINES	230.85	54.50	1.36	3.83
食品加工业	FDPROC	13.80	18.76	1.57	1.39
食品制造业	FDPROD	8.68	18.31	0.05	0.30
饮料制造业	BEVRG	15.81	14.46	2.33	0.15
纺织业	TXTLS	20.54	23.95	3.48	3.71
服装及其他纤维制品制造业	GARMTS	18.37	5.31	1.14	0.22
皮革、毛皮、羽绒及制品制造业	LETHR	1.30	1.64		
木材加工及竹、藤、棕、草制品业	WOOD	2.41	2.33	0.04	
家具制造业	FURN	3.28	2.25		
造纸及纸制品业	PAPER	16.11	16.70	3.50	4.99

续表

行业	行业缩写	股权融资（十亿元）		银行贷款（十亿元）	
		IPO	SEO	Big4	Non-Big4
印刷业	PRINT	2.81	0.86	0.01	0.05
文教体育用品制造业	STAT	4.06	0.38	—	—
石油加工及炼焦业	PTRLM	5.05	6.74	2.57	0.30
化学原料及化学制品制造业	CHEMS	69.25	70.24	5.07	20.70
化学纤维制造业	CHMSFIBR	14.03	11.32	0.97	0.38
橡胶制造业	RUBBR	2.86	3.06	0.85	2.06
塑料制造业	PLASTICS	12.22	9.27	0.75	4.54
电子元器件制造业	ELCTRCOMP	40.27	54.36	4.30	5.64
日用电子器具制造业	HHELCTR	13.37	19.31	9.61	11.30
非金属矿物制品业	GLASS	23.22	57.53	6.39	4.71
黑色金属冶炼及压延加工业	FERMTAL	38.75	165.45	0.48	19.43
有色金属冶炼及压延加工业	NFERMTAL	22.82	63.23	1.55	2.30
金属制品业	MTLPR	22.62	18.27	0.50	10.89
普通机械制造业	GENMACHN	32.30	39.32	0.54	1.19
专用设备制造业	SPLMACHN	50.65	45.87	1.30	12.49
交通运输设备制造业	CARS	62.65	135.35	6.55	32.93
电器机械及器材制造业	ELCTRMCHN	69.67	86.85	35.48	8.07
仪器仪表及文化、办公用机械制造业	INSTR	11.46	5.69	0.29	0.69
医药制造业	MEDICAL	54.86	44.24	3.43	3.32
生物制品业	BIOLG	8.61	4.80	1.36	0.70
其他制造业	OTHMANU	5.52	2.45	1.05	1.10
电力、蒸汽、热水的生产和供应业	POWER	35.59	128.81	65.30	36.14
煤气生产和供应业	GAS	7.68	11.32	—	—
建筑业	CONSTR	133.05	24.58	0.69	11.29
交通运输、仓储业	TRANS	140.25	141.69	9.24	59.18
信息技术业	IT	81.23	63.45	4.69	53.12
批发和零售业	WHLSL	35.44	90.01	7.44	6.73
房地产业	RLEST	18.24	183.64	34.05	18.13
社会服务业	SRVC	28.53	37.32	5.86	2.85
传播与文化业	MEDIA	12.57	4.45	2.04	3.13
其他类	OTHR	9.61	56.48	10.42	10.15
总计		1421.04	1779.66	238.24	360.28

表 3-3A 组显示了 IPO/SEO 增长的行业分布。总体而言，IPO 金额（频率）的平均增长率为 9.005%（1.457%）。SEO 金额（频率）的平均增长率为 12.260%（2.261%）。从 IPO 金额增长来看，日用电子器具制造业（*HHELCTR*）增长最高，达到 36.940%；其次是有色金属冶炼及压延行业（*NFERMTAL*），为 36.760%，然后是农业（*AGRIC*），为 36.630%。IPO 频率增长最快的行业是社会服务业（*SRVC*），为 6.261%，其次是有色金属冶炼及压延工业（*NFERMTAL*）和农业（*AGRIC*）。SEO 金额（频率）平均增长是 12.260%（2.261%）。SEO 金额（频率）增长最高的行业是电子元器件制造业（*ELCTRCOMP*），增长率为 33.380%（5.285%）。以总资产为权重，国有股占比为 69.5%，说明国家在资本市场中占据主导地位。电力、蒸汽、热水的生产和供应业（*POWER*）的国有所有权水平最高，为 98.0%，其次是采掘业（*MINES*），占 97.8%。因此，国有制在传统工业和公用事业中占主导地位。

表 3-3　股权融资活动和五年规划

行业	IPO 增长率（%）		SEO 增长率（%）		SOE（%）	资产对数	行业增长率（%）
	融资金额	融资次数	融资金额	融资次数			
AGRIC	36.630	5.692	28.640	3.433	74.8	24.020	0.645
MINES	6.127	0.264	30.300	3.950	97.8	26.660	1.422
FDPROC	4.912	1.067	9.606	1.944	55.7	23.980	1.527
FDPROD	10.340	1.644	24.400	5.048	77.9	24.070	1.147
BEVRG	1.555	0.701	21.770	2.506	82.5	24.770	1.073
TXTLS	2.043	0.377	5.122	1.150	59.8	24.340	0.869
GARMTS	1.585	0.033	0.437	-0.197	36.7	24.230	1.107
LETHR	2.197	-0.250	4.224	1.000	4.7	21.810	1.165
WOOD	3.400	1.000	-1.000	-1.000	59.1	23.450	1.791
FURN	1.951	-0.250	-1.000	-1.000	0.4	22.900	1.782
PAPER	0.639	-0.202	10.070	3.893	82.4	24.570	1.284
PRINT	0.578	-0.500	-1.000	-1.000	16.3	22.600	1.028
STAT	-1.000	-1.000	4.121	0.500	66.7	22.730	0.972
PTRLM	9.760	5.000	11.640	4.000	74.4	24.050	1.491

续表

行业	Panel A：平均数				SOE（%）	资产对数	行业增长率（%）
	IPO 增长率（%）		SEO 增长率（%）				
	融资金额	融资次数	融资金额	融资次数			
CHEMS	4.099	1.845	5.765	2.175	82.6	25.340	1.411
CHMSFIBR	13.350	2.280	12.640	4.211	74.3	24.490	1.004
RUBBR	1.532	0.167	9.906	1.750	77.9	23.860	1.163
PLASTICS	2.205	0.527	0.272	-0.163	50.4	24.080	1.390
ELCTRCOMP	24.270	2.838	33.380	5.285	79.0	24.790	2.086
HHELCTR	36.940	4.056	5.753	0.000	91.8	24.910	0.855
GLASS	1.187	0.273	10.710	1.839	70.8	24.890	1.271
FERMTAL	2.395	0.569	12.750	0.756	95.7	26.510	1.527
NFERMTAL	36.670	5.754	14.670	5.100	78.5	25.140	1.978
MTLPR	6.673	1.652	10.570	1.989	68.2	24.470	1.358
GENMACHN	2.872	0.937	12.880	2.361	83.5	24.930	1.462
SPLMACHN	3.440	0.877	11.800	2.292	79.4	24.850	1.425
CARS	3.577	0.552	18.740	3.417	89.5	25.670	1.543
ELCTRMCHN	2.363	0.609	23.360	3.542	62.0	25.430	1.620
INSTR	3.864	3.040	4.011	1.944	60.2	23.160	1.525
MEDICAL	2.647	0.423	6.814	2.147	62.7	24.760	1.278
BIOLG	3.689	1.533	20.000	1.556	47.7	23.510	1.823
POWER	1.094	-0.017	14.080	3.463	98.0	26.350	1.713
GAS	10.990	0.944	0.414	-0.250	79.9	24.210	1.526
CONSTR	28.180	3.880	18.800	4.544	92.3	25.590	1.666
TRANS	21.430	1.001	16.870	2.450	88.8	26.280	0.340
IT	6.667	1.991	7.801	1.850	82.2	25.850	3.368
WHLSL	2.489	0.266	6.951	1.492	78.0	25.210	0.967
RLEST	0.969	-0.154	11.370	2.441	73.1	25.640	2.091
SRVC	31.230	6.261	11.140	1.788	79.6	24.640	0.991
MEDIA	5.974	-0.500	3.131	0.000	83.3	23.460	0.232
OTHR	2.471	-0.233	6.037	0.525	51.9	25.240	1.221
平均增长	9.005	1.457	12.260	2.261	69.5	24.590	1.369

续表

行业	IPO 增长率（%）		SEO 增长率（%）	
	融资金额	融资次数	融资金额	融资次数

Panel B：支持行业和其他行业

支持行业				
均值	10.480	1.802	13.470	2.538
中位数	1.870	0.538	5.891	1.710
样本量（个）	65	65	63	63
其他行业				
均值	6.918	0.968	10.490	1.856
中位数	1.914	0.000	4.864	1.000
样本量（个）	46	46	43	43
支持行业和其他行业				
均值	3.562	0.834	2.980	0.682
中位数	-0.044	0.538	1.027	0.710
T 检验（Z 检验）				
t 值	0.90	1.30	0.89	1.03
z 值	0.80	1.47	1.19	1.19

注：SOE 表示"五年规划"中产业的国家所有权比例。

表 3-3 B 组比较了支持和不支持行业的 IPO 和 SEO 增长。所有的差异都是微不足道的。IPO 和 SEO 的回归结果如表 3-4 所示。每一项观察都是一个行业五年规划的组合。与我们的预期一致，在政府支持的行业中，IPO 的增长（从数量和频率上）高于其他行业。IP 相关系数为正且显著（IPO 金额增长为 7.187，t=2.06；IPO 频率增长为 1.554，t=2.54）。产业政策知识产权系数对 IPO 金额的影响大于 IPO 频率，说明 IPO 金额增长更快，符合政府支持这些产业的意图。政府扶持行业的 SEO 频率增长也高于其他行业。IP 系数为 1.181（t=2.22）。

表 3-4　　　　　　　　股权融资活动和五年规划的回归

变量	IPO 增长				SEO 增长			
	融资金额	融资次数	融资金额	融资次数	融资金额	融资次数	融资金额	融资次数
IP	7.187** (2.06)	1.554** (2.54)	-17.87** (-2.11)	-3.317** (-2.21)	4.827 (1.45)	1.181** (2.22)	-3.329 (-0.35)	-1.431 (-0.80)
SOE	—	—	26.09** (2.50)	3.052** (2.09)	—	—	9.827 (1.47)	1.480 (1.40)
$IP \times SOE$	—	—	29.85** (2.21)	6.068** (2.61)	—	—	9.841 (0.82)	3.317 (1.59)
$Growth$	-3.391 (-1.09)	-0.444 (-1.07)	-2.554 (-1.02)	-0.331 (-0.96)	1.337 (0.99)	0.237 (1.07)	1.582 (1.10)	0.292 (1.13)
$\log(Assets)$	-6.116** (-2.43)	-1.133*** (-3.02)	-11.54*** (-3.32)	-1.898*** (-3.72)	-0.856 (-0.37)	-0.112 (-0.35)	-2.683 (-1.15)	-0.498 (-1.57)
$P10\_5$	-12.21*** (-3.24)	-2.517*** (-4.10)	-1.120 (-0.25)	-0.897 (-1.29)	-20.49*** (-5.88)	-4.421*** (-7.30)	-16.96*** (-4.92)	-3.651*** (-6.52)
$P11\_5$	8.144 (1.07)	1.646 (1.28)	27.46** (2.51)	4.482** (2.58)	-0.536 (-0.08)	0.839 (0.78)	6.297 (0.97)	2.318** (2.32)
常数项	157.0** (2.65)	28.53*** (3.24)	257.1*** (3.40)	42.99*** (3.85)	35.87 (0.66)	5.310 (0.74)	68.77 (1.31)	12.63* (1.82)
N	111	111	111	111	106	106	106	106
调整 R^2	0.15	0.24	0.24	0.32	0.34	0.51	0.35	0.53

注：括号里的数字为 t 值。*、**、*** 分别代表在 10%、5%、1% 的水平上显著。

当比较 IPO 和 SEO 的结果时，我们发现，产业政策对 IPO 的影响大于 SEO，这表明政府在 IPO 市场实施产业政策的能力可能比在二级市场上更强。这与政府在审核和批准 IPO 方面所起的作用大于 SEO 的作用是一致的。SEO 公司已经取得了上市的地位，市场力量在其中发挥着更大的作用。此外，监管部门在处理首次发行时比在处理二次发行时更加谨慎。对于已经上市的公司来说，其 SEO 申请时间通常比 IPO 公司短，成本也更低。此外，SEO 公司通常需要通过良好的业绩来吸引新的投资者。这是一个更加市场化的机制。与 IPO 相比，政府对经济的持续影响被认为是强有力的市场力量。

国有制在中国经济中非常重要。利用来自 CCER 的股东数据，我们计算了

每个行业的国有股比例,以确定高水平的国有股权是否能使受支持的行业更容易获得股权融资。我们估计以下回归:

$$IPO\ Growth\ or\ SEO\ Growth = \beta_0 + \beta_1 IP_{jt} + \beta_2 SOE_{jt} + \beta_3 IP_{jt} \times SOE_{jt} + \beta_4 Growth_{jt} + \beta_5 \log(Assets)_{jt-1} + \beta_6 P10_{5_{jt}} + \beta_7 P11_{5_{jt}} + \varepsilon \quad (3.2)$$

其中,SOE_{jt} 是第 t 个"五年规划"期间产业 j 的国家所有权比例。

如果 $IP_{jt} \times SOE_{jt}$ 是积极的,我们有证据表明,国家战略更倾向于国有企业,或者国有企业对国家战略的反应更大。

结果如表 3-4 所示。在 IPO 回归中,当加入 SOE 和 $IP \times SOE$,$IP \times SOE$ 的系数正相关且显著(29.85,t = 2.21,使用金额;6.068,t = 2.61,使用次数),表明支持行业的国有企业拥有更多的 IPO 机会。然而,IP 上的系数变为负且显著(-17.87,t = -2.11,使用金额;-3.317,t = -2.21,使用次数)。这一结果表明,在支持行业的 IPO 融资方面,国有企业可能已经排挤了非国有企业。国有企业的相关系数为正且显著(26.09,t = 2.50,使用金额;3.052,t = 2.09,使用次数),表明国有企业总是享有较好的 IPO 机会。在 SEO 回归中,加入了 SOE 和 $IP \times SOE$,IP、SOE 和 $IP \times SOE$ 都不显著。同样,SEO 的结果似乎弱于 IPO。

除了 IPO 增长,我们还考察了一个衡量股票融资成本的指标 IPO 抑价。抑价水平越高,初始股票以较低价格出售时,股权融资成本就越高。虽然 IPO 抑价只反映了股权资本成本的一个方面,但它是衡量股权资本获取难易程度的一个合理而简单的指标。

我们构造了两个 IPO 抑价指数。IR 是 j 行业五年规划 t 期间的平均初始回报率,IR_W 是 j 行业五年规划 t 期间的规模加权初始回报率,初始回报率计算为(首次公开募股首日收盘价 - IPO 发行价/IPO 发行价)。在模型(3.1)和模型(3.2)中,我们用 IR 或 IR_W 代替 IPO 增长和 SEO 增长。结果如表 3-5 所示。当我们不考虑国家所有权时,IP 的系数都不显著。当加入 SOE 和 $IP \times SOE$,$IP \times SOE$ 的系数是负显著(-1.096,t = -1.83,使用 IR;-1.319,t = -2.26,使用 IR_W),此外,当使用 IR_W 时,IP 系数变为正且显著(0.739,t = 1.81)。因此,政府支持产业中的国有企业能够以更高的价格出售其初始股份,这再次表明在政府支持的行业中,国有企业相对容易获得股本。

表 3-5　　　　　　　　　五年规划与 IPO 抑价的回归结果

变量	IR	IR_W	IR	IR_W
IP	-0.134 (-0.70)	-0.172 (-0.93)	0.617 (1.43)	0.739* (1.81)
SOE	—	—	0.804 (1.31)	0.898 (1.48)
IP × SOE	—	—	-1.096* (-1.83)	-1.319** (-2.26)
Growth	0.067 (0.72)	0.050 (0.56)	0.075 (0.92)	0.058 (0.74)
log(Assets)	-0.046 (-0.49)	-0.086 (-0.95)	-0.102 (-1.00)	-0.144 (-1.44)
P10_5	-0.303 (-1.58)	-0.241 (-1.47)	-0.243 (-1.02)	-0.185 (-0.85)
P11_5	-0.038 (-0.14)	0.090 (0.36)	0.080 (0.23)	0.202 (0.59)
常数项	2.523 (1.21)	3.284 (1.65)	3.264 (1.51)	4.022* (1.92)
N	106	106	106	106
调整 R^2	0.03	0.06	0.06	0.10

注：括号里的数字为 t 值。*、** 分别代表在 10%、5% 的水平上显著。

2. 银行贷款

艾伦等（Allen et al.，2005）研究了中国公司投资固定资产时的四个重要融资渠道：国内银行贷款、自筹资金、国家预算和外国直接投资。他们指出，国内银行贷款是最重要的渠道。因此，我们研究了产业政策对银行贷款的影响。我们遵循福斯等（Foos et al.，2010）的方法计算一个行业的银行贷款增长，并手工收集了有关这些贷款的牵头银行的信息。我们将银行分为两类：国有四大银行和非国有四大银行，将样本进一步分为有抵押贷款和无抵押贷款。对于有抵押和无抵押的国有四大银行和非国有四大银行，我们分别估计以下回归：

$$Loan\ Growth = \beta_0 + \beta_1 IP_{jt} + \beta_2 Growth_{jt} + \beta_3 \log(Assets)_{jt-1} + \beta_4 P11\_5_{jt} + \varepsilon$$

(3.3)

如果 IP_{jt} 的系数为正，则我们有证据表明，如五年规划所示，政府的产业政策会影响银行贷款市场。表 3 – 1C 组显示了银行贷款的样本选择过程。

从表 3 – 2 的描述性统计数据中，我们观察到中国的银行贷款市场主要是由国有银行提供（Allen et al. , 2005）。在 2467 笔银行贷款（5985.2 亿元）中，2382.4 亿元归属于国有四大银行，3602.8 亿元归属于其他银行（包括国家银行，例如国家开发银行和交通银行）。国有四大银行占贷款市场的 39.80%，表明它们比其他银行具有规模优势。我们也看到国有四大银行和非国有四大银行在客户群体方面有所不同。在国有四大银行中，收到贷款最多的是电力、蒸汽、热水的生产和供应业（POWER），总计 653 亿元。该行业主要以国家资本为代表。排名第二全的是房地产业（RLEST），为 340.5 亿元。非国有四大银行的贷款只有大约这些行业的一半。在传统行业和高利润行业中，国有四大银行比例很高。

表 3 – 6 A 组给出了有关银行贷款增长的基本信息。表 3 – 6 B 组比较了银行贷款支持和不支持的行业之间的增长。支持行业的贷款增长水平似乎明显高于非支持行业，这种模式主要发生在国有四大银行发起的贷款中。

表 3 – 6　　　　　　　　银行贷款增长和五年规划的回归结果

行业	Panel A：均值					
	全样本		Big4		Non-Big4	
	融资金额	融资次数	融资金额	融资次数	融资金额	融资次数
AGRIC	33.980	7.219	− 0.429	− 0.833	17.750	4.300
MINES	48.990	14.000	1.157	1.333	—	—
FDPROC	3.311	6.633	2.089	4.298	1.656	− 0.222
FDPROD	− 1.000	− 1.000	− 1.000	− 1.000	− 1.000	− 1.000
BEVRG	3.118	1.000	− 0.861	0.333	1.198	1.000
TXTLS	19.100	11.110	1.008	4.500	3.088	7.167
GARMTS	0.215	1.250	0.070	1.125	1.376	4.000
LETHR	—	—	—	—	—	—
WOOD	—	—	—	—	—	—
FURN	—	—	—	—	—	—
PAPER	1.337	− 0.533	− 0.828	− 0.577	13.920	0.333
PRINT	− 1.000	− 1.000	—	—	− 1.000	− 1.000

续表

行业	全样本		Big4		Non-Big4	
	融资金额	融资次数	融资金额	融资次数	融资金额	融资次数
STAT	—	—	—	—	—	—
PTRLM	2.310	11.080	4.821	10.020	—	—
CHEMS	34.390	25.690	0.804	0.351	52.180	9.526
CHMSFIBR	3.673	3.000	0.970	1.500	−0.420	1.250
RUBBR	0.409	−0.200	1.130	0.000	−0.534	−0.500
PLASTICS	—	—	−0.707	2.000	−1.000	−1.000
ELCTRCOMP	2.420	8.694	0.312	7.313	0.461	0.667
HHELCTR	7.961	0.833	9.235	0.750	7.939	0.667
GLASS	3.238	2.815	0.343	1.469	5.828	5.500
FERMTAL	1.454	4.250	−1.000	−1.000	27.510	2.000
NFERMTAL	0.997	9.575	−0.073	3.375	0.220	0.267
MTLPR	6.610	16.500	—	—	31.890	3.500
GENMACHN	0.240	0.667	0.475	0.833	0.251	1.333
SPLMACHN	15.590	−0.059	0.324	0.556	17.990	−0.120
CARS	13.150	3.238	3.608	−0.556	14.340	2.095
ELCTRMCHN	11.290	3.301	9.541	1.975	3.673	3.712
INSTR	0.555	0.300	−0.777	−0.889	1.097	0.500
MEDICAL	2.885	11.090	5.996	9.714	−0.392	0.571
BIOLG	1.640	13.140	1.145	6.286	−0.544	−0.813
POWER	15.980	18.610	1.385	0.706	21.930	16.850
GAS	11.210	3.000	—	—	11.210	3.000
CONSTR	8.454	0.000	−0.588	2.083	3.889	0.385
TRANS	3.884	5.426	2.294	4.850	4.455	4.024
IT	9.475	2.746	−0.365	1.978	3.803	3.076
WHLSL	1.631	0.289	0.223	0.286	0.743	0.065
RLEST	12.320	25.440	7.237	10.340	2.207	16.530
SRVC	1.964	8.719	0.591	6.821	−0.103	1.462
MEDIA	0.786	−0.688	14.260	−0.200	−0.207	−0.909
OTHR	11.020	10.310	0.167	2.894	52.020	12.690
样本平均	8.503	7.485	2.064	3.152	10.880	3.812

续表

行业	全样本		Big4/抵押		Big4/无抵押		Non-Big4/抵押		Non-Big4/无抵押	
	融资金额	融资次数	融资金额	融资次数	融资金额	融资次数	融资金额	融资次数	融资金额	融资次数
支持行业										
均值	12.420	9.826	4.193	2.832	1.164	1.682	13.310	3.870	6.871	0.901
中位数	4.287	3.000	2.539	0.900	-0.622	-0.619	4.054	2.500	0.964	-0.608
样本量	33	33	22	22	24	24	20	20	22	22
其他行业										
均值	3.331	4.395	1.454	0.910	-0.272	-0.506	20.720	2.393	5.013	0.942
中位数	1.090	0.667	0.241	0.000	-1.000	-1.000	2.921	0.967	-0.471	-0.250
样本量	25	25	17	17	13	13	16	16	12	12
支持行业和其他行业										
均值	9.089	5.431	2.739	1.922	1.436	2.188	-7.41	1.477	1.858	-0.041
中位数	3.197	2.333	2.298	0.900	0.378	0.381	1.133	1.533	1.435	-0.358
T检验（Z检验）										
t值	2.62**	1.79*	2.04**	1.82*	1.63	2.32**	-0.56	1.04	0.40	-0.03
z值	2.07**	1.71*	2.05**	1.74*	2.14**	2.11**	1.00	1.56	0.73	-0.18

Panel B：支持行业与其他行业

注：*、** 分别代表在10%、5%的水平上显著。

表 3-7 报告了银行贷款增长的回归结果。同样，每个观察结果都是行业五年规划的组合。在基于完整样本的 A 组中，我们发现贷款增长受到工业政策的影响。IP 的系数为正且显著（6.168，t = 2.07，使用金额）。

表 3-7　　银行贷款增长和五年规划之间的回归结果

变量	全样本		全样本	
	融资金额	融资次数	融资金额	融资次数
IP	6.168**	0.918	-10.169	-8.086
	(2.07)	(0.36)	(-1.06)	(-1.18)
SOE	—	—	5.195	-3.246
			(0.70)	(-0.46)

Panel A：银行贷款增长与五年规划

续表

Panel A：银行贷款增长与五年规划

变量	全样本 融资金额	全样本 融资次数	全样本 融资金额	全样本 融资次数
$IP \times SOE$	—	—	24.250 (1.54)	13.576 (1.34)
$Growth$	-1.285 (-0.49)	2.796 (1.39)	-0.371 (-0.14)	3.013 (1.44)
$\log(Assets)$	2.493 (0.95)	0.820 (0.81)	-0.061 (-0.02)	0.394 (0.32)
$P11\_5$	-8.957** (-2.36)	-17.07*** (-4.53)	-5.393 (-1.49)	-16.295*** (-4.39)
常数项	-48.34 (-0.75)	-6.975 (-0.30)	6.418 (0.09)	4.365 (0.17)
N	58	58	58	58
调整 R^2	0.11	0.35	0.13	0.34

Panel B：银行贷款增长与五年规划

变量	Big4/抵押 融资金额	Big4/抵押 融资次数	Big4/无抵押 融资金额	Big4/无抵押 融资次数	Big4/抵押 融资金额	Big4/抵押 融资次数	Big4/无抵押 融资金额	Big4/无抵押 融资次数
IP	2.303** (2.07)	1.307 (1.40)	0.493 (0.59)	0.268 (0.46)	-6.600** (-2.25)	-3.999* (-1.72)	-4.863* (-1.71)	1.209 (0.72)
SOE	—	—	—	—	2.224 (0.54)	-2.074 (-0.98)	-6.997* (-1.80)	0.263 (0.17)
$IP \times SOE$	—	—	—	—	14.113** (2.75)	8.351** (2.16)	9.525* (1.94)	-1.584 (-0.60)
$Growth$	-1.605 (-1.28)	-0.540 (-1.07)	0.507 (0.69)	0.580 (0.89)	-0.927 (-0.78)	-0.348 (-0.63)	0.722 (0.92)	0.533 (0.77)
$\log(Assets)$	1.803* (2.01)	0.755 (1.53)	1.192* (1.81)	0.325 (1.30)	0.005 (0.00)	0.186 (0.36)	1.484** (2.34)	0.426 (0.98)
$P11\_5$	-2.510 (-1.24)	-5.279*** (-2.99)	-2.178 (-1.54)	-6.333*** (-3.67)	-0.765 (-0.44)	-4.760** (-2.58)	-1.865 (-1.32)	-6.575*** (-3.00)
常数项	-38.119* (-1.78)	-12.387 (-1.09)	-28.253* (-1.75)	-3.633 (-0.55)	1.995 (0.09)	2.124 (0.19)	-32.420** (-2.24)	-5.928 (-0.64)
N	39	39	37	37	39	39	37	37
调整 R^2	0.21	0.40	0.08	0.48	0.39	0.43	0.14	0.44

续表

变量	Panel B：银行贷款增长与五年规划							
	Non-Big4/抵押		Non-Big4/无抵押		Non-Big4/抵押		Non-Big4/无抵押	
	融资金额	融资次数	融资金额	融资次数	融资金额	融资次数	融资金额	融资次数
IP	-9.358 (-0.87)	1.389 (1.11)	-0.936 (-0.16)	-1.852 (-1.45)	-17.026 (-0.54)	-4.623 (-1.29)	18.830 (1.06)	-5.663 (-1.45)
SOE	—	—	—	—	53.380 (1.46)	-0.394 (-0.11)	45.523 (1.53)	-4.035 (-0.82)
$IP \times SOE$	—	—	—	—	9.520 (0.16)	8.987 (1.47)	-32.628 (-0.99)	6.513 (1.39)
$Growth$	-7.226 (-0.69)	-0.022 (-0.03)	2.645 (1.11)	0.150 (0.42)	-3.116 (-0.28)	0.390 (0.41)	5.383 (1.67)	0.038 (0.08)
$\log(Assets)$	8.654* (2.05)	0.756 (1.60)	2.018 (1.08)	0.430 (1.33)	-0.131 (-0.02)	0.322 (0.50)	0.223 (0.08)	0.178 (0.43)
$P11\_5$	6.213 (0.34)	-3.501 (-1.54)	-5.232 (-1.00)	-5.005** (-2.58)	16.362 (0.69)	-2.744 (-1.09)	-3.249 (-0.62)	-4.288** (-2.37)
常数项	-183.950* (-1.81)	-13.362 (-1.19)	-43.153 (-0.92)	-4.748 (-0.60)	-16.735 (-0.12)	-3.733 (-0.28)	-33.387 (-0.46)	3.265 (0.34)
N	36	36	34	34	36	36	34	34
调整R^2	-0.06	0.05	-0.08	0.16	-0.05	0.07	0.03	0.13

注：括号里的数字为t值。*、**、*** 分别代表在10%、5%、1%的水平上显著。

接下来，我们通过估计以下回归来考虑国家所有权的作用：

$$Loan\ Growth = \beta_0 + \beta_1 IP_{jt} + \beta_2 SOE_{jt} + \beta_3 IP_{jt} \times SOE_{jt} + \beta_4 Growth_{jt} +$$
$$\beta_5 \log(Assets)_{jt-1} + \beta_6 P11\_5_{jt} + \varepsilon \quad (3.4)$$

结果发现，加入 SOE 和 $IP \times SOE$ 后，IP、SOE 和 $IP \times SOE$ 的系数仍不显著。

在表3-7的B组中，我们基于国有四大银行、非国有四大银行和贷款的组合进行分析有无抵押品。对于国有四大银行发行的贷款，在引入 SOE 和 $IP \times SOE$ 之前，仅具有抵押品的贷款的 IP 系数很大（2.303，t=2.07，抵押）。在我们介绍 SOE 和 $IP \times SOE$ 之后，IP 系数为负且显著（-6.600，t=-2.25，抵押；-3.999，t=-1.72，抵押；-4.863，t=-1.71，无抵押）。$IP \times SOE$ 的系数为正且显著（14.113，t=2.75，抵押；8.351，t=2.16，抵押；9.525，t=1.94，无抵押）。因此，对于贷款由国有四大银行发起的政府工程项目使国有企业受益，同时挤出了非国有企业。但是，非国有四大银行发起的贷款中不存在这种模式。总体看来，国有四大银行更有可能发放政策性贷款。

四、公司投资行为

根据对股权融资和银行贷款市场的上述分析，很自然地考虑并确定融资机会是否会刺激投资。这一点尤其重要，因为中国经济是投资驱动的。我们将新投资 I_{NEWjt} 定义为 $I_{TOTALjt} - I_{MAINTENANCEjt}$（Richardson，2006），其中，$I_{TOTAL}$ 是固定资产现金支付，无形资产和其他长期资产的现金支付计量流量表，按期初总资产进行缩放。根据理查森（Richardson，2006）的研究，I_{TOTAL} 的定义等同于资本支出。$I_{MAINTENANCE}$ 以折旧和摊销计量，按期初总资产缩放。所有观察结果都是行业五年规划的组合。我们估计以下回归：

$$I_{NEWjt} = \beta_0 + \beta_1 IP_{jt} + \beta_2 Growth_{jt} + \beta_3 \log(Assets)_{jt-1} + \beta_4 P10\_5_{jt} + \beta_5 P11\_5_{jt} + \varepsilon \tag{3.5}$$

我们使用行业内所有公司的平均投资价值。所有其他变量均如前所述。如果 IP_{jt} 的系数为正，我们有证据表明，受支持的行业投资要比非支持的行业多。

为了确定投资效率，我们还根据理查德森（Richardson，2006）的方法衡量了过度投资并估计以下回归：

$$I_{NEWit} = \gamma_0 + \gamma_1 VP_{it-1} + \gamma_2 Leverage_{it-1} + \gamma_3 Cash_{it-1} + \gamma_4 Age_{it-1} + \gamma_5 Size_{it-1} + \gamma_6 StockReturn_{it-1} + \gamma_7 I_{NEW_i-1} + Year + Industry + \varepsilon \tag{3.6}$$

其中，I_{NEWjt} 是 t 期公司 i 的总投资（I_{TOTAL}）与折旧和摊销（$I_{MINTENANCE}$）之差。VP 是托宾 Q 值，以股权市值之和来衡量净负债超过有形资产账面价值的部分。$Leverage$ 是总负债与总资产的比率。$Cash$ 是指按期初总资产计量的现金和现金等价物。Age 是上市年份的对数。$Size$ 是总资产的对数。$StockReturn$ 是年度库存收益。$INEW_{it-1}$ 是第 $t-1$ 期的新投资。

我们估计系数并获得残差。我们计算每个行业的 $\varepsilon > 0$ 的公司比例，即 $\text{Freq}[\varepsilon > 0]$。一个行业的 $\text{Freq}[\varepsilon > 0]$ 值越高，其过度投资问题就越严重。为了确定被支持的行业是否有更多的过度投资，我们估计以下回归：

$$\text{Freq}[\varepsilon > 0]_{jt} = \beta_0 + \beta_1 IP_{jt} + \beta_2 Growth_{jt} + \beta_3 \log(Assets)_{jt-1} + \beta_4 P10\_5_{jt} + \beta_5 P11\_5_{jt} + \varepsilon \tag{3.7}$$

如果 IP_{jt} 的系数为正，则有证据表明，受支持的行业有更多的过度投资。

表 3-8 A 组列出了各个行业的投资信息。新投资水平最高的三个行业是采掘业（MINES），交通运输、仓储业（TRANS），以及建筑业（CONSTR）。这种模式与中国目前的投资状况是一致的，也就是在基础设施方面的投资是巨大的。表 3-8 B 组比较了支持行业和非支持的行业的投资。支持产业的总投资、新增投资和超额投资均超过了非支持产业。

表 3-8　　投资和五年规划的回归结果

Panel A：投资和过度投资			
行业	I_{TOTAL}	I_{NEW}	过度投资 比例（残差大于零）
AGRIC	0.059	0.040	0.389
MINES	0.124	0.082	0.403
FDPROC	0.075	0.045	0.300
FDPROD	0.076	0.048	0.260
BEVRG	0.064	0.037	0.383
TXTLS	0.074	0.041	0.350
GARMTS	0.063	0.040	0.314
LETHR	0.034	0.018	0.354
WOOD	0.079	0.045	0.261
FURN	0.078	0.060	0.467
PAPER	0.090	0.049	0.392
PRINT	0.067	0.037	0.306
STAT	0.039	0.034	0.500
PTRLM	0.068	0.028	0.416
CHEMS	0.094	0.059	0.354
CHMSFIBR	0.075	0.034	0.308
RUBBR	0.069	0.030	0.389
PLASTICS	0.098	0.062	0.360
ELCTRCOMP	0.080	0.046	0.319
HHELCTR	0.027	0.011	0.292
GLASS	0.098	0.064	0.363
FERMTAL	0.083	0.036	0.262
NFERMTAL	0.089	0.059	0.301

续表

Panel A：投资和过度投资				
行业	I_{TOTAL}	I_{NEW}	过度投资比例（残差大于零）
MTLPR	0.073	0.051	0.345
GENMACHN	0.057	0.034	0.307
SPLMACHN	0.059	0.040	0.345
CARS	0.065	0.037	0.410
ELCTRMCHN	0.055	0.033	0.361
INSTR	0.054	0.035	0.352
MEDICAL	0.063	0.039	0.344
BIOLG	0.083	0.057	0.410
POWER	0.106	0.069	0.364
GAS	0.083	0.055	0.325
CONSTR	0.085	0.084	0.302
TRANS	0.103	0.074	0.374
IT	0.048	0.029	0.317
WHLSL	0.051	0.035	0.318
RLEST	0.021	0.013	0.324
SRVC	0.085	0.052	0.338
MEDIA	0.064	0.059	0.192
OTHR	0.051	0.033	0.270
样本平均	0.071	0.045	0.337
Panel B：支持行业和其他行业			
行业	I_{TOTAL}	I_{NEW}	过度投资比例（残差大于零）
支持行业			
均值	0.077	0.051	0.357
中位数	0.072	0.046	0.361
样本量	83	83	83
其他行业			
均值	0.065	0.038	0.312
中位数	0.063	0.034	0.328
样本量	67	67	67

续表

行业	I_{TOTAL}	I_{NEW}	过度投资比例（残差大于零）
Panel B：支持行业和其他行业			
支持行业和其他行业			
均值	0.012	0.013	0.045
中位数	0.009	0.012	0.033
T检验（Z检验）			
t值	2.73***	2.82***	2.54**
z值	2.54**	3.23***	2.62***

注：**、***分别代表在5%、1%的水平上显著。

表3-9给出了回归结果。支持的行业具有更高的新投资水平。另外，支持行业的过度投资也更为严重。在过度投资回归中，知识产权系数为正且显著（0.046，t=2.85）。

表3-9　　　　　　过度投资和五年规划的回归结果

变量	I_{NEW}	过度投资 Freq[$\varepsilon>0$]	I_{NEW}	过度投资 Freq[$\varepsilon>0$]
IP	0.012** (2.56)	0.046*** (2.85)	0.013* (1.79)	0.083** (2.65)
SOE	—	—	-0.007 (-1.25)	0.052 (1.47)
IP×SOE	—	—	-0.002 (-0.19)	-0.071* (-1.68)
Growth	0.002 (0.57)	0.014 (0.90)	0.002 (0.55)	0.015 (0.90)
log(Assets)	-0.002 (-0.49)	-0.016 (-1.33)	-0.002 (-0.47)	-0.016 (-1.34)
P11_5	-0.007 (-1.38)	-0.014 (-0.67)	-0.007 (-1.44)	-0.012 (-0.57)
常数项	0.076 (1.03)	0.638** (2.50)	0.078 (1.04)	0.624** (2.37)
N	150	150	150	150
调整R²	0.04	0.04	0.05	0.06

注：括号里的数字为t值。*、**、***分别代表在10%、5%、1%的水平上显著。

如前所述，国有企业有较多的行业更有可能获得融资机会。因此，我们研究了国有制对投资和过度投资的影响。我们将 SOE 和 IP×SOE 相加并估计以下回归：

$$I_{NEWit} = \beta_0 + \beta_1 IP_{jt} + \beta_2 SOE_{jt} + \beta_3 IP_{jt} \times SOE_{jt} + \beta_4 Growth_{jt} + \beta_5 \log(Assets)_{jt-1} + \beta_6 P10\_5_{jt} + \beta_7 P11\_5_{jt} + \varepsilon \quad (3.8)$$

$$Freq[\varepsilon > 0]_{jt} = \beta_0 + \beta_1 IP_{jt} + \beta_2 SOE_{jt} + \beta_3 IP_{jt} \times SOE_{jt} + \beta_4 Growth_{jt} + \beta_5 \log(Assets)_{jt-1} + \beta_6 P10\_5_{jt} + \beta_7 P11\_5_{jt} + \varepsilon \quad (3.9)$$

如果 $IP_{jt} \times SOE_{jt}$ 的系数为正，则有证据表明国有企业投资更多。

表 3-9 列出了国家所有权影响的结果。当使用 I_{NEW} 时，IP 系数为正且显著（0.013，t=1.79），而 IP×SOE 系数则不显著。当使用衡量行业过度投资的指标时，IP 的系数为正且显著（0.083，t=2.65），IP×SOE 的系数为负且显著（-0.071，t=-1.68），这表明尽管支持行业的企业倾向于过度投资，国有企业实际上却会更少地过度投资。

丁等（Ding et al.，2010）发现，所有类型的中国企业都存在过度投资，包括非国有企业，这些企业的公司治理水平可能更高，生产效率也更高。一个可能的解释是，国有企业的重大项目都必须由政府批准，而非国有企业的投资决策更加灵活，从而导致非国有企业的过度投资。

五、公司财务业绩

本部分主要研究产业政策是否对受支持行业财务业绩带来正面或负面影响。一方面，产业政策是一种国家战略，是对市场失灵的一个补充。因此，从长远来看，受支持的行业可能表现不佳。另一方面，政府可能能够识别出在未来很有前途的产业或者选择支持国民经济的支柱产业。从长远来看，受支持的行业可以表现良好。

还必须注意的是，受支持产业的经济绩效可能不符合政府政策的最初目标和宗旨，因为政府经常考虑整个经济利益，并且总的经济利益可能与某一行业的利益不一致。即支持一个产业的溢出效应可以分散在社会而不是直接反映在行业内，这是政策的目标。

1. 买入持有异常收益（BHAR）

BHAR 是一个行业市场调整后的买入持有累计异常收益率（Barber &

Lyon，1997；Lyon et al.，1999），我们计算 BHAR，对于工业 j，从五年规划开始到结束。我们使用两种 BHAR 措施：一种是根据公司流通股的市场价值加权的，BHAR_WOS；另一种是根据公司所有股票的市场价值加权的，包括非流通股，BHAR_WTS。①

表 3-10 A 组给出了这两种回报措施对不同行业的价值。表 3-10 B 组比较了这两种支持和非支持产业的措施。在没有控制变量的情况下，支持行业和非支持行业之间的回报没有显著差异。然后我们估计以下回归：

$$BHAR_{jt} = \beta_0 + \beta_1 IP_{jt} + \beta_2 Growth_{jt} + \beta_3 \log(Assets)_{jt} + \varepsilon \quad (3.10)$$

表 3-10　　股票收益和五年规划的回归结果

行业	Panel A：均值	
	5 年买入持有异常收益	
	流通股市场价值加权	所有股票市场价值加权
AGRIC	2.705	3.097
MINES	0.987	0.425
FDPROC	1.683	1.740
FDPROD	3.839	4.572
BEVRG	3.175	2.951
TXTLS	0.673	1.338
GARMTS	0.498	1.169
LETHR	-0.546	0.052
WOOD	0.120	0.622
FURN	-0.486	0.110
PAPER	0.225	0.854
PRINT	-1.380	-0.561
STAT	-1.413	-0.437
PTRLM	1.850	1.840
CHEMS	1.172	1.238

---

① 中国国有企业通常只出售一部分股份。因此，他们的许多股份都是不可交易的。

续表

行业	5年买入持有异常收益	
	流通股市场价值加权	所有股票市场价值加权

Panel A：均值

行业	流通股市场价值加权	所有股票市场价值加权
CHMSFIBR	0.828	1.457
RUBBR	-0.181	0.634
PLASTICS	1.747	2.561
ELCTRCOMP	0.721	1.359
HHELCTR	0.390	0.712
GLASS	1.809	2.402
FERMTAL	-0.922	-0.293
NFERMTAL	2.309	2.259
MTLPR	0.547	0.892
GENMACHN	2.666	2.961
SPLMACHN	3.178	2.826
CARS	1.821	2.297
ELCTRMCHN	3.311	3.117
INSTR	3.177	3.278
MEDICAL	2.897	3.242
BIOLG	4.134	3.519
POWER	1.102	1.442
GAS	-1.089	-0.420

Panel B：支持行业与其他行业

行业	5年买入持有异常收益	
	流通股市场价值加权（BHAR_WOS）	所有股票市场价值加权（BHAR_WTS）
CONSTR	-0.132	0.184
TRANS	-0.387	-0.073
IT	0.980	1.779

续表

行业	5 年买入持有异常收益	
	流通股市场价值加权（BHAR_WOS）	所有股票市场价值加权（BHAR_WTS）
Panel B：支持行业与其他行业		
WHLSL	2.180	2.740
RLEST	0.770	1.061
SRVC	0.554	1.000
MEDIA	1.091	1.051
OTHR	0.916	1.191
样本平均	1.240	1.580
支持行业		
均值	1.210	1.386
中位数	0.138	0.183
样本量	64	64
其他行业		
均值	1.280	1.834
中位数	0.374	0.553
样本量	49	49
支持行业和其他行业		
均值	-0.070	-0.448
中位数	-0.236	-0.370
T 检验（Z 检验）		
t 值	-0.14	-0.91
z 值	-0.69	-1.15

这一分析的目的是确定政府支持的行业在股票市场的长期表现是好是坏。回归结果如表 3-11 所示。每一个观察都是一个行业五年规划的组合，IP 上的系数基本上是微不足道的（0.654，$t=1.56$，使用 $BHAR\_WOS$；0.429，$t=1.15$，使用 $BHAR\_WTS$）。

表 3-11　　股票超额收益和五年规划的回归结果

变量	5 年买入持有异常收益			
	流通股市场价值加权 (BHAR_WOS)	所有股票市场价值加权 (BHAR_WTS)	流通股市场价值加权 (BHAR_WOS)	所有股票市场价值加权 (BHAR_WTS)
IP	0.654 (1.56)	0.429 (1.15)	5.652*** (4.11)	4.469*** (3.69)
SOE	—	—	1.527 (1.40)	1.214 (1.23)
IP×SOE	—	—	−6.943*** (−3.88)	−5.611*** (−3.51)
Growth	0.269 (1.22)	0.235 (1.20)	0.255 (1.39)	0.222 (1.29)
log(Assets)	−0.199 (−0.92)	−0.249 (−1.28)	−0.105 (−0.46)	−0.170 (−0.89)
P10_5	−0.164 (−0.45)	−0.600* (−1.74)	−0.513 (−1.21)	−0.886** (−2.36)
P11_5	3.058*** (4.60)	3.405*** (5.56)	2.355*** (2.83)	2.827*** (3.87)
常数项	4.414 (0.85)	6.189 (1.32)	1.662 (0.33)	3.917 (0.91)
N	113	113	113	113
调整 R^2	0.28	0.41	0.35	0.46

注：括号里的数字为 t 值。*、**、*** 分别代表在 10%、5%、1% 的水平上显著。

接下来，我们增加国家所有制的国有企业和国有企业的知识产权，并估计以下回归方程：

$$BHAR_{jt} = \beta_0 + \beta_1 IP_{jt} + \beta_2 SOE_{jt} + \beta_3 IP_{jt} \times SOE_{jt} + \beta_4 Growth_{jt} + \beta_5 \log(Assets)_{jt} + \varepsilon \tag{3.11}$$

通过添加 SOE 和 $IP \times SOE$，IP 的系数为正且显著（5.652，t = 4.11，使用 $BHAR\_WOS$；4.469，t = 3.69，使用 $BHAR\_WTS$），表明受支持的行业拥有更高的库存返回。但是，当国家所有权增加时，股票表现就会下降。$IP \times SOE$ 的系数为负且显著（−6.943，t = −3.88，使用 $BHAR\_WOS$；−5.611，t = −3.51，

使用 BHAR_WTS）。

基于此结果，我们有可能得出结论，与国有制相关的部分低效率削弱了政府支持对行业股票表现的积极影响，这其中可能的原因是，政府工程的某些外部利益不能被国有部门所内部化，非国有部门可能吸收一些外部利益。

2. 经营性现金流

我们还考虑了基于会计的绩效指标——运营现金流量的增长（$CashFlow_{jt}$）。它是行业 j 在五年规划 t 期间净营业现金流量的复合平均年增长率。然后我们估计以下回归：

$$CashFlow_{jt} = \beta_0 + \beta_1 IP_{jt} + \beta_2 Growth_{jt} + \beta_3 \log(Assets)_{jt} + \varepsilon \quad (3.12)$$

检验的目的是，现金流反映了行业绩效的一个方面，是对基于行业股票收益结果的补充。

表 3-12 A 组提供了各个行业的现金流量信息，表 3-12 B 组比较了支持和非支持行业之间的现金流量增长。有一些不充分的证据表明，受支持的行业的现金流量增长更高（均值 = 0.050，t = 1.83）。现金流量是每五年规划中净营业现金流量的平均增长率。

表 3-12　营运现金流量和五年规划的增长的回归结果

Panel A：分行业现金流信息	
行业	CashFlow
AGRIC	0.066
MINES	0.224
FDPROC	0.048
FDPROD	0.182
BEVRG	0.194
TXTLS	0.170
GARMTS	0.072
LETHR	-0.160
WOOD	-0.061
FURN	-0.147
PAPER	0.169
PRINT	0.041

续表

Panel A：分行业现金流信息	
行业	CashFlow
STAT	0.190
PTRLM	0.147
CHEMS	0.181
CHMSFIBR	0.086
RUBBR	0.055
PLASTICS	0.051
ELCTRCOMP	−0.005
HHELCTR	0.150
GLASS	0.101
FERMTAL	0.220
NFERMTAL	0.200
MTLPR	0.147
GENMACHN	0.184
SPLMACHN	0.102
CARS	0.072
ELCTRMCHN	0.086
INSTR	0.111
MEDICAL	0.435
BIOLG	0.195
POWER	0.042
GAS	0.151
CONSTR	0.118
TRANS	0.095
IT	0.164
WHLSL	0.254
RLEST	0.135
SRVC	0.156
MEDIA	0.123
OTHR	0.132
样本平均	0.066

续表

行业	CashFlow
Panel B：支持行业和其他行业	
支持行业	
均值	0.153
中位数	0.137
样本量	85
其他行业	
均值	0.103
中位数	0.128
样本量	64
支持行业和其他行业	
均值	0.050
中位数	0.009
T 检验（Z 检验）	
t 值	1.83*
z 值	1.14

注：*代表在 10% 的水平上显著。

结果如表 3-13 所示。每个观察结果都是行业五年规划的组合。IP 的系数为正且显著（0.058，t = 2.04），这表明受支持的行业现金流量增长较快。

表 3-13　　营运现金流量和五年规划的增长回归

变量	CashFlow	CashFlow
IP	0.058** (2.04)	0.107** (2.12)
SOE	—	0.034 (0.84)
IP × SOE	—	-0.099* (-1.67)

续表

变量	CashFlow	CashFlow
Growth	0.009 (0.45)	0.010 (0.49)
log(Assets)	-0.002 (-0.09)	-0.004 (-0.16)
P11_5	0.028 (1.01)	0.028 (1.02)
常数项	0.124 (0.23)	0.145 (0.26)
N	149	149
调整 R^2	0.01	0.02

注：括号里的数字为 t 值。*、** 分别代表在 10%、5% 的水平上显著。

接下来，我们添加状态所有权 SOE 和 IP×SOE 并估计以下回归：

$$CashFlow_{jt} = \beta_0 + \beta_1 IP_{jt} + \beta_2 SOE_{jt} + \beta_3 IP_{jt} \times SOE_{jt} + \beta_4 Growth_{jt} + \beta_5 \log(Assets)_{jt} + \varepsilon \quad (3.13)$$

加入国有企业和知识产权国有企业后，IP 系数为正且显著（0.107，t = 2.12），表明支持产业的现金流增长率较高。然而，随着国家所有权的增加，现金流增长率下降。IP×SOE 的系数为负且显著（-0.099，t = -1.67）。

3. 不良贷款率（NPLR）

买入与持有回报和现金流分析是能够反映股票市场表现或会计领域的术语。正如之前研究过政府支持在贷款市场中的效果，我们也评估了贷款市场的绩效指标。我们按照莫克等（Morck et al., 2011）的方法计算 2006~2010 年 j 行业的不良贷款比率（NPR_{jt}）。数据来源于银监会 2006~2010 年的年度报告。$NPLR_{jt}$ 是 t 年 j 行业的不良贷款率。

表 3-14 中 A 组显示了各行业的不良贷款水平；B 组比较了支持行业和非支持行业的不良贷款水平。结果未发现明显的区别。

表 3-14　　　　　　　　　不良贷款和五年规划

Panel A：不良贷款	
行业	NPLR
AGRIC	0.217
MINES	0.017
MACHN	0.054
POWER	0.019
CONSTR	0.023
TRANS	0.016
IT	0.037
WHLSL	0.079
RESTAUNT	0.102
MONEY	0.005
RLEST	0.036
RENT	0.044
SICENCE	0.068
ENVIRONMNT	0.009
SRVC	0.033
EDU	0.027
HEALTH	0.030
CULTURE	0.078
PUBLIC	0.028
样本平均	0.049
Panel B：支持行业和其他行业	
行业	NPLR
支持行业	
均值	0.069
中位数	0.032
样本量	25
其他行业	
均值	0.041
中位数	0.024
样本量	70
支持行业和其他行业	
均值	0.028
中位数	0.008
T 检验（Z 检验）	
t 值	1.14
z 值	1.15

接下来，我们对不良贷款率进行对数转换并进行以下回归：

$$\log[NPLR_{jt}/(1-NPLR_{jt})] = \beta_0 + \beta_1 IP_{jt} + \beta_2 \log(VA_{jt}) + \varepsilon \quad (3.14)$$

$$\log[NPLR_{jt}/(1-NPLR_{jt})] = \beta_0 + \beta_1 IP_{jt} + \beta_2 SOE_{jt} + \beta_3 IP_{jt} \times SOE_{jt} + \beta_4 \log(VA_{jt}) + \varepsilon \quad (3.15)$$

使用式（3.15）确定支持的行业是否有更多或更少的不良贷款。对 $NPLR_{jt}$ 进行了对数转换，VA_{jt} 指产业的增值量。

不良贷款问题一直是我国银行业关注的话题。中国的银行体系经历了几次重大改革，通过成立几家大型资产管理公司，使不良贷款大幅减少。根据原中国银行业监督管理委员会的年报，不良贷款比率在 2005～2010 年呈稳步下降趋势。然而，政府的产业政策可能会扭曲银行贷款市场，导致支持行业的不良贷款比率高于非支持行业。这个逻辑与艾伦等（Allen et al.，2005）和莫克等（Morck et al.，2011）是一致的。

表 3 - 15 列出了 2006～2010 年的结果。在这项分析中，由于我们只有一个五年规划的数据，所以，每次观察都是一个行业年的组合。IP 相关系数为正且显著（1.659，t = 1.64），表明支持产业的不良贷款比率高于非支持产业。SOE 的相关系数为负且显著（- 2.199，t = - 3.12），表明非支持产业中的国有企业实际存在较低的不良贷款率。$IP \times SOE$ 相关系数不显著（- 0.715，t = - 0.64），表明支持产业中国有企业和非国有企业的不良贷款比率没有差异。

表 3 - 15　　　　　　　　　不良贷款回归与五年规划

变量	$\log[NPLR/(1-NPLR)]$	$\log[NPLR/(1-NPLR)]$
IP	0.730 (1.28)	1.659* (1.64)
SOE	—	- 2.199*** (- 3.12)
$IP \times SOE$	—	- 0.715 (- 0.64)
$\log(VA)$	- 0.230 (- 0.87)	- 0.595** (- 2.14)

续表

变量	$\log[NPLR/(1-NPLR)]$	$\log[NPLR/(1-NPLR)]$
常数项	-1.726 (-0.75)	2.730 (1.08)
N	95	95
调整 R^2	0.03	0.22

注：括号里的数字为 t 值。*、**、*** 分别代表在 10%、5%、1% 的水平上显著。

上述结果与我们之前的股票市场表现和现金流量增长分析结果不同。我们没有试图在这里进行正式联立解释。五年规划是多维度的，必须从不同的角度进行分析，找到不同的结果丰富了我们对这个模型的理解，并帮助我们更客观地评估其后果。支持不良行业的国有企业不良贷款率较低的证据可能是分析中使用的 2006~2010 年的具体数据，如政府成立了几家资产管理公司，从银行接管了许多不良贷款。

第四节　结论

中国自 1978 年改革开放以来的经济增长对我们有何启示，是我们这个时代不得不面对的问题。无论是成功的经验，还是失败的教训，都引发世人关注（Brandt & Rawski，2008）。不同于以往对中国经济的研究，本章通过我国采取的长期稳定的产业政策作为考察对象，分析了产业政策对中国资本市场的影响以及经济后果，试图描绘一个特征事实：从长期看，产业政策作为国家治理的一种重要手段，资源分配的方向遵循着其长期宏观战略需要，从而推动了落后产业的发展，进而实现经济的整体提升。自 1949 年新中国成立以来，中国从最初效仿苏联的五年计划，经过近半个世纪的不断摸索和学习，五年规划逐渐地形成了中国政府重要、具有中国特色的国家管理模式之一。这一模式也越来越引人关注（Stern，2011）。关注的焦点在于，人们指责西方选举制过于重视选票得失，关心政党是否连任，这些短期化行为使得他们缺乏对经济长远的战略规划，从而导致经济出现结构性失衡。而中国的政府有其特别之处，1949 年以来，中国历届政府的执政方针具有一定的继承性，领导人的更迭往往不会带来对前任所实施政策的全盘颠覆，而是将前任的经验继承下来，甚至写入国家执政纲领。因此，在国家经济管理政策上，具有一定的连贯性，特别是在1978年以后。这是西方选举制国家在政治体制上所无法模仿的。

　　以中国的五年规划为题，本章首次以较为规范的方式介绍了五年规划以及其对资源配置的影响。通过考察1990~2010年中国的产业政策——五年规划，我们发现国家重点鼓励的产业在权益融资和债务融资（银行贷款）方面均得到了更快的增长，同时也享受到了更低的IPO折价和银行借款成本。在此基础上，我们进一步发现国有经济比重越高的行业上述融资优势的现象更为明显。同时，我们观察到，随着市场化程度越高，产业政策的效果在IPO、银行贷款和SEO市场上存在一个逐渐递减的现象，本章称为产业政策融资序列。此外，我们考察了产业政策对公司投资的影响。我们发现，受政府支持和鼓励的行业中的上市公司投资会更多。国有企业和非国有企业都存在这个现象，但是，非国有企业在产业政策鼓励下存在过度投资行为。最后，我们考察了产业政策对公司财务业绩表现的影响。我们发现，受政府支持和鼓励的行业中的上市公司表现出更好的股票收益率，并带来更多的经营活动净现金流量。但是，随着在受支持和鼓励行业中国有企业占比越高，产业政策的正面效应则会减弱。尽管我们发现了产业政策在财务业绩方面的积极影响，但是，从不良贷款发生的可能性看，我们发现政府支持和鼓励的行业，不良贷款的比率会显著上升。

第四章

基础设施投入与中介市场发展*
——来自中国审计市场的经验证据

市场的发展不仅需要制度层面的推动，也需要政府的主动发力、技术的变革以及基础设施的提升，甚至，制度究竟是市场发展的前提，还是市场发展的结果，也仍然处在争议中（文一，2016）。新结构经济学强调市场在资源配置中的核心作用，认为政府应该解决外部性问题和协调问题（方法是提供信息、补偿外部性以及协调基础设施的改善），以帮助企业进行产业升级（林毅夫，2015），并促进市场的发展。本章以资本市场的中介市场发展为例，来检验基础设施投入与中介市场发展的关系，尝试为理解这一重要的理论问题提供经验证据。基础设施建设集有为政府、技术创新及基础设施投入于一身，是检验这一理论问题的较好切入点和实验场景。

中介市场的发育、发展以及良好运行，依赖于信息获取的难易程度。空间距离在信息获取时产生的重要影响，使学者陆续将地理空间因素纳入研究框架。较早时期，距离在信息获取和沟通中发挥的作用毋庸置疑。然而，随着改革开放和城镇化的发展，中国基础设施建设实现了跨越式发展，创造了基础设施奇迹。弗里德曼（Friedman，2006）预言，随着信息基础设施（网络技术等）和交通基础设施（物流技术等）的不断完善，地理因素在人们生活中的

---

* 本章原文以《有为政府与有效市场：基于基础设施建设对审计市场发展影响的视角》为题发表于《审计与经济研究》2023年第1期，有所改动。

影响日趋减少，世界会越来越平坦化。的确，基础设施不断完善产生的"时空收敛"效应，使得信息和人力资本的流动更加容易。信息是决策的依据和基础，资本市场的发展必须以充分的信息披露为核心。投资者通过上市公司披露的信息，了解其财务状况和经营成果，并以此作出投资决策。然而，以管理层为主导编制的财务报告要取得公众的信任，就必须接受各类中介机构的审核，并出具鉴证意见。作为资本市场的"守门人"，市场中介组织是解决上市公司与投资者之间信息不对称问题、确保资本市场健康发展的重要制度安排。因此，各类中介机构能否充分履行相应职能，确保财务信息的真实可靠，对提高上市公司治理水平具有重大的现实意义。

长期以来，中国中介市场的竞争受制于不平衡的区域发展。以审计市场为例，在地方保护主义的作用下，中国早期的审计市场呈现出明显的低集中度、强地域性特征（余玉苗，2001）。新结构经济学认为，基础设施建设的改善，有助于克服信息、协调和外部性等问题，降低单个企业的交易费用，并为经济的产业发展过程提供便利，从而推动企业进行产业结构升级。基于这一理论，以审计市场为具体研究场景，本章尝试探索基础设施的日趋完善是否会对中国中介市场发育、城市和区域发展的竞争格局进行重构。

本章的学术价值主要体现在以下四个方面。一是新结构经济学强调，一个经济体产业升级的成功，要求有新型的金融、法制以及其他"软件"（或无形的）和"硬件"（或有形的）基础设施来促进生产和市场交易，使得经济到达生产可能性边界（林毅夫，2015）。本章研究为基础设施建设在促进发展中国家产业结构升级中发挥的作用提供了审计市场领域的经验证据。二是基础设施建设的外部溢出效应提供了企业层面的经验证据。有关基础设施是否存在外部性，现有文献基于模型推导给出了大量的理论证据（Romer，1986；Lucas，1988；Barro，1990；Hulten et al.，2006；刘生龙、胡鞍钢，2010）。本章基于大样本数据，提供了基础设施建设影响微观企业行为的证据。需要指出的是，本章虽然以审计市场的发展为具体研究场景，但研究结论在一定程度上也适用于律师事务所、资产评估机构以及投资银行等其他中介市场。三是本章研究说明在制度以外，基础设施的投入同样可以有效地促进中介市场的发展，从而为市场发展的非制度解释提供新的证据，这对于理解中国的经济增长和资本市场发展具有积极的启发意义。四是结合中国基础设施投入现状和基本国情，探究了影响审计市场结构及审计质量的宏观层面因素，对构建完整的审计研究框架具有重要的理论价值。

第一节 制度背景与文献回顾

一、制度背景

自改革开放以来，中国各类基础设施建设实现了跨越式发展（刘生龙、胡鞍钢，2010）。图 4-1 详细刻画了 1999~2019 年，中国铁路、公路、内河航道、邮电业务等基础设施建设的发展轨迹。如图 4-1 所示，中国铁路营业里程从 1999 年的 5.79 万公里增加至 2019 年的 13.99 万公里。2008 年 8 月 1 日，中国第一条具有完全自主知识产权、世界一流水平的京津城际高速铁路，以 350 公里时速开通运营，成为当时世界上运营速度最快的高速铁路。2008 年底，中央政府出台的 4 万亿元经济刺激方案，有超过一半投入铁路、公路、机场等重大交通基础设施建设。截至 2019 年底，中国高铁运营里程突破 3.5 万公里，约占世界高铁运营总里程的 7 成，成为名副其实的世界高铁第一大国。中国公路里程从 1999 年的 135.17 万公里增加到 2019 年的 501.25 万公里。[1] 1988 年，中国内地建成的第一条高速公路——上海至嘉定高速公路通车，实现了高速公路零的突破。此后，中国高速公路建设突飞猛进。1999 年突破 1 万公里（1.16 万公里），跃居世界第 4 位；2019 年增加到 14.96 万公里，位居世界第 1 位。截至 2019 年底，中国内河航道里程已达到 12.73 万公里，位居世界第 1 位。[2] 同时，以计算机和互联网为核心的现代技术不断发展，互联网技术越来越深刻地改变着人们的生产、生活、工作和学习方式。中国邮电业务总量从 1999 年的 0.33 万亿元攀升至 2019 年的 12.3 万亿元。[3] 中国交通和信息基础设施建设的改善，为克服信息、协调和外部性等问题，从而推动中介市场产业结构升级提供了制度层面的条件。

---

[1] 2006 年起，公路里程包括村道，故与历史数据不完全可比。
[2][3] 历年《中国统计年鉴》。

(a) 铁路营业里程

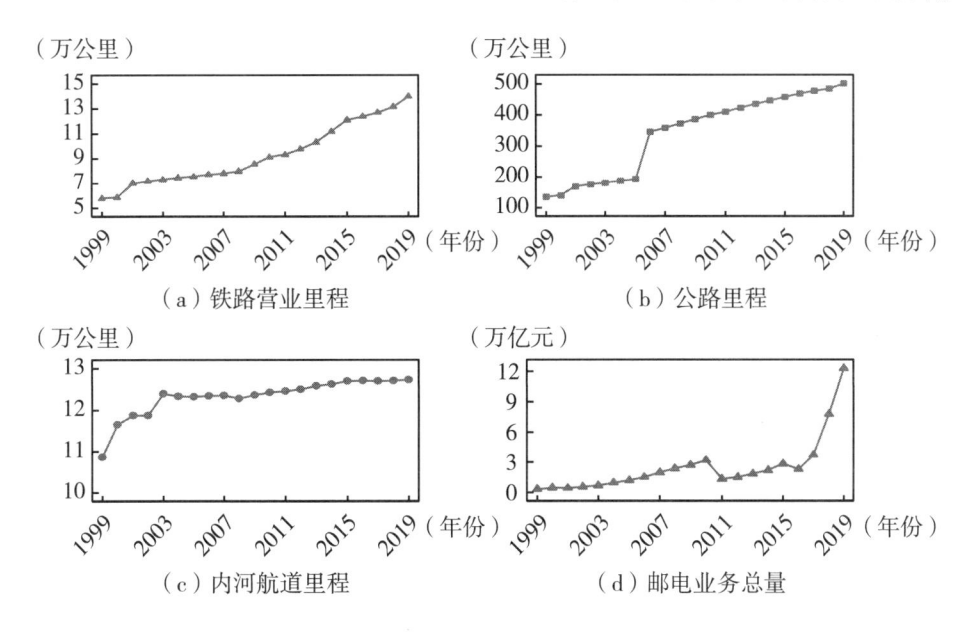

(b) 公路里程

(c) 内河航道里程

(d) 邮电业务总量

图 4-1　1999~2019 年中国主要基础设施投入存量水平

资料来源：历年《中国统计年鉴》。

二、文献回顾

（1）基础设施投入的经济后果研究。近年来，中国强调以"基础设施奇迹"作为推动"经济奇迹"的重要政策措施（刘生龙、胡鞍钢，2010）。基础设施的建设表现为高速公路、轨道、通信电缆、机场、车站以及城市公用事业这些物质条件的改变，但却远远超出这些物体本身（张军等，2007）。作为一种投资，基础设施既可以直接促进经济增长，又可以通过溢出效应间接地促进经济增长（刘生龙、胡鞍钢，2010）。如基础设施的就业、产出和投资效应（张光南等，2010）；基础设施对提高劳动生产率增速（郭凯明、王藤桥，2019）和经济增长的溢出效应（Romer，1986；Lucas，1988；Nishimizu & Hulten，1978；Hulten et al.，2006；胡鞍钢、刘生龙，2009；刘生龙、胡鞍钢，2010；张学良，2012）；城市基础设施建设与产业结构升级的外部效应（杨孟禹、张可云，2015）；交通基础设施对生产要素投入、全要素生产率增长、促进服务业发展、打破地理分割的影响等（张光南、宋冉，2013；刘秉镰等，2010；高翔等，2015；杨国超等，2021）。

（2）中介（审计）市场发展的相关研究。市场中介组织是社会分工的产物,是市场经济条件下为适应市场管理的需要,从市场主体中逐步分离出来的、专门为其他市场主体提供社会化服务的特殊经济组织,在市场组织和市场管理中发挥着重要职能(贾履让、申恩威,1997)。会计师事务所作为典型的中介市场机构,其提供的审计服务是资本市场保护广大投资者合法权益的重大制度安排。离开了注册会计师对会计信息质量的"看门人"作用,就不会有"公开、公平、公正"的市场秩序,也就不会有持续稳定和充满活力的资本市场。

早期,在税收改革、行政分权和中央政府以经济绩效考核地方官员的评价体系之下,中国区域间不正当竞争、重复建设、地方保护等市场分割问题一直比较突出(银温泉、才宛茹,2001)。在这一宏观制度环境下,中国证券审计市场的竞争并不是充分的,而是在地方保护主义的作用下被严重分割(余玉苗,2001)。如,德丰等(DeFond et al.,2000)基于1993~1996年证券审计市场的经验数据发现,中国新独立审计准则的施行伴随着证券审计市场集中度的下降和上市公司对高审计质量的规避倾向。延续这一研究,吴溪(2001)考察了1997~1999年中国证券审计市场的相关特征。研究发现,如果以客户资产规模为标准,中国前十大会计师事务所的累计市场份额由1996年的54%下降至1999年的39%。余玉苗(2001)基于1999年的经验数据发现,如果以客户数量为标准,中国前十大会计师事务所的累计市场占有率仅为31.8%,且本地客户所占比重平均高达79.6%,呈现出明显的低集中度、强地域性特征。

尽管中介市场在经济发展中扮演着越来越重要的角色,然而,围绕这一主题展开的研究并不多见。诚如前面分析所述,基础设施的不断完善改变着信息获取和沟通的效率,而中介市场的良好运行依赖于信息获取的难易程度。因此,基于中国独特的制度环境,以审计市场为具体研究场景,本章尝试探索基础设施的日趋完善是否对中国中介市场发育、城市和区域发展的竞争格局进行着重构,以期为中国中介市场的发展提供制度层面的经验证据。

第二节 理论分析与假设提出

一、基础设施投入与审计市场结构

随着区域经济一体化的推进和基础设施建设的不断完善,中国审计市场所处的宏观环境也发生着较大变化。交通基础设施的改善不仅可以通过降低交通成本从而导致规模经济和聚集经济（胡鞍钢、刘生龙，2009），而且可以通过运输活动将效用增量传导到贸易和生产经营活动中，从而影响区域间产业布局的集聚力和扩散力（徐翠、欧国立，2016）。铁路和水运基础设施的建设可以立竿见影地降低区域间的运输成本，促进产品和要素的流动，进而促进比较优势产业在区域形成集聚，发挥规模经济优势（徐翠、欧国立，2016）。交通技术的变革在一定程度上缩短了城市间的旅行时间，导致城市间相对区位结构的变化，进而对地域空间结构的重构产生重大影响（王姣娥等，2014）。美国发达的交通运输体系，特别是州际之间的公路和铁路交通网络的形成，对于促进加州农业生产结构调整起到了明显的推动作用（刘玉满，2002）。

信息基础设施的改善能够减少市场中的信息不对称问题，使企业更有效地利用当前最合适的技术进行生产，从而提高整个国民经济的运行效率（Leff，1984）。随着中国基础设施建设的不断完善，注册会计师的交通和信息搜寻成本不断下降，当地事务所的本地优势逐渐减弱。上市公司在选择审计单位以及事务所在考虑审计客户时，对空间距离这一因素的考量权重会有所降低。事务所可以在世界的任何地方享受公平的业务竞争机会，事务所提供优质服务能力的重要性也日益超越地理位置优势。早期主要服务于当地上市公司的一些小规模事务所可能会因为丧失竞争优势而逐渐被萎缩或并购，而那些优质大规模事务所借助降低的交通和信息搜集成本可以进一步实现扩张之势。基于以上分析，提出本章的第一个假设。

假设4.1：随着基础设施建设的不断完善，当地事务所的本地优势会逐渐被削弱，审计市场集中度会逐步提高。

二、基础设施投入与审计质量

审计质量是注册会计师发现被审计客户在会计制度上违规并公开揭露这种违规行为的联合概率（DeAngelo，1981）。这一定义揭示了影响审计质量的两个基本因素：审计师的专业性和独立性。基础设施建设通过作用于审计师的专业性和独立性从而影响审计质量。首先，注册会计师审计作为一项独立性较强的经济监管活动，需要建立在实地调研并获取客户大量信息的基础上。在基础设施建设尚不完善的早期,地理邻近在降低监督成本以及获取软信息方面具有较大优势。进入 21 世纪以来,中国迅速成为高速铁路发展最快的国家(路风,2019)。高铁作为一种便捷的交通方式,在很大程度上缩短了城市间的旅行时间,为整个区域的一体化、跨区域合作创造了条件。交通基础设施的不断完善大大降低了审计师的时间成本,加速了工作效率的提升。其次,随着信息化建设的飞速发展,各行各业信息化、数据化程度越来越高,一个全新的大数据时代已经到来。大数据、云计算技术的产生和发展,可以改变传统事后和抽样审计的局限,促进持续审计的实施(秦荣生,2014)。对信息的全面掌握、充分挖掘和对技术的广泛运用,进一步提升了审计效能。通过降低调研成本和信息不对称程度,基础设施建设的不断完善无疑提高了审计师发现被审计客户在会计制度上违规的能力,从而会对审计质量产生正面影响。

再者,在研究假设 4.1 中,本章分析了基础设施建设可以促进不同地区之间会计师事务所的竞争和优胜劣汰。随着当地小规模事务所被逐步萎缩或并购,会计师事务所的平均规模和审计客户数量均会相应变大。规模较大的会计师事务所在员工职业培训上投入更多,审计师的能力也相对更强,从而有助于审计质量的提高(Dopuch & Simunic,1980)。由于客户流失遭受的损失更小,拥有较多客户的会计师事务所也具有更强的独立性(DeAngelo,1981)。同时,伴随着当地小规模事务所逐步萎缩或被并购,会计师事务所与被审计客户之间的距离也会相应变大。而空间距离一直是学术界用以度量独立性的核心指标之一(Knyazeva et al.,2013)。综上所述,本章认为基础设施建设可以同时作用于审计师的专业性和独立性,并影响审计质量。基于以上分析,提出本章的第二个假设。

假设 4.2:随着基础设施建设的不断完善,会计师事务所提供的审计质量有所提高。

第三节　研究设计

一、研究样本与数据来源

由于中国证券审计市场在 1999 年底发生了脱钩改制、合并重组等重大变革,故本章初始样本为 1999~2019 年的所有 A 股上市公司。在初始样本基础上,剔除金融保险类样本和数据缺失样本,最终得到 41906 个公司年观测值。文中使用的会计师事务所和高铁开通数据通过手工搜集整理得到,构建交通和信息基础设施投入变量的数据来源于《中国统计年鉴》,其他数据均来自国泰安 CSMAR 数据库,部分缺失数据由作者根据年报补充得到。为避免极端值影响,本章对所有连续变量上下两侧各 1% 的观测值进行了 Winsorize 处理。本章数据处理使用 STATA 计量分析软件进行。

二、模型设定与变量定义

构建回归模型(4.1)对研究假设 4.1 进行检验。若假设 4.1 成立,则 b_1 应显著为正。

$$BigN_{it} = b_0 + b_1 \times Infrastructure_{it} + b\sum Control_{it} + e \quad (4.1)$$

其中,$BigN$ 为前 N 大会计师事务所哑变量。若上市公司当年聘请的会计师事务所按客户总资产规模排名前 5(10),则 $Big5$($Big10$)取值 1,否则取 0。$Infrastructure$ 为基础设施投入水平。参照德缪格(Demurger,2001)、张军等(2007)、刘生龙和胡鞍钢(2010)等研究,本章使用各省份加总的铁路里程、公路里程和内河航道里程除以所在地区国土面积来度量交通基础设施建设($Infra\_transport$)(公里/平方公里)。参照刘生龙和胡鞍钢(2010)的研究,本章使用各省份人均邮电业务总量度量所在地区的信息基础设施建设($Infra\_information$)(万元/人)[①]。$Control$ 为其他控制变量,参照王等(Wang et al.,2008)、陈和吴(Chan & Wu,2011)的相关研究,对如下变量进行控制:会计师事务所合并($Merge$)、成长能力($Growth$)、股权再融资(SEO)、产权性质(SOE)、客户规模($lnsize$)、盈利能力(ROA)、流动性($Liquidity$)、财务杠杆(Lev)、应收账款占比($Receivable$)、存货占比($Inventory$)、行业($Industry$)和年份($Year$)等。具体变量的定义方法如表 4-1 所示。

[①] 德缪格(Demurger,2001)、范和张(Fan & Zhang,2004)等学者使用互联网普及率作为信息基础设施投入的代理变量,但由于中国互联网络信息中心 CNNIC 的统计报告在 2017 年及之后不再按省份披露这一指标,故本章参照了刘生龙和胡鞍钢(2010)的度量方法。

表 4-1   主要变量的定义和说明

变量符号	变量名称	变量说明
$BigN$	前 N 大事务所	若上市公司当年聘请的会计师事务所按客户总资产规模排名前 N，则 $BigN$ 取值1，否则取0
$Quality$	审计质量	第二类审计错误和微盈哑变量
$Infrastructure$	基础设施投入	包括交通基础设施建设和信息基础设施建设
$Merge$	会计师事务所合并	若上市公司聘请的会计师事务所当年发生合并，则取值1，否则取0
$Growth$	成长能力	取期末总资产与期初总资产之差与期初总资产之比
SEO	股权再融资	若上市公司当年进行股权再融资，则取值1，否则取0
$lnsize$	客户规模	审计客户年末总资产的自然对数
ROA	盈利能力	总资产报酬率＝净利润/期末总资产
$Liquidity$	流动性	期末流动资产与流动负债之比
Lev	财务杠杆	取期末总负债与总资产的比值
$Receivable$	应收账款占比	期末应收账款与总资产之比
$Inventory$	存货占比	期末存货与总资产之比
SOE	产权性质	国有企业时，SOE 取值为1，否则取0
CI	客户重要性	公司审计费用占会计师事务所当年审计费用总额的比例
$Tenure$	事务所任期	当前事务所任职年限
$Switch$	事务所变更	若当年事务所发生变更则取值1，否则取0
$Loss$	经营亏损	若公司当年净利润为负则取1，否则取0
$Top1$	大股东持股	第一大股东持股比例
$List\_Age$	公司年限	当年年份减去公司上市年份
$Industry$	行业	按照CSRC2012标准设置相应个数行业虚拟变量
$Year$	年份	年份虚拟变量

本章构建回归模型（4.2）对研究假设 4.2 进行检验。若假设 4.2 成立，则 b_1 应显著为负。

$$Quality_{it} = b_0 + b_1 \times Infrastructure_{it} + b\sum Control_{it} + e \qquad (4.2)$$

其中，$Quality$ 为审计质量，参照高等（Gul et al.，2013）和关等（Guan et al.，2016）相关研究，使用第二类审计错误（$Quality\_error$）和微盈哑变量

（Quality_SP）两个指标度量。若上市公司当年出现信息披露违规但审计师却出具标准审计意见，则 Quality_error 取值1，否则取0；若上市公司当年总资产报酬率（ROA）落在区间 $[0, 0.01]$，则 Quality_SP 取值1，说明公司具有较强的盈余管理动机，审计质量较差，否则取0。Infrastructure 为基础设施投入水平，度量方法同上。Control 为其他控制变量，参照高等（Guan et al.，2016）和吴溪等（2015）相关研究，在模型（4.2）中，对如下变量进行了控制：客户重要性（CI）、前十大事务所（Big10）、事务所任期（Tenure）、事务所变更（Switch）、经营亏损（Loss）、应收账款占比（Receivable）、存货占比（Inventory）、大股东持股（Top1）、产权性质（SOE）、客户规模（lnsize）、流动性（Liquidity）、财务杠杆（Lev）、盈利能力（ROA）、成长能力（Growth）、上市年限（List_Age）、行业（Industry）和年份（Year）等。

第四节 实证结果分析

一、变量描述性统计

表4-2主要变量的描述性统计结果显示，样本期内，分别有15.77%和46.57%的上市公司选择了前5大和前10大会计师事务所，较早期陈信元和夏立军（2006）基于2000~2002年样本统计的7.4%和28.3%有所提高。平均19.08%的上市公司当年出现信息披露违规而审计师却出具了标准审计意见。11.71%的上市公司总资产报酬率介于0~0.01。交通基础设施密度平均每平方公里铁路、公路和内河航道里程数为1.1445公里，较刘生龙和胡鞍钢（2010）基于1988~2007年样本统计的0.379公里增加3倍之余。人均邮电业务量（信息基础设施密度）均值为0.3307万元，最高为1.6914万元，最低仅为0.0194万元。超过75%的样本公司成长能力为正，10.49%的样本公司存在增发、配股等股权再融资行为，47.86%的样本公司为国有企业。样本公司的财务风险和业务复杂度均呈现出较大差异，流动比例最低仅为0.2068，财务杠杆最高达1.2692，应收账款和存货占比最高分别达到50.42%和71.84%，与王等（Wang et al.，2008）的统计结果大体保持一致。客户审计费用占事务所当年审计费用总额的平均比例为2.71%，较古尔等（Gul et al.，2013）基

于 1998～2009 年样本统计的 5.2% 降低近一半。会计师事务所平均任期为 6.0020 年，较吴溪等（2015）基于 2001～2012 年样本统计的 4.67 年有所增加。10.11% 的上市公司发生会计师事务所变更，较陈信元和夏立军（2006）的统计结果 12% 略低。11.82% 的上市公司出现亏损，与古尔等（Gul et al., 2013）的统计结果 12.9% 大致吻合。

表 4 – 2　　　　　　　　主要变量的描述性统计

变量	样本数	均值	标准差	最小值	p25 分位数	中位数	p75 分位数	最大值
$Big5$	41906	15.77%	0.3645	0	0	0	0	100%
$Big10$	41906	46.57%	0.4988	0	0	0	100%	100%
$Quality\_error$	35941	19.08%	0.3929	0	0	0	0	100%
$Quality\_SP$	35941	11.71%	0.3216	0	0	0	0	1.0000
$Infra\_transport$	41906	1.1445	0.5735	0.0677	0.6971	1.2089	1.4281	2.5284
$Infra\_information$	41906	0.3307	0.3392	0.0194	0.1098	0.2002	0.4205	1.6914
$Merge$	41906	0.0502	0.2183	0	0	0	0	1.0000
$Growth$	41906	0.1966	0.3934	-0.4116	0.0055	0.0973	0.2480	2.3211
SEO	41906	10.49%	0.3065	0	0	0	0	100%
$lnsize$	41906	21.7674	1.2924	19.0316	20.8490	21.6123	22.5050	25.7230
ROA	41906	0.0307	0.0763	-0.3961	0.0124	0.0355	0.0638	0.1976
$Liquidity$	41906	2.2496	2.4451	0.2068	1.0277	1.4989	2.4098	16.1452
Lev	41906	0.4552	0.2269	0.0530	0.2850	0.4455	0.6067	1.2692
$Receivable$	41906	12.18%	0.1073	0.01%	3.62%	9.68%	17.79%	50.42%
$Inventory$	41906	15.07%	0.1397	0	5.91%	11.61%	19.30%	71.84%
SOE	41906	0.4786	0.4995	0	0	0	1.0000	1.0000
CI	35941	2.71%	0.0404	0.08%	0.37%	1.23%	3.34%	25.58%
$Tenure$	35941	6.0020	4.5640	1.0000	2.0000	5.0000	8.0000	20.0000
$Switch$	35941	10.11%	0.3015	0	0	0	0	100%
$Loss$	35941	11.82%	0.3229	0	0	0	0	100%
$Top1$	35941	0.3589	0.1558	0.0900	0.2359	0.3339	0.4687	0.7500
$List\_Age$	35941	9.4494	6.4309	0	4.0000	8.0000	14.0000	25.0000

二、相关系数检验

表 4-3 报告了主要变量间的 Pearson 相关系数矩阵。[①] 数据显示，交通（Infra_transport）和信息（Infra_information）基础设施投入与前 10 大会计师事务所（Big10）在 1% 的水平上显著正相关，说明随着交通和信息基础设施建设的不断完善，越来越多的上市公司选择前 10 大会计师事务所，初步印证了本章研究假设 4.1 的推论。交通和信息基础设施投入与第二类审计错误（Quality_error）的相关系数在 1% 的水平上显著正相关，说明随着基础设施建设的不断完善，会计师事务所犯第二类审计错误的概率反而增加。出现这一结果的可能原因在于，随着时间的推移，基础设施建设投入在逐年增加，上市公司的违规处罚力度也在逐年增强，但会计师事务所出具非标审计意见的比例却在逐年降低。此外，除流动比例（Liquidity）与财务杠杆（Lev）之间的相关系数为 -0.61 外[②]，所有考察变量、控制变量间相关系数的绝对值均不超过 0.6，说明考察变量、控制变量之间不存在高度的相关关系。本章接下来进一步控制其他变量，进行多元回归分析。

三、基本假设检验

（1）研究假设 4.1：基础设施投入与审计市场结构。图 4-2 反映了 1999~2019 年，以客户数量和规模为标准，中国前 N 大会计师事务所的市场占有率情况。数据显示，当以客户数量为标准时，1999 年中国前 10 大会计师事务所的市场份额为 31.09%，与余玉苗（2001）的研究（31.8%）较为一致；王等（Wang et al., 2008）和高等（Gul et al., 2013）研究发现，以客户数量为标准，2003 年中国仅有 20%~30% 的上市公司聘请了前 10 大会计师事务所，与本章统计数据（30.2%）也大致吻合。从图形走势来看，无论是以客户数量还是规模为标准，前 N 大会计师事务所的累计市场占有率均随时间推移呈现出上升趋势。尤其从 2007 年开始出现了最大规模涨幅，这与 2007 年 4 月 18 日，

[①] 由于涉及变量较多，表 4-3 被解释变量仅保留了前 10 大事务所（Big10）和第二类审计错误（Quality_error）。

[②] 稳健性测试中去掉其中任一变量，不改变结果。

表 4–3 相关系数矩阵

变量	Big10	Quality_error	Infra_transport	Infra_information	Merge	Growth	SEO	lnsize	ROA	Liquidity	Lev	Receivable	Inventory	SOE	CI	Tenure	Switch	Loss
Big10	1																	
Quality_error	0.002	1																
Infra_transport	0.199c	0.028c	1															
Infra_information	0.214c	0.037c	0.395c	1														
Merge	0.076c	0.002	-0.025c	-0.083c	1													
Growth	0.003	-0.008	0.022c	-0.031c	0.005	1												
SEO	0.023c	0.020c	0.011b	-0.044c	0.009a	0.116c	1											
lnsize	0.233c	0.014c	0.196c	0.202c	-0.021c	-0.005	0.060c	1										
ROA	0.061c	-0.033c	0.086c	0.014c	0.010b	0.280c	0.042c	0.096c	1									
Liquidity	0.044c	-0.013c	0.098c	0.069c	-0.002	0.238c	-0.057c	-0.228c	0.219c	1								
Lev	-0.042c	-0.004	-0.096c	-0.085c	0.022c	-0.169c	0.032c	0.253c	-0.427c	-0.610c	1							
Receivable	-0.021c	0.024c	-0.021c	0.050c	-0.030c	-0.014c	0.015c	-0.204c	-0.096c	-0.023c	0.048c	1						
Inventory	-0.024c	-0.006	0.022c	-0.030c	0.021c	-0.039c	0.000	0.107c	-0.028c	-0.093c	0.250c	-0.087c	1					
SOE	-0.066c	-0.124c	-0.187c	-0.226c	0.033c	-0.141c	-0.024c	0.195c	-0.052c	-0.225c	0.207c	-0.124c	0.030c	1				
CI	-0.407c	-0.042c	-0.241c	-0.250c	-0.054c	0.004	-0.014c	0.011b	-0.041c	-0.132c	0.141c	-0.004	0.038c	0.197c	1			
Tenure	0.025c	0.030c	0.145c	0.093c	-0.010b	-0.182c	0.009a	0.252c	-0.039c	-0.154c	0.120c	-0.175c	0.071c	0.089c	-0.070c	1		
Switch	-0.022c	0.013b	-0.057c	0.030c	0.018c	-0.014c	-0.010a	-0.025c	-0.064c	-0.018c	0.051c	0.044c	-0.012b	0.044c	0.041c	-0.366c	1	
Loss	-0.043c	0.040c	-0.068c	-0.008	-0.002	-0.225c	-0.045c	-0.113c	-0.697c	-0.128c	0.277c	0.054c	-0.023c	0.014c	0.018c	0.020c	0.049c	1

注：a、b、c 分别表示变量间 Pearson 相关性检验在 10%、5%、1% 的水平上显著（双尾）。

中国对铁路客运实施新一轮提速，并在提速干线开通动车（时速超过200公里）高度一致。截至2019年，以客户数量（规模）为标准，中国前10大会计师事务所的累计市场份额高达68.24%（94.13%）①。图4-2初步印证了研究假设4.1的推论，接下来进一步进行多元回归分析。

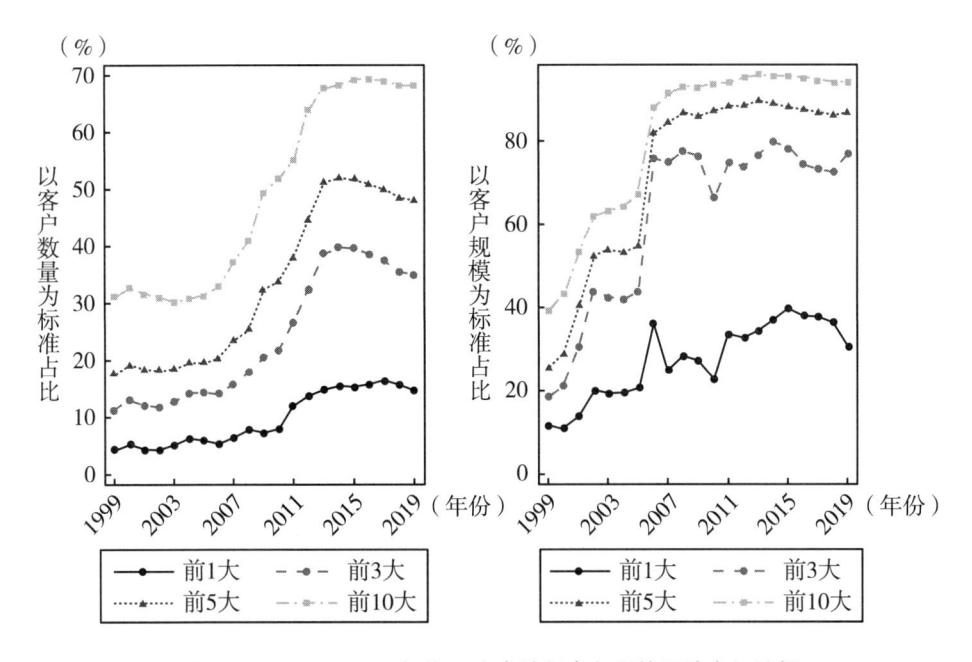

图4-2　1999~2019年前N大会计师事务所的累计市场份额

资料来源：通过对CSMAR数据库历年数据汇总得出。

如果随着基础设施建设的不断完善，审计市场呈现出集中趋势，则应该可以观察到上市公司聘请前N大会计师事务所的比例也会随之提高。换言之，可以通过检验基础设施建设对上市公司聘请前N大会计师事务所的影响来验证研究假设4.1。表4-4报告了以上检验的多元回归结果。由于基础设施建设受时间影响较大，在计算回归方程的标准差时，对所有回归模型均在年度层面进行了聚类，用以控制相同年份间的组内相关性。回归结果显示，在控制其他因素后，交通（$Infra\_transport$）和信息（$Infra\_information$）基础设施均至少在5%的水平上与前5（10）大会计师事务所聘请行为显著正相关。也就是说，随着基础设施建设的不断完善，当地事务所的本地优势逐渐削弱，越来越

---

① 若剔除金融行业，截至2019年，以客户数量（规模）为标准，中国前10大会计师事务所的累计市场份额为68.64%（77.22%）。

多的上市公司选择前 5（10）大会计师事务所，从而带来了中国证券审计市场集中度的提高。本章研究假设 4.1 通过检验。

表 4-4　　　　　　　　　设施投入与审计市场结构

变量	(1) Big5	(2) Big10	(3) Big5	(4) Big10
$Infra\_transport$	0.6411*** (6.5478)	0.2686** (2.4198)		
$Infra\_information$			1.8004*** (4.0511)	1.9952*** (4.0360)
$Merge$	0.6364 (0.4919)	1.1415*** (2.9675)	0.5798 (0.4469)	1.1301*** (2.9548)
$Growth$	-0.1373** (-1.9752)	-0.0518 (-1.4872)	-0.1504** (-2.0398)	-0.0636* (-1.7402)
SEO	-0.1011** (-2.0805)	-0.0178 (-0.5546)	-0.1108** (-2.2365)	-0.0217 (-0.6665)
$lnsize$	0.4270*** (8.0295)	0.3003*** (10.5689)	0.4259*** (8.0884)	0.2971*** (10.2936)
ROA	0.9443*** (3.5405)	0.6488*** (2.6762)	0.9928*** (3.7065)	0.6364*** (2.6270)
$Liquidty$	0.0142* (1.8059)	0.0283*** (5.7403)	0.0128 (1.5451)	0.0278*** (5.7239)
Lev	-0.2903** (-1.9652)	-0.1404 (-1.5653)	-0.2774* (-1.8532)	-0.0584 (-0.6366)
$Receivable$	0.1613 (0.9029)	0.2864** (2.2682)	0.1058 (0.6219)	0.1108 (1.0543)
$Inventory$	-1.0526*** (-7.5826)	-0.4282*** (-4.3625)	-1.0706*** (-7.2779)	-0.4512*** (-4.3094)
SOE	0.0180 (0.3393)	-0.0237 (-0.4578)	0.0768 (1.5056)	0.0300 (0.5904)
常数项	-11.6788*** (-9.9393)	-6.6916*** (-9.1228)	-12.7438*** (-9.0952)	-8.4449*** (-9.0577)
Industry & Year	是	是	是	是
N	41906	41906	41906	41906
调整 R^2	0.0937	0.1074	0.0934	0.1213

注：括号里的数字为 t 值。*、**、*** 分别代表在 10%、5%、1% 的水平上显著。

控制变量的回归结果显示，会计师事务所合并（Merge）与前10大会计师事务所聘请行为在1%的水平上显著正相关，说明事务所合并提高了审计市场集中度，与曾亚敏和张俊生（2012）的研究结论一致。成长能力（Growth）和股权再融资（SEO）与前5大会计师事务所聘请行为在5%的水平上显著负相关，说明资本需求较高的上市公司更不可能聘请前5大会计师事务所。客户规模（lnsize）和盈利能力（ROA）与前5大会计师事务所聘请行为在1%的水平上显著正相关，流动性（Liquidty）与前10大会计师事务所聘请行为在1%的水平上显著正相关，与王等（Wang et al.，2008）回归结果一致。财务杠杆（Lev）和存货占比（Inventory）与前5大会计师事务所聘请行为显著负相关，说明财务杠杆和存货水平较高的上市公司更不可能聘请前5大会计师事务所。

（2）研究假设4.2：基础设施投入与审计质量。表4-5报告了模型（4.2）的结果。回归结果显示，在控制其他因素后，交通（Infra_transport）和信息（Infra_information）基础设施投入与第二类审计错误（Quality_error）和微盈哑变量（Quality_SP）均至少在5%的水平上显著负相关，说明上市公司所在地区的交通和信息基础设施投入水平越高，审计师越不可能为当年出现违规的上市公司出具标准审计意见，而上市公司的盈余管理程度也更低。表4-5回归结果综合说明，随着基础设计建设的不断完善，会计师事务所提供的审计质量有所提高，本章研究假设4.2通过检验。

控制变量的回归结果显示，客户重要性（CI）与第二类审计错误在1%的水平上显著正相关，可能是重要客户的独立性较差所致。前10大事务所（Big10）与第二类审计错误和微盈哑变量均在1%的水平上显著负相关，与会计师事务所规模越大，审计质量越高的观点相吻合。事务所任期（Tenure）与微盈哑变量显著正相关，说明审计质量随着任期的延长出现下降，与吉尔等（Gul et al.，2013）结果一致。事务所变更（Switch）、经营亏损（Loss）与第二类审计错误显著正相关，说明对于变更会计师事务所或出现亏损的上市公司，审计师更可能在企业违规的情况下为其出具标准审计意见。应收账款占比（Receivable）与第二类审计错误显著正相关，说明业务复杂度越高的上市公司越可能出现第二类审计错误。产权性质（SOE）与第二类审计错误显著负相关，说明国有企业更不可能出现第二类审计错误，可能是因为国有企业出现信息披露违规的概率更低。流动性（Liquidity）和财务杠杆（Lev）与第二类审计错误显著负相关，与关等（Guan et al.，2016）研究结论一致。

表4-5　　　　　　　　　基础设施投入与审计质量

变量	(1) $Quality\_error$	(2) $Quality\_SP$	(3) $Quality\_error$	(4) $Quality\_SP$
$Infra\_transport$	-0.1755*** (-4.8328)	-0.2285*** (-7.3270)		
$Infra\_information$			-0.2396** (-2.3779)	-0.8149*** (-3.2926)
CI	1.3386*** (3.2944)	-1.3473** (-1.9809)	1.3647*** (3.4539)	-1.2842** (-1.9853)
$Big10$	-0.1401*** (-4.7759)	-0.1761*** (-6.8142)	-0.1285*** (-3.8799)	-0.1434*** (-5.5231)
$Tenure$	-0.0053 (-1.1208)	0.0055* (1.9017)	-0.0060 (-1.2802)	0.0055* (1.8146)
$Switch$	0.1369** (2.4758)	-0.0298 (-0.4283)	0.1422*** (2.6416)	-0.0179 (-0.2648)
$Loss$	0.2290*** (3.3911)		0.2344*** (3.4440)	
$Receivable$	0.5806*** (2.7616)	0.0624 (0.1792)	0.5602*** (2.7556)	0.0895 (0.2618)
$Inventory$	0.0588 (0.5089)	0.5528*** (5.1163)	0.0512 (0.4380)	0.5617*** (5.1953)
$Top1$	-1.2703*** (-9.1534)	-0.7257*** (-5.8906)	-1.2800*** (-9.1541)	-0.7244*** (-5.9039)
SOE	-0.4533*** (-8.5031)	0.3446*** (10.1054)	-0.4558*** (-8.4720)	0.3318*** (10.1035)
$lnsize$	0.0070 (0.3175)	0.0338* (1.7354)	0.0044 (0.2020)	0.0324* (1.6517)
$Liquidity$	-0.0533*** (-5.4634)	-0.0514*** (-4.3197)	-0.0532*** (-5.3984)	-0.0501*** (-4.1720)
Lev	-0.2917** (-2.3382)	0.6618*** (3.2796)	-0.2740** (-2.2673)	0.6604*** (3.1817)

续表

变量	(1) Quality_error	(2) Quality_SP	(3) Quality_error	(4) Quality_SP
ROA	-0.3377 (-1.1790)	-1.7818*** (-2.6206)	-0.3414 (-1.2007)	-1.8098*** (-2.6466)
Growth	0.1360** (2.3561)	-0.3414*** (-2.9956)	0.1372** (2.3460)	-0.3385*** (-2.9205)
List_Age	0.0064 (1.0990)	0.0197*** (5.2583)	0.0064 (1.1125)	0.0182*** (5.0030)
常数项	-0.7156 (-1.5548)	-2.8954*** (-6.6178)	-0.6661 (-1.3426)	-2.3439*** (-5.6676)
Industry & Year	是	是	是	是
N	35941	35941	35941	35941
调整 R^2	0.0514	0.0501	0.0505	0.0505

注：括号里的数字为 t 值。*、**、*** 分别代表在 10%、5%、1% 的水平上显著。

四、稳健性检验①

为了进一步提高研究结论可靠性，本章做了以下稳健性测试。(1) 以客户数量为标准衡量会计师事务所规模（若上市公司当年聘请的会计师事务所按客户数量排名前 N，则 bigN 取值 1，否则取 0），重新对研究假设 4.1 进行检验。(2) 参照高等 (Gul et al., 2013) 相关研究，使用审计意见类型（若上市公司当年获得非标审计意见，则 Quality_MAO 取值 1，否则取 0）衡量审计质量，重新对研究假设 4.2 进行检验。(3) 由于基础设施建设，尤其是交通基础设施建设对审计市场结构以及审计质量的影响更多地反映在异地客户中，因此，本章删除上市公司与会计师事务所总部位于同一地区的样本（10031 个公司年样本，约占 23.94%），重新对本章研究假设进行检验。(4) 为避免中国会计师事务所在 1999 年和 2000 年发生的大范围并购浪潮对研究结论产生影响，删除 1999 年和 2000 年样本重新对本章研究假设进行检验。以上稳健性检验结果与前文结果并无实质性差异，说明本章结论较为稳健。

---

① 限于文章篇幅，本部分结果未予列示。如需查看，可向作者索要。

第五节　进一步的拓展与分析

一、基础设施投入与审计客户距离、审计客户地区覆盖率

在研究假设 4.1 中，本章认为基础设施投入影响审计市场结构的作用机制在于：随着基础设施建设的不断完善，早期主要服务于当地上市公司的一些小规模事务所会因为丧失竞争优势而逐渐萎缩或被并购，而优质大规模事务所借助降低的交通和信息搜集成本可以进一步实现扩张之势。如果以上分析成立，本章将进一步观察到，随着基础设施建设的不断完善，会计师事务所与审计客户之间的空间距离会逐渐变大，客户的地区覆盖率也会相应提高。为了进一步验证研究假设 4.1 的逻辑，图 4-3 绘制了 1999~2019 年中国会计师事务所与审计客户之间的平均距离。从图形走势可以看出，会计师事务所与审计客户之间的空间距离由 1999 年的 342.32 公里增加至 2019 年的 849.43 公里，呈现出逐年上升的趋势，与研究假设 4.1 的观点逻辑一致。

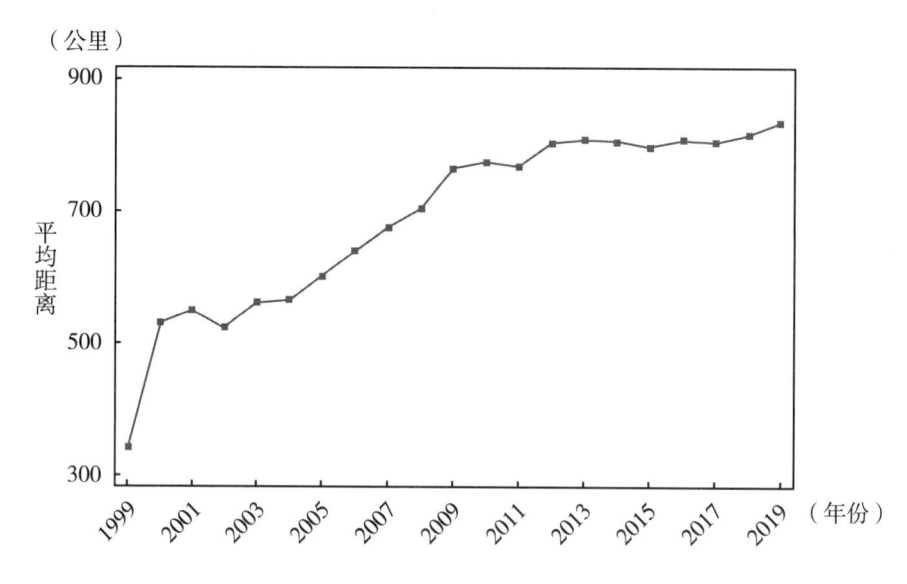

图 4-3　1999~2019 年会计师事务所与审计客户之间的空间距离

图 4-4 进一步反映了 1999~2019 年会计师事务所的客户覆盖地区情况。可以看出，会计师事务所审计客户的平均覆盖城市数量由 1999 年的 4.37 个增

长至 2019 年的 32.93 个，平均覆盖省份数量由 1999 年的 2.44 个增长至 2019 年的 14.46 个，呈现出逐年上升的趋势。同样与研究假设 4.1 逻辑一致。

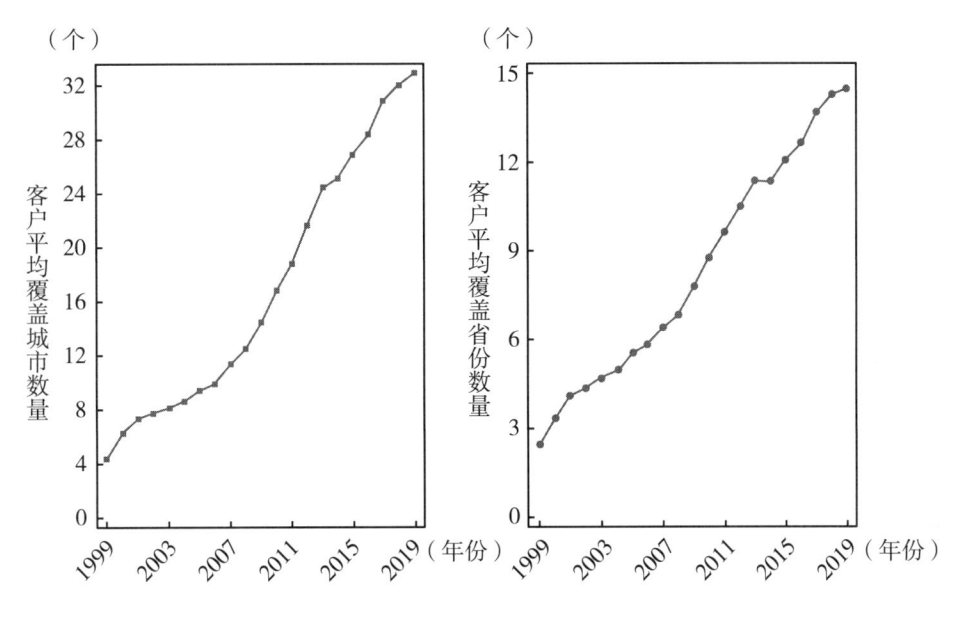

图 4-4　1999~2019 年会计师事务所审计客户的覆盖地区情况

二、基础设施投入与盈余管理方式

前文研究发现，基础设施建设通过降低调研和信息搜集成本从而提高了审计师发现被审计客户在会计制度上违规的能力。然而，由于存在资本市场、薪酬契约、债务契约、迎合或规避政府监管等多重动机，上市公司盈余管理行为常有发生。作为对审计师能力提高的应对，上市公司是否也会相应采取更加隐蔽的盈余管理方式呢？为了回答这一问题，本章接下来进一步考察基础设施投入对盈余管理方式的影响。本章分别使用应计盈余管理（$Quality\_DA$）和真实盈余管理（$Quality\_DREM$）衡量两种不同的盈余管理方式。在应计盈余管理的度量上，借鉴科塔里等（Kothari et al., 2005）的方法；在真实盈余管理的度量上，借鉴罗伊乔杜里（Roychowdhury, 2011）和科恩等（Cohen et al., 2010）的方法。

表 4-6 报告了以上检验的回归结果。回归结果显示，交通和信息基础设施与应计盈余管理在 1% 的水平上显著负相关，与真实盈余管理在 1% 的水平

上显著正相关。这一结果说明，随着基础设施建设的不断完善，上市公司的应计盈余管理水平显著下降，真实盈余管理水平显著上升。由于实施应计盈余管理存在较大风险，同时也需要得到审计师的配合（赵国宇，2011），而真实盈余管理改变了经济活动的实质，并按照会计准则对改变后的经济活动进行确认、计量和列报，并没有违反公认的会计准则。在现有的制度框架下，管理层实施真实盈余管理受审计师和监管层的制约较小，隐蔽性较高（Zang，2007）。换言之，随着基础设施建设的不断完善，上市公司采取了更多风险较低、隐蔽性较强的真实盈余管理行为。

表4-6　　　　　　　　基础设施投入与盈余管理方式

变量	(1) $Quality\_DA$	(2) $Quality\_DREM$	(3) $Quality\_DA$	(4) $Quality\_DREM$
$Infra\_transport$	-0.0031*** (-3.6349)	0.0399*** (7.8219)		
$Infra\_information$			-0.0126*** (-3.5121)	0.0567*** (4.1744)
CI	-0.0274** (-2.3364)	-0.1755** (-2.4173)	-0.0262** (-2.2315)	-0.1802** (-2.5439)
$Big10$	-0.0039*** (-5.3149)	-0.0102** (-2.3223)	-0.0033*** (-4.3467)	-0.0116** (-2.3870)
$Tenure$	-0.0003*** (-4.2225)	0.0031*** (4.3869)	-0.0003*** (-4.0033)	0.0033*** (4.4886)
$Switch$	-0.0029* (-1.7655)	-0.0270* (-1.9027)	-0.0027 (-1.6584)	-0.0283* (-2.0208)
$Loss$	-0.0023 (-0.7731)	-0.0514*** (-3.4175)	-0.0021 (-0.7287)	-0.0528*** (-3.5183)
$Receivable$	0.0763*** (15.3210)	-0.0597 (-1.5822)	0.0768*** (15.4818)	-0.0537 (-1.4635)
$Inventory$	0.0634*** (10.7299)	0.4108*** (9.6437)	0.0635*** (10.7507)	0.4103*** (9.7699)
$Top1$	-0.0096*** (-4.2911)	0.0399** (2.3553)	-0.0095*** (-4.2293)	0.0426** (2.4759)
SOE	0.0042*** (3.8070)	0.0717*** (6.7918)	0.0039*** (3.5434)	0.0724*** (6.9118)

续表

变量	(1) Quality_DA	(2) Quality_DREM	(3) Quality_DA	(4) Quality_DREM
$lnsize$	0.0015*** (3.3873)	0.0312*** (5.3105)	0.0015*** (3.3843)	0.0319*** (5.3918)
$Liquidity$	−0.0000 (−0.0794)	0.0010 (0.4772)	−0.0000 (−0.0531)	0.0009 (0.4276)
Lev	−0.0189*** (−4.0520)	−0.0654 (−1.3756)	−0.0190*** (−4.2058)	−0.0701 (−1.4686)
ROA	−0.0226* (−1.9655)	−1.8898*** (−9.7776)	−0.0225* (−1.9508)	−1.8881*** (−9.7821)
$Growth$	0.0201*** (6.9541)	−0.3497*** (−18.8288)	0.0202*** (6.9658)	−0.3504*** (−19.0166)
$List\_Age$	0.0003* (2.0704)	0.0044*** (4.7130)	0.0003* (1.8774)	0.0045*** (4.6940)
常数项	−0.0234*** (−3.1049)	−1.1023*** (−6.7569)	−0.0236*** (−3.1304)	−1.0968*** (−6.7673)
Industry & Year	是	是	是	是
N	35497	32532	35497	32532
调整 R^2	0.0307	0.2095	0.0312	0.2084

注：括号里的数字为 t 值。*、**、***分别代表在 10%、5%、1%的水平上显著。

三、高铁开通与审计质量

近年来中国在基础设施建设方面实现了跨越式发展，并以高速铁路的发展最为突出。2007 年 4 月 18 日，上海至苏州 D460 次动车组列车的驶出，揭开了中国铁路高速时代的序幕。截至 2019 年底，中国高铁运营里程突破 3.5 万公里，约占世界高铁运营总里程的 7 成。高速铁路的飞速发展，为本章检验城市之间高铁开通对审计质量的影响提供了天然的试验场景。吉鲁（Giroud，2013）通过引入工厂与总部间新航线开通这一外生事件，印证了新航线的开通可以降低总部与工厂间的航行时间和监督成本，进而提高工厂投资和生产率。借鉴吉鲁（Giroud，2013）的研究方法，接下来在删除会计师事务所与上市公司位于同一城市的样本后，进一步考察高铁开通对审计质量的影响。本章使用高铁开通哑变量（Post）捕捉开通前后之间的差异。具体取值方法为：若会计师事务所与上市公司所在城市之间开通动车组，则开通之后年份 Post 取值 1，否则取 0。

表 4-7 报告了以上检验的回归结果。其中，Post 均值为 0.4814，说明会计师事务所与上市公司之间开通高铁的样本占 48.14%。回归结果显示，Post 与第二类审计错误和微盈哑变量分别均在 1%、5% 的水平上显著负相关，这说明高铁开通促进了审计质量的提高，进一步支持了本章研究假设 4.2 的推论。进一步检验高铁开通对盈余管理方式的影响发现，高铁开通与应计盈余管理在 1% 的水平上显著负相关，与真实盈余管理水平在 5% 的水平上显著正相关，说明随着高铁开通，上市公司采取了更多风险较低、隐蔽性较强的真实盈余管理行为，与表 4-6 结论一致。

表 4-7 高铁开通与审计质量

变量	(1) $Quality\_error$	(2) $Quality\_SP$	(3) $Quality\_DA$	(4) $Quality\_DREM$
$Post$	-0.1824*** (-3.5281)	-0.1724** (-2.5405)	-0.0036*** (-6.6640)	0.0178** (2.7177)
CI	1.6901*** (3.3065)	-1.3371* (-1.8829)	-0.0296* (-1.9801)	-0.1479 (-1.4517)
$Big10$	-0.1376*** (-3.5567)	-0.2036*** (-5.3398)	-0.0035*** (-4.1139)	-0.0029 (-0.5061)
$Tenure$	-0.0058 (-1.1991)	0.0015 (0.6354)	-0.0004*** (-4.2457)	0.0030*** (3.2708)
$Switch$	0.1313** (2.1651)	-0.0459 (-0.6272)	-0.0033* (-1.9430)	-0.0258* (-1.8151)
$Loss$	0.2131*** (3.0884)		-0.0012 (-0.3677)	-0.0536*** (-3.1788)
$Receivable$	0.5489*** (2.7821)	0.0080 (0.0222)	0.0751*** (12.1592)	-0.1137** (-2.2714)
$Inventory$	0.0929 (0.8536)	0.5245*** (3.9668)	0.0623*** (10.8500)	0.4145*** (9.9668)
$Top1$	-1.1669*** (-8.5478)	-0.6060*** (-4.9743)	-0.0120*** (-5.3394)	-0.0003 (-0.0092)

续表

变量	(1) Quality_error	(2) Quality_SP	(3) Quality_DA	(4) Quality_DREM
SOE	-0.4498***	0.3635***	0.0040***	0.0767***
	(-7.7790)	(14.6950)	(3.3624)	(6.1083)
lnsize	0.0306	0.0342	0.0013**	0.0263***
	(1.4470)	(1.5961)	(2.6563)	(4.2940)
Liquidity	-0.0535***	-0.0384***	0.0001	0.0019
	(-5.0294)	(-2.7193)	(0.3015)	(0.7871)
Lev	-0.3838***	0.7075***	-0.0147**	-0.0226
	(-2.9627)	(3.2128)	(-2.8223)	(-0.4778)
ROA	-0.3494	-1.6191**	-0.0133	-1.8154***
	(-1.2944)	(-2.2470)	(-1.0722)	(-8.6751)
Growth	0.1543**	-0.3971***	0.0188***	-0.3673***
	(2.3953)	(-2.6203)	(6.6321)	(-17.3054)
List_Age	0.0056	0.0243***	0.0003*	0.0039***
	(0.9835)	(5.4703)	(2.0453)	(3.6809)
常数项	-1.4616***	-3.1568***	0.0259*	-0.7028**
	(-3.1310)	(-6.9103)	(1.7336)	(-2.3188)
Industry & Year	是	是	是	是
N	27740	27740	27392	25092
调整 R^2	0.0439	0.0498	0.0293	0.2145

注：括号里的数字为 t 值。*、**、*** 分别代表在 10%、5%、1%的水平上显著。

城市之间高铁的开通同样会对上市公司的会计师事务所更换决策产生影响。为了更干净地检验高铁开通对审计质量的影响，本章进一步剔除以下样本。(1) 样本期内，在所有年份均未开通高铁的样本。(2) 高铁开通当年，会计师事务所同时发生变更的样本。如，2009 年 A 公司所在城市与会计师事务所所在城市开通了高铁，但 2009 年 A 公司更换了会计师事务所，则删除 A 公司所有年份样本。(3) 高铁开通之前，若出现会计师事务所变更，则删除变更当年及之前年份样本。如，2005 年 A 公司变更了会计师事务所，2009 年 A 公司所在城市与会计师事务所所在城市开通了高铁，则 A 公司 2005 年及之前年份样本全部删除。(4) 高铁开通之后，若出现会计师事务所变更，则删除变更当年及之后年份样本。如，2009 年 A 公司所在城市与会计师事务所所在城市开通了高铁，2013 年 A 公司变更了会计师事务所，则 A 公司 2013 年当年及之后年份样本全部删除。根据以上筛选原则，本章最终确保所有公司在样本期内审计单位并未发生变更（会计师事务所固定效应），同时也存在高铁开通前后的对比样本。

表 4-8 报告了以上检验的回归结果。其中，$Post$ 均值为 0.5856。回归结果显示，$Post$ 与第二类审计错误在 1% 的水平上显著负相关，与微盈哑变量正相关但不显著。这说明高铁开通降低了审计师犯第二类错误的概率，提高了审计质量，进一步支持了本章研究假设 4.2 的推论。进一步检验高铁开通对盈余管理方式的影响发现，高铁开通与应计盈余管理在 5% 的水平上显著负相关，与真实盈余管理水平正相关但不显著。这一结果说明，当考虑会计师事务所固定效应后，随着高铁的开通，上市公司的应计盈余管理水平显著降低，同时也并未进行更多风险较低、隐蔽性较强的真实盈余管理行为。高铁开通不仅大大提高了审计质量，同时对资本市场信息环境的改善也发挥着积极作用。

表 4-8　　　　高铁开通与审计质量（会计师事务所固定效应）

变量	(1) $Quality\_error$	(2) $Quality\_SP$	(3) $Quality\_DA$	(4) $Quality\_DREM$
$Post$	-0.2109*** (-2.8358)	0.0795 (0.6478)	-0.0023** (-2.6290)	0.0276 (1.4662)
CI	2.7826*** (4.0540)	-0.3644 (-0.2730)	-0.0462** (-2.4573)	-0.2506 (-1.0784)
$Big10$	-0.1063** (-2.5549)	-0.1468** (-2.0579)	-0.0031*** (-3.5149)	-0.0033 (-0.5048)
$Tenure$	-0.0188** (-2.0178)	-0.0171*** (-2.7230)	-0.0003** (-2.5441)	0.0014 (1.4559)
$Loss$	0.1935** (2.0324)		-0.0054** (-2.2303)	-0.0709*** (-4.1202)
$Receivable$	0.0413 (0.1725)	-0.2769 (-0.5699)	0.0659*** (8.2068)	-0.0721 (-1.3684)
$Inventory$	-0.1170 (-0.5509)	-0.1318 (-0.5186)	0.0519*** (4.7268)	0.3202*** (6.2393)

续表

变量	(1) Quality_error	(2) Quality_SP	(3) Quality_DA	(4) Quality_DREM
$Top1$	-0.9382*** (-4.3838)	-0.6595*** (-3.5553)	-0.0117*** (-3.1236)	-0.0234 (-0.4939)
SOE	-0.4980*** (-5.9806)	0.3606*** (5.8719)	0.0044*** (2.9319)	0.0633*** (4.8464)
$lnsize$	-0.0302 (-1.2237)	0.0209 (0.5951)	0.0025** (2.6587)	0.0204*** (2.8890)
$Liquidity$	-0.0358*** (-3.1598)	-0.0328 (-1.1578)	0.0003 (0.8936)	0.0012 (0.5541)
Lev	0.1420 (0.8009)	1.0754*** (3.8157)	-0.0080 (-1.1557)	0.0006 (0.0114)
ROA	-0.8904 (-1.3491)	-3.8368*** (-4.7393)	-0.0725*** (-4.0499)	-2.0971*** (-8.2914)
$Growth$	0.1208 (1.6231)	-0.3669** (-2.3309)	0.0211 (5.7514)	-0.3487*** (-11.4354)
$List\_Age$	0.0024 (0.2674)	0.0307*** (4.2708)	0.0000 (0.2122)	0.0062*** (5.3603)
常数项	-0.2714 (-0.5419)	-3.3132*** (-4.7248)	-0.0460* (-1.8663)	-0.6689*** (-3.9016)
Industry & Year	是	是	是	是
N	10509	10509	10133	9599
调整 R^2	0.0581	0.0740	0.0291	0.2195

注：括号里的数字为 t 值。*、**、*** 分别代表在 10%、5%、1%的水平上显著。

第六节 结论与启示

基础设施建设作为经济发展的重要支柱，在塑造"双循环"发展格局中处于关键地位。基础设施的改善不仅具有直接经济溢出效应，显著降低单个企业的交易费用，而且不可避免地对中介市场的发展产生影响。基于此，本章以 1999~2019 年所有 A 股非金融类上市公司为样本，考察交通和信息基础设施投入对审计市场结构和质量的影响。研究发现：基础设施完善所带来的"时空收敛"效应，削弱了地理距离对上市公司在会计师事务所选择偏好上的影响，改变了早期审计市场低集中度、强地域性的特征，头部前10大会计师事务所的客户数量和业务规模更趋集中，事务所与客户的空间距离均值逐年扩大，客户分布城市（省份）数量逐年增多；基础设施建设降低调研成本和信息不对称程度，提高了审计师发现客户违规的能力，在实施审计行为过程中犯第二类审计错误的概率降低，审计质量得到了显著提高。拓展性分析还揭示了基础设施投入对上市公司盈余管理方式的影响，即随着基础设施建设的不断完善，上市公司的应计盈余管理水平显著下降，真实盈余管理水平显著上升。

本章研究表明，除制度因素外，基础设施的投入同样可以有效地促进中介市场的发展，并作用于终端市场主体，这为市场发展的非制度解释提供了新的经验证据，对于深入理解中国的资本市场发展和经济增长具有积极的启发意义。本章的政策启示在于以下三个方面。

（1）宏观政策层面：基础设施建设有助于改善市场信息环境，是优化资源配置、提升市场效率的重要途径。在当下适度超前进行基础设施建设尤其是新型基础设施建设，不仅是落实共同富裕发展理念的生动体现，也是构建"双循环"经济发展格局的核心驱动，政府部门在稳妥推进高质量基础设施建设的同时，要充分关注其潜在溢出效应及作用机理，及时评估对资本中介市场竞争态势的影响，在尊重客观发展规律、营造公平竞争市场环境的前提下，对中介市场主体加以规范引导，加强跨地区、跨部门监管协作，并结合市场特点制定出台具体的反垄断规制策略。

（2）行业自律层面：注册会计师行业作为资本市场的"看门人"，对市场的长远健康发展具有不可或缺的重要作用。注册会计师协会应把握"科技强审"目标要求，充分利用信息基础设施发展的便利条件，指导会计师事务所在内部管理、培训教育、审计执业等过程中加快推进信息化建设，积极构建大数据审计工作模式，提高应对财务舞弊的执业能力。此外，在对会计师事务所考核评价过程中，应更加重视发展质量而非业务规模，完善以质量为核心的综合排名体系。

（3）会计师事务所层面：基础设施建设一方面削弱了以往注册会计师审计市场的地域分割特征，中小型事务所在失去地理区位优势后，面临更加严峻的外部竞争压力；但另一方面也为其转型发展提供了契机，中小型事务所应积极推进数字化转型和科技赋能，着力打造核心竞争力，提升审计服务效率和质量，走出一条"专精特"的发展道路。对于大型事务所而言，在做大做强国内市场基础上，注重将信息技术运用到人才培养、质量管控、品牌塑造等环节，增强参与国际市场竞争的能力。

第二篇

管制、公司治理与企业行为

第五章

管制、公司治理与企业行为：
综述与展望*

党的十九大报告明确提出："必须坚持和完善我国社会主义基本经济制度和分配制度，毫不动摇巩固和发展公有制经济，毫不动摇鼓励、支持、引导非公有制经济发展，使市场在资源配置中起决定性作用，更好发挥政府作用。" 2014 年，法国经济学家让·梯诺尔（Jean Tirole）因其"对市场势力及市场监管的分析"而获得当年诺贝尔经济学奖，这使得政府管制再次成为学术界关注的热点。

早期的政府管制理论认为，为解决市场失灵问题，政府会对某些领域进行管制，其最终目的是提高资源配置效率、促成社会总体福利最大化，这也成为了政府管制理论的主流观点，即公众利益理论（MacAvoy，1970）。斯蒂格勒（Stigler，1971）则提出相对立的利益集团理论，认为管制的目的是平衡各利益集团之间的利益分配。可以肯定的是，在处于经济转型期的中国，管制存在于多个领域，并在过去几十年的经济增长中发挥了极为重要的作用。围绕政府管制行为，已有研究主要集中于金融管制、资本市场管制、薪酬管制以及环境管制等领域，研究方法主要采用案例研究和大样本实证研究，研究目的主要是分析管制对微观企业行为的影响及其传导机制，为提高管制效率提供实证支持。管制是政府干预经济的重要手段之一，其最终目的是调控宏观经济，而对

---

* 本章原文以《政府管制与企业行为：评述与展望》为题发表于《会计与经济研究》2020 年第 3 期，有所改动。

微观企业的影响是中间必不可少的环节和路径。现有研究多关注"宏观—微观"这一环节，未来需要进一步拓展，从而实现"宏观—微观—宏观"的研究闭环。

目前，管制对企业行为影响的相关研究已初具规模，适时对该领域的研究成果进行综述，有利于学者进一步了解该领域的研究现状，深入理解各类管制对不同企业行为影响的差异，从而发现该领域有待进一步探索的话题，同时，有助于监管部门在实践中获得启发，取长补短，制定和完善宏观经济政策，促进中国经济可持续健康发展。此外，宏观环境的变化也有可能为以往关于管制的研究提供新的研究契机。有鉴于此，本章从金融管制、资本市场管制、薪酬管制和环境管制四个方面入手，对管制与微观企业行为这一研究领域进行综述，并对该研究领域未来的发展趋势进行展望。

第一节　金融管制、公司治理与企业行为综述

一、金融管制

金融管制是指一国政府为维持金融体系的稳定和效率而对金融机构和金融市场活动采取的管理和限制，具体包括对市场准入、业务范围、市场价格、资产负债比例、存款准备金率等方面的管制。在经济发展的早期阶段，资金匮乏，需要国家干预信贷配给，优先保证重点行业发展，但这种管制通常以企业低效率为代价，在经济发展中后期会造成不同行业间发展畸轻畸重的问题（车大为，2011）。随着国家经济发展，信贷资源进一步丰富，放松金融管制成为大部分发展中国家的主旋律。金融管制不仅会在一定程度上直接限制金融机构的经营活动，也会间接对微观企业融资、投资等行为产生影响。

金融抑制是金融管制最重要的后果之一。麦金农和硕（McKinnon & Shaw，1973）指出，金融抑制是政府通过一系列行政手段管制金融行业造成的，管制手段包括利率管制、信贷发放规模管制、金融机构经营范围管制等，经济表现为储蓄率低、正规金融市场保守和非正规金融市场较活跃等。拉文（Laeven，2003）通过对13个发展中国家公司层面面板数据的研究发现：金融抑制放松对小公司和大公司的影响不同。在金融抑制放松前，小公司比大公司受到更多

的融资约束；金融抑制放松减轻了小公司的外部融资约束，但对大公司影响不大。在 2013 年利率市场化改革前，中国金融体制在本质上符合金融抑制特征。金融抑制一方面影响微观非金融企业的行为，另一方面也会对银行等金融企业行为产生系统性影响。

在金融抑制对非金融企业影响方面，主要研究发现金融抑制会影响微观企业资本结构和企业效率。唐国正和刘力（2005）通过建立资本结构选择的古典模型，发现中国上市公司的资本结构受诸多因素的共同作用，其中因金融管制造成的利率扭曲影响深远。刘瑞明（2011）利用省级数据从国有企业"增长拖累"的角度审视了国有经济通过金融抑制、金融歧视和效率误配等途径对整个国民经济产生的拖累效应。罗时空和龚六堂（2014）研究发现，金融摩擦和金融抑制分别通过"资产负债表效应"和"利率效应"影响不同产权性质企业的债务融资决策。沈永建等（2018）研究了金融抑制背景下企业名义贷款和实际贷款的利率差异，发现货币政策越紧缩、企业的地区贡献越小，企业被动承担的银行贷款越多，实际借款成本越高。

在金融抑制对金融企业影响方面，孙会霞等（2013）认为，金融抑制会影响银行对企业风险的评估能力，从而影响资源配置效率以及银行运行效率。傅利福和魏建（2014）利用双边随机前沿模型，实证发现作为商业银行利润来源的净利差主要受政府管制影响。另外，基于中国情景的商业信用二次分配的研究尚不多见。信贷资源的初次分配是指贷款通过正规金融机构流向企业，二次分配是指资金从获得贷款的企业流向未获得贷款的企业。王彦超（2014）首次研究了中国企业商业信用的二次分配功能，考察了金融抑制背景下的商业信用在信贷资源分配中的作用，研究发现：在金融抑制程度高的地区，商业信用的二次分配功能更强，但会随着金融改革的发展而减弱。由此可见，商业信用二次分配功能的制度基础可能是金融抑制导致的信贷资源分配不均。

金融管制放松是经济发展过程中的主旋律，其主要表现形式是利率市场化。中国信贷市场利率一直处在市场化改革中，那么利率市场化会对企业产生怎样的影响？钱雪松和杜立（2014）实证考察了中国利率市场化改革对企业借款价格的影响。研究结果显示：在利率市场化进程中，企业借款价格表现出显著的上升趋势。谭语嫣等（2017）研究发现，在不改革信贷干预情形下，取消利率管制反而会降低企业全要素生产率。薛云奎和朱秀丽（2010）、刘浩等（2012）、朱等（Zhu et al., 2012）、孙会霞等（2019）等从银行股份制改革视角研究了金融体制改革对微观企业融资和产业升级等行为的影响。

从以上文献可以看出，金融过度管制导致的金融抑制已不再适应当代中国经济发展需求。金融抑制导致信贷资源配给失灵，少数企业能以较低成本获得较多信贷资源，从而引发过度投资，甚至通过二次分配赚取利差。大多数企业则处于信贷资源紧缺状态，融资成本较高，这不利于中国经济可持续发展。金融管制放松是改革的必然趋势，最符合当下中国经济发展需要的信贷分配制度还有待监管部门和市场主体共同探索，也需要学术界提供理论支持。

二、资本市场管制

中国资本市场的建立主要由政府主导，其主要目的是缓解国有企业融资困境（胡继之，1999）。为促进资本市场健康发展和保护投资者利益，监管机构对资本市场进行了系列改革，在某些领域加强管制，而在另一些领域放松管制，如股票发行管制、退市监管、再融资管制、股利分配承诺管制以及卖空管制等。相关研究主要围绕资本市场监管对微观企业行为的影响展开。

中国资本市场制度一直在不断完善中，但过程并非一帆风顺，改革中也出现了与预期不符的现象，如资本市场制度不断完善和企业会计信息频繁舞弊并存。计小青和曹啸（2003）对该现象进行了解释，认为当前监管部门直接套用发达国家资本市场对信息披露的管制措施不符合中国国情，因此管制效率低下。肖成民和吕长江（2011）比较分析了上市公司针对退市监管和再融资监管采取的盈余管理行为。程六兵等（2017）则综合考虑了货币政策、产业政策、再融资（SEO）要求等资本市场管制对企业资本结构的影响。

在投资者保护层面，中国证监会要求拟上市企业在公司章程中对未来分配政策做出承诺，这一制度体现了企业决策和政府监管的结合。基于这一管制背景，王国俊和王跃堂（2014）研究发现，证监会和市场都青睐承诺分红比例高的公司，这些公司上市后的业绩优于承诺分红比例低的公司，说明承诺分红比例传递了公司价值的信号，证监会的新政提高了资本市场配置资源的效率。监管部门也致力于促进投资者之间的信息公平，减少内幕交易。公平信息披露保护了投资者利益，但可能造成公司信息披露质量和数量的下降（Ahmed & Schneible，2004）。朱红军和汪辉（2009）研究发现，《深圳证券交易所上市公司公平信息披露指引》实施后，深交所股价波动降低，信息泄露减少，上市公司信息披露质量有所提升。而杨书怀（2012）则发现，《深圳证券交易所上市公司公平信息披露指引》的实施在短期内有效，但长期无效，信息泄露呈先降后升趋势，表明公平披露制度运行效率不高。

在提高资本市场运行效率层面，最典型的改革举措是放松卖空管制。2010年3月31日，证监会正式放开卖空管制，允许对特定股票进行卖空。基于这一准自然实验，靳庆鲁等（2015）研究了卖空机制对公司投资决策和价值的影响。卖空机制可使负面消息更及时地反映到股价中，从而提高股价的信息含量和效率（Miller，1977）。当投资环境变差时，企业需要及时调整相应政策来应对投资者可能的卖空套利行为，以及由此产生的股价下跌、股东财富损失的风险。因此，在卖空管制放松后，投资机会较少的企业大股东会采取相应措施监督管理层调整投资政策。管理层调整投资决策的过程，也就是执行实物期权的过程。根据张（Zhang，2000）基于实物期权的公司价值理论，在卖空管制放松后，可卖空公司清算期权价值会有所提升。侯青川等（2017）发现，卖空机制的存在保护了中小股东，抑制了大股东的掏空行为。陈胜蓝和马慧（2017）的研究表明，卖空机制通过改善高管薪酬激励，进而改善企业并购绩效。卖空管制放松作为一项自然实验，可以较干净地识别变量之间的因果效应，为研究金融市场化改革提供了新思路。王仲兵和王攀娜（2018）研究发现，放松卖空管制会提高企业投资效率。也有文献从证监会处罚视角研究资本市场管制对企业行为的影响，主要涉及事务所声誉重塑（朱松、柯晓莉，2018）、分析师跟踪与企业债务融资能力（刘星、陈西婵，2018）、承销商声誉受损对承销企业股价的影响（陈运森、宋顺林，2018）等。

从上述文献可以看出，中国资本市场管制的改革主要以投资者保护和提高资本配置效率为目标，目前，资本市场监管制度还在不断完善中，放松管制与加强管制并存。相关研究主要围绕政策评估，针对资本市场监管部门发布的各项改革措施，运用科学方法评价其对微观企业的影响。针对资本市场，监管部门未来还会不断出台改革措施，相应研究预期也会持续跟进。

第二节　薪酬管制、公司治理与企业行为综述

政府对薪酬实施管制，一方面是为实现社会公平、保护员工权益，不至

于因高管与员工的薪酬差距过大而影响企业效率，因贫富差距拉大而有损社会福利（黄再胜、王玉，2009）；另一方面也可能是为了改变高管能力与企业价值创造不匹配从而导致高管薪酬与高管能力不匹配的现状。因为行业差异、地区差异或者资源获取能力、竞争程度差异，企业价值创造外在表现存在较大的异质性。而这种价值创造差异可能与高管能力本身关系不大，因此，需要政府通过薪酬管制来对高管能力与企业价值创造进行匹配。政府对高管薪酬进行上限管制，对普通员工薪酬进行下限管制。对普通员工的薪酬管制则体现在《中华人民共和国劳动法》（以下简称《劳动法》）中的最低工资标准和《中华人民共和国劳动合同法》（以下简称《劳动合同法》）等法律法规中，这些管制措施以法律形式规定了企业向员工支付的最低工资以及职工的相应权利等。对薪酬管制会产生怎样的经济后果，学者们对此进行了深入研究。

（1）员工层面。丁守海（2010）基于粤闽两省439家企业的调查数据，在针对农村劳动力的研究中发现，2008年最低工资标准提高对就业的冲击显著强于2007年，但在针对城镇劳动力的研究中并没有发现这种关系。刘媛媛和刘斌（2014）发现，《劳动合同法》的实施加剧了企业的人工成本黏性，具体表现为薪酬粘性，从而导致企业用机器设备替代人工的可能性增加。倪骁然和朱玉杰（2016）从研发投入角度研究发现，受《劳动合同法》的影响，劳动密集型企业投入创新的资本显著增加。沈永建等（2017）研究发现，在2008年《劳动合同法》实施前，微观企业的劳动力成本已经开始大幅上涨，《劳动合同法》的实施并没有加快劳动力成本上涨的趋势，因此，《劳动合同法》提高企业劳动力成本的证据并不充分。

除利用相关政策法规出台提供的外生冲击进行研究外，也有研究直接利用中国各地最低工资标准的具体金额探索工资下限对企业行为的影响。马双等（2012）基于1998~2007年规模以上工业企业数据的研究发现，伴随着最低工资标准上涨，企业平均工资提高，雇员人数减少，表明公司会通过减少雇员的方式降低成本。孙楚仁等（2013）得出了最低工资标准提高会抑制出口行为的结论。王小霞等（2018）发现最低工资上涨对企业创新有激励作用。李后建等（2018）发现，最低工资上涨会迫使企业减少非生产性员工、低技能员工、女性员工数量，但是会增加临时工数量，企业雇佣结构发生了显著变化。

从上述文献可以看出，针对普通员工的薪酬管制措施，学者们关心管制对劳动力成本的影响。与过去几十年中国利用人口红利和低劳动力成本优势不同，近些年的劳动力成本大幅快速上升成为当前制约和倒逼中国经济发展与转型的关键。除了劳动力成本总额，企业劳动力成本结构及其经济后果也引发了大家的关注（沈永建等，2017）。其中一个重要的新兴变量是企业养老金支出。因为我国尚未实现养老全国统筹、地方政府养老等独特的制度背景，现有研究开始探索老龄化的微观影响以及养老金缴纳管制调整的经济后果。赵健宇和陆正飞（2018）研究认为，在中国养老尚未实现全国统筹的背景下，企业缴纳的养老金有损于企业效率。沈永建等（2020）发现，在时机不成熟的背景下，养老金征缴机构转换，加强养老金征收力度会造成企业劳动力成本负担过重，不利于企业价值提升。

（2）高管层面。高管薪酬管制的研究在国内外较为常见。在薪酬受到管制时，高管会采取各种措施（过度投资、企业并购等）实现个人利益最大化。美国证券交易委员会制定新的高管薪酬披露规则的目的是降低 CEO 过高的薪酬，加强薪酬与企业绩效的关联。佩里和曾纳（Perry & Zenner，2001）发现，新法规并没有达到抑制 CEO 薪酬过度增长的目的，只是对公司薪酬结构产生了影响，总薪酬仍在增加。在中国制度背景下，李善民等（2009）发现，在薪酬管制背景下，高管可以通过上市公司并购谋取更高薪酬等私有收益。徐细雄和刘星（2013）以我国 20 世纪 80 年代启动的政府放权改革为制度背景，发现市场化改革可以遏制腐败。王新和毛慧贞（2012）则发现，在高管薪酬管制背景下，高管会通过降低会计信息质量的方法逃避社会监督。

（3）高管薪酬管制对企业经营也产生影响。辛宇和吕长江（2012）以泸州老窖为例，研究发现，基于国有企业员工薪酬管制，泸州老窖采取兼有三种性质的股权激励措施，混杂着激励、奖励和福利等多重目的，不仅没有发挥事半功倍的效果，反而因目标定位不明确，使激励失去了应有的效果。刘星和徐光伟（2012）发现，因为薪酬管制，国有企业高管对业绩的敏感程度降低，高管薪酬同时表现出上下双向的刚性特点。

在中国制度背景下，对国有企业高管薪酬的上限管制可能长期存在，这必然有其合理性和积极影响，相关研究应对其予以充分关注，探索高管薪酬管制效果的帕累托优化。

第三节　环境管制、公司治理与企业行为综述

环境管制是政府对于企业环保行为施加的一种管制压力。环境管制政策一般分为两大类：一类是行政性环境管制，以制定标准、罚款、建立环境影响评价制度等为代表，具有强制性特征；另一类是市场导向环境管制，以税收制度、排污权交易制度、清洁发展机制（CDM）等为代表，具有自愿性特征（赵晓丽等，2015）。政府环境管制会直接或间接地对企业行为产生影响，现有研究集中在企业投资、战略及技术进步等层面。

在企业投资行为层面，环境管制会对企业投资行为决策产生重要而复杂的影响，包括生产技术的选择、污染治理设备的购置、投资资本的配置等（Gray & Shadbegian, 1998; Farzin & Kort, 2000），但就环境管制如何影响企业投资行为尚未达成一致的结论。污染天堂假说认为，环境管制对企业投资具有负面效应，严格的环境管制会增加企业生产成本、延迟企业投资，从而导致竞争力的丧失（Arouri et al., 2012）。要素禀赋假说认为，当环境遵守成本低于环境管制所带来的禀赋收益时，严格的环境管制能激发企业活动，并对企业投资决策产生正面影响。波特假说认为，环境管制能"倒逼"企业增加创新投入，进行技术创新（党文娟等，2020）。唐国平等（2013）认为，政府环境管制强度与企业环保投资规模之间呈"U"型关系。

在企业战略层面，不同类型环境管制对企业战略影响存在差异。保守型企业或内部资源短缺的企业在行政性环境管制下通常会产生"安于现状"心理，甚至采用消极应对的环境管理战略。而市场导向的环境管制则有利于对企业产生内在激励，其在灵活性以及经济效率上更具有优势。玛丽亚等（Maria et al., 2010）研究显示：强制性环境管制政策对企业采取积极主动的环境友好型的行为调整影响不显著；而市场导向的环境管制政策对企业采取积极主动的环境友好型的行为调整影响显著。环境管制政策下，企业的行业特征也对其行为调整具有重要影响作用。科米尔和戈登（Cormier & Gordon, 2001）、曾等（Zeng et al., 2012）的研究指出，环境敏感性行业，包括石油、煤炭、化工、造纸等行业相对面临更大的环境管制压力，受到社会关注程度更高，因此，更倾向于采取环境友好型发展战略，例如进行自愿的环境信息披露。此外，赵晓

丽等（2015）基于结构方程模型以钢铁企业和电力企业为样板，实证分析了不同类型环境管制对企业行为影响的差异，研究发现，市场导向环境管制对企业战略影响远大于行政性管制，而行政性环境管制对企业技术进步影响远大于市场导向管制，鉴于企业战略直接影响企业其他行为调整，市场导向管制对企业行为影响大于行政性管制。

在企业技术进步层面，马盖特（Magat，1979）首次系统地研究了不同类型环境管制对企业技术进步的影响，研究发现，五种环境管制措施（税收、非技术性的排放标准、创建市场、技术性的排放标准、政府补贴或税收减免）对企业技术进步均具有显著的促进作用，但是，相较而言，技术性的排放标准对技术进步的激励效果最弱。唐宁和怀特（Downing & White，1986）分析了四种环境管制政策（排放费用、补贴、市场许可、直接管制）对企业技术进步的影响，认为排放费用、补贴、市场许可比直接管制对技术进步具有更好的激励。米利曼和普林斯（Milliman & Prince，1989）研究了五种环境管制政策（直接控制、排放补贴、排放税、自由市场许可、拍卖市场许可）对企业技术进步的影响，认为排放税和拍卖许可对企业技术进步提供了最强有力的促进作用，而直接控制的促进作用则最弱。

从上述文献可以看出，现有文献主要探究环境管制对企业投资、战略和技术进步的影响，国内外学者针对不同类型的环境管制这一宏观环境对企业微观行为的影响展开探讨，但环境管制对企业微观行为的影响尚未形成统一的观点。

第四节　研究展望

在 2008 年金融危机中，相比于欧美国家，中国所受影响较小，这让经济学家们意识到，至少在金融危机期间，政府对市场的干预和管制是必要的。中国改革开放的成就表明，政府对市场的干预有助于经济发展。为使政府管制更好地服务于中国经济发展，需要进一步理解中国的政府管制行为及其对微观企业行为的影响。

政府管制是一个动态概念，不同角度有不同理解，在这一领域中，还有很多引人深思的话题。第一，政府管制的择时问题，即政府选择在什么时间对市场进行管制。政府监管的择时会对微观企业行为产生不同程度的影响，如

2018 年的社会保险征缴机构转换改革，就需要考虑改革的择时问题（沈永建等，2020）。第二，政府管制的主动性问题，即政府是主动监管还是被动监管。尤其是在政府被动监管方面，其监管动因来源于微观企业行为的市场失灵，因此，政府被动监管有可能被预测，此时企业又会做何反应。第三，加强管制还是放松管制的选择问题。为弥补市场失灵，政府会加强监管；当市场机制可以发挥作用时，政府可能放松或取消管制，这些都会对企业行为产生不同程度的影响，可以针对某一类管制的加强或放松对企业行为的影响进行研究。第四，政府监管的战略性问题，即监管效果是从短期还是从长期考虑。理论上，政府监管具有战略意义和长效性；而当前研究大多关注政府管制的短期效应，对长期效应的研究相对较少，如针对《劳动合同法》长期影响的研究尚不多见。

一、金融管制与微观企业行为

不同层次、不同形式以及不同内容的金融管制为研究金融管制与微观企业行为提供了丰富素材。尽管中国于 2013 年实现了贷款利率市场化，但总体上，金融市场还存在准入门槛、存款准备金等金融抑制特征。未来研究可从以下方面进行突破。

第一，利率市场化改革对银行信贷行为和企业借贷行为的影响。利率是金融市场最为关键的价格因素，利率市场化改革如何影响资本市场的企业估值、银行信贷行为和企业借贷行为？以及由此对企业投资效率、经营业绩等产生什么经济后果？这些问题值得更为深入的研究。

第二，在贷款利率管制完全放开的背景下，银行信贷行为在放开前后有何显著差异？利率市场化下的新型银企关系对企业贷款成本有何影响？利率市场化是否会改变利率管制背景下基于隐性契约的银企关系？未来研究可以从贷款银行入手，分析不同类型银行、不同类型企业的贷款成本和贷款风险。

第三，地区金融发展与其他区域政策的交互作用。在区域宏观环境下，金融发展并非独立运行，其作用的发挥受其他宏观环境的制约，如区域产业政策、法制环境、行业竞争程度等因素。因此，未来研究可以将其他宏观环境融入区域金融发展研究，尤其要关注非正式制度是否会对金融发展与微观企业融资行为的关系产生交互作用，以及能够对金融发展发挥最优作用的决定因素有哪些。

第四，对非正规金融的研究。政府对正规金融的管制导致中小企业、民营企业的融资歧视问题，这在很大程度上促进了非正规金融的发展。艾亚加里等（Ayyagari et al.，2010）认为，以声誉和关系为基础的非正规融资可能是中国企业快速发展并提高业绩的重要因素之一。尤其在正规金融被不同程度地抑制条件下，非正规金融在不同地区有不同发展，也会对当地企业产生不同程度的影响。然而，目前鲜有研究关注不同地区正规金融的发展对微观企业非正规融资的影响。

第五，微观企业对金融管制的预测。如果企业能够预测政府的金融管制行为（如利率市场化），则可以及时根据预测结果调整企业行为。现有研究大多关注企业对金融管制的事后反应，却极少关注企业对管制的事前反应，或者说微观企业对宏观管制政策的预测作用。研究微观企业对金融管制的预测，不仅有助于理解"从宏观到微观再到宏观"的政策制定、执行、反馈、修正的逻辑框架，更有助于企业通过预测宏观管制政策调整企业行为，实现企业价值最大化。

二、资本市场管制与微观企业行为

党的十九大报告明确提出，"使市场在资源配置中起决定性作用，更好发挥政府作用"。中国资本市场法律法规将不断完善，相关政策会相继出台。那么，在何种背景下政府会实施管制？可否利用微观企业行为预测政府管制政策？具体而言，政府管制在资本市场领域有以下值得研究的方向。

第一，资本市场管制对其他利益相关者的影响。资本市场上存在诸多管制，其目的是保护投资者利益，其根源在于上市公司对投资者利益的侵犯。然而，上市公司对其他利益相关者的利益侵犯，还没有引起监管部门的足够重视，抑或是当前管制并不必然达到保护利益相关者的初衷。未来研究是否能通过这些行为的发生条件及影响对监管部门的管制行为进行预测？

第二，微观企业行为与资本市场管制的互动。宏观环境的变化会引起微观企业行为的变化，而当企业行为因为政府监管而发生改变后，宏观环境又会随之发生变化，继而传导给监管机构，政府进而针对环境变化制定新的管制措施，完成一个"从宏观到微观再到宏观"的循环（姜国华、饶品贵，2011）。未来研究需要关注微观企业行为与宏观政策环境的互动循环，为宏观经济政策的制定提供微观企业行为层面的解释。

三、薪酬管制与微观企业行为

在"扎实推进共同富裕"大背景下,研究薪酬管制的积极影响重要而迫切。薪酬管制作为一项长期存在的制度,未来的研究可能更需要探索其积极影响以及如何使得管制的效率最优。

第一,高管薪酬管制的积极影响。作为一种社会公平的体现,薪酬管制也有其积极含义,如管制促使企业高管与普通员工的薪酬差距缩小,尽管对高管激励减弱,但却增强了对普通员工的激励(黎文靖、胡玉明,2012),薪酬差距变化甚至对企业违规也有影响(魏芳、耿修林,2020)。但从人力资源的市场化激励角度分析,不可否认,管制有其不足。但我们需要研究的是,薪酬管制在什么条件下能够发挥最佳效用?是否会与其他政策产生协同效应?这些都是基于共同富裕背景下的重要研究问题。

第二,宏观环境转换背景下的员工薪酬管制经济后果再探索。与高管薪酬不同,普通员工薪酬除体现货币激励外,更多体现了劳动力成本特征。高管薪酬管制上限,普通员工薪酬管制下限。这些差异可能使普通员工薪酬管制产生更广泛和深远的经济影响,企业也会采取更积极的应对措施。过往研究对该领域进行了广泛而深入探索。但是,人口老龄化、少子化、数字化等宏观环境的变化,导致现有的研究结论可能会发生微妙变化,至少,宏观因素会影响到之前的基于微观变量的研究结论。譬如,老龄化可能导致劳动人口稀缺,提高劳动力成本,削弱最低工资本身对企业的负面影响。具体地,未来研究可以围绕最低工资标准和《劳动合同法》以及有关养老保险的规定展开,进一步探讨其经济后果和企业应对措施。如企业采取何种措施应对人口老龄化?不同地区的最低工资水平及增长对微观企业有哪些影响?人口老龄化以及中国的数字中国战略等环境的变化,是否会影响《劳动合同法》现有的经济后果?这些都是值得关注的重要问题。

四、环境管制与企业行为

"绿水青山就是金山银山。"两山理论的提出使得环境管制的经济后果研究显得愈发重要。结合现有的研究，未来可以尝试从以下几方面进行探索。

第一，现有对环境管制的探究集中在对经济活动造成的影响，在前人研究的基础上可以进行不断细化和创新，关注环境规制经济效果在不同地区、不同行业、不同时间维度、不同环境规制类型和不同环境规制强度等方面的差异，即强调环境规制经济效果具有重要意义。

第二，现有研究集中在环境敏感型企业如石油企业、钢铁企业，缺乏普遍的适用性，未来应将研究推广至其他行业，探究环境管制对企业影响机制的普适性具有重要意义。

第三，实证分析中对于环境管制变量的衡量普遍基于环境治理投资和费用维度或污染物排放维度，应设计多元化的衡量指标丰富未来的研究内容。

第六章

显性契约、职工维权与劳动力成本上升*
——考察《中华人民共和国劳动合同法》的作用

近年来,中国企业劳动力成本大幅度上升。本章调查样本数据显示,企业劳动力成本占销售收入比重的均值由 2001 年的 8.73% 增长到 2013 年的 11.31%,人均职工名义薪酬均值由 3.6 万元增长到 10.8 万元,十三年间增长了 2 倍左右。有观点认为,2008 年实施的《中华人民共和国劳动合同法》(以下简称《劳动合同法》)是对劳动力市场合约自由选择的干预,导致劳动力市场发生租值耗散,增加员工找工作的难度,提高企业劳动力成本(张五常,2009、2010)。也有观点认为,宏观环境的变化才是企业劳动力成本上升的重要原因(李钢等,2009)。但在此期间也可以观察到,《劳动合同法》实施后,各地出现的职工维权案件大幅度增长。

《劳动合同法》所引起的经济后果涉及利益相关者数量多,影响范围广。作为保障劳动者权益的一项重要显性法律契约,《劳动合同法》是否增加了企业劳动力成本,职工维权又在其中扮演何种角色,这是值得理论界和实务界认真研究的重要问题。基于此,本章采用大样本实证研究方法,拟对以下问题展开研究:《劳动合同法》对企业劳动力成本总量的影响;劳动力成本构成对劳动力成本总量上升的影响;职工维权在劳动力成本上涨中所扮演的角色。

在以往的研究中,劳动力成本影响因素研究主要集中于经济学领域。研究

---

* 本章原文以《显性契约、职工维权与劳动力成本上升:〈劳动合同法〉的作用》为题发表于《中国工业经济》2017 年第 2 期,有所改动。

发现，政治社会体制、劳资关系以及劳动者谈判能力的变化都会影响劳动收入份额（Kalleberg et al.，1984；Henley，1987；李稻葵等，2009；Leung et al.，2010；魏下海等，2013）。李稻葵等（2009）研究发现，世界各国的国民收入初次分配中，劳动收入份额的比重呈现"U"型特征。中国劳动收入比例符合该特征，未来几年中国劳动收入比重可能处于上升阶段。与《劳动合同法》有关的是劳资关系研究。有研究发现，劳资关系是影响企业劳动力成本的重要因素，随着员工维权意识的增强，在受到利益侵犯时，员工往往会利用罢工等方式进行抗议，迫使企业集体加薪（Dittmer，1987；沈永建等，2016）。以往文献大多关注管理层的薪酬激励，但对职工这一低收入群体的研究相对较少。职工的利益是否得到保护，关系到社会能否和谐、可持续发展。值得庆幸的是，近几年关于职工薪酬的研究逐渐兴起，职工薪酬及利益保护问题逐渐引起学者的重视。方军雄（2011）利用中国上市公司数据发现，微观企业的劳工收入呈上升趋势主要是由工资刚性特征所致。在公司财务领域的研究中，主要分析职工薪酬的影响因素（陈冬华等，2011；陆正飞等，2012；王雄元等，2014；刘长庚等，2014）以及刚性特征（陈冬华等，2010）。

  本章研究《劳动合同法》在劳动力成本上涨中的作用，在学术上可能有以下贡献：利用实证研究方法而不是停留在定性分析上，利用微观数据而不是宏观数据，来对《劳动合同法》在劳动力成本方面的政策效果进行检验；研究了正处于经济转型期和中等偏上收入阶段的中国劳动力成本影响因素，丰富了国际文献对中等收入陷阱问题的认识；拓展了职工维权和劳动力成本结构相关问题的研究领域，加深了对当前中国实体企业成本负担的认识。实践中，本章为《劳动合同法》是否提高劳动力成本的争议提供佐证，有助于加深对中国企业劳资关系和劳动力成本上涨原因的理解，为以"三去一降一补"为基本内容的供给侧结构性改革提供了实证参考。

第一节 理论框架

  为更好地保护劳动者权益，在《劳动法》的基础上，中国政府于2008年1月1日开始颁布并实施《劳动合同法》。在法律界看来，《劳动合同法》继承了《劳动法》的立法宗旨，向员工倾斜保护成为该法的指导思想（董保华，

2007）。内容上，该法律赋予员工较大权力，对员工利益实施了必要保障，这导致企业需要花费较大成本应对政府的相关规定，以及与员工的讨价还价，因此，企业的劳动力成本提高，交易费用大幅度增加（张五常，2010）。但在现实经济生活中，法律作为显性契约的一种，具有不完全性（Hart，1988）。正是如此，作为以利益最大化为目标的企业，会采取措施应对《劳动合同法》中不利于企业的各项规定，降低因《劳动合同法》给企业带来的额外费用。因此，企业的劳动力成本总量未必会因为《劳动合同法》的实施而提高，从而《劳动合同法》是否提高了企业劳动力成本总量是一个需要科学检验的实证问题。

要分析劳动力成本总量上涨的原因，对劳动力成本的结构进行分析是必要的。劳动力成本包括基本养老保险、基本医疗保险、工伤保险、失业保险、生育保险、住房公积金、职工工资、货币性福利、非货币性福利、辞退福利等组成部分，其中前六项被简称为五险一金。在社会保险方面，2008年的《劳动合同法》和1995年的《劳动法》中都有相应规定，但这两部法律并没有规定社会保险的基本内容和缴纳比例，更没有提及住房公积金的缴纳。《劳动法》和《劳动合同法》在社会保险方面的规定尽管相似，但《劳动合同法》是《劳动法》的延伸，是在《劳动法》的基础上进一步强化劳动合同的执行，因此，其执行力度要强于《劳动法》。但是，执行力度与法律本身的关系不大，更取决于政府（尤其是地方政府）对企业执行《劳动合同法》的监督动机和力度。2002年和2011年，中国政府分别颁布并实施了《住房公积金管理条例》和《中华人民共和国社会保险法》（以下简称《社会保险法》），以法律和规定的形式要求企业为职工缴纳五险一金，具体缴纳比例由各地劳动保障部门和住房公积金管理委员会规定。从法律规定可见，企业五险一金的缴纳是《住房公积金管理条例》和《社会保险法》共同作用的结果，《劳动合同法》只是在强化对上述两项法规的执行。因此，从劳动力成本结构角度分析劳动力成本上涨的原因，对于本章进一步分析《劳动合同法》在劳动力成本总量上涨中的作用是必要的。

倾向于保护职工的《劳动合同法》的实施使得职工的维权成本降低，维权环境改善。本章调查样本数据显示，各地千人人均劳资纠纷立案数量从2001年起就开始呈现增长趋势，并且相比2007年，2008年有较大幅度的增长。职工维权环境的改善，可以从两个层面影响企业劳动力成本。（1）职工层面。职工会充分利用《劳动合同法》维护自身权益。有研究表明,职工在认为自身权益受到侵犯后,往往会通过罢工等形式进行抗议,使得企业能够保护职工权益(Dittmer,1987;沈永建等,2016)。但是否进行维权,职工需要进行成本收益权衡,这取决于企业所在地区的维权环境好坏。在《劳动合同法》实施后,职工维权成本降低,职工维权环境改善,这使得员工更为积极地利用法律保护自身权益,但由于历史、经济环境、地域文化等各种原因,不同地区的执法水平存在较大差异,因此,职工维权环境也有所不同。一般而言,地区职工维权环境越好,职工的维权成本越低,当地职工越能保护自身权益。(2)企业层面。企业意识到和谐的劳资关系是企业价值增长的源泉(Freeman,2004)。在《劳动合同法》规定范围内,企业应当依法满足职工合法要求,维护与员工和谐的劳资关系。企业所在地区职工维权环境越好,企业越会保障职工权益,依法为员工缴纳五险一金。因此,本章认为,企业所在地区的职工维权环境越好,劳动力成本结构中的五险一金比例越大。

企业价值的提高有赖于劳资关系的和谐,而劳资和谐的关键在于双方能建立起彼此都接受的、互赢的市场化契约。尽管《劳动合同法》强化了《中华人民共和国保险法》(以下简称《保险法》)和《住房公积金管理条例》的执行,要求企业为员工缴纳相应比例的社会保险和住房公积金,但由于《保险法》和《住房公积金管理条例》的配套保障制度并不健全,部分职工并不愿意"主动"享受法律的"保护"。譬如,目前社会养老保险尚未全国统筹,具有跨养老统筹区流动性的职工在离开企业所在养老统筹区时无法将企业为自己缴纳的社会养老保险账户中的保险带走,因此,部分职工并不希望企业为自己缴纳"无效"的基本养老保险金。在这种条件下,企业与职工希望建立市场化的契约关系,通过与企业的谈判,职工希望更多获取到手现金薪酬,而企业则相应降低劳动力成本。

职工和企业是否能够建立市场化的劳动契约,这在很大程度上取决于地方政府对双方行为的干预程度。由于中国养老保险目前尚未全国统筹,地方政府负责自己养老统筹区域的养老金收支平衡,结余归地方政府在其统筹区内支配使用,不足则由地方财政填补。因此,为了自身利益,地方政府具有强烈的动机干预职工和企业市场化劳动契约的建立,他们会积极督促企业认真履行《劳动合同法》,尤其是企业对于基本养老保险缴纳的落实。但由于各方面原因,中国各地区的市场化进程差异较大,不同地区的地方政府对企业行为具有不同程度的干预（夏立军、陈信元，2007；樊纲等，2011）。地方官员会定期或不定期地对辖区企业的《劳动合同法》执行情况进行检查，以确保企业与职工签订劳动合同，并为职工及时足额缴纳五险一金，以补充地方养老金。地方政府对《劳动合同法》实施的检查，会直接在法律规定范围内提高企业劳动力成本中五险一金的比重。因此，本章认为，地方政府对《劳动合同法》实施的干预程度越大，企业劳动力成本中五险一金比例越高；地方政府干预较强地区的企业，五险一金比例增长相对越快。

第二节 实证分析

一、研究样本和数据来源

本章的研究样本为 A 股主板上市公司，样本期间为 2001~2013 年。在剔除了金融行业以及所需研究变量缺失的样本以后，剩余 14832 个观测值。

企业劳动力成本结构变量，主要包括职工到手工资和企业所支付的五险一金等（包含企业为员工缴纳的部分以及企业为员工代缴的归属职工个人的部分），来源于上市公司年报附注，为手工收集。该部分信息从 2007 年才要求披露，因此，该部分数据从 2007 年开始。在删除了金融行业以及研究变量缺失的样本后，最终剩余 8206 个观测。所有微观企业数据来自 CSMAR 数据库，宏观经济变量来自 CCER 数据，地区劳动争议案件数来自历年《中国劳动统计年鉴》，地区人口数据来自历年《中国人口和就业统计年鉴》，地方政府的干预指数来自《中国市场化指数：各地区市场化相对进程 2011 年报告》（樊纲等，2011），2009 年以后的部分用 2009 年数据替代。

二、研究模型和变量定义

1. 研究模型

第一步，检验《劳动合同法》是否提高了企业劳动力成本总量。设置主要考察变量为劳动合同法哑变量 Law，如果年份在 2008 年及以后，该变量为 1，否则为 0。模型控制了地区宏观因素、企业微观财务因素以及公司治理因素。具体见模型（6.1）①：

$$Laborcost_t = \alpha + \beta_1 Law + \beta_2 Laborcost_{t-1} + \beta_3 Oldratio_t + \beta_4 Cm2_t + \beta_5 GDP_t +$$
$$\beta_6 Roa_t + \beta_7 State_t + \beta_8 Labor_t + \beta_9 Size_t + \beta_{10} Lev_t + \beta_{11} Cash_t +$$
$$\beta_{12} Cr5_t + \beta_{13} Mb_t + \beta_{14} Pnum_t + \beta_{15} Downrig_t + \sum \beta Indu_i + \varepsilon$$
(6.1)

为研究劳动力成本总量的时间序列特征以及该特征在 2008 年前后的变化情况，本章对模型（6.1）分别做以下修改：（1）将劳动合同法（Law）替换为其他年份的哑变量（$Y06$、$Y07$、$Y09$）；（2）增加劳动合同法（Law）与上期劳动力成本（$Laborcost_{t-1}$）的交叉变量。

第二步，检验劳动力成本构成中各部分的变化情况。劳动力成本构成复杂，本章将其简化为职工到手工资和五险一金两部分，合计占到工资总额的 90% 左右。将因变量调整为五险一金总额占劳动力成本的比重（Ftl）和职工到手工资总额占劳动力成本的比重（Wtl），考察劳动力成本结构的时间序列特征。具体见模型（6.2）：

$$Ftl_t(Wtl_t) = \alpha + \beta_1 Time + \beta_2 Oldratio_t + \beta_3 Cm2_t + \beta_4 GDP_t + \beta_5 Roa_t +$$
$$\beta_6 State_t + \beta_7 Labor_t + \beta_8 Size_t + \beta_9 Lev_t + \beta_{10} Cash_t + \beta_{11} Cr5_t +$$
$$\beta_{12} Mb_t + \beta_{13} Pnum_t + \beta_{14} Downrig_t + \sum \beta Indu_i + \varepsilon \quad (6.2)$$

第三步，考察职工维权环境以及地方政府干预程度对企业劳动力成本结构的影响。因变量为劳动力成本中五险一金占劳动力成本总额的比例。具体地，将模型（6.2）中的 $Time$ 变量替换为滞后一期的职工维权环境变量（$Perdis_{t-1}$）和政府干预指数（$Govint_t$），再增加年份哑变量，考察维权环境和地方政府的干预程度对劳动力成本结构的影响。

2. 变量定义

劳动力成本变量来源于现金流量表中的"支付给职工以及为职工支付的现金"，包含企业对员工的所有支出，是劳动力成本的主要体现，具体包括企业支付给职工的工资、奖金、津贴、补贴等（职工到手的工资）以及企业为

---

① 本章也试图将微观企业的高学历职工比例加入劳动力成本微观影响因素模型中，以考察微观层面的劳动力素质对劳动力成本的影响，结果发现高学历人数占职工总人数比例越大，劳动力成本越高，从微观角度验证了劳动力素质对劳动力成本的影响。限于该变量的缺失值较多，没有报告该回归结果。

员工缴纳的和员工自己缴纳的五险一金①、职工福利费、工会经费和职工教育经费以及其他相关支出等。将剔除高管薪酬总额后的"企业支付给员工以及为员工支付的现金"用销售收入标准化,定义为企业的劳动力成本（$Laborcost$）。为考察企业劳动力成本结构,将劳动力成本（$Laborcost$）分解为员工缴纳完五险一金后到手的工资（$Wage$）和五险一金（$Five$）,并计算了其相对劳动力成本的比重 Wtl 和 Ftl。五险一金包括企业为员工缴纳的部分以及企业向员工代收代缴的部分。本章也以万元为单位计算了人均劳动力成本（$Percost$）、人均职工到手工资（$Perwage$）和人均五险一金（$Perfive$）。

根据范志勇（2008）、蔡昉（2010）、龚锋和余锦亮（2015）、法玛和施沃特（Fama & Schwert, 1977）的研究,企业劳动力成本更多地受宏观因素影响。本章选择老年人口比例（$Oldratio$）、广义货币发行量复合增长（$Cm2$）等变量②进行控制,这两个变量分别表示地区劳动力数量和货币价格。为控制地方经济发展和经济周期对劳动力成本的影响,模型中控制了地区生产总值增长。本章使用企业所在地区的每千人人均劳动争议立案数量作为地区职工维权环境（$Perdis$）的代理变量,该变量可以反映该地区的劳动争议情况以及员工的维权环境。一般而言,维权环境越好,职工越倾向于积极保护自身利益。政府干预指数（$Govin_t$）来自樊纲等（2011）的中国市场化指数,该指数越低,表明政府对企业行为的干预越强。

除了宏观因素,微观企业的财务因素、公司治理因素也对企业劳动力成本产生影响。参照李萍等（2009）、陈冬华等（2011）、方军雄（2011）、陆正飞等（2012）、王雄元等（2014）的研究,本章控制以下微观变量:企业业绩（Roa）,具体为企业营业利润与总资产的比例;企业产权性质（$State$）,如果实际控制人是国有性质,该变量为 1, 否则为 0; 企业规模（$Size$）,具体为总

---

① 其中,五险一金的缴纳基数为包括各种津贴、奖金在内的工资总额,具体比例各地区略有不同。养老保险缴费比例:单位20%（全部划入统筹基金）,个人8%（全部划入个人账户）。医疗保险缴费比例:单位10%,个人2%+3元;失业保险缴费比例:单位1%,个人0.2%;工伤保险缴费比例:单位每个月为员工缴纳0.5%,个人不缴纳。生育保险缴费比例:单位每个月为员工缴纳0.8%,个人不缴纳。公积金缴费比例:根据企业的实际情况,选择住房公积金缴费比例,但原则上最高缴费额不得超过职工平均工资的10%。2010年下半年起,全国统一规定所有用人单位按工资的12%办理缴纳住房公积金,单位和个人都是工资的12%。总的来说,企业为员工缴纳的五险一金占到工资总额的40%以上,员工缴纳的五险一金占工资总额的20%以上,员工到手的工资仅占工资总额的60%左右。

② 本章也将广义货币发行量复合增长率分别替换为地区房价复合增长率以及地区劳动力素质（地区本科学历人口比例）,以控制劳动力的生活成本和劳动力素质,实证结论也基本不变。

资产的对数；负债率（Lev）是企业总负债占总资产的比例；现金持有水平（Cash），具体为货币资金与可交易性金融资产之和占总资产的比例；股权集中度（Cr5），是前五大股东持股比例平方和；成长性（Mb），使用企业市场价值与账面价值之比作为代理变量；职工人数变动（Pnum），是相邻期职工人数的变化；职工工资的向下刚性特征（Downrig），具体定位为，如果当年企业业绩下降但职工工资下降，该变量为1，否则为0。企业的产业特征可能是影响劳动力成本的重要因素，参照沈永建等（2013）来定义企业是否为劳动力密集型企业。由于中国上市公司的多元化经营，很难通过企业所在行业判定企业的产业特征，因此，本章通过人均销售收入的高低进行判断。具体地，如果某企业样本期间的人均销售收入中位数低于全样本的中位数，则认为该企业为劳动力密集型企业（Labor=1），否则为非劳动力密集型企业（Labor=0）。参照伍德里奇（Woodridge，2015），模型中也控制了时间变量（Time），考察因变量的时间变化趋势。

三、描述性统计分析

主要变量的描述性统计分析如表6-1所示。

表6-1　　　　　　　　　主要变量的描述性统计分析

变量	样本量	p25分位数	中位数	p75分位数	均值	标准差
$Percost$	14832	2.8596	5.0950	8.8574	8.5462	13.2604
$Laborcost$	14832	0.0468	0.0764	0.1202	0.0966	0.0784
$Perwage$	8206	2.9046	4.7166	7.5670	8.4354	16.7278
$Perfive$	8206	0.6139	1.1390	2.0789	1.9785	3.3896
Ftl	8206	0.1236	0.1758	0.2321	0.1803	0.0796
Wtl	8206	0.6598	0.7293	0.7967	0.7049	0.1555
$Govin_t$	8206	7.1900	8.8100	11.0400	8.7814	2.0740
$Oldratio$	14832	0.0787	0.0909	0.1072	0.0945	0.0211
GDP	14832	10.1000	12.1000	13.8000	11.9494	2.3441
$Perdis$	14832	0.1846	0.3919	0.9469	0.7606	0.9554
Roa	14832	0.0442	0.0778	0.1228	0.0816	0.0961
Lev	14832	0.3844	0.5288	0.6622	0.5404	0.2544
$Cash$	14832	0.0720	0.1238	0.1985	0.1488	0.1082

续表

变量	样本量	p25 分位数	中位数	p75 分位数	均值	标准差
$Size$	14832	20.7801	21.5072	22.3160	21.6143	1.2429
$Cr5$	14832	0.4059	0.5255	0.6332	0.5201	0.1556
$Pnum$	14832	-0.0551	0.0049	0.1029	0.6581	14.9874
Mb	14832	1.6933	2.5929	4.1685	4.1027	79.3044
$Downrig$	14832	0.0000	0.0000	1.0000	0.3372	0.4728
$State$	14832	0.0000	1.0000	1.0000	0.6980	0.4591
$Labor$	14832	0.0000	1.0000	1.0000	0.5197	0.4996

注：劳动力成本结构变量开始时间为2007年，样本量仅为8206个。

为避免异常值对研究结论的影响，我们将所有连续变量按上下1%进行了Winsorized处理。$Percost$均值8.5462远远高于中位数5.0950，表明人均劳动力成本分布不规律，部分企业劳动力成本较高。

由图6-1可见，2008年相对之前，千人人均劳资纠纷案件数量大幅度增长。① 2008年后，千人人均劳资纠纷案件数量也呈现小幅递增趋势，由2008年的0.51件/千人上升到2013年的0.52件/千人。

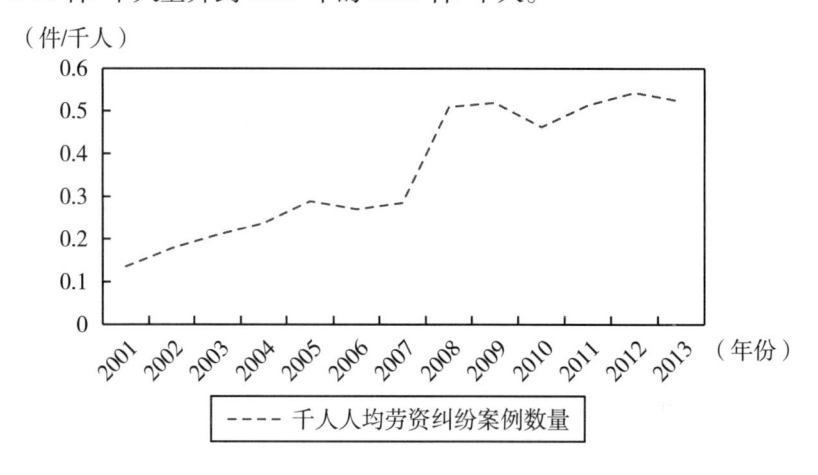

图6-1 职工维权环境的时间序列特征

资料来源：《中国劳动统计年鉴》（2014年）。

---

① 尽管劳资纠纷案件数量可能会有统计口径的差异，但是，我们也考察了各地职工维权人数在2008年前后的变化，发现2008年后职工维权人数也大幅度上涨。2008年之前，千人均劳资纠纷涉及职工人数为0.47件/千人，2008年之后变为0.88件/千人，增长近1倍。职工维权案件数以及维权人数在2008年前后的变化表明，倾向于保护员工的《劳动合同法》改变了员工的维权环境。但在力所能及的范围内，笔者并没有发现有实证研究结论表明《劳动合同法》提高了职工的维权环境，因而仅能以权威网站的新闻报道和关于职工维权的统计数据进行间接佐证本章的观点。

由图 6-2 可见，劳动力成本总量占销售收入比重的中位数无论是在 2008 年前还是 2008 年后，总体均呈上升趋势。2003 年的劳动力成本占收入比重是 2008 年前的最高点，2004 年短暂下降后逐年提高，2008 年已处于劳动力成本的上升期。由图 6-3 可见，五险一金占劳动力成本的比重由 2007 年的 0.165 上升至 2012 年的 0.186，2013 年下降到 0.178，但总体呈上升趋势。2008 年的比例较 2007 年上升明显，斜率明显高于其他年份。2008 年在《劳动合同法》的管制下，企业通过改变职工薪酬结构的方法避免劳动力成本的大幅度上升。其后，五险一金占比呈上升态势。职工到手工资占劳动力成本比重在 2008 年上涨，随后几年下降。2011 年后，职工到手工资占劳动力成本比重开始增长，与五险一金比重的变动趋势基本相反。

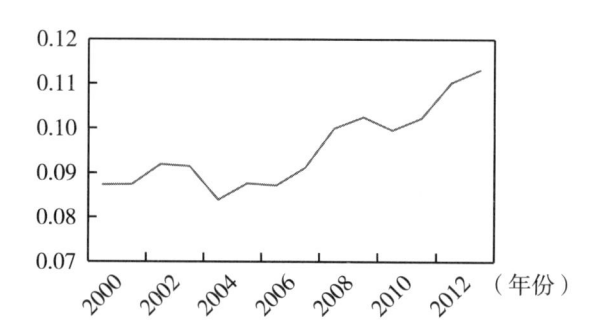

图 6-2 劳动力成本的时间序列特征

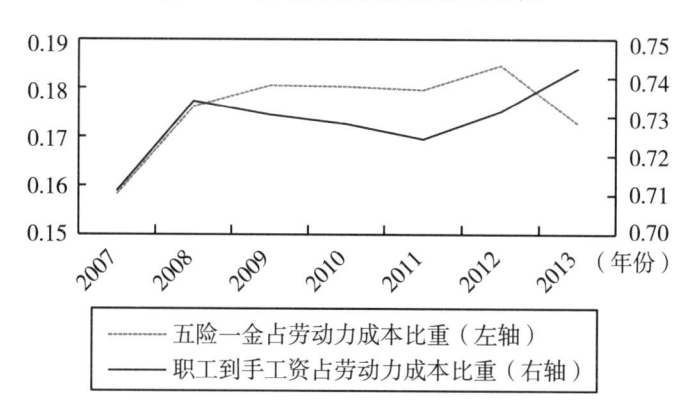

图 6-3 劳动力成本结构的时间序列特征

四、《劳动合同法》对劳动力成本总量的影响

为检验《劳动合同法》是否提高了企业劳动力成本，我们按照模型（6.1）

进行最小二乘法（OLS）多元回归①。回归结果如表 6-2 所示。从表 6-2 中可见，无论是单变量回归还是多变量回归，Law 均与 $Laborcost_t$ 体现出显著的正相关关系。表 6-2 的列（2）中，Law 回归系数 0.0250，在控制了 $Oldratio_{t-1}$、$Cm2_{t-1}$ 等宏观变量后的列（3）中，回归系数变为 0.0080。这表明 Law 对劳动力成本的解释力度因为宏观经济变量的加入下降到原来的 1/3 左右，换言之，宏观环境的变化是企业劳动力成本变化的重要影响因素，该结论跟范志勇（2008）、蔡昉（2010）、龚锋和余锦亮（2015）的研究结论相一致。

表 6-2　《劳动合同法》与劳动力成本的 OLS 回归：一个伪回归

变量	（1）	（2）	（3）
Law	0.0160*** (12.5200)	0.0250*** (19.9800)	0.0080*** (3.8820)
$Laborcost_{t-1}$		0.0000*** (6.3130)	0.0000*** (6.2860)
Roa_t		0.0610*** (8.9930)	0.0580*** (8.5530)
$State_t$		0.0070*** (5.2600)	0.0080*** (5.7930)
$Labor_t$		0.0460*** (37.1100)	0.0460*** (37.3800)
$Size_t$		-0.0170*** (-32.1900)	-0.0180*** (-33.5800)
Lev_t		0.0260*** (10.4700)	0.0260*** (10.6700)
$Cash_t$		-0.0210*** (-3.7100)	-0.0220*** (-3.9190)
$Cr5_t$		-0.0010 (-0.1720)	0.0010 (0.2050)
Mb_t		0.0000 (1.2950)	0.0000 (1.1770)

---

① 这里的回归均为 OLS 多元回归。本章也使用考虑异方差的稳健性回归，实证结论基本不变。

续表

变量	(1)	(2)	(3)
$Pnum_t$		0.0000 (0.1530)	−0.0000 (−0.0635)
$Downrig_t$		0.0050*** (4.1320)	0.0050*** (4.1270)
$Oldratio_{t-1}$			0.1310*** (4.7450)
$Cm2_{t-1}$			0.0040*** (9.3170)
GDP_{t-1}			−0.0010*** (−5.2640)
常数项	0.0890*** (97.5900)	0.4070*** (35.2900)	0.4240*** (35.0100)
$Indu$	控制	控制	控制
N	14832	14832	14832
R^2	0.0100	0.2440	0.2510

注：因变量为企业劳动力成本（$Laborcost_t$）。括号里的数字为 t 值。*** 代表在 1% 的水平上显著。

由图 6-2 可见，自 2004 年起，劳动力成本一直处于上升态势，因此，表 6-2 中的显著回归结果可能是一个因时间序列而导致的"伪回归"。2008 年实施的《劳动合同法》可能仅是在劳动力成本已经处于上涨态势中的一个外部冲击，但该冲击是否改变劳动力成本之前已经形成的上涨趋势需要进一步分析。表 6-2 的列（3）中，模型中的其他控制变量的回归结果符合本章预期。$Downrig$ 回归系数 0.0050 在 1% 水平上显著，表明该变量会提高劳动收入比重，这与方军雄（2011）的研究结论一致。$State$ 回归系数 0.0080 在 1% 水平上显著，表明国有企业的劳动力成本显著高于民营企业，该结果与陆正飞（2012）的研究发现一致。

为进一步验证表 6-2 结果的"伪回归"特征以及检验全样本劳动力成本总量在 2008 年前后的变化趋势，本章分三步做逐步递进的检验：（1）从 2006 年开始逐年设置哑变量，检验不同断点前后的成本变化是否有显著差异；（2）考察 2008 年前后劳动力成本斜率是否发生显著变化，如果《劳动合同法》相对之前年份提高了企业劳动力成本增长速度，那么，劳动力成本斜率会在 2008 年后发现显著增加；（3）进一步地，将样本期划分为三个时间段（2007 年之前的法律实施前，2007～2009 年的法律实施阶段，2009 年以后的法律实施后①），考察不同时间段的劳动力成本斜率变化情况。

表 6-3 显示，列（1）至列（4）中所有年份哑变量回归系数均显著为正，其他控制变量的回归系数没发生本质变化。从各回归断点哑变量的系数看，Law 的回归系数 0.0080 最大，但与 $Y07$ 和 $Y09$ 的回归系数 0.0070 和 0.0050 的差异并不显著，$Y07$ 的回归系数 0.0070 与 $Y06$ 的回归系数 0.0040 在 1% 水平上具有显著差异。从系数差异变化看，虽然列（1）至列（3）的回归系数逐渐增加，但增幅逐渐降低。表 6-3 中的回归结果表明，企业劳动力成本在 2008 年之前已经处于上涨期，并且其上涨速度超过 2008 年及以后年份的增速。尤其是 $Y09$ 的回归系数也在 5% 水平上显著，表明 2009 年后的劳动力成本也在增长，并显著高于 2009 年之前的，可能存在《劳动合同法》之外的其他因素影响劳动力成本，譬如老年人口比例的持续上升、不断增长的货币发行量等。

表 6-3　　　各年份哑变量与劳动力成本的 OLS 回归

变量	（1）	（2）	（3）	（4）
$Y06$	0.0040 ** (2.0500)			
$Y07$		0.0070 *** (3.7080)		
Law			0.0080 *** (3.8820)	
$Y09$				0.0050 ** (2.1220)
常数项	0.4250 *** (34.8100)	0.4270 *** (35.0300)	0.4240 *** (35.0100)	0.4230 *** (34.8900)

① 《劳动合同法》于 2008 年正式实施，考虑到法律实施可能会存在实施前的预期效应以及实施后的消化效应，本章将 2007 年界定为预期效应期，2009 年为消化期，2007～2009 年为法律实施反应期。

续表

变量	(1)	(2)	(3)	(4)
其他	控制	控制	控制	控制
$Indu$	控制	控制	控制	控制
N	14832	14832	14832	14832
R^2	0.2500	0.2500	0.2510	0.2500
F 值		3.0900*	0.3100	1.6500
		0.0030 0.007 - 0.004	0.0010 0.008 - 0.007	-0.0030 0.005 - 0.008

注：因变量为企业劳动力成本（$Laborcost_t$）。若年份≥2006，哑变量 $Y06=1$，否则为 0；若年份≥2007，哑变量 $Y07=1$，否则为 0；若年份≥2009，哑变量 $Y09=1$，否则为 0。F 值是系数差异检验的 F 值，为相邻年份哑变量的回归系数差异的比较检验。最后一行为各回归年份哑变量的回归系数与前一年的回归系数差异。括号里的数字为 t 值。*、**、*** 分别代表在 10%、5%、1% 的水平上显著。

进一步地，表 6-4 考察了 2008 年《劳动合同法》实施前后劳动力成本斜率的变化。

表 6-4　劳动力成本在 2008 年前后斜率的变化

变量	(1)	(2)	(3)
$Laborcost_{t-1}$	0.0003*** (6.2420)	0.0003*** (6.2860)	0.0003*** (5.5810)
Law		0.0078*** (3.8820)	0.0078*** (3.8870)
$Law \times Laborcost_{t-1}$			-0.0000 (-0.4210)
常数项	0.3480*** (30.7900)	0.4242*** (35.0100)	0.4243*** (35.0100)
$Indu$	控制	控制	控制
N	14832	14832	14832
R^2	0.2230	0.2510	0.2510

注：因变量为企业劳动力成本（$Laborcost_t$）。括号里的数字为 t 值。*** 代表在 1% 的水平上显著。

表 6-4 的列（3）中，$Law \times Laborcost_{t-1}$ 的回归系数并没有通过显著性检验。该结果表明，2008 年前后劳动力成本斜率并不存在显著差异。

更进一步，我们分段考察了《劳动合同法》实施前、反应期以及实施后企业劳动力成本的斜率，回归结果如表 6-5 所示。

表 6-5　　　劳动力成本在《劳动合同法》实施前中后的斜率比较

变量	（1） 2007 年前	（2） 2007～2009 年	（3） 2009 年后
$Laborcost_{t-1}$	0.0294 *** (13.4300)	0.0003 *** (5.2740)	0.0003 ** (2.4900)
常数项	0.3825 *** (19.4900)	0.3881 *** (13.7800)	0.4406 *** (18.1300)
其他	控制	控制	控制
$Indu$	控制	控制	控制
N	6149	3711	4972
R^2	0.2510	0.2940	0.2570
F 值	176.4800 ***	0.0000	0.2700

注：因变量为企业劳动力成本（$Laborcost_t$）。括号里的数字为 t 值。**、*** 分别代表在 5%、1% 的水平上显著。最后一行为列（1）和列（3）的上期劳动力成本 $Laborcost_{t-1}$ 回归系数与列（2）的回归系数的差异比较检验。

表 6-5 显示，在《劳动合同法》实施前，企业劳动力成本斜率为 0.0294，反应期的斜率为 0.0003，两者差异检验的 F 值 176.4800 在 1% 水平上显著，表明法律实施前的劳动力成本增长速度相对较快。在法律实施后，其斜率与反应期的斜率并没有存在显著差异。

总体而言，全样本企业劳动力成本总量稳定上涨。经过上述三步测试，本章没有发现充分的证据表明《劳动合同法》的实施改变了全样本企业劳动力成本总量的上涨趋势。那么，《劳动合同法》是否会影响企业劳动力成本结构呢？本章进一步对劳动力成本结构的影响因素进行分析。

五、劳动力成本结构的时间序列分析

五险一金和职工到手工资占劳动力成本比重的时间序列特征分析结果如

表6-6所示。

表6-6　　劳动力成本结构时间序列特征的 OLS 回归

变量	(1) 因变量：Ftl	(2) 因变量：Wtl
$Time$	0.0077*** (6.3710)	-0.0085*** (-3.4700)
常数项	0.0067 (0.3840)	0.8726*** (24.4700)
$Indu$	控制	控制
其他	控制	控制
N	8206	8206
R^2	0.1570	0.0900

注：括号里的数字为 t 值。***代表在1%的水平上显著。

由表6-6的列（1）可见，样本期间，Ftl 与 $Time$ 显著正相关，Ftl 逐年增加。这表明企业守法程度逐年增加，同时企业成本压力也逐年增加。列（2）中，$Time$ 的回归系数显著为负，表明职工到手工资在劳动力成本中比例逐年降低。根据表6-6结果，Ftl 表现出稳定递增的时间序列特征，而 Wtl 则呈现稳定递减的时间序列特征。结合 Ftl 的数据描述，样本期间 Ftl 中位数由15.83%增长到18.46%，增长了16.6%①左右，人均五险一金由0.77万元增长到1.54万元，增长了近1倍。而同期人均工资总额由3.36万元增长到6.38万元。无论是五险一金的比例还是绝对值，其增长对企业劳动力成本总量的上升具有较大的增量影响。

六、《劳动合同法》在劳动力成本结构变化中的角色

（1）职工维权环境与劳动力成本结构。虽然没有充分的证据表明《劳动合同法》改变了劳动力成本总量的上涨趋势，但通过对职工倾向性的法律保护改善了职工的维权环境。《劳动合同法》强化了《社会保险法》和《住房公

---

① 即（18.46-15.83）/15.83。

积金管理条例》对职工五险一金相关规定的执行，使得职工维护自身权益的积极性提高，这有可能改变企业的劳动力成本结构。为此，本章检验了职工维权环境对劳动力成本结构的影响①，具体如表6-7所示。

表6-7　　　　　　　职工维权环境与劳动力成本结构

变量	(1) 因变量：Ftl	(2) 因变量：Wtl
$Perdis_{t-1}$	0.0049*** (5.0580)	-0.0073*** (-3.7700)
常数项	-0.0454** (-2.4290)	0.7872*** (21.1600)
$Indu$	控制	控制
$Year$	控制	控制
其他	控制	控制
N	8206	8206
R^2	0.1620	0.1310

注：括号里的数字为t值。**、***分别代表在5%、1%的水平上显著。

表6-7的列（1）显示，$Perdis_{t-1}$回归系数0.0049在1%水平上显著，表明职工维权环境越好，企业给职工缴纳的五险一金比例越高。显然，企业不会给员工超标准缴纳五险一金，因此，对该结果可能的解释是在《劳动合同法》的作用下，较好的维权环境能够促使企业在法律规定范围内为职工多缴纳五险一金。列（2）中，Wtl因为职工维权环境的改善而下降，可能的解释来源于企业对《劳动合同法》执行的应对措施。在《劳动合同法》强调企业必须依照《社会保险法》和《住房公积金管理条例》为员工缴纳五险一金条件下，企业不得不调整薪酬结构，相对降低职工到手工资，为员工支付五险一金，使得劳动力总成本上升幅度不会因《劳动合同法》实施而出现大幅度的增长。

（2）政府干预与劳动力成本结构。回归结果如表6-8所示。

---

① 理论上，相对科学的检验方式是利用法律实施前和法律实施后的数据进行双重差分的检验，但限于数据，本节只能进行横截面检验。

表 6-8 政府干预程度与劳动力成本结构

变量	（1）全样本	（2）低政府干预	（3）高政府干预	（4）低政府干预	（5）高政府干预
$Govinv_t$	-0.0063*** (-12.5400)				
$Time$		0.0049*** (2.9080)	0.0104*** (6.0570)		
$Perdis_{t-1}$				0.0140*** (11.2200)	0.0208*** (3.0850)
常数项	0.0600*** (3.1000)	0.0199 (0.8070)	0.0223 (0.8920)	-0.0360 (-1.4520)	0.0080 (0.3210)
Year	控制			控制	控制
Indu	控制	控制	控制	控制	控制
其他	控制	控制	控制	控制	控制
N	8206	3785	4421	3785	4421
R^2	0.1760	0.2080	0.1570	0.2320	0.1510
F 值		10.1200***		1.0100	

注：按照政府干预指数的年度中位数，将所有地区划分为高政府干预和低政府干预两类。由于五险一金和职工到手工资呈现的此消彼长关系，表中没有列示对职工到手工资比例的回归结果。最后一行分别为列（2）和列（3）以及列（4）和列（5）中 $Time$ 和 $Perdis_{t-1}$ 回归系数的差异检验。括号里的数字为 t 值。*** 代表在 1% 的水平上显著。

表 6-8 的列（1）中①，$Govinv_t$ 的回归系数 -0.0063 在 1% 水平上显著，该结果表明，地方政府对微观企业行为的干预程度越大，企业劳动力成本中的五险一金比例越大。这反过来说明，部分企业与员工建立了双方默认的市场化劳动合约，可能并没有为员工足额缴纳五险一金。随着政府干预的加大，企业守法程度逐渐增强，五险一金比例逐渐提高。列（2）中，$Time$ 的回归系数 0.0049 在 1% 水平上显著，该结果表明，政府干预程度较低的地区企业五险一金比例随时间逐年增长。列（3）中 $Time$ 的回归系数 0.0104，也在 1% 水平上显著。对两类样本 $Time$ 的回归系数的差异进行检验，F 值为 10.1200，在 1% 水平上显著，表明政府干预程度较高地区企业的五险一金比例随时间的增长速

---

① 由于《劳动合同法》从 2008 年开始实施，而五险一金变量从 2007 年开始，为稳健起见，将 2007 年的样本剔除后，表 6-4 至表 6-6 的回归结果基本不变。

度显著快于政府干预程度较低的地区企业。列（1）至列（3）表明，政府干预程度越大，劳动力成本中的五险一金比例越高。

列（4）和列（5）的回归结果显示，无论是低政府干预样本还是高政府干预样本，$Perdis_{t-1}$ 回归系数均在1%水平上显著，并且两类样本间的系数并不存在显著差异。该结果表明，地方政府的干预并不会影响员工维权环境在劳动力成本结构调整中的作用。

七、对不同类型企业的分类考察

由于行业特性、所在地区以及产权性质的差异，可能不同类型企业的劳动力成本表现出不同的变化趋势。为此，本章对劳动力密集型企业和非劳动力密集型企业、东部沿海地区企业和西部内陆地区企业、国有企业和民营企业等不同类型企业的劳动力成本总量和结构的影响因素差异进行了比较检验。

（1）不同类型企业的《劳动合同法》实施与劳动力成本总量变化。本章以2008年《劳动合同法》实施为时间窗口，利用双重差分检验方法（DID），检验了《劳动合同法》实施对不同类型企业的劳动力成本变化趋势的影响。由表6－9结果可见，三个三项交叉变量回归系数分别为0.0275、0.0072和0.0030，分别在1%、1%和5%水平上显著，该结果表明，相对非劳动力密集型企业、内陆地区和民营企业，《劳动合同法》的实施使得劳动力密集型企业、沿海地区以及国有企业的劳动力成本上涨速度更快，不同类型企业的劳动力成本总量变化趋势呈现差异化特征。

表6－9　　　《劳动合同法》实施对不同类型企业劳动力成本变化趋势的影响

变量	（1） 行业	（2） 地区	（3） 产权
$Laborcost_{t-1}$	0.0072*** (6.6280)	0.0003*** (5.2970)	0.0076*** (6.9770)
Law	0.0148*** (4.3630)	0.0216*** (6.1960)	0.0213*** (5.7170)
$Labor$	0.0417*** (25.2600)	0.0462*** (37.3200)	0.0457*** (37.1400)

续表

变量	(1) 行业	(2) 地区	(3) 产权
$State$	0.0080*** (6.2280)	0.0082*** (6.3680)	0.0100*** (5.3900)
$Law \times Laborcost_{t-1}$	-0.0070*** (-6.4330)	-0.0001 (-0.8980)	-0.0032*** (-2.6950)
$Labor \times Law$	0.0056** (2.4880)		
$Labor \times Laborcost_{t-1}$	-0.0068*** (-6.3210)		
$Labor \times Law \times Laborcost_{t-1}$	0.0275*** (16.1100)		
$East$		0.0079*** (4.7860)	
$East \times Law$		-0.0043* (-1.8830)	
$East \times Laborcost_{t-1}$		0.0090*** (7.6450)	
$East \times Law \times Laborcost_{t-1}$		0.0072*** (3.8250)	
$State \times Law$			-0.0027 (-1.0870)
$State \times Laborcost_{t-1}$			-0.0073*** (-6.6770)
$State \times Law \times Laborcost_{t-1}$			0.0030** (2.5130)
常数项	0.4123*** (35.2200)	0.4130*** (35.1100)	0.4177*** (35.1300)
$Indu$	控制	控制	控制
其他	控制	控制	控制
N	14832	14832	14832
R^2	0.2640	0.2600	0.2550

注：因变量为企业劳动力成本（$Laborcost_t$）。$East$ 为哑变量，若企业所在省份为沿海省份，则该变量为 1，否则为 0。括号里的数字为 t 值。*、**、*** 分别代表在 10%、5%、1% 的水平上显著。

（2）不同类型企业的劳动力成本结构的时间序列特征。在模型（6.2）中，增加企业类型哑变量与 $Time$ 的交叉变量，考察不同类型企业劳动力成本结构的时间序列变化差异。三类企业中，除了东部沿海地区五险一金比例的增长速度显著低于西部地区以外，另外两组样本的五险一金比例的增长速度均没有体现出显著差异。可能的原因是，东部沿海地区为劳动人口净流入地区，年龄结构偏低，地方政府养老压力较小，因此，企业中五险一金比例增长相对较慢。相应地，东部沿海地区企业的职工到手工资增长较快。

（3）不同类型企业的劳动力成本结构与职工维权环境的关系差异。将模型（6.2）中的 $Time$ 替换为 $Perdis_{t-1}$，并增加企业类型哑变量与职工维权环境的交叉变量，来考察不同类型企业间职工维权环境对劳动力成本结构影响的差异。在职工维权意识与五险一金比例的关系方面，本章并没有发现劳动力密集型和非劳动力密集型企业之间的显著差异。$East \times Perdist$ 回归系数在1%水平下显著为正，表明维权环境对企业五险一金的正向影响存在显著的地区差异。维权环境对民营企业五险一金比例的影响更为显著，可能的原因是，国有企业会积极为职工足额缴纳五险一金，职工可能不需要维权，相对而言，民营企业为职工缴纳五险一金的情况更多地依赖于职工的争取，维权环境扮演了重要角色。职工到手工资比例的回归结果基本与五险一金比例的回归结果相反。

（4）不同类型企业的劳动力成本结构与地方政府干预程度的关系差异。将模型（6.2）中的 $Time$ 替换为政府干预变量 $Govinv_t$，并增加企业类型哑变量与政府干预变量的交叉变量，考察不同类型企业间政府干预对劳动力成本结构影响的差异。$Labor \times Govinv_t$ 回归系数在1%水平下显著为负，表明相对非劳动力密集型企业，地方政府的干预对劳动力密集型企业五险一金缴纳的影响更大。可能的原因是，在法律实施之前，劳动力密集型企业五险一金缴纳比例相对较低，法律实施后，政府的干预对这一类企业的影响更大。$East \times Govinv_t$ 回归系数在1%水平上显著为正，表明相对西部地区，东部沿海地区政府干预对企业五险一金缴纳的影响较低，可能的原因是，东部沿海地区企业在五险一金缴纳方面相对守法，地方政府干预对东部地区企业的影响较弱。理论上，地方政府干预对国有企业和民营企业存在显著性差异，但实证结果并不理想。

综合上述回归结果，《劳动合同法》的实施对不同类型企业劳动力成本总量产生不同程度的影响。职工维权环境以及地方政府的干预对不同类型企业劳动力成本结构产生不同程度的影响。

第三节 结论和政策启示

《劳动合同法》是中国重要的保护基层职工利益的法律。尽管在该法律实施之前针对其是否提高企业劳动力成本问题争议不断，但一直没有使用科学的实证研究方法对该问题展开研究，更没有关注职工维权在此过程中的作用。本章利用 2001~2013 年中国 A 股主板上市公司样本，从职工维权角度研究了《劳动合同法》在企业劳动力成本上升中的影响。2008 年，企业劳动力成本已经处于快速上涨期。尽管《劳动合同法》以显性契约的形式赋予了员工多项权力，但是其同样也具有不完备性，其中部分能提高企业劳动力成本的规定很可能被企业的"合法"行为所化解。经过一系列方法的测试，本章并没有发现有充分的证据表明《劳动合同法》改变了微观企业劳动力成本总量的上涨趋势。尽管如此，《劳动合同法》的实施却改善了职工的维权环境，间接导致企业五险一金比例的提高。五险一金在劳动力成本中的比重持续稳定地增加对企业劳动力成本总量的增加具有增量影响。从《劳动合同法》《住房公积金管理条例》《社会保险法》的规定看，五险一金给企业带来的成本压力在很大程度上是由《住房公积金管理条例》和《社会保险法》所致，《劳动合同法》只是强化上述两项法规的执行。另外也发现，地方政府对《劳动合同法》实施的干预越强，企业五险一金的比例越高。

《劳动合同法》于 2008 年开始实施，该时间节点与国际金融危机的加剧重合。尽管本章试图通过计量方法解决金融危机的影响，但确实很难将《劳动合同法》与国际金融危机的效果完全分离。另外，限于样本和数据，只能针对上市公司进行分析。由于上市公司和非上市公司存在规模、监管等系统性差异，因此，需要谨慎对待本章研究结论的推广性。

根据本章所得到的实证结论，提出以下政策启示。

（1）降低五险一金缴费比例，为企业减负。研究发现，五险一金比例的持续增加对劳动力成本的上涨具有增量贡献，职工维权环境的改善和政府的干预是导致企业五险一金比例增加的重要因素。在中国各级政府对职工利益保护不断增强以及职工素质不断提高的背景下，职工的维权环境会持续改善。并且，人口老龄化的加剧使得地方政府干预《劳动合同法》执行的动机更为强烈,这些企业不可控因素都会导致企业五险一金的比例在法律允许范围内持续增加,企业成本压力不断加大。在这种状况下,下调五险一金缴费率甚至取消部分项目,可以直接为企业减负。这与以"三去一降一补"为基本任务的供给侧改革的思路相一致。

(2)适当增加《劳动合同法》执行的灵活性的同时,尽快健全与《劳动合同法》共生的经济政策环境。作为保护职工利益的重要法律,《劳动合同法》的初衷是保护职工利益,但该法律能够对职工起保护作用的制度基础尚不完善。譬如,社会养老保险无法做到全国统筹,具有流动意愿的职工难以享受到养老保险给自己带来的切实利益,他们会倾向于与企业"合作",希望获取更多的现金性工资,企业则可以降低养老保险缴纳负担。在不侵犯员工利益的情况下,灵活地运用这种非正式劳动契约补充正规劳动契约的不足,形成市场化的劳动契约,这有利于建立和谐的劳资关系,降低劳资双方的交易成本,提高企业价值。然而,对职工利益实施有效保护的根本措施,还是要尽快健全与《劳动合同法》共生的经济政策环境,譬如,尽快实现养老保险的全国统筹,这可以使职工在养老保险方面的利益得到切实。

第七章

社保征缴机构转换改革、企业养老支出与企业价值[*]

党的十九届五中全会通过的《中共中央关于制定国民经济和社会发展第十四个五年规划和二〇三五年远景目标的建议》（以下简称《建议》）提出，"实施积极应对人口老龄化国家战略"，这在历次党的全会文献中是第一次，是以习近平同志为核心的党中央总揽全局、审时度势作出的重大战略部署。

当前，中国人口老龄化问题开始显现并愈发严重，人口红利已趋于消失（蔡昉，2010）。社会养老成为拖累经济增长的重要原因之一（刘穷志、何奇，2012）。就当前的现实而言，社会养老体系尚不成熟完善，主要还是以企业和职工缴纳养老保险为主。然而，无论是基于宏观数据的研究（封进，2013；彭雪梅等，2015），还是基于微观数据的研究都表明，中国养老金缴费存在普遍的漏缴现象（赵绍阳、杨豪，2016）。根据中国社会科学院发布的《中国养老金精算报告（2019、2050）》，按现行规定，养老金将在2035年耗尽。在这一严峻的挑战下，新一轮养老金征缴体制改革开启。其中一个重要的改革思路就是"社保征缴机构转换"。中共中央办公室和国务院在2018年7月20日发布了《国税地税征管体制改革方案》，确定了社保征缴机构由社保部门转换为税务部门的改革方向。

理论上，社保征缴机构由社保部门转换为税务部门，征收力度加强，有可能会遏制企业社保漏缴行为，一方面，地方政府的养老金得到补充；另一方面，企业可能为员工足额缴纳养老金，可以进一步激励员工努力工作，提升企

---

[*] 本章原文以《社会保险征缴机构转换改革、企业养老支出与企业价值》为题发表于《中国工业经济》2020年第2期，有所改动。

业价值（Shapio & Stiglitz，1984；Akerlof & Yellen，1990），这可能也是中央政府对社保征缴机构改革的动因之一。然而，当前中国养老制度体系尚需健全，企业养老金缴费率处于较高水平（沈永建等，2017），养老保险尚未实现全国统筹，养老关系跨地区转移困难（彭浩然、陈斌开，2012；康传坤、楚天舒，2014），政府单方面提高养老费可能并不能对员工起到应有的激励作用，主要理由如下：（1）当前养老金缴费率已经较高，养老费的进一步增加可能会导致企业将增加的成本转嫁给员工，降低员工当期的可支配收入（马双等，2014），而员工对当期可支配收入的感知大于对未来退休后提高生活保障的感知，会降低当前的努力程度（赵健宇、陆正飞，2018）；（2）养老关系跨地区转移困难，这就使得外地员工在本地缴纳养老金，可能面临回乡之后难以有效支取的困境，养老金对该部分员工难以起到应有的未来保障和激励作用。[①] 因此，社保征缴机构转换导致的企业养老费上升对企业价值产生怎样的影响是一个有待检验的实证问题。这一政策是否能够取得既增加养老保障，又不损失企业效率的两全效果，是一个值得政府、学术界和业界共同关注的重要问题。因此，厘清社保征缴机构改革背景下的企业养老支出与企业价值的关系就凸显其必要性，特别是在人口老龄化加剧、政府需将社会养老压力向企业传导的背景下，对上述问题的回答显得尤为迫切。

本章以2018年7月20日中共中央办公厅和国务院实施的社保征缴机构转换改革为事件窗口，以2017年中国A股上市公司为研究样本，采用事件研究的方法，探讨社保征缴机构改革和改革背景下企业养老金支出对企业价值的影响。研究主要发现：（1）2018年的社保征缴机构改革整体上对企业价值形成负面冲击；（2）在事件窗口内，以往的养老金缴费率越低，预期未来补缴的养老金就越多，企业价值受到的负面冲击越大；（3）相比社保部门征收地区的企业，2018年前已经由税务部门征收养老金的地区企业价值受改革的负面冲击更大。

本章之所以用微观企业作为研究样本考察社保征缴机构改革的经济后果，原因主要包括：一是可以直接观察微观企业的养老金征缴行为，这是宏观层面研究难以观察到的；二是可以直接考察改革对企业价值的影响，为改革的后续推进提供实证借鉴。之所以考察企业改革窗口内的短期市场反应，是因为可以在一定程度上克服一般意义上的内生性问题。之所以选择五项社会保险[②]中的

[①] 随着养老金统筹层次提高和中央调剂金制度建立，养老金跨地区支取困难的问题在往后几年已经得到较大改善。

[②] 五项社会保险具体包括：基本养老保险费、基本医疗保险费、失业保险费、工伤保险费、生育保险。

养老金作为研究对象是基于以下考虑。一是当前中国的人口老龄化问题开始显现并加剧，养老金缺口成为政府和社会各界关心的重要问题。在中国当前养老体系下，地方政府将自身养老压力传导给企业，增加企业的养老支出负担，因此，对养老金进行研究更有利于为解决当前社会重要问题提供实证参考。二是在五项社会保险中，养老保险基金的占比最高（就缴费比例而言，占到了社保总金额的65%以上），对养老金进行研究更具代表性。

本章对于理论文献和政策制定方面的贡献如下。（1）可能对萨默斯（Summers，1989）公共产品与社会效率理论在微观养老金领域产生增量贡献。社会养老是政府提供的公共品，当前相关研究主要集中在宏观领域，研究发现，社会养老负担使得政府产生财政压力（龚锋、余锦亮，2015；张鹏飞、苏畅，2017），总体上会拖累经济增长（Miller，1996；Rubinfeld，1997；Lioydsherlock，2000；Modigliani & Cao，2004）。而本章则是从微观层面研究中国企业养老支出的经济后果，发现在中国养老体制尚不健全的背景下，增加企业养老支出有损于企业价值。（2）本章进一步丰富了"员工与公司金融"（Labor & Finance）的研究文献。该领域主要关注与企业员工相关的公司金融问题，是近些年新兴的重要研究领域，尤其是在中国这样一个正处于未富先老、中等收入陷阱边缘、劳动力成本上升倒逼企业转型升级的关键阶段，研究与中国企业员工相关的公司金融问题具有重要的理论和实践意义。（3）本章也进一步扩展了关于社保征缴机构差异对养老保险缴纳影响的理论文献。现有相关研究主要围绕两种征缴制度孰优孰劣展开（刘军强，2011；彭雪梅等，2015），研究发现，税务部门征缴社保一方面"能力有余"，另一方面又"激励不足"，最终导致税务部门对养老金的足额征收率低于社保部门。而本章以社保征缴机构由社保部门转换为税务部门改革为契机，研究了中国现有养老体系下养老费征缴机构转换的经济后果，为相关改革提供了实证借鉴。（4）本章最大的贡献可能是对于政策制定的参考。党的十九届四中全会指出，"坚持应保尽保原则，健全统筹城乡、可持续的基本养老保险制度、基本医疗保险制度，稳步提高保障水平。加快建立基本养老保险全国统筹制度"。2018年7月20日出台的《国税地税征管体制改革方案》明确规定，自2019年1月1日起，全国范围内，地方五项社会保险的征缴工作统一转交给税务部门。截至目前，关于养老保险征缴机构转换改革经济后果的研究较为缺乏，难以对改革实施提供微观层面的科学参考。研究发现，社保征缴机构由社保部门转换为税务部门，企业价值不升反降，其可能的根源在于，当前企业养老缴费已经处于较高水平，并且养老保险尚未实现全国统筹，养老费的提高对企业员工难以起到应有的激励作用，这些研究发现可能与中央政府改革的初衷相悖。因此，政府单方面提高企业养老缴费并不能起到应有的效果，本章的研究发现则为政策制定提供了及时的实证参考。

第一节　制度背景与研究假说

一、制度背景

当前中国养老金采用"统账结合"管理模式，企业和员工双方合计总缴费率为28%[①]，该法定缴费率与国内学者测算出的最优缴费率相比显著偏高（彭浩然、陈斌开，2012；康传坤、楚天舒，2014），中国企业养老负担较重[②]。缴纳的基金分别存入个人账户和社会统筹账户，个人账户与个人身份严格绑定，社会统筹账户的缴费和领取则没有严格挂钩（赵绍阳、杨豪，2016）。此外，中国养老尚未实现全国统筹，这造成各地养老金结余情况差异较大，当地政府在养老金缴费和发放时会行使较大的自主裁量权，不同地区员工退休后待遇差异较大。结合养老金缴费率过高的现状，企业和员工缴费积极性不高，市场上存在普遍的漏交养老金现象（封进，2013）。在实际征缴工作中，各地政府会设置社保基数上下限。工资低于下限，按下限缴纳；高于下限不高于上限[③]，按照实际工资缴纳；高于上限，则按上限缴纳。但现实中，部分企业会按当地最低工资申报缴费，企业养老金缴纳并不规范。在养老金征缴机构选择方面，地方社保征缴工作可以由地方政府自行决定交给税务部门还是社保部门[④]。总的来说，中国养老金征收模式大体上可以分为三类：一是税务部门部分代征，即由社保部门制定征收计划和数额，由税务部门负责实施；二是税务

[①] 1997年国务院颁布的《国务院关于建立统一的企业职工基本养老保险制度的决定》规定。

[②] 根据世界银行发布的《2017营商环境报告：中国》，北京市企业的五险一金占利润的比重为49.63%，而企业所得税仅占利润的7.3%。国务院发展研究中心的一项企业家问卷调查显示，2.72%的企业把"五险一金"列作经营中遇到困难的榜首（革昕等，2017）。

[③] 一般养老金缴费基数申报的下限为当地平均工资的60%，上限为当地平均工资的300%。

[④] 根据1999年国务院颁布的《社会保险费征缴暂行条例》。

部门全责征收,即征收计划的制定和实施都由税务部门负责;三是社保全责征收,即完全由社保部门负责社保的征收,税务不参与。其中,税务部门全责征收模式可能在社保部门和税务部门之间存在委托代理问题。刘军强(2011)发现,税务部门征收税费可以提成,而征收社保则没有,征收来的社保费直接转移到社保财政专户,由社保部门管理,这就产生了税务部门和社保部门之间的委托代理问题,税务部门在征缴过程中存在"打折"行为,最终导致社保征收率相对偏低。

本章通过手工搜集并结合刘军强(2011)对各地社保官员的访谈结果,整理发现:截至2018年底,中国31个省(自治区、直辖市,不包括香港、澳门和台湾地区)和5个计划单列市中,养老金征收模式分布如表7-1所示。

表7-1　　　　　　　　养老金征缴模式地区分布

养老金征缴模式	省份
社保征收	上海、西藏、北京、天津、山东、四川、广西、江西、山西、贵州、新疆、吉林、深圳、青岛
地税部分征收	河南、河北、内蒙古、江苏、安徽、湖北、湖南、海南、重庆、云南、陕西、甘肃、青海、宁夏、大连
地税全责征收	广东(不含深圳)、厦门、浙江、福建、辽宁、黑龙江、宁波

注:以上数据主要来源于刘军强(2011)的研究成果,少量数据由作者查询相关新闻报道补充。部分城市为计划单列市。

为缓解人口老龄化对地方政府的养老压力,2018年7月20日,中共中央办公室和国务院联合出台了《国税地税征管体制改革方案》。该方案明确规定,自2019年1月1日起,全国范围内,地方五项社会保险的征缴工作统一转交给税务部门。2018年12月27日,中央政府决定暂缓企业社保转交税务部门,且重启时间未定。因此,社保转税改革尚未实施,对企业的影响仅停留在预期层面。

二、研究假说

养老金支出是企业的一项重要成本,企业为员工支付养老金的初衷是为员工解决退休后的后顾之忧,激励职工现在努力工作(Shapio & Stiglitz,1984;

Akerlof & Yellen, 1990),但是,在中国现有养老体系下,企业向员工支付的养老金却难以起到应有的激励作用(赵健宇、陆正飞,2018)。

养老金征缴由社保部门转为税务部门,征缴养老金成为税务部门的分内工作,而不是为社保部门代收,一方面,征收力度较以往大幅度增加,企业逃缴、漏缴养老金可能会得到遏制,养老金缴费会进一步规范;另一方面,之前代社保部门征收养老金的"代理问题"将得到缓解(刘军强,2011;彭雪梅等,2015)。这在客观上会导致企业养老金支出出现不同程度的上升,其直接表现为增加企业未来现金流出。根据有效市场假说,投资者预期企业未来现金净流入下降,资本市场做出负面反应,公司价值下降。

理论上,职工薪酬的增加有可能激励员工努力工作。效率工资理论的礼物交换模型表明,企业向员工支付的养老保险是为了换取员工对企业的忠诚和努力工作(Akerlof & Yellen, 1990),提高企业效率,增进企业价值。据此,养老金的增量支出似乎应该对员工起到激励作用(Shapio & Stiglitz, 1984),但在当前中国养老费缴纳比例较高,并且养老尚未实现全国统筹的背景下,社保征缴机构转换带来的企业养老金增加可能难以对企业员工产生有效激励(赵健宇、陆正飞,2018),理由主要包括:(1)当前养老缴费率相对较高,企业为员工缴纳的养老保险可能会对员工的到手工资具有挤出效应,而到手工资相对养老保险对员工的激励作用更大(马双等,2014;钱雪亚等,2018);(2)养老保险社会统筹账户的缴费和领取没有严格挂钩,各地养老金余额差异大,退休后待遇差异较大,容易造成分配不公的心理,尤其是对流动人口,因此,这部分养老金激励效果较差;(3)由于养老保险尚未实现全国统筹,养老关系跨省转移困难,企业为员工缴纳的养老金难以起到应有的保障激励作用(赵健宇、陆正飞,2018)。因此,征缴机构转换之后,更严格的征缴可能既增加了企业负担,又不能够起到足够的激励作用,最终导致企业价值下降。当投资者意识到未来这一可能的变化时,会用脚投票,导致公司股票向下反应。因此,本章提出以下假设。

假设 7.1:假定其他条件不变,社保征缴机构转换改革事件对资本市场造成了整体上的负面影响。

在现实中,由于养老金法定缴费率过高,企业会设法逃避缴费(封进,2013;赵绍阳、杨豪,2016)。由于公司本身特征、地区人口老龄化程度和当地监管环境各不相同,公司逃费程度也有所差别。如果公司本身已合规缴费,那么在社保征缴机构转换后，其未来要缴纳的养老金不会再有增加；而对于当前逃费较多的企业，情况则恰恰相反。当前缴得少，社保征缴机构改革以后在更严格的征缴力度下，养老金缴纳会增加。在增加的养老支出难以对员工起到有效激励的背景下（赵健宇、陆正飞，2018），未来增加的养老金负担预期会对企业价值造成负面影响，因此，当前养老金缴费率与公司股票的市场反应正相关。

结合以上分析，本章提出以下假设。

假设7.2：假定其他条件不变，在社保征缴机构转换事件窗口内，2018年前养老金实际缴费率越低的公司，股票市场反应越差。

本章讨论社保征缴机构转换改革背景下养老支出对企业价值的冲击，需要考虑2018年前一些地方政府已将社保征缴转交税务部门的影响。养老金征缴效率主要受征缴部门的工作能力和工作态度影响（刘军强，2011；彭雪梅等，2015），工作能力体现为信息优势、制约手段和法律震慑力等；工作态度则受激励机制影响。相比于社保部门，税务部门的制约手段更多，征收力度更大。但由于之前税务部门征收来的社保费直接转移到社保财政专户，由社保部门管理，仅是代征，且征缴养老金没有提成，这就产生了税务部门和社保部门之间的委托代理问题（刘军强，2011）。由于缺乏必要的激励制度，代理问题难以有效解决，税务部门所拥有的信息优势、制约手段和法律震慑力都难以发挥作用，会将征收社保当成副业，工作上可能会存在懈怠①，最终导致税务部门征收社保省份的足额征收率更低（彭雪梅等，2015）。简言之，社保征缴机构变换改革前，税务部门是为社保机构代征养老金，存在代理问题，因此，养老金的足额征收率低。2018年7月20日，《国税地税征管体制改革方案》实施后，税务部门不再为社保部门征缴养老金，征缴养老金成为税务部门分内工作，代理问题消失，这就使得税务部门既具有征收能力，又具有工作态度，预期企业的养老金足额征收率会在一定程度上有所提高。因此，以往由税务部门征缴养老金地区企业的养老金实际缴费率较低，预期在改革后相对其他企业补缴得更多，企业价值下降更大。本章提出以下假设。

---

① 根据以往的研究，税务部门征缴社保工作懈怠的表现为不进行企业员工人数确认，常常给当地企业"打折"等（刘军强，2011）。

假设 7.3：假定其他条件不变，在社保征缴机构转换事件窗口内，改革前已由税务部门负责征收养老金的企业市场反应相对更差。

第二节 研究设计

一、样本选择与数据来源

本章研究样本为 2017 年中国所有 A 股上市公司截面数据。所有微观数据均来源于国泰安 CSMAR 数据库，其中，企业所缴纳的基本养老金数据来源于年报附注中应付职工薪酬各明细项目，具体数据由作者手工提取获得。宏观数据中，地区老龄化（Old）、物价指数（Cpi）来源于《中国统计年鉴》；地区维权意识（Ra）和地区养老金宽松程度（Penslack）的数据来源于《中国劳动与社会保障年鉴》。

本章数据经过以下降噪处理：（1）手工搜集事件发生日（2018 年 7 月 20 日）前后 10 天（2018 年 7 月 10 日至 2018 年 7 月 30 日），深市和沪市所有 A 股公司披露的公告，并将此期间涉及并购、诉讼及担保的公司在样本中剔除；（2）剔除事件发生日股票停牌的公司；（3）剔除所有金融类公司和 ST 公司；（4）剔除了将五项社会保险混合在一起披露的公司。最终得到 2127 个观测值，所有连续变量经过上下 1% 分位数的缩尾处理。

二、事件窗口的选择

2018 年 7 月 20 日，中共中央办公厅、国务院办公厅颁布了《国税地税征管体制改革方案》，明确了政策实施时间和范围，同期没有伴生事件。因此，本章将 2018 年 7 月 20 日作为事件发生日。①

---

① 虽然早在 2018 年 3 月 21 日就有社保征缴机构转换信息释放，但本章并没有将该时点作为事件日，具体原因如下：一是 3 月的改革文件没有社保征缴机构转换的具体方案；二是同期出台了六十多项改革，大量伴生事件使得 2018 年 3 月 21 日窗口期的噪音较多，难以捕捉单独的征缴机构转换改革事件对企业价值的冲击。

三、模型设计与变量定义

为检验社保征缴机构转换改革对企业价值造成的冲击,本章对窗口期累计超额回报率(Car)进行均值 T 检验。其中,Car 值参考刘行和叶康涛(2018)的研究,用事件发生后 5 天内的日超额回报率(Ar)累加起来计算。单日超额回报率参考郑杲娉和徐永新(2011)的研究,使用市场调整法:

$$Ar_i = R_i - R_m \tag{7.1}$$

其中,R_i 为个股日回报率,R_m 为市场日回报率。

Car 表示事件窗口期内的累计超额回报率,其计算公式是:

$$Car_5 = \sum_0^5 Ar_i \tag{7.2}$$

为检验 2017 年底企业养老金实际缴费率和公司股票市场反应之间的关系,本章设计了回归模型(7.3):

$$Car_t = \alpha + \beta_1 Pension_{t-1} + \sum_2^{10} \beta_i Controls_{t-1} + \sum industry + \varepsilon \tag{7.3}$$

其中,主要考察变量养老金实际缴费率(Pension),计算参照沈永建等(2017)的研究:用样本企业 2017 年实际计提的养老金除以 2017 年扣除高管薪酬后的职工薪酬总额。该指标数值越大,说明该公司过去养老金缴费率越高,预期未来养老金缴费大幅度提升的可能性越小,养老负担增加越少。预期系数 β_1 显著大于零。本章的控制变量(Controls)包含以下内容。(1)参考刘行和叶康涛(2018)、吉利等(2018)的研究,本章控制了公司规模(Size)、杠杆率(Lev)、托宾 Q(Tq)、公司业绩(Roa)、劳动密集型哑变量(Labor)以及行业固定效应。其中,企业是否为劳动密集型(Labor=1),参考陆瑶等(2017)的研究,使用人均资产大小区分企业所处行业是否为劳动密集型行业。(2)考虑到宏观因素影响,进一步控制了地区人口老龄化程度(Old)、养老金宽松度(Penslack)、物价指数(Cpi)和职工维权意识(Ra)等。当地老龄化越严重,养老金越紧张,政府财政支出压力越大。根据以往的研究,政府在财政征收中存在"以支定收"行为(于文超等,2018),地区老龄化水平和养老金结余可能会影响养老金的征收强度,征收强度又会影响企业价值和冲击程度。维权意识越高,员工越会重视企业对自己的养老金缴费情况,可能也会对企业价值和冲击程度造成影响。为排除异方差对估计结果的干扰,所有模型都使用了稳健标准误。

为检验 2018 年前社保征缴机构性质差异对企业价值的影响，本章设计了回归模型（7.4）：

$$Car_t = \alpha + \beta_1 Taxall_{t-1} + \sum_{2}^{10} \beta_i Controls_{t-1} + \sum Industry + \varepsilon \quad (7.4)$$

模型（7.4）主要考察变量为 2018 年以前养老金征缴机构性质（$Taxall$）①，如果社保征缴机构转换改革前养老金已经由税务部门全责征收，那么该变量为 1，否则为 0。预期系数 β_1 显著小于 0。主要变量定义如表 7-2 所示。

表 7-2　　　　　　　　　　主要变量定义

变量符号	变量名称	变量定义
Car_5	累积超额回报率	事件发生 0~5 天内，股票日超额回报率累加所得
$Pension$	养老金实际缴费率	企业实际计提的养老金/(职工薪酬总额 - 高管薪酬)
$Taxall$	税务全责征收	若当地社保由税务全责征收则为 1，否则为 0
$Size$	公司规模	企业期末总资产的自然对数/1000
Lev	杠杆率	企业期末资产负债率
Tq	托宾 Q	企业股票市值与账面的比值
Roa	公司业绩	当期利润总额/期末资产总额
$Labor$	劳动密集型行业	劳动密集型为 1，非劳动密集型为 0
Old	老龄化程度	企业所在省份的老龄抚养比指标，即 65 岁以上人口数/劳动适龄人口数
$Penslack$	养老金宽松度	企业所在省份养老金结余/养老金领取人数（万元/人）
Cpi	物价指数	企业所在省份消费者物价指数
Ra	地区维权意识	企业所在省份劳动纠纷立案数/当地人口数（件/十人）
$Industry$	行业哑变量	按照证监会一级行业分类标准划分

注：由于公司规模和地区维权意识在回归分析中保留四位小数没有有效数字，与其他研究不同，本章这两个变量的量纲更小，但不影响统计分析结果。

---

① 本章将社保全责征收和税务代征都视为社保征收，因为社保征收计划、征收金额等均由社保部门制定，税务部门只负责执行，本质上和社保征收没有区别，视为一类可以简化分析。

第三节 描述性统计与假说检验

一、描述性统计

主要变量的描述统计显示，Car_5 的均值小于 0，为 -0.0020，即此次改革事件造成市场累积超额回报率平均下降了约 0.20%。企业养老金实际缴费率（$Pension$）的均值和中位数都在 7.50% 左右，计算公式的分母（工资总额）中包含一些非应征部分（例如劳保支出、员工福利和公司缴纳的五险一金部分[①]），可能会低估企业实际缴费率，但总体相差不大。税务全责征收变量（$Taxall$）均值为 0.2830，表示约有 28.30% 的企业在社保征缴机构转换之前已经由税务部门全责征收养老金。老龄化程度变量（Old）1% 分位数为 10.27%，99% 分位数为 20.60%，是 1% 分位数的两倍多，差异较大，表明人口老龄化地区间差异明显，同时也说明地方政府的养老压力存在较大差异。该变量均值为 15.92%，远远超过联合国规定的 10% 的标准，说明中国已经进入老龄化社会。养老金宽松度变量（$Penslack$）1% 分位数为 -0.40，表明部分地区已经开始出现养老金收不抵支的现象，99% 分位数为 14.59，表明地区之间的养老金宽松程度存在较大差异，也意味着地方政府养老压力向企业传导的力度也存在较大差异。该变量均值为 5.93，表明各地方政府养老金总体上较为宽裕。

二、假说检验

1. 社保征缴机构转换改革对市场的总体冲击

为检验 2018 年 7 月的社保征缴机构转换改革对资本市场造成的整体冲击，本章使用均值 t 检验的方法对不同样本的市场反应做方差分析。表 7-3 Panel A 报告了均值检验的结果。从表 7-3 Panel A 可见，在全样本中，Car_5 均值

[①] 个人缴纳的三险一金纳入社保缴纳基数，包括养老保险 8%，医疗保险 2%，失业保险 0.5%，公积金 5%～12%。

−0.0020 在 5% 水平上显著小于 0，表明社保征缴机构转换改革总体上给市场带来显著负面影响，这支持假设 7.1。参考刘行和叶康涛（2018）的做法，本章计算出样本公司 2018 年 7 月 20 日流通市值总额为 219600 亿元，这意味着社保征缴制度改革的出台导致样本公司流通市值总额减少了 439.20 亿元（219600 亿元 × 0.002），平均而言，每家公司流通市值下降了 2064.88 万元（439.20 亿元/2127），说明政策出台对企业价值造成较大影响。分样本的均值检验结果显示，2018 年以前已经由税务部门征收养老金地区的企业（$Taxall = 1$）市场反应更差，Car 值均值 −0.0090 显著小于非税务部门征收养老金地区的企业（$Taxall = 0$）。603 家税务全责征收企业（$Taxall = 1$）的总流通市值为 48900 亿元，这意味着政策出台导致这部分企业流通市值减少 440.10 亿元（48900 亿元 × 0.0090），平均每家企业市值下降了 0.729851 亿元（440.10 亿元/603），非税务部门征收养老金地区的企业（$Taxall = 0$）流通市值却略有上升（440.10 亿元 − 439.20 亿元）。

表 7 − 3 社保征缴机构转换改革总体冲击效果检验

样本	Car_5 均值	t 值
Panel A：单/分样本均值检验		
全样本（2127）	−0.0020	（−2.1200**）
非税务全责征收样本（1524）	0	（3.8500***）
税务全责征收样本（603）	−0.0090	
Panel B：平均处理效应检验		
样本	$Car_5 - \_Car_5$	t 值
全样本（2127）	−0.0039	（−2.4592**）

注：Panel A 主要考察变量为 Car_5，全样本检验的是 Car_5 均值与 0 比较，分样本检验的是不同样本中 Car_5 均值的差异。Panel B 主要考察变量为事件发生后 5 天 Car 减前 5 天 Car，即 $Car_5 - \_Car_5$，其中，$\_Car_5$ 为前 5 天的 Car。括号里的数字为 t 值。**、*** 分别代表在 5%、1% 的水平上显著。

为排除其他因素对检验结果的干扰，本章检验了事件对公司价值的平均处理效应（average treatment effect，ATE）。基于反事实的研究框架，由于事件前后几天内公司没有重大事件发生，本章以事件发生前 5 天的窗口样本作为事件发生后样本的反事实对照组，用事件发生后的市场反应（Car_5）减去事件发生前的市场反应（$\_Car_5$）进而测算出事件冲击的平均处理效应，测算出的平均处理效应就是事件冲击对市场反应的因果影响（赵西亮，2017）。表7-3 Panel B 报告了相应的结果。

从表7-3 Panel B 可见，在排除其他干扰因素之后，事件对公司股票的平均处理效应（ATE）为-0.0039，在5%水平上显著为负，说明政策出台后样本企业流通市值相较于出台前降低了856.44亿元（219600亿元×0.0039），平均每家企业降低了0.402652亿元（856.44亿元/2127），检验结果依然支持假设7.1。

2. 2018年前养老金实际缴费率和征收机构性质对市场反应的影响

为检验2018年前养老金实际缴费率和企业价值的关系，本章使用模型（7.3）对样本进行回归；为检验2018年前养老金征缴机构性质对企业价值的影响，本章使用模型（7.4）对样本进行回归。表7-4报告了相应的回归分析结果。

表7-4第（1）列报告了模型（7.3）的回归结果，养老金实际缴费率的系数0.2253在1%水平上显著为正，该结果表明，在社保征缴机构转换为税务部门后，其相对社保机构较强的征缴能力和新法规赋予税务部门的征缴责任，导致2018年前企业养老金实际缴费率越小，未来补缴养老金的预期压力越大，未来低效率的现金流出越多，市场反应相对越差。0.2253的经济含义为，2018年前养老金占工资的比重每增加1%，Car 值增加0.2253%。根据样本计算公司支付的员工薪酬总额均值约为86100万元，因此，公司以前年份每多缴861万元（86100万元×0.01）养老金，在事件窗口中，市值多增加2326.09万元（219600亿元×0.002253/2127），经济含义较为显著，验证了假设7.2。另外，未来少补缴1元养老金可以带来2.70万元（2326.09万元/861）的市值增长回报，这也间接说明了当前养老制度下的养老金增加是低效率的现金流出。

表7-4　2018年以前养老金缴费率和征收机构性质对市场反应的影响

变量名称	（1）	（2）
Pension	0.2253*** (5.1420)	
Taxall		-0.0060** (-2.2414)
Size	0.0006 (0.0005)	-0.0396 (-0.0321)

续表

变量名称	(1)	(2)
Lev	0.0019 (0.2348)	0.0021 (0.2567)
Tq	-0.0045*** (-4.0652)	-0.0044*** (-3.9143)
Roa	-0.1373*** (-4.6575)	-0.1492*** (-5.0887)
$Labor$	0.0086*** (3.6411)	0.0085*** (3.5903)
Old	-0.0016*** (-2.9602)	-0.0019*** (-3.4008)
$Penslack$	-0.0010** (-2.3330)	-0.0015*** (-3.5249)
Cpi	-0.0043 (-1.1156)	-0.0052 (-1.3024)
Ra	0.0611 (0.3995)	0.1884 (1.2417)
常数项	0.0081 (0.2750)	0.0324 (1.0794)
行业	控制	控制
N	2127	2127
R^2	0.1297	0.1204

注：因变量为 Car_5。括号里的数字为 t 值。**、*** 分别代表在 5%、1% 的水平上显著。

表 7-4 列（2）报告了模型（7.4）的回归结果，$Taxall$ 系数 -0.0060 在 5% 水平上显著为负，该结果表明，因为之前代理问题的存在，以前年度由税务全责征收养老金的地区企业养老金实际缴费率相对较低，征缴机构变换改革预期会增加这部分企业的未来现金流出，因此，市场反应更差。$Taxall$ 的回归系数 -0.0060 经济含义为，在社保征缴机构转换改革中，税务全责征收企业的 Car 值和其他企业相比低 0.60%，即相较于社保征收养老金地区，税务全责征收地区每家企业的流通市值平均要降低 6194.64 万元（219600 亿元 ×0.006/2127），

实证结果支持假设 7.3。

第四节 进一步检验

本章三个研究假说基本上围绕企业过去养老金实际缴费率水平与企业价值的关系展开，因此，检验企业过去实际养老金缴费率与企业价值的关系是本章的关键，基于此，本章进一步检验了员工激励、地区老龄化水平对企业过去养老金实际缴费率与企业价值关系的调节作用。

一、员工激励的作用——职工薪酬高低分组检验

社保征缴机构转换改革通过增加低效率的职工激励支出影响企业价值，那么，理论上，作为企业员工激励方式的薪酬水平可以对养老金缴费率与企业价值的关系起到调节作用。以往研究表明，企业面临养老金缴费导致的劳动力成本上升时会采用降低工资的方法向员工转嫁负担（马双等，2014；钱雪亚等，2018）。员工激励变化则会受到挤出强度影响，尤其是员工非自愿的挤出。一般而言，高工资员工对挤出工资的接受能力也更高，其激励损失要小于低工资员工。在本章的逻辑框架下，员工激励的变化会在社保转税改革窗口中调节养老金实际缴费率和企业价值的关系，因此，预期高工资企业养老金实际缴费率和企业价值的敏感性低于低工资企业。具体地，按照样本中位数高低，以职工薪酬与中位数高低比较将样本划分为高低两组，考察不同组别养老金实际缴费率与企业价值关系的差异。

表 7-5 列（1）报告了相应的回归结果。低人均工资企业组和高人均工资企业组养老金缴费率回归系数分别为 0.2895 和 0.1732，均在 1% 水平上显著，并且两组回归系数差异检验结果表明，两组系数在 5% 水平上存在显著差异。回归系数的经济含义为，在低人均工资企业中，养老金实际缴费率平均每上升 1%，在事件窗口中，企业股票的累计超额回报率上升 0.2895%；在高人均工资企业中，养老金实际缴费率平均每上升 1%，在事件窗口中，企业股票的累计超额回报率上升 0.1732%。回归结果表明，职工薪酬激励水平是影响养老金缴费率与企业价值关系的重要因素之一，符合预期。经过计算发现，低

人均工资企业的流通市值总额为 59000 亿元，高人均工资企业的流通市值总额为 161000 亿元；低人均工资企业 2017 年计提工资总额的均值为 40100 万元，高人均工资企业 2017 年计提工资总额的均值为 133000 万元。因此，在低人均工资企业中，2017 年底，企业平均每多交 401 万元（40100 万元×0.01）养老金，在事件窗口中，企业价值增加 1606.82 万元（59000 亿元/1063×0.002895）。在高人均工资企业，2017 年底，企业平均每多交 1330 万元（133000 万元×0.01）养老金，在事件窗口中，企业价值增加 2620.79 万元（161000 亿元/1064×0.001732）。总体上，回归系数的经济含义较为显著。

表 7-5　　　　　　按人均工资和老龄化程度分组检验

变量名称	（1）		（2）	
	低人均工资企业	高人均工资企业	老龄化低	老龄化高
Pension	0.2895 *** (4.2916)	0.1732 *** (2.9884)	0.2711 *** (4.1363)	0.1220 ** (2.0690)
控制变量	控制	控制	控制	控制
系数差异检验（F 值）	4.0300 **		2.7600 *	
行业	控制	控制	控制	控制
N	1063	1064	937	1190
R^2	0.1209	0.1449	0.1364	0.1309

注：括号里的数字为 t 值。*、**、*** 分别代表在 10%、5%、1% 的水平上显著。

二、政府监督动机——老龄化分组检验

由于人口老龄化加剧，地方政府出于养老压力，会加强监督，要求企业足额缴纳养老金。因此，人口老龄化可能会对企业养老金缴纳产生影响。在人口老龄化高的地区，地方政府传导给企业养老金缴纳的压力较大，企业更多地是非自愿缴费。在社保征缴机构改革的冲击下，人口老龄化程度高的地区企业未来缴纳的养老金对职工的激励作用会弱于人口老龄化程度低的地区，对职工激励的作用进一步传导到企业价值。本节按照不同地区老龄化程度中位数的大小，将样本分为老龄化高和老龄化低两类样本，具体检验如表 7-5 列（2）所示。

老龄化低和老龄化高两组的回归系数分别为 0.2711 和 0.1220，分别在

1%和5%水平上显著，并且系数差异检验表明，两组系数在5%水平上存在显著差异。回归系数的经济含义为，在处于人口老龄化程度较低地区的企业中，养老金实际缴费率每上升1%，在事件窗口中，企业股票的累计超额回报率上升0.2711%；在处于人口老龄化程度较高地区的企业中，养老金实际缴费率每上升1%，在事件窗口中，企业股票的累计超额回报率上升0.1220%。回归结果表明，老龄化水平是影响养老金缴费率与企业价值关系的重要因素之一，符合预期。经过计算发现样本中，处于人口老龄化程度较低地区的企业流通市值总额为118900亿元，处于人口老龄化程度较高地区的企业流通市值总额为100600亿元；处于人口老龄化程度较低地区的企业2017年工资总额的均值为113000万元，处于人口老龄化程度较高地区的企业2017年工资总额的均值为56900万元。因此，在处于人口老龄化程度较低地区的企业样本中，2017年底，企业平均每多交1130万元（113000万元×0.01）养老金，在事件窗口中，企业价值增加2910.64万元（100600亿元/937×0.002711）。在处于人口老龄化程度较高地区的企业样本中，2017年底，企业平均每多交569万元（56900万元×0.01）养老金，在事件窗口中，企业价值增加1031.36万元（100600亿元/1190×0.001220）。回归系数的经济含义较显著。

三、企业自身逃费特征与市场反应检验

社保征缴机构转换改革之所以能够影响企业价值，原因之一是企业过去缴纳养老金时存在不同程度、不同方式的逃避缴费问题，以致不同企业之间的实际缴费率存在差异。企业逃费常见的方法有：隐瞒员工人数、按最低限额申报养老金、拖欠养老金等（封进，2013）。因此，在社保改革冲击中，企业的这三个逃费特征越明显，企业价值下降越大。为了刻画这三个特征，本节设计了三个变量[①]。（1）养老金缴费及时程度（$Intime$），该变量用2017年企业当年养老金支付金额除以养老金计提金额，数值越大则越不可能拖欠养老金。（2）员工人数瞒报可能性（$lnstaff$），该变量使用企业员工人数的自然对数做代理变量，人数越多，隐瞒员工人数的难度越小，可能性越高。（3）按最低

[①] 本节使用这三个变量描述企业逃费特征有一定的主观性，但目前没有找到更好的代理变量，这可能是本节的研究局限之一。

基数申报社保的激进度（$Pendiff$），为逆向指标。在现实中，部分企业会按照当地最低工资标准申报社保基数。本节用企业本年实际支付的养老金金额减去最低应计提的养老金金额，再除以最低应计提的养老金金额，计算出企业养老金申报与最低申报额之间的差异率。参考叶康涛和刘行（2011）用实际税率和名义税率差异率衡量税务激进度的方法，本节用该指标衡量企业社保漏申报激进度。该指标越大，企业养老金越不可能按最低工资标准申报，激进度越小。其中，企业养老金最低应申报额的计算公式为：当地月最低工资标准×企业员工人数×当地法定缴费率×12个月。本节利用这三个逃费特征指标与股票市场反应（Car_5）进行回归，用以检验企业逃费特征与企业价值的关系。

表7-6报告了相应的回归结果。在单独放入各个逃费特征变量时，其回归系数在统计意义上显著，并且符号也符合预期。为防止各逃费特征之间相互影响，将三种特征同时放入模型，结果不变。养老金缴费越及时，员工人数瞒报可能性越小，按最低基数申报养老金的激进度越小，股票的市场反应越好。具体地，2017年底，企业对于本年计提养老金造成的短期负债偿还率每提高1%，企业股票的累计超额回报率上升0.068%。员工人数每多出1%（员工人数瞒报可能性越大），企业股票的累计超额回报率下降0.006%。2017年底，企业计提的养老金每超过企业最低应申报的养老金数1%，企业股票的累计超额回报率上升0.006%。

表7-6 企业逃费特征与市场反应检验

变量名称	（1）	（2）	（3）	（4）
$Intime$	0.0680* (1.8400)			0.0710* (1.8860)
$lnstaff$		-0.0060*** (-3.6560)		-0.0040*** (-2.6760)
$Pendiff$			0.0060*** (3.8340)	0.0040*** (2.9110)
控制变量	控制	控制	控制	控制
行业	控制	控制	控制	控制
N	2127	2127	2127	2127
R^2	0.1200	0.1240	0.1260	0.1300

注：括号里的数字为t值。*、***分别代表在10%、1%的水平上显著。

第五节 稳健性检验

一、内生性讨论

本章的内生性问题可能主要来自以下两方面。(1) 时间趋势造成的模型设定偏误。虽然样本在进行数据分析前已经进行了充分的降噪处理,但可能存在某些未观测到的噪音事件在社保征缴机构改革前已经发生,其影响一直延续至事件窗口,导致改革恰好捕获类似反应,模型 (7.3) 就成了伪回归,不能检验出变量之间的因果联系。(2) 自选择偏误。模型 (7.4) 可能存在自选择偏误的问题。例如,可能因为当地企业养老金一直有漏交现象,地方政府才采用社保转交税务的方法进行治理,此时则不是因为税务征缴社保"激励不足"导致企业缴费率低,这种替代解释会影响结论。

噪音事件可能影响假设 7.1 和假设 7.2 的检验。参考李蕾蕾和盛丹 (2018),使用安慰剂检验的方法进行减弱。在安慰剂检验中选择的空白对照期为事件发生前 1 天、前 3 天和前 5 天。对于样本自选择造成模型 (7.4) 参数估计偏差,参照董艳梅和朱英明 (2016) 和赵颖 (2016),使用倾向得分匹配法 (PSM) 进行减弱。

1. 安慰剂检验

表 7-7 报告了安慰剂检验的结果。Panel A 是验证假设 7.1 的均值检验的安慰剂检验,分别检验了事件发生前 1 天、前 3 天和前 5 天内的累计超额回报率 ($\_Car_1$、$\_Car_3$、$\_Car_5$) 的均值;Panel B 是验证假设 7.2 的模型 (7.3) 的安慰剂检验,列 (1) 至列 (3) 分别以事件发生前 1 天、前 3 天和前 5 天内的累计超额回报率 ($\_Car_1$、$\_Car_3$、$\_Car_5$),为因变量。从 Panel A 的均值 t 检验结果看,在事件发生前 1 天、前 3 天和前 5 天内,样本总体的累积超额回报率均值与 0 没有显著差异。分样本检验结果显示,2018 年以前社保已由税务征收地区企业的市场反应与其他地区企业没有显著差异。这说明,在窗口期之前存在时间趋势的可能性不大,不影响实证结论。从 Panel B 的回归检验结果看,在事件发生前,养老金的实际缴费率 ($Pension$) 与其公司股票的市场反应 (Car) 没有显著关系,这说明在事件窗口中,2017 年底,企业养老金实际

缴费率与企业价值正相关是由事件冲击所致,而不是原本就存在。安慰剂检验没有发现时间趋势造成的伪回归问题。

表 7-7　　　　　　　　　　安慰剂检验

Panel A:均值检验安慰剂检验			
样本	$\_Car_1$	$\_Car_3$	$\_Car_5$
全样本(2127)	0.0000	0.0010	0.0010
均值检验	(0.2090)	(0.8890)	(1.5770)
非税务全责征收样本(1524)	0.0000	0.0010	0.0010
税务全责征收样本(603)	0.0010	0.0010	0.0020
均值差异检验	(-0.7123)	(0.0727)	(-0.3299)
Panel B:模型(7.3)安慰剂检验结果			
变量名称	(1)	(2)	(3)
	$\_Car_1$	$\_Car_3$	$\_Car_5$
Pension	-0.0060 (-0.3440)	-0.0090 (-0.2830)	-0.0170 (-0.4260)
控制变量	控制	控制	控制
行业	控制	控制	控制
N	2127	2127	2127
R^2	0.0440	0.0280	0.0170

注:Panel B 中因变量分别为时间发生前 1 天、3 天和 5 天的累计超额回报率$\_Car_1$、$\_Car_3$ 和$\_Car_5$。

2. PSM 倾向得分匹配法

为了降低样本自选择对回归结果的干扰,使用 PSM 对样本进行 1:1 配对,具体操作为:(1)以是否税务部门全责征收社保哑变量(Taxall)为分组变量,以模型(7.4)中所有控制变量为协变量,使用 Logit 模型回归,计算倾向匹配得分(P Score);(2)根据倾向匹配得分(P Score),为 Taxall=1 的样本匹配得分最邻近的 Taxall 为 0 的样本;(3)用匹配后的样本对模型(7.4)进行回归检验。

表 7-8 列(1)报告了基于 PSM 的税务征收机构性质与企业价值关系的回归结果。在经过 1:1 样本配对后,603 个税务部门征收养老金的企业各自匹配到一个特征类似但养老金由非税务部门征收的企业,最终样本量为 1206。

回归结果显示，使用 PSM 缓解内生性问题后，税务部门征收养老金地区的企业在事件窗口中的市场反应更差，实证结果依然支持假设7.3，这表明2018年前已经由地税部门征缴养老金的地区企业可能存在的自选择问题对研究结论影响不大。

表 7-8　　　　　减弱自选择和遗漏变量问题的检验

变量名称	(1)	(2)	(3)
$Taxall$	-0.0050* (-1.6500)		
$Apension$		0.0550*** (4.5930)	
$Pension$			0.1680*** (3.5770)
控制变量	控制	控制	控制
行业	控制	控制	控制
省份	未控制	未控制	控制
N	1206	2127	2127
R^2	0.1240	0.1270	0.1360

注：括号里的数字为 t 值。*、***分别代表在10%、1%的水平上显著。

3. 使用调整后的养老金实际缴费率和控制省份固定效应

除了前文提到的时间趋势和自选择问题外，实证研究中难免遇到遗漏变量的问题。由于中国养老金目前以省级统筹和省级基金调剂制度为主，养老金征缴在省际之间差别可能较大。虽然笔者尽可能多地控制了宏观变量，但仍可能存在不可观测因素被遗漏。

在实际养老金征缴中，中央政府赋予地方政府自主裁量权，因此，各省份养老金法定缴费率存在一定差异。譬如，2018年，广东和浙江企业养老金缴费率为14%，上海为21%，其他省份是20%（厦门市12%）。我们用企业养老金实际缴费率（$Pension$）除以当地法定缴费率，计算出调整后的养老金实际缴费率（$Apension$），使用该指标替换 $Pension$，再进行一次模型（7.3）的回归。除此之外，在模型（7.3）的基础上进一步控制了省份固定效应，使得模型中变量的变异性主要来源于省内企业的对比。

表 7-8 列（2）和列（3）分别报告了使用调整后的养老金实际缴费率和增加省份固定效应后的相关回归结果。列（2）结果显示：在使用调整后的养老金实际缴费率（Apension）后，养老金实际缴费率与公司股票累计超额回报率显著正相关，本章主要的回归结果并没有发生改变。同样地，列（3）结果显示：在控制省份固定效应后，养老金实际缴费率和股票累计超额回报率的显著正相关关系仍然成立，说明本章所使用的模型不存在重大的遗漏变量问题。

二、其他稳健性检验

为了弥补用短期市场反应 Car 值[①]作为企业价值代理变量的不足，本章使用托宾 Q（Tq）和长期购买并持有超额收益（Bhar）作为企业价值的代理变量再进行检验。具体地，使用三个变量替代短窗口期 Car 值衡量企业价值，分别是：Tq09 至 Tq06、Tq930 和 Bhar。其中，Tq09 至 Tq06 采用 2018 年第三季度的托宾 Q 减去第二季度的托宾 Q，第二季度政策未发生，第三季度政策已发生，用两季度的差衡量政策实施前后企业价值的变化量。Tq930 是 2018 年第三季度托宾 Q，直接衡量企业价值。Bhar 为长窗口期投资者购买并持有股票的累计超额回报率，计算公式如下：$\Pi(1+R_i) - \Pi(1+R_m)$。其中，R_i 和 R_m 分别表示个股和市场周回报率，所有回报率均考虑现金股利再投资。由于政策在 2018 年 7 月 20 日实施，2018 年 12 月 27 日暂缓，因此，Bhar 的期间包含中间共 22 个周，即 2018 年的第 30 周到第 51 周。在使用企业价值的长期衡量指标替换 Car_5 后发现，在社保征缴机构转换改革事件发生后，企业 2017 年底的养老金实际缴费率对企业价值有显著的正向影响，结论与主回归结果一致。

除长期指标外，我们也计算了社保征缴机构转换改革事件发生（0，3）天的累计超额回报率（Car_3）值替换 Car_5，用以计量更短期的企业价值变动。经过回归分析发现，在使用了更短期的企业价值衡量指标替换 Car_5 后，在事件窗口中，企业 2017 年底的养老金实际缴费率对企业价值呈正向影响，结果依然与本章的主回归一致，这说明无论采用更长期的指标还是更短期的指标衡

[①] 主检验中，本章使用 Car 衡量企业价值的原因之一是因为窗口较为干净。若使用长期的购买并持有超额累计回报率（Bhar），则因为时间跨度较长，企业发生的事件较多，企业价值中包含的噪音较多，社保征缴机构转换事件的影响就难以识别。

量企业价值，本章的结论都保持稳健。

另外，将养老金实际缴费率的数据分别滞后了两年和三年以及使用人均养老金作为因变量替换滞后一年的养老金实际缴费率进行模型（7.3）的稳健性检验。具体地，它们分别是 $Pension_{2015}$、$Pension_{2016}$ 和 $Perpension_{t-1}$。其中，$Pension_{2015}$ 和 $Pension_{2016}$ 分别是滞后了 3 年和 2 年的养老金实际缴费率，具体计算用 2015 年和 2016 年的养老金计提数额除以扣除高管年薪后的薪酬总额；$Perpension_{t-1}$ 用 2017 年养老金计提数额除以当年员工人数。经过回归分析发现，在替换了企业养老金支出的衡量方法后，往年的养老金支出越多，在事件窗口中，企业股票的市场反应越好，主要结论依然成立，说明本章的结果是稳健的。

第六节　研究结论、局限与政策建议

一、研究结论

由于中国人口老龄化的加剧以及地方政府养老压力增加，养老金制度改革成为中国经济持续高质量发展的关键所在。其中，社保征缴机构转换是改革的方向之一。但由于中国养老尚未实现全国统筹，企业养老金缴费率偏高，如果社保征缴机构转换改革忽略这些现实制约因素的存在，改革力度或时机不当，则可能进一步增加企业低效率的成本支出，降低企业价值，这与党的十九大提出的"加快完善社会主义市场经济体制"和"减税降费"的初衷相悖。借助2018 年 7 月《国税地税征管体制改革方案》发布事件提供的研究机会，本章尝试厘清社保征缴机构转换背景下企业养老支出和企业价值之间的内在联系，以期为中国养老保险制度改革提供实证参考。利用 2017 年中国上市公司的截面样本发现：可能因为没有相配套的制度实施，《国税地税征管体制改革方案》发布事件预期会导致企业未来在不同程度上补缴养老金，进而导致资本市场整体向下反应。企业过去漏缴的养老金越多，未来预期补缴越多。在当前没有实现养老全国统筹的背景下，企业补缴的养老金越多，市场价值越低。过去已经由税务部门全责征收养老金地区的企业，因为地税部门的"不努力工作"而导致该地区企业养老金缴费率偏低，在本次改革事件中企业价值相对显著下降得更多。根据本章的实证发现，笔者认为，整体上，当期社保征缴机构转换改革的时机尚不成熟，改革发挥效力需要其他制度的配套。

二、研究局限

本章采用事件研究的方法，以中国上市公司2018年横截面数据为研究样本，探究社保征缴机构改革对企业价值的影响，总体上存在以下不足：（1）由于本研究较早地对社保征缴机构改革的经济后果进行检验，一些变量的选取难以找到有效参考，因此，只能探索性地设置一些变量，如拖欠养老金可能性、瞒报员工人数可能性等；（2）样本为2017年截面数据，样本量相对较小，难以像样本量较大的混合面板数据一样展开丰富的检验。

三、政策建议

针对以上发现，本章提出以下建议。

（1）进一步降低养老金缴费率。在中国当前养老制度体系下，较高的缴费率增加了企业偷逃养老费的可能性，并且难以对员工起到应有的激励作用，这成为养老金征缴机构改革对企业价值形成负面冲击的逻辑基础之一。因此，应进一步降低企业养老金缴费率，切实减轻企业负担，激励企业主动为员工足额缴纳养老金。大多数企业为员工足额缴纳养老金，形成氛围，对偷逃企业形成传染，倒逼这类企业为员工足额缴纳养老金。另外，进一步加快国有资本划转社保工作进度，补充养老保险金，降低政府养老支出对实体企业缴纳的依赖，为进一步降低养老缴费率激发实体企业活力提供保障。

（2）加快养老保险的省级统筹改革，尽快实现养老保险全国统筹，从根本上消除企业偷逃养老费行为。实际养老缴费率与企业价值形成正相关关系的逻辑前提是，企业之前存在养老金漏缴行为。而企业漏缴养老金的重要原因之一在于中国养老尚未实现全国统筹，企业为员工缴纳的养老金跨养老统筹区转移效率低，难以形成对员工的未来有效保障作用，员工甚至为多争取到手工资与企业缔结隐性契约偷逃养老费缴纳，这是改革对企业价值负面影响的重要制度归因。省级养老保险统筹是全国统筹的前提之一，既然如此，政府应出台相关政策鼓励各省份积极推进省级统筹。譬如，可以将税务部门征缴的养老金让中央政府和地方政府按比例共享，激励地方政府积极推进省级统筹。尤其是在养老保险全国统筹后，中央政府给地方政府恰当的养老金分成可能是激励地方政府积极改革的关键所在。

（3）养老保险征缴机构转换改革发挥效力需建立在其他配套改革的基础上。征缴机构改革的初心除了补充因人口老龄化加剧带来的养老金缺口外，还包括为员工足额缴纳养老金，激励员工努力工作，提升企业价值。但在当前养老制度下，养老金征缴机构转换改革可能事与愿违，降低企业价值。若社保征缴机构转交税务部门改革建立在养老金全国统筹的基础上，企业补缴的养老金理论上可能对员工具有正向激励作用。从实证结果来看，社保征缴机构转换改革预期增加企业低效率的成本支出，造成市场负面反应，不利于企业可持续发展，也与中央政府减税降费的初衷相悖。建议在全国养老保险统筹至少省级养老保险统筹实现后，再推进社保征缴机构转换改革，否则改革依然会增加企业低效率的现金支出，有损企业价值。

（4）在尚未实现养老全国统筹的背景下，加大养老金跨养老统筹区接续转移改革力度，提高效率，保障流动人群的合法权益，可以提高养老金对该人群的激励效率。当前养老金增加难以对企业员工产生有效激励的原因之一在于，企业为员工缴纳的养老金存在跨省转移接续困难，难以对员工未来养老起到应有的保障作用。因此，提高养老金跨地区接续转移效率可能是养老金尚未实现全国统筹背景下的权宜之计。

（5）政府需要采取措施积极鼓励生育，提高生育率。本章实证发现的事实前提是，由于中国人口老龄化的加剧，政府因为养老金缺乏而实施社保征缴机构转换改革。为提高企业缴纳养老金的效率，尽快实现养老全国统筹是必要的，但是，人口老龄化的关键在于如何采取措施缓解未来可能出现的更严重老龄化，所以，问题的关键在于提高当前人口的出生率，缓解正在不断加剧的人口老龄化问题。根据恒大研究院发布的《中国生育报告：2019》，2017年和2018年中国出生人口连续出现下降，中国人口危机临近，这可能成为未来几十年影响中国政府和企业行为的最为关键的事件之一。所以，政府必须积极应对，采取措施积极鼓励生育，拯救中国人口危机。

针对投资者和企业管理层，本章分别提出以下建议。

（1）投资者可以选择投资于足额缴纳养老金的企业。研究发现，过去企业的养老金实际缴费率越高，在事件窗口中，企业价值越高，这表明养老金实际缴费率高的企业具有一定程度抵御由养老金带来的特有风险的能力。因此，企业为员工缴纳的养老金可以成为投资者选择投资标的的重要参考指标之一。投资者也可以利用养老金缴纳与未来继续进行的养老体系改革进行投资套利，获取超额收益。

（2）企业管理层应加强企业文化建设，宣传养老金对员工未来养老的保障作用。一方面，企业应主动为员工足额缴纳养老金，激励员工当前努力工作；另一方面，员工可以积极监督企业足额缴纳养老金。尤其在养老保险全国统筹后，企业为员工足额缴纳的养老金在理论上可以激励员工努力工作，提升企业价值。

综上所述，养老金征缴机构转换改革未来可能的改进方向如下：加快省级养老统筹进程，积极推进全国养老统筹；在省级养老统筹或全国养老统筹的基础上，推进养老金征缴机构转换改革；征缴机构改革后，中央需要考虑地方政府在养老金分享中的利益，对地方政府实施必要的激励；在养老保险尚未实现全国统筹的背景下，需加大养老金跨省接续转移改革力度，提高接续转移效率。

第八章

信贷管制、隐性契约与贷款利率变相市场化*
——现象与解释

党的十九大报告明确提出要"健全货币政策和宏观审慎政策双支柱调控框架,深化利率和汇率市场化改革"。利率市场化改革的方向之一,就是破除过去很长一段时间内我国金融体制存在的金融抑制(易纲,2009)。

金融抑制是指政府对金融体系进行了过度的干预和管制,抑制了金融体系的发展(McKinnon,1973),在中国过去很长一段时间内,金融抑制突出表现为存贷款利率管制与银行市场准入管制等(陈斌开、林毅夫,2012)。近年来,以利率市场化为典型表现的金融体系改革不断深入,与之相伴随,学术界的研究也从金融抑制的宏微观后果,逐步转向对金融市场化的关注。然而,对金融抑制背景下银行和企业之间信贷契约进行再审视可能仍有其必要性。一方面,金融市场化改革仍处于实施过程之中,利率"双轨制"、存贷款基准利率仍然存在[①],"市场利率定价自律机制"等约束机制尚未完全消失,银行业准入限制等管制措施也仍未改革完全,金融市场化改革的完成可能还需要一个较为长期的过程;另一方面,对于金融体制市场化的后果,理论上也还没有形成一致的结论。其中部分学者认为,原先的部分管制措施造成了资金价格的扭

---

* 本章原文以《信贷管制、隐性契约与贷款利率变相市场化——现象与解释》为题发表于《金融研究》2018年第7期,有所改动。

① 参见易纲行长在2018年4月11日在博鳌论坛的讲话。

曲，市场化改革会导致原本被压抑的资金价格上涨，进而对经济运行产生冲击（盛松成，2013；陈彦斌等，2014）；也有学者认为这一过程可能导致贷款利率的下降，缓解企业的资金需求，对宏观经济的影响相对温和（纪洋等，2015）。实际上，现有相关研究均从名义利率角度着眼进行推演，忽视了对企业实际信贷成本的考察。在金融抑制背景下，银企信贷活动中的某些隐性契约可能使得企业实际承担的信贷成本高于或低于名义利率。而市场化改革的过程中，这些由于管制而产生的隐性契约可能逐步退出甚至消失，原本隐性的负担转而以显性的方式呈现。如果忽视这些隐性契约的存在，则可能对市场化改革的实际效果难以形成准确的评价。这就要求我们对管制背景下银企之间的信贷契约进行细致的考察，还原企业信贷成本的真实情况，进而为相关研究提供一个较为准确的参照。

有鉴于此，我们的研究遵循宏观经济环境对微观企业行为产生影响的思路（范从来等，2017），将研究场景聚焦在贷款利率管制取消之前，主要讨论和分析以下问题。（1）管制对信贷契约的影响。本研究发现，在准入管制和利率管制的共同作用下，银企之间除了显性贷款契约，还存在以留存贷款为表现的隐性贷款契约。从理论上而言，利率管制和市场准入等管制措施会导致商业银行总体处于资金卖方垄断位置，仍有机会获得垄断收益。与此同时，存款准备金、存贷比管制使得银行无法通过显性契约的方式合规地最大化垄断收益，转而可能通过隐性契约的方式追求垄断收益。要求企业在贷前预存或贷后留存部分存款，从而造成名义贷款和实际贷款不符就是其中一种。在实践中，这一现象已经为监管部门所重视，如在2012年2月银监会发布的《中国银监会关于整治银行业金融机构不规范经营的通知》就明确提出不允许将存贷挂钩。但这一监管方向仅仅立足于整治，而对其产生的内在机理关注不多，相关实证研究也未能提供较为准确的经验证据。这可能是由于留存贷款作为一项隐性契约的产物，计量较为困难所致，而本章的工作之一即为尝试通过计量模型对留存贷款情况进行估计。（2）影响企业贷款被留存的因素。尽管贷款被留存可能是一个较为普遍的现象，但并不意味着所有求贷企业都会被无差别地留存贷款。这是因为，银行处于中央银行、地方政府和自身利益三重利益体的博弈之中，部分因素可能会影响到银行留存贷款的概率和数额。银行是宏观货币政策向微观企业传导的中介，要执行中央存款准备金率、利率等货币政策，满足央行的管制要求，这必然会约束其设立和执行隐性契约的动机和能力。具体到留存贷款问题,在不同的利率水平和货币环境下,银行留存贷款的动机和能力就可能存在差异。比如在货币供应量充足时,企业资金需求下降,银行实行留存贷款的动机受到限制,从而较少发生留存贷款现象;而在存贷利差较高的情况下,银行通过留存贷款获得的回报更大,其在贷款契约中要求企业留存的动机更为强烈,从而留存贷款现象更为明显。与此同时,银行与地方政府也存在复杂的契约关系(Shleifer et al.,1994;钱先航等,2011),该契约关系以推动地方经济发展和银行自身利益最大化为基础。因此,银行在具体操作中可能会出于与地方政府的关系考虑而有选择性地实施留存贷款,对于那些获得地方政府支持的企业较少地采取上述留存贷款行为。基于上述考虑,我们对可能影响企业贷款被留存的因素进行了实证检验,并得到了和上述分析基本一致的实证结果。(3) 留存贷款对企业价值带来何种影响。信贷管制作为一项宏观背景,对经济总体的影响已多有研究(周业安,1999;王勋等,2013;金中夏等,2013),但对微观企业个体的价值会带来怎样的影响似乎是一个难以回答的问题。对于不同类型的企业而言,受到信贷管制影响的程度不尽相同,反映在本章中,即贷款被留存的概率存在差异。这就为我们回答上述问题提供了一个良好的研究场景。我们的进一步检验表明,若贷款被留存,未来一期企业的会计业绩会下降,投资者损失也较为显著。

对留存贷款为代表的变相利率市场化进行研究,进而管窥金融抑制背景下信贷契约隐性化的现象,存在以下四点意义。第一,现有针对金融抑制的研究大多集中于宏观层面(周业安,1999;刘瑞明,2011;王勋等,2013),少量微观层面的研究也大多关注于管制的最终后果方面(唐国正、刘力,2005;王彦超,2014)。对信贷管制传导的直接机制尚未有成熟的实证分析,本章研究则填补了这一文献空白。第二,通过对留存贷款现象的揭示,展示了在金融抑制情境下利率变相市场化的实现形式。这一工作不仅可以加深对管制的理解,还可以为金融市场化改革的效果评价研究提供一个更为贴近实际的参照。第三,前人研究发现中国部分企业资产负债表中同时存在高额现金和贷款,即"双高"现象(戴璐、汤谷良,2007)。现有研究对此关注不多,仅有少量研究从委托代理和所有制角度进行分析(邓路等,2016),本章的研究则从信贷契约角度为之提供了一个新的解释。第四,这一工作可能还会对于理解发展中国家与发达国家的企业融资决策存在的差异(Booth et al.,2001)和考察中国上市公司真实资本结构等问题具有一定意义。这些可能也是本章的贡献所在。

第一节　制度背景、理论分析与假设的提出

一、金融抑制与贷款被留存

所谓留存贷款，是指银行和企业在制定信贷契约时，除了在显性契约中约定的贷款要素之外，根据银企双方状态的不同，约定在获得授信之前或之后，将部分企业资金以存款的方式冻结，造成实际授信低于名义授信，同时由于利差的存在，实际利率也高于名义利率的一项隐性信贷契约。这一隐性契约在一定程度上起到了利率变相市场化的客观效果，会造成银行资产负债表中资产和负债的同时扩张，帮助银行满足利率、存贷比等管制要求。对企业而言，这一隐性契约在增加其实际贷款成本的同时，也缓解了其融资约束，因而有动机接受这一非正式安排。

为更好地理解这一现象，本章简要回顾了信贷管制的变革过程。20世纪80年代后期，为提高国有企业经济效益，中国实行了"拨改贷"改革。自此，银行和国有企业建立了名义上的银企关系。但实际上，由于银行和国有企业均在政府的控制之下，银行成为政府的"出纳"，预算软约束在此背景下产生（林毅夫等，2004）。预算软约束造成的直接后果就是国有企业的负债率偏高，银行形成大量的不良资产。1995年颁布的《中华人民共和国商业银行法》开启了银行业商业化改革的步伐，银行由原来的非独立实体转变为自负盈亏的独立法人。随着中国金融体制改革不断深入，2009年，银监会下发《关于中小商业银行分支机构市场准入政策的调整意见（试行）》取消了中小商业银行分支机构指标的控制，城市商业银行开始加速异地扩张，进一步加大了银行业内部的竞争。

尽管中国银行业内竞争激烈，但金融体系在过去一个较长时间内均处于受抑制的状态，主要表现为利率管制、准入管制和存款准备金管制（卢峰、姚洋，2004；刘瑞明，2011）。利率管制方面，在2004年之前，存贷款利率管制较为严格。2004年10月开始，利率管制改革形成了存款利率管制上限、贷款利率管制下限的格局（易纲，2009）。直到2013年取消贷款利率下限管制，2015年放开存款利率上限的管制，实现了名义利率的市场化。但是，利率

"双轨制"仍未完全破除，存贷款基准利率仍在实行。操作层面，由于对恶性竞争等的顾虑，银行之间实际也存在"行业自律"等利率同盟，信贷利率市场化尚未完全形成。存款利率上限以及贷款利率下限管制确保了银行基本利差，创造了可增加银行"特许权价值"的租金机会，为银行经营提供了有效的激励机制（王国松，2001）。同时，银行的资金供给还受到存款准备金率和存贷比管制。自2003年至2013年，银行的存款准备金由6%逐渐调高至20%左右，并要求实际操作中存贷比不超过75%，直至2015年取消存贷比管制。

由此可见，在过去相当长的时间内，银行无法通过价格竞争获得更多的存款（存款利率管制上限），而由于存贷比管制的存在，限制了基于存款数量的贷款额度。这就使得银行单纯通过提高贷款利率追求利润并不是最优选择，如何在保证实际贷款利率的同时，兼顾获得存款以扩张可以使用的贷款额度成为银行在面对管制时的现实需求。于是，包括留存贷款在内的某些隐性契约被设计出来用以满足需求。在企业需求贷款时，银行利用垄断地位，要求企业留存或者预存部分贷款充当存款，并以全部名义贷款额计息。既增加了银行吸储基数，为银行进一步放贷提供了可能，同时也通过存贷利差，获得了高于名义贷款利率的收益，实现了利率的变相市场化。

对于企业而言，权益融资和债券市场的门槛较高，信贷成为企业资金缺口的重要来源。由于银行业市场准入的存在，大量民间资本无法通过正规渠道进入金融市场（卢峰、姚洋，2004），使得银行作为一个整体呈现卖方垄断的态势，信贷资源的供需关系紧张，企业处于相对弱势地位。例如，以往的研究发现银行在信贷资金分配过程中存在所有制歧视，民营企业在同等条件下更难以取得贷款，或者能够取得的贷款数量更少，期限更短（Brandt & Li，2003；方军雄，2007；陆正飞等，2009，2015；刘瑞明，2011），以及规模歧视，小企业在寻求银行贷款时可能需要支付关系租金（邓超等，2010），等等。这样一来，企业在求贷时可能接受银行的留存贷款条件，以一个高于名义利率的价格获得所需信贷资金，也是一项现实的选择。

如此，一个银企之间的隐性契约便有了执行的可能。银企双方通过缔结包含名义贷款数额、名义利率、期限等要素的具有法律效力的显性契约来保障各自的基本利益和控制风险，同时相互以隐性方式约定留存的数额、期限等要素。银行从中获得更多的存款和相应的利息收入并满足管制要求；企业以一个趋近于"市场化"的利率水平从银行获取所需资金，至少在短期内缓解其急需的资金问题。这一隐性契约在一定程度上满足了双方的需求,因而可以在多次重复博弈中自动执行(Fehr et al., 2000)。而在具体个案中贷款是否被留存、留存数额等取决于外部环境和相互之间的相对议价能力,例如在货币宽松时期,市场资金充足,企业的议价能力提高,可能较少地被留存;或者企业在所在地的重要性较高因而得到地方政府的支持,也可能较少地被留存。

贷款被留存这一现象也引起了监管部门的高度重视,2012年2月10日,银监会发布《中国银监会关于整治银行业金融机构不规范经营的通知》,对贷款定价提出了七项禁止性规定,其中就包括:不准以贷转存,不准存贷挂钩等。① 但由于银行相对企业的垄断地位,以及隐性契约执行的双方"自愿"特性,单纯的监管措施可能并不能完全消除这一隐性契约。需要指出的是,随着利率市场化的实施和存贷比管制的退出,以上隐性契约有改变甚至消失的可能。但正如我们前文所述,一方面,金融市场化改革仍在持续进行的过程之中,部分管制措施的退出还需要一定的时间;另一方面,本章对于金融抑制背景下信贷契约扭曲的揭示,可以为市场化改革效果提供一个更为客观的评价参照。因而在改革的背景下,对金融抑制下信贷隐性契约的再审视仍有其理论和实践价值。

既然银行会通过在银企之间设计隐性契约的方式应对金融抑制对自身的不利影响,那么,隐性契约在哪些场景下发挥作用?如何发挥作用?借鉴以往学者对银行贷款的研究,我们从货币政策、产权性质以及企业地区贡献等角度考察企业贷款被留存情况,这三者分别对应货币政策、信贷歧视、政府干预这三个以往文献中重要的信贷契约影响因素。

二、假设的提出

货币政策是中央政府用来影响或引导微观企业经济行为的重要宏观政策之一。货币政策的宽松与否对企业融资行为产生实际影响(叶康涛、祝继高,

---

① 七不准包括:(1)不准以贷转存(强制设定条款或协商约定将部分贷款转为存款);(2)不准存贷挂钩(以存款作为审批和发放贷款的前提条件);(3)不准以贷收费(要求客户接受不合理中间业务或其他金融服务而收取费用);(4)不准浮利分费(将利息分解为费用收取,变相提高利率);(5)不准借贷搭售(强制捆绑搭售理财、保险、基金等产品);(6)不准一浮到顶(笼统地将贷款利率上浮至最高限额);(7)不准转嫁成本(将经营成本以费用形式转嫁给客户)。

2009；饶品贵、姜国华，2011）。从货币政策到微观企业融资行为的一般传导路径为：央行通过调控各商业银行的存款准备金率和存贷比来控制银行的信贷规模，银行按照受管制的存贷款利率来吸收存款和发放贷款，赚取利差收益。因此，银行的主要盈利取决于两个基本因素：一是吸收存款的数量；二是基准贷款利率和存款利率之差。

在货币紧缩时，央行会降低商业银行的货币供应量，企业贷款被留存的可能性增加。理由有三：一是允许发放的贷款量直接减少，降低了银行利息收入；二是受存贷比管制而无法发放的存款部分需要支付利息，增加了利息成本；三是因为货币供给的减少导致银行在信贷契约谈判中优势更强，可以要求更高的回报。因此，货币紧缩时，企业利用隐性契约获取银行存款的动机相对更强，企业因"存贷结合"或"以贷转存"而产生的贷款被留存可能性更大。在货币宽松期，情况反之。为此，我们提出以下假设。

假设8.1：其他条件不变，货币政策越紧缩，企业贷款被留存的可能性越大。

银行对民营企业的信贷歧视不仅影响到显性契约的贷款数量、期限结构等（陆正飞等，2009），也可能会影响到企业被留存贷款的数量。以往研究表明，银行向国有企业提供更多、期限更长、成本更低的贷款（江伟、李斌，2006；李广子、刘力，2009；陆正飞等，2009；邓路等，2016）。其中原因之一即为，相对民营企业，国有企业为政府承担了更多的社会负担，因而受到政府更多的支持，银行贷款可能就是其中之一。而民营企业在向银行贷款时则面临更严格的约束条件。如布兰特和李（Brandt & Li，2003）利用江苏和浙江两省民营企业的调查数据验证了银行对民营企业的信贷歧视，认为信息不对称以及国有银行对民营企业的偏见等是造成信贷歧视的重要原因。

银行在显性贷款契约中对民营企业的歧视会映射至隐性契约中。相对国有企业，民营企业缺乏政府的支持，在和银行的贷款谈判中处于弱势，贷款被留存的可能性更大。同时尽管民营企业能够意识到在隐性契约执行过程中会受到银行的不公平对待，但其仍然可以从银行获得信贷资金为生存和发展服务，也可能接受银行的留存要求。因此，我们提出以下假设。

假设8.2：其他条件不变，相比国有企业，民营企业贷款被留存的可能性更大。

国有企业要为政府承担必要的政治和经济目标（Shleifer et al.，1994；林毅夫等，2004）。随着民营企业的迅速发展，民营企业也能够为政府承担更多的地方经济发展任务，譬如缴纳更多的税收，创造更多的就业岗位等。对于能帮助完成政治经济发展目标的民营企业而言，他们也有机会获得政府的支持。因此，政府是否支持企业可能部分地取决于企业是否能够帮助政府完成政治目标，是否对地区经济发展有所贡献（谭燕等，2011）。具体地，政府除了税收减免、财政补贴等方式支持企业外，还会通过对本地银行机构实施信贷干预来支持企业发展（袁淳等，2010）。银行与地方政府维持较好的关系，符合政府和银行的利益诉求。因此，地方政府有能力也有动机对银行的信贷实施干预。企业对地区的贡献越大，政府实施信贷干预的动机越强，在与银行贷款的谈判中的力量越强，企业贷款被留存的可能性越小。综上所述，我们提出以下假设。

假设8.3：其他条件不变，企业的地区贡献越大，贷款被留存的可能性越小。

第二节 研究设计

一、研究样本与数据来源

本章研究样本为1999~2011年的A股主板上市公司。之所以样本选择截至2011年，这可以使得样本避免受到利率管制市场化改革预期的影响，能够更清晰地考察金融抑制背景下银行留存企业贷款的变相利率市场化行为，使得研究场景更符合研究主题。1998年央行改革了信贷管理模式，将以往通过对商业银行信贷规模的直接调控方式改革为对商业银行资产负债比例的管理（盛松成，2008）。本章为避免这一制度变化对研究的影响，选择1999年作为研究起点。样本的选择遵循以下原则：（1）剔除金融类公司；（2）剔除资不抵债的公司；（3）剔除样本期间内相关变量缺失的公司。最终得到1349家公司，共计12314个观测值。为了避免异常值的影响，对所有连续变量在上下1%做了缩尾（Winsorize）处理。所有财务数据来源于CSMAR数据库，宏观金融数据来自CCER数据库。

二、模型设定与变量定义

本章研究设计的一个难点在于如何度量企业被留存贷款。鉴于企业被留存贷款的隐性特征，我们无法直接观测贷款是否被留存、留存数额等信息。因此，我们只能通过计量模型估计银行是否留存企业贷款，从而形成事实上的市场化利率。我们将企业贷款被留存视为一个"概率事件"，重点考察企业贷款是否被留存。具体地，我们从两个维度进行定义。

维度一：如果企业贷款存在被留存现象，那么相应地，其反映在资产负债表中的银行借款就存在超出其实际需要的贷款部分。换句话说，企业持有的贷款中应该有无法解释的部分。于是我们首先考察了企业无法解释的贷款，参照陆正飞等（2009）对企业短期借款影响因素的分析，通过模型估计企业正常情况下所需求的银行贷款，计算名义贷款数额和实际需求贷款的数额之差。建立模型（8.1）：

$$Shloan_t = \alpha + \beta_1 Lev_{t-1} + \beta_2 Profit_{t-1} + \beta_3 Size_t + \beta_4 Fd_t + \beta_5 Tan_t + \beta_6 Cash_t +$$
$$\beta_7 Seo_t + \beta_8 Indtor_t + \beta_9 Mb_t + \sum \beta Indu_i + \varepsilon \quad (8.1)$$

其中，$Shloan$指企业当年的银行短期借款与总资产的比值。之所以选择短期借款是因为：一是我国企业普遍存在短贷长用的现象，且只有68%的观测值有长期借款余额，说明研究短期借款可能更具现实意义；二是短期借款中被留存贷款现象可能更为明显。在稳健性测验中，我们使用了长期借款和短期借款总和作为贷款的度量。

我们使用上一期的资产负债率（Lev_{t-1}）表示企业的融资风险，同时控制固定资产净值占总资产的比重（Tan_t）作为企业资产抵押性的代理变量，控制信贷风险。使用上一期的资产净利率（$Profit_{t-1}$）作为企业盈利能力的代理变量。同时，控制了当期的企业规模（$Size$）、现金持有（$Cash$）和资金需求（Fd）。资金需求量（Fd）用经营活动产生现金流量净额和投资活动产生现金流量净值的和表示。叶康涛（2009）发现银行信贷流向和行业成长性有关系，我们控制了成长性变量市值账面比（Mb）。另外，在模型中还控制了公司治理变量——独立董事比例（$Indtor$）。为最大限度体现行业差别，我们按照3位代码分类得到116个细分行业，并设置行业哑变量为$Indu$。

维度二：无论是贷前"自愿"留存还是贷后被强制留存，企业总会部分货币资金被冻结无法使用，这就可能导致企业超额现金持有。因此，我们又考察了企业是否存在差额现金持有。借鉴辛宇和徐莉萍（2006）的模型估计超额现金持有，建立模型（8.2）：

$$Cash_t = \alpha + \beta_1 Size_t + \beta_2 Lev_t + \beta_3 Turnover_t + \beta_4 Cf_t + \beta_5 Growth_t +$$
$$\beta_6 Div_t + \beta_7 Seo_t + \varepsilon \qquad (8.2)$$

其中，Cash 为现金持有，Size 为企业规模，Lev 为企业负债率，Turnover 为资产周转率，Cf 为经营活动现金流，Growth 为总资产增长率，Div 为股利发放哑变量，Seo 为是否配股增发哑变量。

通过对模型（8.1）和模型（8.2）分年度进行 OLS 多元回归得到残差，当这两个残差同时大于 0 时，企业既有无法解释的银行借款，又存在无法解释的现金持有时（即"双高"现象），我们认为其符合贷款被留存的特征。因此，设置哑变量 Exloaned，当模型（8.1）和模型（8.2）回归残差均大于 0 时为 1，否则为 0，作为企业是否存在贷款被留存的代理变量。

进一步地，我们构建以 Exloaned 为因变量的 Logistic 多元回归模型（8.3），考察贷款被留存的影响因素：

$$Exloaned_t = \alpha + \beta_1 Mopcy_t + \beta_2 Conb_t + \beta_3 State_t + \beta_4 Finexp_t +$$
$$\beta_5 Comti_t + \beta_6 Hbank_t + \varepsilon \qquad (8.3)$$

其中，Mopcy 为当年的货币松紧程度。盛松成（2008）发现，在我国货币政策中货币渠道和信贷渠道同时存在，这意味着央行可能混合使用货币供应和信贷控制这两种方式调节市场货币松紧程度。为更好地反映这一制度背景，本章度量了两种货币调节方式。首先采用广义货币供应量（M2）的增长速度作为货币政策的代理变量，这是货币渠道；其次是信贷渠道，我们采用央行公布的半年期至一年的基准贷款利率与一年期定期存款利率之差（后文简称存贷差）。其中，M2 可以视为货币供给数量，存贷差可视为相对货币供给价格，该价格由贷款基准利率和定期存款利率共同决定。

参照钱先航（2011）、谭燕等（2011）关于地方政府对企业行为干预的文献，我们设计了企业地区贡献变量（Conb），用以衡量企业对地方经济的影响力，具体定义为某企业当年所得税纳税额占所在省份的企业所得税总额比重。

我们在模型中控制了企业的名义贷款利率，理由主要有二：一是考虑到银行可能在显性契约中对企业提出利率上浮等要求，提高贷款利率，我们想知道显性的贷款利率是否会与隐性契约具有替代作用；二是考虑到银行为了应付 75% 的"存贷比"等监管红线，可能会存在向企业"购买"存款行为，而该行为一般发生在具有良好关系的银行和企业之间。我们将名义贷款利率作为银企关系的代理变量,以控制银行的购买贷款行为对实证结论的影响。具体地,定义名义贷款利率(Finexp)为企业财务费用与借款总额的比例,将该变量作为显性贷款契约中货币价格的代理变量。Comti 是当地金融业竞争指数,参照余明桂等(2010)以及徐礼敏等(2012)的研究,我们使用樊纲等(2011)的金融行业竞争指数衡量一个地区金融行业竞争程度。参照贝克等(Beck et al.,2004)以及谭之博等(2012)的研究,我们在模型中控制了银行集中度(Hbank),类似于赫芬达尔指数,我们使用国有四大银行贷款占所有银行贷款比值的平方之和作为银行集中度的代理变量。

为进一步考察贷款被留存对投资者利益的影响,我们参照陆正飞等(2009)的研究,使用模型(8.4)考察被留存贷款对一年期股票回报率(Bhar)和会计业绩增长(Difroe)的影响。为避免银行贷款被留存而导致的银行贷款利息增加对业绩的机械影响,我们使用滞后一期的贷款被留存哑变量。

$$Bhar_t / Difroe_{t+1} = \alpha + \beta_1 Exloaned_t + Other\ variables + \varepsilon \tag{8.4}$$

本章主要变量的定义如表 8-1 所示。

表 8-1　　　　　　　　　　　主要变量定义

变量名称	变量符号	变量定义
短期借款	Shloan	短期借款期末余额除以期末总资产
贷款被留存	Exloaned	如果模型(8.1)和模型(8.2)的残差均大于0,该哑变量则赋值为1,否则为0
M2 增长率	Mopcy1	广义货币供应量 M2 的增长率,T 期的 M2 减去 $T-1$ 期的 M2 再除以 $T-1$ 期的 M2
存贷差	Mopcy2	T 年央行公布的 6 个月至一年贷款基准利率减去一年期定期存款利率。若一年内多次调整,则按天数加权平均
产权性质	State	公司实际控制人性质,若为国有企业则赋值为1,否则为0
企业地区贡献	Conb	T 年公司所得税纳税额乘以 100 再除以 T 年公司所在省份企业所得税收缴总额
名义贷款利率	Finexp	当期财务费用除以期末借款总额
金融业竞争指数	Comti	公司所在省份的当年金融企业竞争指数,2010 年和 2011 年的指标由 2009 年的指标替代
银行集中度	Hbank	国有四大银行贷款占所有银行贷款比值的平方之和
资产负债率	Lev	期末总负债除以期末总资产

续表

变量名称	变量符号	变量定义
盈利能力	Profit	当期净利润除以期末总资产
企业规模	Size	期末总资产的对数
资金需求	Fd	（经营活动产生现金流净额＋投资产生现金流净额）除以期末总资产
资产有形性	Tan	期末固定资产净值除以期末总资产
现金持有	Cash	现金和现金等价物的期末余额除以期末总资产
是否配股增发	Seo	如果本年配股或者增发为1，否则为0
公司治理	Indtor	独立董事人数占董事会总人数的比例
市值账面比	Mb	公司总资产市值和账面价值的比值
一年期股票回报率	Bhar	公司股票一年内的购买并持有超额累计回报率
风险系数	Beta	公司的 β 系数
资产周转率	Turnover	销售收入除以期末总资产
经营活动现金流	Cf	经营活动现金净流量除以期末总资产
总资产增长率	Growth	年末总资产减去年初总资产之差除以年初总资产
股利发放	Div	当年是否发放现金股利，若发放则赋值为1，否则为0

第三节 描述性统计分析

对主要变量的描述性统计分析如表 8-2 所示，其中，M2 增长率最小值为 0.123，最大值为 0.276，表明样本期间内，货币增长较快。存贷差均值 0.033，标准差为 0.002，波动较小，表明银行的存贷差因为管制而相对比较稳定。短期借款均值为 0.178，高于中位数 0.161，最大值为 0.515，表明部分企业短期银行借款较多，拉高了平均数。现金持有也体现了类似特征。

表 8-2 主要变量的描述性统计

变量	样本量	均值	标准差	最小值	p25 分位数	中位数	p75 分位数	最大值
Mopcy1	12134	0.177	0.035	0.123	0.157	0.173	0.178	0.276
Mopcy2	12134	0.033	0.002	0.031	0.032	0.033	0.035	0.036
Shloan	12134	0.178	0.118	0.002	0.086	0.161	0.252	0.515

续表

变量	样本量	均值	标准差	最小值	p25分位数	中位数	p75分位数	最大值
Lev	12134	0.517	0.171	0.126	0.393	0.520	0.640	0.924
State	12134	0.729	0.444	0	0	1	1	1
Finexp	12134	0.053	0.037	−0.021	0.032	0.051	0.071	0.141
Comti	403	7.159	2.684	−4.250	5.630	7.350	8.900	12.410
Hbank	13	0.051	0.020	0.033	0.036	0.041	0.056	0.105
Conb	12134	0.479	0.800	0.000	0.037	0.151	0.520	3.010

进一步地，我们分别按照年度货币政策中位数大小、年度地区贡献中位数大小以及实际控制人性质将样本划分为宽松货币和紧缩货币、高企业地区贡献和低企业地区贡献以及国有和民营等样本，对短期银行借款率和贷款被留存概率进行单变量检验，结果如表8-3所示。由表8-3第2行可见，货币紧缩时期，短期借款均值为0.185，在1%水平上显著高于货币宽松时期的0.171。理论上，货币政策越宽松，企业越容易得到借款。但数据表明，货币紧缩时期的短期银行借款却显著高于货币宽松时期。地区贡献和企业实际控制人性质也体现了类似特征。理论上，对地区贡献高/国有企业更容易得到贷款，其银行借款应该显著高于对地区贡献低/民营企业，但数据显示了相反的结果。

表8-3　　　　　　银行短期借款率和贷款被留存概率的单变量检验

变量/组别	货币宽松 M2	货币紧缩 M2	高企业地区贡献	低企业地区贡献	国有企业	民营企业
短期借款/资产	0.171	0.185	0.153	0.202	0.170	0.197
均值检验（t值）	6.552***		23.423***		11.448***	
贷款被留存概率（*Exloaned*）	0.282	0.303	0.273	0.309	0.281	0.320
均值检验（t值）	2.590***		4.474***		4.209***	

注：***代表在1%的水平上显著。

在表8-3第4行，我们按照不同的分组，对贷款被留存概率进行了单变量检验，货币宽松组和货币紧缩组贷款被留存的概率均值分别为0.282和0.303，在1%水平上存在显著差异。高地区贡献组与低地区贡献组概率均值分别为0.273和0.309，国有企业和民营企业组的概率均值分别为0.281和0.320，均在1%水平上显著。这一结果部分地解释了第2行中理论和实际不一致的矛盾，也在一定程度上支持了我们关于企业贷款被留存的逻辑。

第四节 留存贷款的估计

将企业贷款被留存视为概率事件，其前提要满足两个基本条件：一是企业存在无法解释的银行贷款；二是企业超额持有货币资金。本部分我们分别利用模型（8.1）和模型（8.2）估计超额银行贷款和超额现金持有。限于篇幅，我们没有列示逐年回归过程，仅报告了所得残差的描述性统计情况。

一、超额贷款的估计

理论上，如果企业贷款被银行留存，企业需要向银行申请超过实际需求的银行贷款，这在一定程度上导致企业的银行贷款虚增。经过累积，企业总的银行贷款水平会超过企业实际需求量。因此，我们按模型（8.1）逐年计算残差，相应地，残差大于0的样本就在一定程度上可能存在贷款被留存现象，其描述性统计如表8-4所示。

表8-4　　　　　　　被留存贷款的描述性统计

年份	国有企业			民营企业		
	样本量	均值	中位数	样本量	均值	中位数
1999	222	0.059	0.047	90	0.072	0.066
2000	219	0.056	0.044	79	0.068	0.058
2001	237	0.062	0.053	103	0.066	0.058
2002	264	0.066	0.059	107	0.076	0.072
2003	300	0.067	0.059	116	0.073	0.063
2004	325	0.071	0.060	123	0.074	0.057
2005	331	0.072	0.061	122	0.073	0.068
2006	320	0.068	0.051	150	0.075	0.060
2007	304	0.071	0.052	136	0.074	0.058
2008	298	0.083	0.067	135	0.078	0.060

续表

年份	国有企业			民营企业		
	样本量	均值	中位数	样本量	均值	中位数
2009	295	0.076	0.059	142	0.065	0.043
2010	288	0.074	0.053	135	0.074	0.061
2011	291	0.075	0.059	141	0.076	0.056
总计	3694	0.070	0.056	1579	0.073	0.060

由表8-4可见，残差大于0的样本中，民营企业的残差均值和中位数在大多年份高于国有企业，总体均值0.073和中位数0.060均高于国有企业，体现了产权特征的影响。无论是国有企业还是民营企业，残差均值均在0.07左右，而企业短期借款均值为0.178，表明银行借款虚高39.3%（0.07/0.178）左右。换言之，实际利率比名义利率高39.3%左右。从分布看，国有企业和民营企业的残差均值（0.07左右）均高出中位数（0.06左右）0.01，表明部分企业的残差较高，亦即贷款被留存现象可能具有选择性。

二、超额现金持有的估计

无论企业贷款是贷前"自愿"留存还是贷后被强制留存，被留存的贷款都被冻结在企业存款账户内，最终表现为企业的货币资金增加。由于这部分货币资金无法使用，而企业又必须持有适当的可流动性货币资金以满足经营性需要，因此，贷款被留存也会反映为企业超额持有货币资金。此时，相应的描述性统计如表8-5所示。从表8-5可见，国有企业和民营企业中，超额现金持有的均值（中位数）分别为0.065（0.046）和0.063（0.044），民营企业与国有企业差异不大。

表8-5　　　　　　　超额现金持有的描述性统计

年份	国有企业				民营企业			
	样本量	均值	标准差	中位数	样本量	均值	标准差	中位数
1999	229	0.055	0.053	0.041	65	0.053	0.056	0.036
2000	215	0.063	0.055	0.049	51	0.067	0.073	0.038

续表

年份	国有企业				民营企业			
	样本量	均值	标准差	中位数	样本量	均值	标准差	中位数
2001	231	0.067	0.062	0.048	76	0.069	0.075	0.045
2002	247	0.072	0.063	0.059	79	0.074	0.065	0.052
2003	256	0.074	0.068	0.054	101	0.078	0.072	0.061
2004	298	0.064	0.060	0.047	108	0.066	0.058	0.053
2005	286	0.064	0.064	0.041	104	0.064	0.063	0.051
2006	307	0.058	0.056	0.047	127	0.056	0.060	0.037
2007	307	0.062	0.062	0.043	125	0.058	0.055	0.040
2008	296	0.062	0.059	0.047	114	0.057	0.059	0.038
2009	295	0.071	0.071	0.050	117	0.058	0.060	0.044
2010	300	0.067	0.069	0.047	122	0.058	0.059	0.040
2011	293	0.063	0.064	0.041	107	0.071	0.063	0.063
总计	3560	0.065	0.063	0.046	1296	0.063	0.063	0.044

在此基础上，我们将同时在模型（8.1）和模型（8.2）中均存在残差大于 0 的样本视为存在留存贷款，以哑变量 Exloaned 表示。这些样本同时具有无法解释的贷款，又持有无法解释的现金，在一定程度上符合本章所描述的存在留存贷款的特征。当然，这一方式衡量留存贷款存在一定的噪音，但考虑到留存贷款作为隐性契约在度量上的难度，以及该研究话题的重要性，本章的衡量方式在一定程度上可能是一种有益的尝试。

第五节 实证检验结果

一、贷款被留存概率的影响因素

在估计贷款是否被留存之后，一个自然的议题是，作为金融抑制后果的留存贷款代表了银行和企业之间的一项隐性贷款契约，这一隐性契约在不同的情况下会有所变化，哪些情况下银行和企业会选择以这一方式进行信贷交易。有鉴于此，我们以是否发生贷款被留存哑变量为因变量，对假设 8.1 至假设 8.3

进行检验的回归结果如表8-6所示。

表8-6 企业贷款被留存影响因素的Logistic多元回归检验

变量	(1)	(2)
因变量：Exloaned		
Mopcy1	-1.7083** (-2.54)	
Mopcy2		0.6058*** (4.85)
Conb	-0.1758*** (-5.69)	-0.1699*** (-5.50)
State	-0.2302*** (-5.01)	-0.2323*** (-5.05)
Finexp	-5.5866*** (-9.81)	-5.6080*** (-9.82)
Hbank	2.0812 (1.62)	0.5511 (0.42)
Comti	-0.0016 (-0.18)	0.0019 (0.21)
常数项	-0.1870 (-0.92)	-2.4538*** (-5.87)
其他	控制	控制
N	12134	12134
调整 R^2	0.015	0.016

注：本表回归为混合面板的Logistic多元回归。括号里的数字为z值。**、***分别代表在5%、1%的水平上显著。

由表8-6列（1）可见，M2增长（Mopcy1）回归系数为-1.7083，在5%的水平上显著。企业地区贡献（Conb）回归系数为-0.1758，在1%水平上显著，表明企业地区贡献越大，在银企谈判过程中的地位越高，越不容易被银行留存贷款。这印证了我们之前的假设，即地方政府干预会对隐性贷款契约产生重要影响。产权性质（State）回归系数为-0.2302，也在1%水平上显著，表明国有企业被银行留存贷款的可能性相对较小。该结果在逻辑上也与以往研究中发现的"信贷歧视"一致。列（2）的结果与之类似，存贷差和被留存概率之间显著正相关，表明银行通过留存贷款获利的动机与其实施留存贷款契约之间存在正相关关系。总体而言，表8-6的回归结果支持研究假设，表明留存贷款这一隐性贷款契约会受到多重因素的影响，是在金融抑制背景下权衡的结果。

二、名义利率对隐性契约影响因素的调节作用

以上的检验结果表明，隐性契约在上述不同情况下会有所差异，进一步我们关心的是显性贷款契约会对留存贷款带来何种影响。隐性契约之所以存在，是因为契约具有不完备性（Hart，1988），在金融抑制的背景下，以借款利率为代表的显性契约无法完全反映借贷双方的真实需求，因而留给了隐性契约存在的必要性。从这一意义上来说，两者可能构成互补关系，当显性契约能够对契约双方行为产生更为清晰的或更大幅度的约束时，隐性契约的效果会相应地减少。具体到银行与企业的信贷合同中，如果以名义贷款利率为代表的显性契约更能够反映真实的货币使用价格，那么不同场景下隐性契约发挥作用的空间可能会降低。然而值得注意的是，金融抑制下的利率管制是留存贷款存在的原因但不是全部原因，金融抑制还包括信贷市场准入等多个方面，总体而言信贷市场的供给竞争尚不充分，单纯的显性利率变化并不一定能够给隐性契约带来根本性的改变。因此，本章以公司借款的名义利率作为隐性契约执行的代理变量，使用混合面板的 Logistic 多元回归考察了名义贷款利率对主要考察变量与企业贷款被留存关系的调节作用。回归结果如表8-7所示。

表8-7　　　　　　　名义利率对隐性契约影响因素的调节作用

变量	因变量：*Exloaned*					
	（1）	（2）	（3）	（4）	（5）	（6）
*Finexp × DMopcy*1	-0.5655 (-0.50)					
*Finexp × DMopcy*2				0.2222 (0.19)		
Finexp × DConb		2.3589** (2.10)			2.2806** (2.03)	

续表

变量	因变量：*Exloaned*					
	(1)	(2)	(3)	(4)	(5)	(6)
Finexp × *State*			-1.0938 (-0.89)			-1.1669 (-0.95)
其他变量	控制	控制	控制	控制	控制	控制
行业、年份	控制	控制	控制	控制	控制	控制
常数项	-0.4863*** (-3.13)	-0.1256 (-0.61)	-0.2297 (-1.10)	-0.5820*** (-3.91)	-2.4097*** (-5.74)	-2.5035*** (-5.94)
N	12134	12134	12134	12134	12134	12134
调整 R^2	0.015	0.015	0.015	0.016	0.016	0.016

注：本表回归为混合面板的 Logistic 多元回归。括号里的数字为 z 值。**、*** 分别代表在 5%、1% 的水平上显著。

为便于解释交叉变量，我们将部分连续变量替换为哑变量。我们定义了 M2 增长哑变量（*DMopcy*1）和存贷差哑变量（*DMopcy*2），如果 M2 增长和存贷差超过中位数，则定义该变量为 1，否则为 0。名义贷款利率和宏观货币政策哑变量的交叉变量回归系数并不显著，说明贷款显性契约并没有对宏观货币政策与留存贷款之间的关系起到显著的影响。我们定义了高地区贡献哑变量（*DConb*），如果企业地区贡献（*Conb*）超过了年度行业中位数，则定义高地区贡献哑变量为 1，否则为 0。名义贷款利率与地区贡献哑变量之间的交叉项（*Finexp* × *Dconb*）回归系数分别为 2.3589 和 2.2806，均在 5% 水平上显著，说明贷款名义利率的提高可以改善由于地区贡献差别带来的留存贷款差异，一定程度上起到了对隐性契约的替代效应。在列（3）和列（6）中，名义贷款利率与产权性质之间的交叉项也不显著。这说明即使调高贷款名义利率，留存贷款在国有企业和民营企业之间的差别也不会有所改善。

三、准入管制改善与对隐性契约影响因素的调节作用

考虑到银行市场较为严格的准入管制，我们从银行竞争的角度对此做了检验。回顾银行业近年来的发展发现，2006 年外资银行业务加入人民币业务的竞争；2007 年南京银行、宁波银行和北京银行三家城市商业银行同年上市；

2009 年，银监会取消了中小商业银行分支机构指标的限制，城市商业银行异地扩张加快，这进一步加大了银行业的竞争。以 2006 年为界，本章考察不同的银行业竞争环境中主要考察变量与企业贷款被留存关系的变化。如果年份大于 2006 年，则定义哑变量 $Y2006$ 为 1，否则为 0。

由表 8-8 可见，只有列（4）中的存贷差与 2006 年哑变量的交叉变量的回归系数 -1.0051，在 1% 水平上显著，表明银行业的竞争仅对企业贷款被留存的影响较弱，说明在金融抑制背景下，单纯的增加竞争并不能很好地解决抑制下存在的相关问题。

表 8-8　　　　准入管制改善与对隐性契约影响因素的调节作用

变量	因变量：$Exloaned$					
	(1)	(2)	(3)	(4)	(5)	(6)
$Mopcy1 \times Y2006$	0.8326 (0.50)					
$Mopcy2 \times Y2006$				-1.0051*** (-3.35)		
$Conb \times Y2006$		5.5322 (0.98)			4.2161 (0.74)	
$State \times Y2006$			0.0423 (0.47)			0.0460 (0.51)
交乘项中的单个变量	是	是	是	是	是	是
行业	控制	控制	控制	控制	控制	控制
常数项	0.0508 (0.15)	-0.0703 (-0.33)	-0.0735 (-0.34)	-4.9863*** (-5.52)	2.2898*** (-5.33)	2.3033*** (-5.37)
N	12134	12134	12134	12134	12134	12134
调整 R^2	0.015	0.015	0.015	0.017	0.017	0.016

注：本表回归为混合面板的 Logistic 多元回归。括号里的数字为 z 值。*** 代表在 1% 的水平上显著。

四、被留存贷款的经济后果

企业被留存贷款会对企业会计业绩和市场业绩产生如何影响？我们对此进行了检验（见表 8-9）。

表 8-9　　留存贷款的经济后果

变量	Bhar (3)	Difroe (4)
Exloaned	-0.0187* (-1.72)	
L. Exloaned		-0.0026** (-2.24)
控制变量	是	是
行业、年份	控制	控制
常数项	-0.9554*** (-8.21)	0.0194 (1.55)
N	10338	10338
调整 R^2	0.127	0.036

注：本表回归为混合面板的 OLS 多元回归。括号里的数字为 t 值。*、**、*** 分别代表在 10%、5%、1% 的水平上显著。

结果表明，企业贷款被留存，不仅仅有损于短期的会计业绩，对公司的长远利益也构成损害。我们也考察了不同现金需求程度企业贷款被留存的经济后果，并没有发现两类样本的显著差异。

第六节　稳健性测试

本节进行了如下稳健性测试。第一，留存变量的多种定义。贷款被留存是本章的关键变量。为保证结果的稳健性，我们使用多种方法衡量定义贷款被留存变量。(1) 仅模型 (8.1) 的回归残差（无法解释的贷款）作为贷款被留存的代理连续变量。(2) 将模型 (8.1) 的回归残差大于零的部分定义为贷款被留存的哑变量。(3) 参照戴璐和汤谷良 (2007) 的研究，我们也考虑了较多的货币资金持有作为贷款被留存的条件之一。具体地，如果模型 (8.1) 的回归残差大于零，并且货币资金占总资产比重超过 20% 或 10%，将其定义为贷款被留存。以上三种方法所得到的实证结果基本与前文实证发现一致。第二，用 Tobit 模型解决残差小于零问题。我们利用基于面板数据的 Tobit 模型检验了假设 8.1 至假设 8.3。第三，将短期银行借款替换为银行总借款。第四，将地区贡献变量替换为利润总额占企业所在地政府的财政收入。第五，分国有企业和民营企业两类样本回归。实证结论基本不变。第六，考虑代理问题的影响。现实中，可能会存在部分企业因为代理问题而主动向银行申请超过实际需求的银行贷款，导致企业实际银行负债水平超过预测值，其表现与企业贷款被留存的结果一致。为避免该代理问题对本章实证结论的影响，我们按照企业是否需求现金，将样本划分为需求现金的企业和不需求现金的企业进行进一步讨论，以降低企业管理层的代理问题对本章研究结论的影响。没有发现两类样本的显著差异。我们也分别对资金需求不同的样本分别进行了回归，回归结果与全样本基本一致。回归结果表明，代理问题可能并不是影响企业贷款被留存的主要因素。①

第七节　研究结论、启示和局限

一、研究结论和启示

以银行为核心的金融体系经过几十年的改革，对中国经济发展起到了重要支持作用（Allen et al., 2005）。回顾这一改革历程，总体上遵循了从金融抑制到金融市场化的改革方向。就当下而言，以利率市场化为代表的金融改革不断深化，这一方面代表着对过去各种金融管制措施的变革；另一方面，其渐进式改革的路径也意味着利率双轨制、准入管制等金融抑制现象在一定程度上还会持续一定的时间。就学理上而言，前者意味着需要厘清消除管制前后企业真实的信贷成本，以准确理解市场化改革的政策效果；后者则意味着需要客观看待管制对信贷契约的影响，以便为进一步改革提供参考。

在此背景下，我们将视角聚焦于利率市场化之前，研究银企之间的信贷契约在利率、存贷比等管制措施影响下会产生怎样的异化。我们发现，在金融抑制的大背景下，除了名义上的显性信贷契约，银企之间还存在以留存贷款为表现的隐性契约。这一契约以企业接受在贷前或贷后将部分贷款转为存款冻结留

---

① 限于篇幅，以上稳健性检验的结果未在文中报告，读者可联系作者索取。

存的形式,帮助银行绕过管制,从而实现银行追求利润最大化的逐利动机。由于这一契约是否实施以及实施程度会伴随着企业特征的差异而有所区别,这就在客观上实现了管制条件下的利率变相市场化。具体研究发现,在货币紧缩或者资金供给价格相对较高时,企业贷款被留存的可能性增加,民营企业相对国有企业贷款被留存的可能性较大,对地方财税贡献大的企业在贷款过程中可能得到政府的支持,贷款被留存的可能性较小。该研究结论在逻辑上与布兰特和李(Brandt & Li,2003)、方军雄(2007)、陆正飞等(2009)、饶品贵和姜国华(2011)等研究中,关于信贷歧视、货币政策以及政府干预对企业融资行为影响的发现相一致。进一步则研究发现,若企业贷款被留存,会计业绩下降,投资者发生损失。这为黄(Huang,2011)和王(Wang,2011)、刘瑞明(2011)利用宏观数据发现金融抑制阻碍经济增长的研究结论提供了微观企业层面的佐证。

本研究在理论上丰富和发展了宏观政策对微观企业影响的研究文献,同时也将宏观政策与隐性契约相结合,分析两者对微观企业的影响。在宏观上有助于加深对金融抑制及其后果的理解,并为市场化改革之前企业的真实信贷成本提供了一个值得注意的视角,从而可以为市场化改革带来的微观影响提供一个较为贴近真实的参照。在微观上,本研究为现有研究中较难理解的企业"双高"现象提供了一个可能的新解释。在实践中,本章的相关结论能够为中国正在进行的金融体制改革提供实证借鉴,并为进一步的金融改革提供了一定的借鉴与参考。

二、研究局限

本章研究中国金融抑制背景下的企业贷款被银行留存的影响因素及经济后果。如何度量企业名义贷款和实际贷款的差异是其中的难题之一,虽然我们使用多种方法相互验证,也得到了和主要结论相一致的结果,但限于数据的隐性特征和我们的研究能力,在识别被留存贷款时仍存在一定的噪音,这也是本章研究的一大不足。我们期待有更好的方法能够将该问题刻画得更为精确,这也是我们下一步研究可能突破的方向之一。

第九章

独立董事任期管制合理性研究*

党的十九届四中全会明确指出,"新中国成立七十年来,我们党领导人民创造了世所罕见的经济快速发展奇迹和社会长期稳定奇迹,中华民族迎来了从站起来、富起来到强起来的伟大飞跃"。经济快速发展和社会长期稳定这两大奇迹不仅被国内外广泛认同,更是"中国之治"的重大标志和生动体现。而当前我国正处于推进国家治理体系和治理能力现代化的关键转型阶段,全面推动提升资本市场治理能力和水平是其中的重要组成部分。我国的资本市场是一个极具中国特色的资本市场,是推动我国经济体制变革和改进社会资源配置方式的重要力量。在经历了40余年的发展后,我们需要去总结资本市场改革发展的经验,在此基础上进一步提高我国企业的根植性,加强和完善资本市场基础制度建设。本章以独立董事的任期制度为检验场景,旨在为重新认识我国资本市场管制的合理性提供有益补充。

独立董事制度自2001年正式引入我国证券市场,20年来,其在中国实践中的有效性一直受到实务界、学术界和监管层的关注。"康美药业"事件中,独立董事面临的巨额连带赔偿责任,再一次将这一问题推到了政策界和公众面前,监管层开始启动对独立董事相关制度改革的新一轮征求意见。自设立之日起,证监会对上市公司独立董事任期就有明确的规定:"独立董事每届任期与该上市公司其他董事任期相同,任期届满,连选可以连任,但是连任时间不得

---

* 本章原文以《独立董事只能连任6年合理吗?——基于我国A股上市公司的实证研究》为题发表于《管理世界》2017年第5期,有所改动。

超过六年。"① 而在对独立董事制度进行深入考察时，我们发现，独立董事的任职期限在不同的国家和地区存在明显差异，具体情况如表 9-1 所示。美国是独立董事制度的发源地，尽管 SOX 法案的实施对美国公司治理的内外机制进行了更严格的规定，但其证券监管机构以及两大主要证券交易所，目前均未对独立董事的任期做出明确规定。中国香港以及英国、法国对于独立董事任期采取"遵守或解释"的原则，对于超过一定任职期限的独立董事只要董事会或股东大会认为其具有独立性，则可继续任职。从表 9-1 可见，主要国家和地区中，只有中国和印度对上市公司的独立董事有明确的任期限制，并且印度的连任最长时间也比中国多 3 年。可见，对独立董事任期进行严格的限制是我国资本市场较为特有的现象。

表 9-1　　　　　主要国家和地区独立董事任期汇总

独董任期规定类别	国家或地区	任期规定具体描述	发文机构
有明确的任期限制	中国	连续任期最长不得超过 6 年	中国证券监督管理委员会
	印度	建议不超过 6 年，不可连任 3 届	印度公司政府事务部
带条件的任期限制	英国	超过 9 年进行独立性说明	财务报告理事会
	法国	超过 12 年进行独立性说明	Afep – Medef
	中国香港	超过 9 年进行独立性说明	香港交易所
	新加坡	超过 9 年进行独立性说明	新加坡交易所
	澳大利亚	超过 10 年进行独立性说明	ASX 公司治理委员会
无具体规定和要求	美国	无任期规定	NYSE、NASD
	加拿大	无任期规定	OSCB、多伦多证券交易所
	日本	无任期规定	东京证券交易所
	韩国	无任期规定	韩国证券交易所
	印度尼西亚	无任期规定	国家治理委员会

资料来源：作者根据相关规定阅读整理所得。

规定连任时间不得超过 6 年，一方面，对公司情况相对熟悉的独立董事不得不离开；另一方面，作为需求方的上市公司，则必须重新寻找合适的独立董

---

① 《关于在上市公司建立独立董事制度的指导意见》。

事人选。此外，政策性因素引起的"官员独董"和"高校独董"离职潮，也在一定程度上导致了独立董事供给的直接减少。不可否认，我国当前尚未建立起完备的独立董事人才库，独立董事资源相对稀缺。笔者认为，在这样的情况下，如果考虑适当延长独立董事任期，可以有效缓解这一供求矛盾。但是，延长任期的政策建议需要实证研究的证据，因此，本章致力于实证检验独立董事的任期时长与其有效性的关系。独立董事制度在我国已有 20 年的实践，这为我们检验这一问题提供了一个较长的时间观察窗口。

具体而言，独立董事的任期长短对其有效性具有正反两方面的作用。一方面，随着任期的延长，独立董事对上市公司的信息掌握越全面，进而发挥作用的可能性越高，即独立董事的专业胜任能力随任期的延长而提高（学习效应）；另一方面，随着任期的延长，独立董事与公司主要利益相关方进行合谋的可能性增加，进而导致其对公司非规范化运营的容忍度提高，即独立董事的独立性随着任期的延长而降低（独立性效应）。可见，对独立董事有效性的检验并不能简单地通过截面数据进行估计，而要考虑上述两种不同的效应在任期延长下的相互作用。本书以 2003~2013 年 A 股上市公司为样本，以大股东资金占用、异常关联购销、关联担保以及财务信息质量作为其有效性的代理变量，检验独立董事在不同的任职期限下对上市公司治理水平的影响。研究发现，随着任期的延长，独立董事的有效性总体上呈"曲线"上升趋势，即有效性的提高随着任期的延长边际递减。文章还检验了不同特征的独立董事随任期延长的表现，结果表明，上述非线性结果在财务背景独立董事占比较高的分组中显著；而以兼职家数多少衡量独立董事声誉高低的分组中，发现随着任期的延长，兼职家数多并不利于独立董事有效发挥作用。最后，对董事会中新入职独立董事（任期小于 1 年）的占比以及独立董事"去而复返"样本的分析，也在一定程度上证实了本章关于独立董事有效性随任期变化的理论推导。

本章可能的研究贡献主要在以下几个方面。第一，为我们认识独立董事的有效性提供了一个动态性视角。国内专门从任期的视角对独立董事的有效性进行深入分析的文献较少，而作为一个动态性的综合指标，独立董事任期的长短直接反映了其对公司整体情况的了解程度以及独立性水平的高低，进而对公司治理水平产生不同程度的影响。目前，学术界对独立董事特征及其有效性的检验始终未得到一致结论，除了指标选取及样本区间的不同会导致结论不一的情况外，可能忽视了独立董事履职过程中，胜任能力以及独立性的动态性。因此，本章研究在一定程度上对以往文献做出了拓展。第二，本章的研究结论具有一定的实践价值。现阶段我国资本市场尚未建立起相对完善的独立董事人才库，退休官员和高校学者曾一度成为上市公司独立董事的优质人选（谭劲松等，2003）。而 2013 年 10 月中共中央组织部发布《关于进一步规范党政领导干部在企业兼职（任职）问题的意见》，受其影响，A 股上市公司掀起"官员独董"离职潮（李勇、朱慧崟，2014）。2015 年 11 月初，根据教育部下发的《教育部办公厅关于开展党政领导干部在企业兼职情况专项检查的通知》中的精神，高校副处级以上领导干部不得担任上市公司独立董事。于是，短时间内 A 股市场又现"高校独董"闪辞潮（劳佳迪，2015）。从整个资本市场的供求来看，上述辞职潮直接导致了独立董事供给的结构性减少。从公司层面来看，外生的独立董事辞职潮，不仅导致熟悉公司情况的独立董事人才流失，还使公司面临优质独立董事难觅的困难。独立董事的选聘既要满足监管部门和交易所的硬性规定，又要考虑其能否为公司带来增量贡献。考虑到国内独立董事资源的相对稀缺，本章的研究结果为缓解独立董事供给结构性失衡提供了一定的决策参考价值。

第一节 文献回顾

独立董事的独立性以及有效性一直是学术界讨论和关注的焦点。在实践操作中，由于实质性独立往往无法有效识别，故退而求其次，通过制度规范来确保独立董事形式上的独立（对其持股比例、工作背景、主要社会关系等进行限制）。因此，国内外对于独立董事有效性的研究往往从其可观察特征入手。例如，早期研究主要以独立董事占董事会成员的比例来衡量董事会的独立性，进而考察独立董事的有效性（Cotter et al.，1997；Weisbach，1988；Bhagat & Black，2002；王跃堂等，2006；叶康涛等，2007），但是，上述研究并没有就独立董事的有效性得出一致结论。因此，学术界开始从独立董事的个体背景特征进行研究，例如财务背景（DeFond et al.，2005；胡奕明、唐松莲，2008）、银行背景（Rosenstein & Wyatt，1990；魏刚等，2007）、实务背景（Fich，2005；McDonald et al.，2008）、行政背景（魏刚等，2007；谢志明、易玄，

2014）等。虽然在理论上，上述个体特征可能会对独立董事发挥作用产生影响，但实证检验结果，仍是结论不一。

面对这样的现状，近年来，中西方学者分别在不同方面做出了有效突破。赫尔马林和韦斯巴赫（Hermalin & Weisbach，1998、2001）系统地阐述了董事会结构的内生性，表明董事会的独立性可以影响公司治理后果，但其本身也是公司治理均衡状态的表现。因此，西方学者试图在研究设计上控制董事会结构的内生性，从而借助特殊的外生事件为背景对独立董事有效性进行再次检验（Duchin et al.，2010；Armstrong et al.，2014）。而国内独立董事研究则向着本土化和多元化的维度继续展开，例如，叶康涛等（2011）利用独立董事对董事会议案发表意见和进行投票的数据，说明了独立董事的独立性及其监督作用。陈运森和谢德仁（2012）利用社会网络分析法，检验了独立董事的网络特征对高管薪酬的监督作用。孙亮和刘春（2014）和刘春等（2015）研究了上市公司拥有异地独立董事的原因及其有效性。罗进辉（2014）检验了独立董事的"明星效应"，发现明星独立董事显著降低了公司高管薪酬契约的有效性。

总之，前人对独立董事特征及其有效性的研究，并未得出一致的结论。但梳理上述文献却帮助我们对独立董事制度有了更好的认识和理解。同时，据我们所知，目前国内外对独立董事任期的研究相对较少，瓦法斯（Vafeas，2003）使用美国1994年的数据，较早探讨了独立董事的任期特征，分析了独立董事任期的影响因素。但是，作者对于"独立董事"的界定相对模糊，其中一些与公司存在实质关联的"灰色董事"也被列入独立董事范围。金等（Kim et al.，2014）的研究发现，独立董事任期越长，越具有信息优势，进而更能发挥建议和监督职能。这说明在西方资本市场条件下，独立董事能否发挥作用主要取决于其自身的学习能力。而我国正处于经济转型期，投资者保护机制相对较弱，因此，独立董事制度引进之初就对任期进行了严格的限制，但其合理性有待进一步检验。

而目前国内外关于任期的研究主要集中在高管（主要是CEO）任期和审计任期。与独立董事不同，CEO不是公司治理的监督者，也没有独立性的限制，其任期过长往往被认为是管理层"壕沟"效应的表现。审计任期的讨论则与其独立性紧密相关，一般认为任期过长会损害审计师的独立性，导致审计质量降低，不利于资本市场的健康发展。鉴于此，安然事件后越来越多的国家开始实行审计合伙人强制轮换制度。与实务界不同，国内外学术界对审计任期的检验，总体上并没有发现长的审计任期会损害审计质量（Johnson et al.，2002；Myers et al.，2003；Carcello & Nagy，2004；夏立军等，2005；张娟等，2011；宋衍蕾、付皓，2012）；相反，一些学者的检验发现在审计任职最初几年，由于对客户不了解，审计质量反而偏低（Gul et al.，2009；Litt et al.，2014）。也有少部分研究发现审计任期的延长会损害审计独立性（Carey & Simnett，2006；周冬华等，2007）。一方面，随着任期的延长，审计独立性可能降低；另一方面，任期的延长有助于审计师对客户更好地了解，提高其发现问题的可能性。因此，正如早期余玉苗和李琳（2003）所指出的一样，审计任期对审计质量的影响是多样化的，不能简单地认为是正相关或者负相关。

从表面上看，独立董事任期后果的检验路径同审计任期类似，事实上，二者之间存在很大的不同，主要表现在以下三个方面。第一，发挥作用的层级不同。独立董事发表意见主要基于自我专业判断及风险容忍程度，而审计意见的出具既取决于签字会计师的职业判断，又要在事务所整体的风险容忍范围内。同时，个体审计师与某一具体客户审计任期的长短也在很大程度上取决于其所在事务所的统一调派。第二，独立性的内涵不同。目前，我国独立董事的选拔机制和人才市场运行机制严重制约了独立董事的独立性，使其无法真正独立于上市公司（阎达五、谭劲松，2003），而审计师对于上市公司而言，属于外部监督，且国内审计市场的竞争相对激烈，与独立董事相比，审计师面临较高的行业监管风险，审计失败的成本也相对较高，所以，其独立性的时间弹性较小。第三，学习效应的受益对象不同。独立董事大多兼职，其通过董事会议参与公司治理，对上市公司的了解程度随任期的延长有一个逐渐加深的过程，在独立性不变的情况下，随着任期的延长，其对公司治理水平的提高发挥积极作用。而审计师属于职业化团体，整体上具有较高的专业化知识储备，其往往会在审计初期便投入大量的初始成本以更好地了解客户风险，即审计师对公司治理水平的影响在审计初期便达到一个较高的水平，而后续审计是在以前年度审计的基础上进行，审计师随任期延长对客户的了解也会增加，但这种学习效应更多地体现为后续审计成本的降低，而其对于公司治理的影响仍保持在一个相对稳定的可容忍水平。

独立董事和审计师的独立性以及专业能力都会随任期而发生变化，这可能也是长期以来学术界对审计任期关注较多，而鲜有对独立董事任期予以讨论的原因之一。但任期长短对二者行为的具体影响仍存在很大的差异，这种差异又最终会对公司治理水平产生不同的影响。因此，我们试图利用中国上市公司的数据，为独立董事的任期后果提供经验证据。

第二节 理论分析与假设提出

独立董事是否应该有明确的任期限制，取决于其有效性随任职期限的变化。如果任期的延长能够使独立董事持续地对公司治理水平发挥积极作用，那么就没有必要对其任职期限予以限制；相反，如果任期过长会损害独立董事的有效性，导致公司治理水平的下降，那么就需要对其予以明确的限制。而任期的长短会同时对独立董事的胜任能力以及独立性产生影响，两方面的综合作用才能反映独立董事对公司治理水平的最终影响。

一、胜任能力随任期变化的分析（"学习效应"）

独立董事发挥作用的必要条件之一是其所具备的专业资格，或者说胜任能力。为此，我国证监会要求上市公司独立董事中至少包含一名会计专业人士，并且独立董事以及拟任职的独立董事都要参加相关部门的培训。

在任职初期，独立董事对上市公司的具体信息掌握较少，专业胜任能力，或者说能够有效监督及建议的能力有限；而随着任期的延长，独立董事参加董事会议的次数增多，与管理层以及其他董事的交流增多，从而对上市公司的经营特点和财务状况更加了解，其专业胜任能力随任期的延长而提高。也有研究表明，在位高管会故意持有内部信息来阻止新上任的外部董事为增加公司透明度所做的努力，而随着独立董事任期的延长，高管与独立董事之间的信息不对称程度降低，这种有意"抵制"的倾向也会相应降低（Armstrong et al., 2014）。

同时，根据学习曲线效应，知识或经验一开始会以较快的速率得到积累，但最终会稳定在某一水平，我们称前者为学习阶段，后者为饱和阶段。独立董事对公司的了解程度会随着其任期的延长而增加，但其对公司信息的掌握最终会达到一定的饱和状态。此时，若不考虑信息获取成本，则独立董事掌握的信息就是上市公司的真实情况，而在实践中，独立董事需要花费时间和精力来获取上市公司信息，即存在信息搜寻成本，所以，独立董事的胜任能力不会随着任期的延长而无限提高，而是会在其可接受的信息搜寻成本下相对稳定。

图9-1较直观地反映了独立董事的胜任能力随任期延长的变动趋势。当然，独立董事的胜任能力还受一些其他因素的影响，例如，对于一些具有财务背景或实务经验的独立董事来说，其胜任能力可能一开始就处于较高的水平，同时其处于学习阶段的时间较短，但在其他因素不变的情况下，就某一特定任职公司而言，独立董事的胜任能力会随着任期的增加而提高，并最终在某一状态下相对稳定。

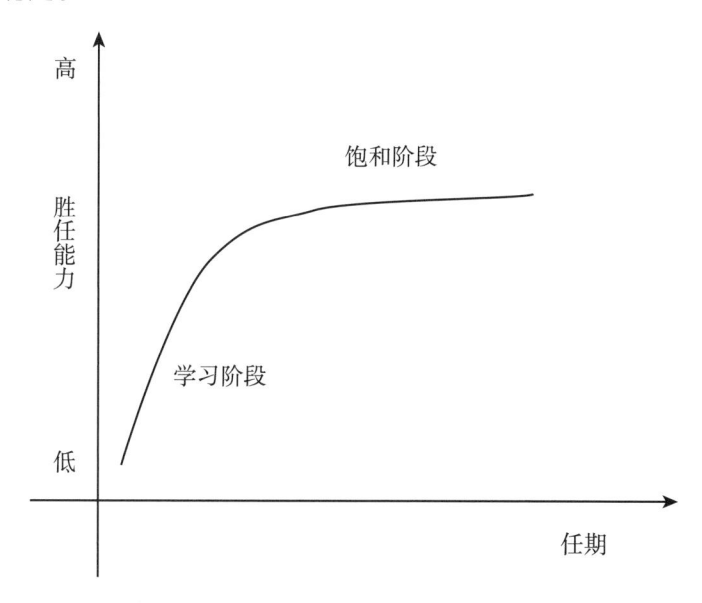

图9-1 独立董事胜任能力随任期的变化

二、独立性随任期变化的分析（"独立性效应"）

任职期限的长短会对独立性产生影响的作用机制至少有以下三点。

第一，主要利益参与者具有"友好"的动机。根据中国证监会规定，"上市公司董事会成员中应当至少包括三分之一独立董事"，独立董事需对"上市公司的重大事项发表独立意见"。随着我国市场经济的发展，上市公司的股权结构也在不断优化，独立董事在董事会的规模和履职内容上的重要性也日益彰显。而且，随着任职期限的延长，独立董事掌握的公司信息增加，其提出建议的权威性增加，因此更可能成为主要利益相关者争取的对象。从独立董事的角度来看，加入上市公司大股东或者高管的"朋友圈"，有利于提高其在资本市场上的知名度，获得更多的独立董事席位。因此，从长远看，彼此具有"友好"动机的双方，随着时间的延长，主动进行关系往来的可能性增加。

第二，从人际关系发展的角度分析。在任职初期，独立董事处于一个相对陌生的组织环境，其对公司各方的利益诉求不甚了解，往往会采取"观望"的态度，此时其独立性水平相对较高且下降较慢，即独立董事更可能站在全体股东或公司的角度发表客观中立的意见。而随着独立董事任期的延长，其参加董事会议的次数增多，与董事会成员以及管理层的沟通接触增多，彼此之间的共同点更容易被识别出来（爱好、籍贯等），这些彼此间的共同点，往往会成为人们加速交往的情感性基础（金耀基，1992）。即随着任期的延长，独立董事与公司主要的利益相关方产生个人关系（情谊）的可能性增加，表现为独立性的加速下降。而中国社会情境下，正如费孝通先生所指出的"中国的道德和法律，都因之得看所施的对象和'自己'的关系而加以程度上的伸缩。""在这种社会中，一切普遍的标准并不发生作用，一定要问清了，对象是谁，和自己是什么关系之后，才能决定拿出什么标准来。"（费孝通，2011）。因此，从人际关系发展的角度来看，任期延长可能会导致独立董事对公司非规范化行为的容忍度上升，即独立性的下降。

第三，从理性人的角度分析。考虑到我国独立董事大都有其主要从事的工作，担任独立董事多属兼职。而上市公司一旦出现问题，独立董事作为董事会成员却往往难辞其咎。因此，独立董事往往有其独立性的"底线"，即独立董事会根据个人的风险偏好设定某一独立性水平，此时其独立性的边际风险成本等于边际风险收益，此后，即使任期增加，独立性水平仍相对稳定。唐清泉等（2006）和戴亦一等（2014）对独立董事辞职行为的研究，也证明了独立董事能够识别公司风险，并通过辞职来保持其独立性"底线"。

图9-2较直观地反映了独立性水平随任期延长的变化情况，表明其在任职开始的一段时间内，独立性水平较高，随着任职时间的延长，独立性水平下降，但最终会保持一定的独立性"底线"。在实践中，独立董事的来源可能并不独立，这直接导致其在任职初期的独立性水平就较低，但上述分析依旧适用，因为随着任期的延长，其独立性水平可能更低。

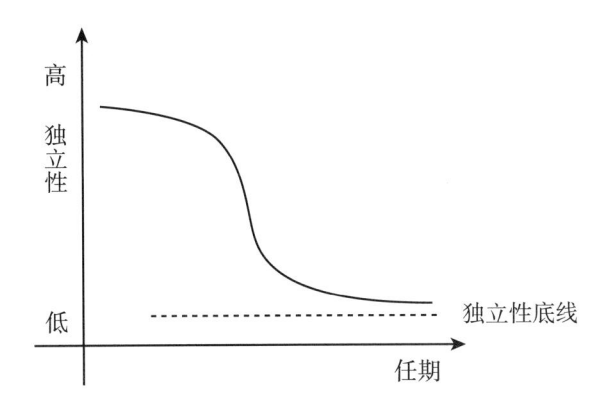

图 9-2 独立董事独立性水平随任期的变化

三、独立董事有效性的综合分析

图 9-1 和图 9-2 是以独立董事为对象，对其胜任能力和独立性随任期变化的分析，接下来分析二者的相互作用会对公司治理水平产生何种影响。假设独立董事对公司治理的影响程度（有效性）为 $E = C \times I$，其中，C 代表独立董事在某一任职阶段的胜任能力（competence），I 代表其此时的独立性水平（independence）。根据上述分析，C 与 I 都是任期 t 的函数，同时，独立董事胜任能力随时间的增加边际递减，而其独立性水平的降低边际递增，但存在一定的独立性"底线"。为简化起见，我们假设其他条件不变，则可以得到如下关于任期 t 的函数。

独立董事有效性随任期变化函数：

$$E(t) = C(t) \times I(t) \qquad (9.1)$$

由学习效应可知：

$$dC(t)/dt > 0 \text{ 且 } d^2C(t)/dt^2 < 0 \qquad (9.2)$$

由独立性效应可知：

$$I(t) = i(t) + i_0; dI(t)/dt < 0 \text{ 且 } d^2I(t)/dt^2 < 0 \qquad (9.3)$$

根据式（9.2）和式（9.3）的信息对式（9.1）求 $E(t)$ 关于 t 的一阶导数和二阶导数。根据现有条件我们无法判定式（9.1）关于 t 的一阶导数符号，但可以确定其二阶导数小于 0。因此，单纯从数学的角度考虑，独立董事的有效性随任期变化的函数图象在二维直角坐标系中是凹向原点的。但因其一阶导不确定，即无法确定是否存在一个确定的任职期限 T_0，使得式（9.1）在 T_0 处取得极值。因此，关于独立董事有效性随任期变化的函数图象共有以下三种可能的形态（见图 9-3）。

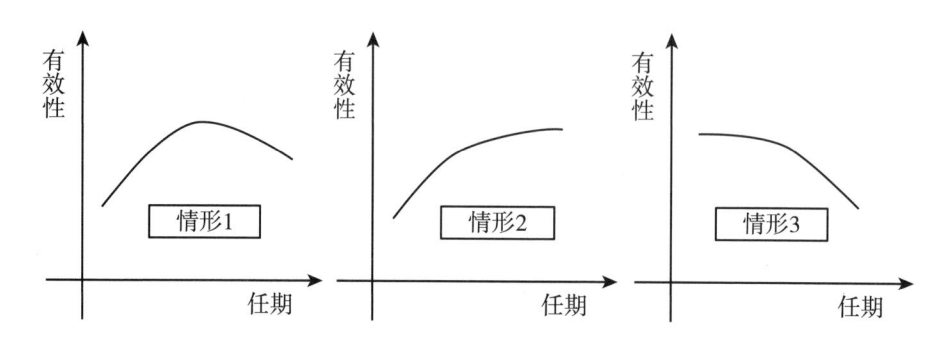

图 9-3　独立董事有效性随任期变化的三种可能的情形

情形 1 是极值存在的情况，即存在某一确定任期 T_0，此时独立董事的有效性达到最大值，即在 T_0 之前独立董事的学习能力发挥主要作用，表现为公司治理水平的提高，当任职期限超过 T_0 后，独立性的下降作用超过其胜任能力的作用，表现为公司治理水平的下降；情形 2 是极值不存在，且 $E(t)$ 的一阶导大于零的情况，即独立董事的专业胜任能力一直占主导作用，或者说独立董事的独立性能够始终保持较高的水平，此时，独立董事有效性随任期的变化趋势与其胜任能力随任期的变动十分相似；情形 3 是指独立董事的独立性下降一直占主导作用，表现为 $E(t)$ 的一阶导为负，此时，随着任期的延长，独立董事的有效性下降。情形 3 在实践中也许会个别存在，即媒体所谓的"花瓶""懂事"，但从独立董事制度在全球资本市场的整体发展来看，情形 3 显然没有存在的合理性，因此，下文分析中，将不再讨论该情形，而重点关注情形 1 与情形 2。

问题是，目前我国独立董事有效性随任期的变化，更符合情形 1 还是情形 2 所示的情况呢？事实上，情形 1 所示的变化情况，为目前我国对独立董事任期进行严格限制提供了理论依据，即独立董事任期超过一定年限后，独立性降低带来的负效应超过了学习能力提高的正效应，表现为整体有效性的下降，故对其任期予以严格限制。

与情形 1 不同，情形 2 则说明独立董事任期的延长不会损害其有效性，同时也必须指出，其有效性随任期的延长边际递减。这说明在任职前期，独立董事的工作积极性相对较高，往往会花费较多的时间和精力来了解和解读公司信息，学习效应显著；同时，由于进入一个相对陌生的组织环境，其独立性在任职初期会保持在一个较高的水平。因此，整体上独立董事的有效性在任期前期提高较快。而随着任期的继续延长，独立董事的学习效应基本达到饱和，其独立性却随时间延长而继续降低，导致有效性的下降，但该负效应并没有超过学习能力的正效应，所以，整体上依旧表现为有效性的缓慢提高。根据前文对学习效应和独立性效应的分析，独立董事的学习能力和独立性水平最终都会稳定在某一水平，此时，理论上独立董事的有效性也会达到相对稳定的状态。那么，如果任期继续延长，独立董事有效性的增加可能微乎其微。我们认为这也是为什么国内对独立董事有效性检验结论不一的原因之一，因为出于成本收益分析，随着任期的延长，独立董事对公司治理的影响最终会达到某一稳定水平，呈现"不求有功，但求无过"的职能模式（俞伟峰等，2010）。

综上所述，我们认为，目前我国独立董事有效性随任期的变化更符合情形2所示，并据此提出以下假设。

假设9.1：随着任期的延长，独立董事的有效性不断提高，但边际递减。

本章拟从以下四个方面考察独立董事对公司治理的影响：（1）大股东的资金占用水平；（2）异常关联购销水平；（3）关联担保比率；（4）财务报告质量。上述指标的选取是基于我国引进独立董事制度的初衷，即主要缓解我国上市公司股权集中所导致的第二类代理问题。约翰逊等（Johnson et al.，2000）将控股股东通过各种手段掠夺上市公司、侵占中小股东利益的行为定义为"掏空"，并进一步指出在投资者保护程度较差的新兴市场国家和地区，控股股东的掏空行为更普遍。已有实证证据表明，资金占用是我国大股东对上市公司进行利益侵占的主要手段之一（Jiang et al.，2010；叶康涛等，2007；李增泉等，2005）。而在我国特殊的制度背景下，大股东还可以通过企业集团的内部资本市场进行资源转移，唐清泉等（2005）的研究就证明了大股东控制下的各种关联交易是形成资金占用的重要原因。考虑到关联交易行为发生的频率以及涉及的金额，本章重点关注商品和劳务的异常关联购销以及上市公司为股东及其实际控制人和关联方提供的担保。此外，上市公司的财务信息质量是上市公司各利益相关方决策的重要依据，而在我国较为集中的股权结构背景下，大股东往往会通过关联交易对上市公司的盈余信息进行干预（洪剑峭、方军雄，2005；Jian & Wong，2010）。因此，本章认为上市公司的财务报告质量也在一定程度上反映了我国第二类代理问题。

此外，独立董事一些个人特征可能会对上述作用路径产生影响。我们主要从独立董事的财务会计背景及其在资本市场的声誉成本（兼职家数）进行考察。

从胜任能力的角度分析，独立董事履职的过程中需要进行职业判断。胡奕明和唐松莲（2008）的研究发现，有财务会计背景的独立董事能够提高上市公司的财务信息质量。在独立性不变的情况下，我们认为，相对于其他独立董事，具有财务会计背景的独立董事对公司的财务信息更加敏感，能够从相对专业的角度提出建议和进行监督。因此，凭借专业优势，其会在较短的时间内掌握公司情况（图9-4实线所示，学习阶段的斜率较于整体水平更大一些）。同时，我们认为，在公司的内外部环境发生变化时，他们更容易调整自身的学习状态以适应新变化，因此，平均来说其胜任能力稳定水平可能高于整体样本。

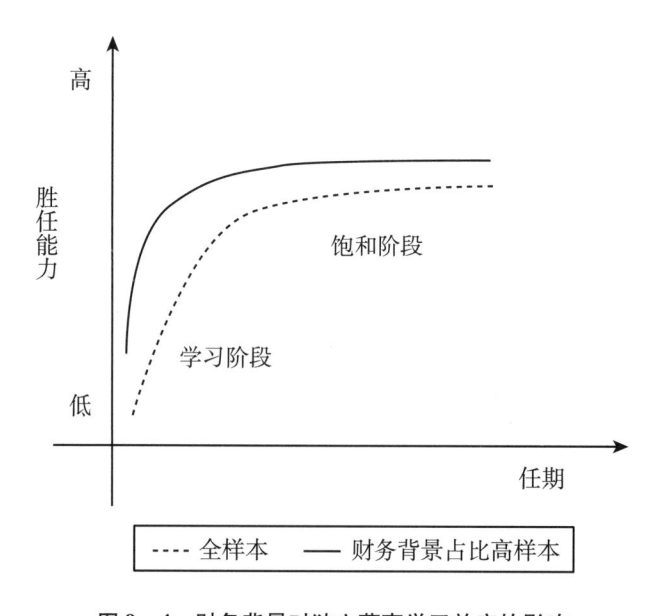

图9-4　财务背景对独立董事学习效应的影响

从独立性的角度分析，独立董事兼职的上市公司家数越多，其获得的经济利益就越多，同时，其人际交往的范围也越大。由于独立董事的兼任信息必须在上市公司的年度报告中予以披露，因此在一定程度上，兼任家数越多，可以理解为该独立董事的市场声誉越高。而有国外研究指出，独立董事的声誉具有明显的连锁效应，即独立董事所任职的任何一家公司出现与独立董事没有尽职有关的问题，都会影响其在其他上市公司的任职情况（Srinivasan，2005；Fich &

Shivdasani，2007）。这说明，兼职家数的多少通过声誉成本直接影响了独立董事的独立性。此外，叶康涛等（2011）发现独立董事兼任的公司董事职位越多，其获得的平均薪酬越高，则越有可能不投赞成票，这表明高声誉的独立董事更倾向于对有问题的董事会议案提出公开质疑。基于此，我们认为，兼任上市公司家数较多的独立董事，可能更注重其在资本市场的声誉，因此即使任期较长，其仍会保持较高的独立性水平（见图9-5）。

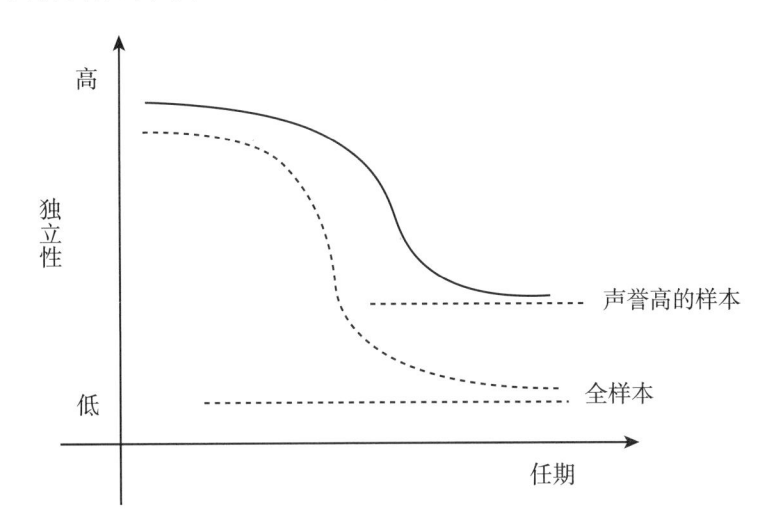

图9-5 声誉高低对独立董事独立性效应的影响

基于以上分析，在其他条件不变的情况下，提出以下假设。

假设9.2a：有财务背景的独立董事，随任期的延长，学习效应更显著。

假设9.2b：声誉成本较高的独立董事，随任期的延长，独立性效应下降较小。

第三节 研究设计

一、样本选取

本章选取2003~2013年沪深两市所有A股上市公司为初始样本。根据我国证监会的要求，上市公司董事会在2003年6月30日前应至少包括1/3的独立董事，因此，我们将观测值的最早年份定于2003年。随后进行以下筛选：

(1) 剔除金融保险行业类的公司；(2) 剔除 ST 公司；(3) 剔除控制变量数据缺失的公司。最终得到 17265 个观测样本进行实证分析（根据因变量的不同，样本量会有变化）。本章数据除了最终控制人的类型数据来自 CCER 数据库之外，其他数据均来自国泰安数据库。文中所有连续变量均在 1% 和 99% 分位进行了 Winsorize 处理。

二、模型设计与变量定义

根据前文分析，设计非线性模型（9.4）来检验研究假设 9.1，具体如下：

$$CG_{it} = \alpha_0 + \alpha_1 Tenure_{it} + \alpha_2 Inver\_Tenre_{it} + \sum Controls_{it} + \varepsilon_{it} \quad (9.4)$$

其中，CG_{it} 为被解释变量，本章主要从四个指标考察独立董事任期变化对公司治理产生的影响程度，分别为：（1）大股东对上市公司的资金占用（Tunneling），参照郑国坚等（2013），采用上市公司的母公司，以及受同一母公司控制的其他企业占用上市公司其他应收款的余额与期末总资产的比重计算得到（简称为大股东资金占用）；（2）异常关联购销（absRPT），参照郑国坚（2009），计算上市公司与母公司以及受同一母公司控制的其他企业之间购买（接受）商品（劳务）和销售（提供）商品（劳务）的年度发生额之和与总资产的比值，但考虑到关联购销中含有企业正常性经营需求，本章借鉴简和黄（Jian & Wong, 2010），利用上市公司的总资产、资本结构以及市值账面比，分年度、分行业对上市公司关联购销水平进行了回归，采用回归残差的绝对值表征异常关联购销水平；（3）关联担保（RG_ratio）采用上市公司为股东、实际控制人及其关联方提供的担保额与期末净资产的比值衡量；①（4）上市公司的财务报告的信息质量（absDA），参照德肖等（Dechow et al., 1995）、科塔瑞等（Kothari et al., 2005）采用经业绩调整的截面修正 Jones 模型，计算操控性应计利润的绝对值。以上被解释变量的值越大，分别代表大股东对上市公

---

① 国泰安数据库对外担保累计数据从 2008 年开始提供，因此，我们对关联担保的检验是从 2008 年开始。此外，《关于规范上市公司与关联方资金往来及上市公司对外担保若干问题的通知》中明确规定上市公司不得为控股股东及本公司持股 50% 以下的其他关联方、任何非法人单位或个人提供担保。根据本章对关联担保中被担保人与上市公司的关系的统计，上市公司的关联担保有 93% 以上均是为其子公司提供担保。因之，本章主要的假设分析中采用的关联担保是指上市公司为股东、实际控制人及其关联方提供的担保，在稳健性测试中，将上市公司对子公司的担保额也纳入了检验，基本结果不变。

司的资金占用水平越高、异常关联购销水平越高、关联担保比率越高以及财务信息质量越低。

本章主要考察的解释变量为独立董事的任期（$Tenure$）及其倒数形式（$Inver\_Tenre$）。尽管我们无法知晓独立董事有效性随任期变化的真实函数形式，但是，本章所建立的模型形式，通过对参数 α_1 和 α_2 的估计，可以验证独立董事有效性随任期变化的不同情形。例如，当 α_1 显著而 α_2 不显著时，表示独立董事有效性随任期线性变化；而当 α_2 显著，且 $\alpha_1 \times \alpha_2 < 0$ 时，假设 9.1 成立，即前文分析的情形 2；若 α_2 显著，同时 $\alpha_1 \times \alpha_2 > 0$，则说明有拐点的存在，即前文情形 1 的结果。

表 9-2 列示了主要变量定义及说明，主要的控制变量包括董事会特征，例如公司董事任期（$Chir\_tenure$）、交叉任职（$PctinChir$）、独立董事比例（$Pctdd$）等；公司的股权性质（SOE）、公司年龄（$Listage$）以及上市公司的主要财务指标，例如公司规模（$Size$）、财务杠杆（Lev）等。此外，借鉴前人对资金占用、关联交易、关联担保以及盈余质量的研究，在检验不同的回归模型中分别控制了其相应的常见变量。

表 9-2   变量定义

变量类型	变量名称	变量符号	变量说明
被解释变量	资金占用	$Tunneling$	母公司及受同一母公司控制的其他企业占用上市公司其他应收款期末余额/总资产
	异常关联购销	$absRPT$	与母公司及受同一母公司控制的其他企业发生的异常关联购销额与总资产的比率
	关联担保	RG_ratio	上市公司为股东、实际控制人及其关联方提供担保的余额/期末净资产
	财报质量	$absDA$	操控性应计利润的绝对值
解释变量	独董任期	$Tenure$	上市公司独立董事任期平均值
	任期倒数	$Inver\_Tenre$	独立董事平均任期的倒数
控制变量	董事长任期	$Chir\_tenure$	截至当年担任公司董事长的年限
	交叉任职	$PctinChir$	独立董事受聘于当前董事长任期内的比例
	独立董事比例	$Pctdd$	独立董事人数/董事会总人数
	公司年龄	$Listage$	截至当年公司的上市年限

续表

变量类型	变量名称	变量符号	变量说明
控制变量	股权性质	SOE	最终控制人为国有取1，否则为0
	两职合一	Dual	董事长与总经理是同一人取1，否则为0
	公司规模	Size	年末总资产的自然对数
	财务杠杆	Lev	年末负债总额/资产总额
	盈利水平	Roa	总资产净利润率
	公司成长性	BM	资产总计/市值
	市场风险	Stckret	上市公司股票的年回报率
	股权集中度	Top1	第一大股东持股比例
	抵押能力	Pctppe	固定资产净额/资产总额
	质押能力	Pctint	无形资产净额/资产总额

为检验假设 9.2，根据具有财务背景的独立董事占比以及独立董事兼职家数的中位数进行分组，分样本对模型（9.4）进行回归，观察不同特征下独立董事任期对上市公司治理水平的影响是否存在差异。

三、描述性统计与相关性分析

表 9-3 列示了主要变量的描述性统计。资金占用（Tunneling）的均值为 0.005，异常关联购销（absRPT）的均值为 0.062，关联担保（RG_ratio）的均值为 0.011，财报质量（absDA）的均值为 0.060。独董任期（Tenure）为 2.790 年，接近 3 年，这与我国上市公司董事会每三年进行换届有一定关系，中位数为 2.712 年，二者差异不大。董事长任期的平均值分别为 2.400 年，说明上市公司的董事长平均来看，更换比较频繁，与刘运国和刘雯（2007）的发现一致。其他变量的统计值也处于合理范围之内。未报告的相关性分析及共线性检验显示，主要控制变量之间不存在严重的共线性问题。

表 9-3   主要变量的描述性统计

变量	样本量	均值	标准差	最小值	中位数	最大值
Tunneling	11432	0.005	0.023	0	0	0.177
absRPT	17265	0.062	0.105	0	0.034	0.706

续表

变量	样本量	均值	标准差	最小值	中位数	最大值
RG_ratio	4484	0.011	0.135	-5.867	0	0.492
$absDA$	16147	0.060	0.063	0	0.042	0.526
$Tenure$	17265	2.790	1.273	0.148	2.712	5.882
$Chir\ tenure$	17265	2.400	2.146	0	1.751	9.589
$PctinChir$	17265	0.860	0.314	0	1.000	1.000
$Size$	17265	21.580	1.211	18.840	21.430	25.300
Lev	17265	0.468	0.220	0.046	0.475	1.000
$Top1$	17265	37.610	15.640	9.087	35.790	75.190
SOE	17265	0.544	0.498	0	1.000	1.000
$Dual$	17265	0.190	0.392	0	0	1.000
$Listage$	17265	8.310	5.371	0.137	8.077	20.099
$Pctdd$	17265	0.361	0.051	0.231	0.333	0.556
Roa	17265	0.043	0.070	-0.255	0.039	0.251
$Stckret$	16147	0.286	0.858	-0.744	0.001	3.699
$Pctppe$	4484	0.243	0.172	0.002	0.211	0.764
$Pctint$	4484	0.049	0.055	0	0.034	0.318
BM	16147	0.696	0.243	0.132	0.725	1.389

第四节 实证分析与进一步说明

一、独立董事有效性随任期变化的检验结果（假设9.1）

表9-4报告了模型（9.4）的回归结果。列（1）和列（2）检验了独立董事随任期延长对大股东资金占用水平的影响。列（1）只包含了独董任期（$Tenure$）的一次项及相应的控制变量，列（2）在前者的基础上加入了任期的倒数（$Inver\_Tenre$）。结果显示，在没有放入任期倒数项的情况下，$Tenure$ 的系数在10%的水平上显著为负，可初步认为独立董事任期越长，对大股东资金占用的抑制作用越好。进而，当我们加入独立董事任期的倒数项后，发现倒数

项 Inver_Tenre 的系数在 1% 的水平上显著，且为正。同时，Tenure 的系数不再显著，进一步对模型拟合优度的变化进行显著性检验，发现列（2）的拟合效果在 1% 的水平上显著优于列（1），即含有独立董事任期倒数项的模型更能反映样本特征。因此，全样本回归的结果表明上市公司大股东资金占用水平随独立董事任期的延长呈曲线下降的变动趋势。

表 9-4　　　　　　　　　　假设 9.1 回归结果

自变量	Tunneling		absRPT		RG_ratio		absDA	
	(1)	(2)	(3)	(4)	(5)	(6)	(7)	(8)
Tenure	-0.0004* (-1.669)	0.000 (0.619)	-0.002** (-2.431)	-0.001* (-1.847)	-0.002 (-0.986)	0.001 (0.350)	-0.002*** (-3.895)	-0.001* (-1.930)
Inver_Tenre		0.001*** (4.152)		0.001 (0.630)		0.012** (2.348)		0.003*** (2.980)
Chir_tenure	0.000 (0.288)	0.000 (0.598)	0.000 (0.324)	0.000 (0.378)	-0.001 (-0.723)	-0.001 (-0.680)	-0.001* (-1.878)	-0.001 (-1.650)
PctinChir	-0.000 (-0.440)	-0.000 (-0.669)	-0.013*** (-4.731)	-0.013*** (-4.756)	0.005 (0.656)	0.005 (0.653)	-0.003* (-1.936)	-0.004** (-2.092)
Listage	0.002*** (4.245)	0.001*** (4.066)	0.013*** (15.254)	0.013*** (15.260)	0.005* (1.829)	0.006* (1.929)	0.001 (1.149)	0.001 (0.980)
Pctdd	-0.013*** (-3.075)	-0.013*** (-3.063)	-0.033** (-2.198)	-0.033** (-2.192)	-0.047 (-1.210)	-0.046 (-1.186)	0.016* (1.658)	0.016* (1.677)
SOE	-0.000 (-0.272)	-0.000 (-0.244)	0.013*** (6.914)	0.013*** (6.913)	0.003 (0.647)	0.003 (0.637)	-0.006*** (-5.243)	-0.006*** (-5.220)
Dual	0.001 (1.592)	0.001 (1.586)	-0.006*** (-3.186)	-0.006*** (-3.190)	0.007 (1.283)	0.007 (1.293)	0.003** (2.143)	0.003** (2.130)
Size	-0.001*** (-3.077)	-0.001*** (-3.035)	0.008*** (10.668)	0.008*** (10.679)	0.008*** (3.972)	0.008*** (3.992)	-0.004*** (-7.480)	-0.004*** (-7.414)
Lev	0.006*** (5.061)	0.006*** (5.028)	0.011** (2.571)	0.011** (2.564)	-0.053*** (-4.028)	-0.054*** (-4.032)	0.046*** (14.883)	0.046*** (14.861)
Roa	-0.064*** (-18.403)	-0.064*** (-18.383)	0.042*** (3.276)	0.042*** (3.275)	-0.198*** (-4.878)	-0.198*** (-4.869)	0.042*** (4.399)	0.042*** (4.430)
Top1	0.000*** (5.640)	0.000*** (5.618)	0.001*** (11.074)	0.001*** (11.071)	0.000 (1.036)	0.000 (1.031)	0.000*** (6.338)	0.000*** (6.289)
BM	-0.005*** (-4.495)	-0.005*** (-4.469)					-0.013*** (-4.635)	-0.013*** (-4.622)
Stckret	-0.001** (-2.148)	-0.001** (-2.105)					0.009*** (8.500)	0.009*** (8.549)

续表

自变量	Tunneling		absRPT		RG_ratio		absDA	
	(1)	(2)	(3)	(4)	(5)	(6)	(7)	(8)
Pctppe					0.032** (2.202)	0.033** (2.279)		
Pctint					-0.012 (-0.294)	-0.014 (-0.344)		
常数项	0.024*** (4.512)	0.022*** (4.120)	-0.246*** (-14.122)	-0.247*** (-14.086)	-0.176*** (-3.427)	-0.193*** (-3.710)	0.130*** (10.420)	0.126*** (10.069)
年份、行业	是	是	是	是	是	是	是	是
N	11432	11432	17265	17265	4484	4484	16147	16147
调整R^2	0.118	0.120	0.140	0.140	0.013	0.014	0.078	0.078
F检验	17.24***		0.4		5.51**		8.88***	

注：括号里的数字为t值。*、**、***分别代表在10%、5%、1%的水平上显著。

列（3）和列（4）报告了独立董事随任期变化对上市公司异常关联购销水平的影响，实证结果显示，任期的延长可以降低上市公司与大股东及其关联方的异常关联购销水平。特别地，列（3）和列（4）模型拟合优度变化的F检验显示，在模型中加入任期的倒数项并不能提高对应模型的拟合优度，即独立董事任期对异常关联购销水平的抑制呈线性变动模式。因此，在接下来的分析中，不再将任期的倒数项放入对该指标的回归。

列（5）和列（6）是上市公司为股东、实际控制人及其关联方的担保比率随独立董事任期变化的结果。在不控制倒数项的情况下，任期变化对降低上市公司的关联担保比率没有影响。加入倒数项后，发现独立董事随任期延长对关联担保的抑制作用在5%的水平上显著，支持了假设9.1的边际递减假设。

列（7）和列（8）报告了独立董事随任期延长对操控性应计质量的影响，虽然列（7）中任期的一次项在1%的水平上显著为负，但加入任期倒数项后，F检验显示列（8）模型的拟合效果更优。

表9-4的结果基本支持了本章的研究假设9.1，即独立董事的有效性随任期的延长而不断提高，只是有效性提高的程度在逐渐下降。其背后的逻辑是，在任职前期，独立董事的独立性水平较高且下降缓慢，而此时其胜任能力却随着信息的获取而迅速提高，并达到相对饱和状态；随着任期的延长，独立董事独立性可能会加速下降，但总体来说并没有超过学习效应所带来的正效应；最后独立性和胜任能力都在某一水平下保持相对稳定，此时独立董事有效性几乎

不再提高，而是保持相对稳定。图9-6较直观地反映了表9-4的回归结果。

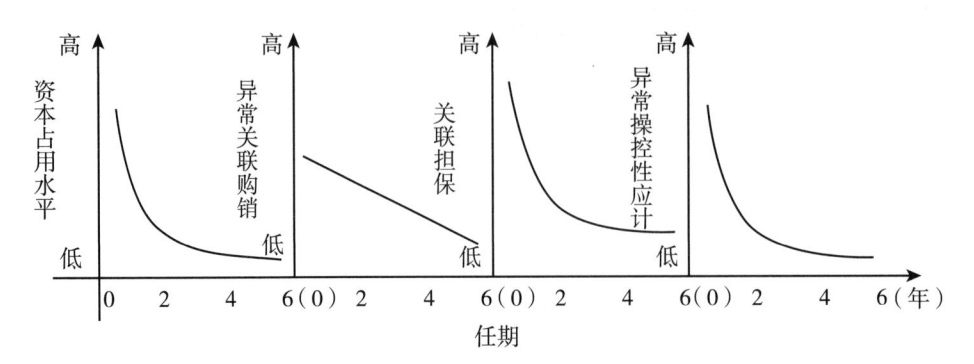

图9-6 假设9.1回归结果直观图

二、不同独立董事特征下任期变化对公司治理的影响

首先，将全样本根据具有财务背景的独立董事占所有独立董事的比例分年度进行排序，低于中位数的样本定义为"财务背景占比低"组（$Acc=0$），高于中位数的样本定义为"财务背景占比高"组（$Acc=1$）。同理，按照其兼任上市公司的家数多少进行排序，低于中位数的样本定义为"兼职家数少"（$Firm=0$），高于中位数的样本定义为"兼职家数多"（$Firm=1$）。其次，为排除分组后组间任期差异导致的后果差异，对不同分组下的独立董事任期进行了描述性统计，未列示的结果说明，不同财务背景占比分组以及不同兼职家数的分组下，主要考察的独立董事任期变量（$Tenure$）在均值及分布上不存在显著的差异。最后，表9-5列示了不同分组下对模型（9.4）的回归结果。

表9-5 不同特征下独立董事的任期后果

	Panel A：以财务背景分组的回归检验							
变量	$Acc=0$	$Acc=1$	$Acc=0$	$Acc=1$	$Acc=0$	$Acc=1$	$Acc=0$	$Acc=1$
	Tunneling		absRPT		RG_ratio		absDA	
Tenure	-0.001 (-1.296)	0.000 (0.011)	0.000 (0.327)	-0.004*** (-3.305)	-0.001 (-0.286)	0.000 (0.115)	-0.001 (-1.031)	-0.001 (-1.186)
Inver_Tenre	0.002 (0.941)	0.001** (2.457)			-0.001 (-0.184)	0.016** (2.114)	0.001 (0.638)	0.004** (2.051)
N	4052	5064	6484	7503	2040	2444	5994	7036
调整R^2	0.051	0.138	0.159	0.130	0.023	0.028	0.077	0.076

续表

Panel B：以兼职家数分组的回归检验

变量	Firm=0	Firm=1	Firm=0	Firm=1	Firm=0	Firm=1	Firm=0	Firm=1
	Tunneling		absRPT		RG_ratio		absDA	
Tenure	-0.001*	-0.001	-0.002**	-0.001	-0.000	0.001	-0.001	-0.001
	(-1.835)	(-1.193)	(-2.013)	(-0.598)	(-0.091)	(0.964)	(-0.714)	(-1.694)
Inver_Tenre	0.001*	0.001			0.025**	0.002	0.003**	0.000
	(1.925)	(0.778)			(2.329)	(0.536)	(2.431)	(0.214)
N	5096	5349	7763	7800	1807	2049	7177	7422
调整 R^2	0.108	0.074	0.133	0.148	0.036	0.033	0.078	0.078

Panel C：财务背景与兼职家数的交叉分组检验

变量	Acc=0	Acc=0	Acc=1	Acc=1	Acc=0	Acc=0	Acc=1	Acc=1
	Firm=0	Firm=1	Firm=0	Firm=1	Firm=0	Firm=1	Firm=0	Firm=1
	Tunneling				absRPT			
Tenure	0.000	-0.000	0.001	0.000	-0.003	0.003	-0.004*	-0.003
	(0.175)	(-0.600)	(1.258)	(0.026)	(-1.548)	(1.274)	(-1.710)	(-1.300)
Inver_Tenre	0.001	0.001	0.005***	0.001				
	(0.431)	(0.728)	(3.868)	(0.787)				
N	2264	2184	1642	1920	2837	2706	2049	2424
调整 R^2	0.114	0.097	0.188	0.108	0.130	0.154	0.105	0.144
变量	RG_ratio				absDA			
Tenure	-0.003	0.001	-0.004	0.001	-0.002	-0.001	0.001	-0.002
	(-0.496)	(0.239)	(-0.453)	(0.561)	(-1.360)	(-0.816)	(0.868)	(-1.351)
Inver_Tenre	-0.003	-0.005	0.025*	0.005	0.001	-0.002	0.010***	0.002
	(-0.171)	(-0.731)	(1.698)	(0.811)	(0.386)	(-0.571)	(3.881)	(0.663)
N	863	872	945	1177	2821	2702	2041	2419
调整 R^2	0.061	0.049	0.051	0.032	0.096	0.083	0.089	0.092

注：上述检验均控制了模型（9.4）所示的控制变量及年度、行业效应。括号里的数字为 t 值。*、**、*** 分别代表在 10%、5%、1% 的水平上显著。

根据表 9-5 Panel A 对财务背景的分组检验结果，财务背景占比较低的分组（$Acc=0$）独立董事的有效性在四个计量指标上都不随任期的延长而变化（系数均不显著）。而在财务背景占比较高的分组中（$Acc=1$），随着任期的延长，独立董事的学习效应一直显著大于独立性效应，表现为任期倒数项系数的显著。进而 Panel A 的结果支持了假设 9.2a。

从 Panel B 列示的分组检验的结果来看，相对于身兼数职，兼职较少的独立董事随着任期的延长，更能够持续发挥作用。一个可能的解释是，现阶段我国资本市场的声誉机制并不能对独立董事进行有效约束（罗进辉，2014），而身兼数职的独立董事更可能因为各种复杂的"关系"而导致独立性随任期的延长下降更快，进而不能有效发挥作用。因此，假设 9.2b 并未得到支持。

此外，独立董事的财务背景在一定程度上具有静态属性，而兼职家数的多少却会随时间发生变化，为对二者进行统一，并更好地检验上述分组的有效性，我们对财务背景分组和兼职家数分组进行了交叉检验。根据 Panel C 的结果，同时具有财务背景且兼职较少的独立董事随着任期的延长依旧能够发挥有效作用。根据目前我国证监会的要求，上市公司独立董事中应至少包含一位会计专业人士。此外，为了保证履职精力，明确规定独立董事原则上不得在 5 家以上上市公司同时任职。本章的分样本检验也在一定程度上支持了上述规定的合理性。

三、进一步说明及稳健性测试

1. 对实证结果实践意义的进一步说明

本章从独立董事任期的视角，实证检验了其对于公司治理第二类代理问题的有效性。结果表明，在任职前期，独立董事对降低资金占用水平、抑制关联担保以及提高公司财务信息质量作用显著，但随着任期的延长，其在上述三个方面的有效性也逐渐趋向稳定。此外，独立董事对降低上市公司异常关联购销水平方面，随任期的延长，一直发挥积极作用。而目前，我国对于独立董事任期有明确的限制，即连续任职时间不得超过 6 年，我们以大股东资金占用水平随任期的变化为例，用图 9-7 进行直观的比较说明。

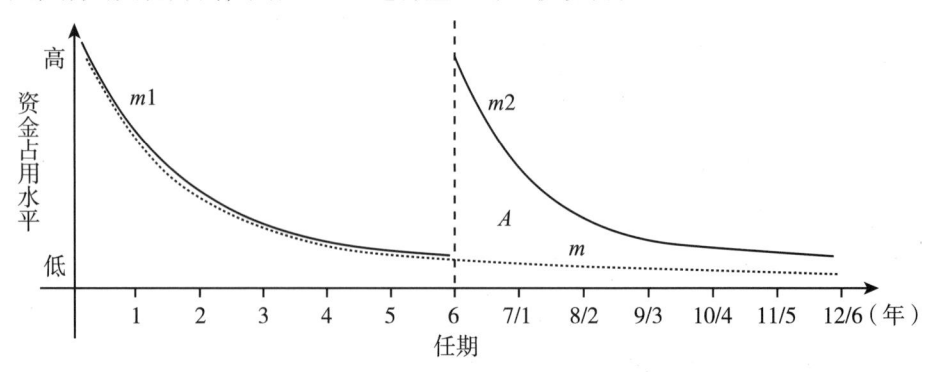

图 9-7 独立董事任期后果的进一步说明

在不考虑其他控制变量的情况下，根据假设 9.1 的实证结果，拟合大股东资金占用水平随任期逐年变化的情况。我们考虑两个最长任期的情形（12年），并假定独立董事具有同质性。曲线 $m1$ 和 $m2$ 是任期为 6 年时的情况，可以看到，在 6 年中，随着任期的不断增加，大股东资金占用水平整体呈现下降趋势，并在前 3 年变化相对显著，在后 3 年，尤其最后 2 年变化缓慢。这里我们可以将纵轴理解为独立董事对大股东资金占用水平的容忍程度。随着任期的延长，独立董事对上市公司的了解加深，对大股东资金占用水平的容忍度不断降低，并最终稳定在一个较低的水平。如果独立董事没有最长任期限制，那么其对大股东资金占用的抑制情况则如 m 所示，虽然在 6 年后，独立董事对大股东占款的容忍程度下降缓慢，但却始终维持在一个较低的水平。在图 9-7 中，曲线 m 和 $m2$ 之间的区域 A，在某种程度上可以表示独立董事最长任期届满强制离任的成本。

简言之，我们的实证结果说明，独立董事任期的延长并没有因为其独立性的降低而导致公司治理水平的下降，最终仍是学习效应发挥主导作用，表现为公司治理水平的缓慢提高。

2. 对学习效应的进一步说明

本章的实证结果是对独立董事胜任能力与独立性的综合反映，即一种净效用的体现。为了更直观地检验学习效应的存在，我们考虑上市公司某一年度新入职的独立董事占比（$Pctnew$）（任期少于 1 年的独立董事占所有独立董事的比例）对上述公司代理问题的影响。根据前文的理论分析，新入职的独立董事对公司情况的掌握有限，不太可能有效发挥监督建议作用。同时，相比其他公司高管，已掌握公司信息的独立董事对新入职的独立董事更快地了解公司可能会有一定的"传帮带"作用。那么，新入职的独立董事越多，则上述"传帮带"的作用越小，从而不利于独立董事学习效应的提高。因此，我们预期独立董事中新入职的比例越大，越不利于提高公司治理水平。

表 9-6 的结果显示，新入职的独立董事占比越高，大股东对上市公司的资金占用水平在 5% 的水平上显著越高；操控性应计的绝对值也在 1% 的水平上显著更高。同时，新上任独立董事占比对异常关联购销和关联担保比率的系数也为正，虽然在统计上不显著。表 9-6 的结果说明了学习效应的重要性，也在一定程度上说明了对任期进行强制性限制的制度成本——新上任的独立董事虽然可能具有较高的独立性水平，但却对公司层面的信息掌握有限，进而不

能有效发挥作用。

表 9-6　新入职的独立董事占比对公司治理的影响

变量	(1) Tunneling	(2) absRPT	(3) RG_ratio	(4) absDA
Pctnew	0.002** (1.986)	0.000 (0.978)	0.004 (0.518)	0.009*** (4.212)
控制变量	是	是	是	是
年份、行业	是	是	是	是
N	9974	14765	4484	13795
调整 R^2	0.113	0.128	0.013	0.078

注：括号里的数字为 t 值。**、***分别代表在 5%、1% 的水平上显著。

3. 对独立董事"去而复返"的进一步说明

根据本章的理论分析及实证结果，随着任期的延长，学习效应带来的积极作用能够始终发挥主导作用，说明独立董事能够随着任期的延长持续发挥作用。接下来，我们利用一种更为直观的现象，进一步检验独立董事任期实质性延长的经济后果。在对独立董事任期进行分析计算时，我们发现在我国上市公司中，存在这样一种"去而复返"的现象：独立董事在某一上市公司任职一段时间后离开，间隔一定的时间后又返回该公司任职。这一特殊行为的存在，为我们检验独立董事任期的延长后果提供了可能。

具体的，本章选取符合以下条件的独立董事样本：（1）在上市公司连续任职大于等于 3 年后离职；（2）离任后又继续回该公司任独立董事；（3）离任又上任之间的时间间隔在 3 年以内。考虑到我国上市公司董事会大都每 3 年进行换届，我们认为，独立董事在上市公司待满 3 年（一个任期），其对公司情况的掌握即可以达到一个相对全面的程度，即条件（1）在一定程度上说明独立董事的学习胜任能力相对饱和。条件（3）保证了任职的公司情况没有发生太大变化，也是在一定程度上保证独立董事仍对目标公司具有较高的了解程度。

根据本章的初选样本，在 2003～2013 年的样本区间内，共有 236 个独立董事具有"去而复返"行为，其中，符合上述筛选条件的共有 111 个。我们根据同年度、同行业、资产规模相近、资本结构相近以及新上任独立董事占比相近的配对原则，对上述符合筛选条件的样本进行了配对，重点关注"去而复返"独立董事上任第一年是否发挥作用。表9-7为配对后的回归检验结果，相比于没有"去而复返"的样本（$Dummy\_back = 0$），"去而复返"的独立董事（$Dummy\_back = 1$）在上任初期即对降低上市公司异常关联购销、关联担保比率以及操控性应计水平等方面发挥作用。上述实证结果在一定程度上支持了本章关于适当延长独立董事任期的推论。

表9-7　　　　　对"去而复返"样本上任第一年的检验

变量	（1）	（2）	（3）	（4）
	Tunneling	absRPT	RG_ratio	absDA
Dummy_back	0.000 (0.072)	-0.038** (-2.146)	-0.037** (-2.026)	-0.016* (-1.784)
控制变量	是	是	是	是
N	51	123	71	207
调整R^2	0.076	0.078	0.257	0.052

注：括号里的数字为t值。*、**分别代表在10%、5%的水平上显著。

4. 其他的稳健性测试

我们还进行了如下的稳健性测试。（1）采用上市公司的母公司及受同一母公司控制的其他企业占用上市资金的净额，即其他应收款减去其他应付款的净额与总资产的比值衡量资金占用水平（$Tunneling2$）。（2）先计算关联销售额与营业收入的比值加上关联采购额与营业成本的比值，然后估计异常关联购销水平进行回归检验（$absRPT2$）。（3）将上市公司对子公司的担保额计入关联担保，检验总的关联担保比率（RG_ratio2）随任期的变化情况。（4）考虑到随着市场经济的不断发展与完善，上市公司的投资决策可能愈加频繁并趋于专业化，同时，大股东利用其表决权优势进行的偏好投资也可能以中小股东和债权人的利益为代价。因此，我们亦检验了随着独立董事任期的延长，其对上市公司异常投资效率（$absInvest$）的影响。（5）目前，学术界开始关注独立董事的学术型背景与实务型背景，参考全和李（Quan & Li，2017）的做法，我们以独立董事是否正在高校任职或从高校退休为划分依据，检验了学术型独立董事（$Scholar = 1$）和实务型独立董事（$Scholar = 0$）随任期延长对公司治理的作用，检验结果较为均衡。（6）采用了其他指标来衡量独立董事任期，包括：独立董事任期的中值、最大值以及"三角值"（最大值、最小值、中值三者的平均值）。以上稳健性测试的部分结果列示在表9-8中，总体来看检验结果与前文发现基本保持一致。

表9-8 稳健性测试的结果

	Panel A：因变量指标的稳健性测试							
变量	(1)	(2)	(3)	(4)	(5)	(6)	(7)	(8)
	Tunneling2		absRPT2		RG_ratio2		absInvest	
Tenure	-0.001 (-1.485)	-0.000 (-0.341)	-0.002* (-1.688)	-0.001 (-0.969)	-0.010* (-1.893)	-0.007 (-1.281)	-0.001* (-1.892)	-0.001* (-1.742)
Inver_Tenre		0.002* (1.709)		0.002 (1.101)		0.013 (0.906)		-0.000 (-0.328)
控制变量	是	是	是	是	是	是	是	是
年份、行业	是	是	是	是	是	是	是	是
N	11061	11061	17265	17265	4383	4383	8550	8550
调整 R^2	0.082	0.082	0.115	0.115	0.113	0.113	0.032	0.032
	Panel B：学者型独立董事占比高低的分组检验							
变量	Tunneling		absRPT		RG_ratio		absDA	
	Scholar=0	Scholar=1	Scholar=0	Scholar=1	Scholar=0	Scholar=1	Scholar=0	Scholar=1
Tenure	0.000 (0.540)	-0.000 (-0.029)	-0.003** (-2.157)	-0.001 (-0.794)	0.001 (0.092)	0.002 (0.951)	-0.001 (-1.237)	0.000 (0.047)
Inver_Tenre	0.002*** (2.642)	0.001 (0.943)			0.023* (1.908)	0.016** (2.522)	0.002 (1.080)	0.004*** (2.933)
控制变量	是	是	是	是	是	是	是	是
年份、行业	是	是	是	是	是	是	是	是
N	5201	4871	6538	6180	1623	1594	6436	6170
调整 R^2	0.133	0.111	0.094	0.104	0.029	0.027	0.090	0.077

注：括号里的数字为t值。*、**、***分别代表在10%、5%、1%的水平上显著。

第五节 研究结论

独立董事是否应该有明确的任期限制取决于其有效性随任期的变化，而学术界对此问题长期以来关注较少。以 2003~2013 年我国 A 股上市公司为研究对象，本章的实证结果显示，随着任期的延长，独立董事在大股东对上市公司的资金占用、异常关联购销、对外关联担保比率以及财务信息质量等方面发挥出积极的治理作用，同时，这种治理的有效性随任期延长，总体上以边际递减的方式上升。研究还发现，独立董事的财务背景及其兼职家数的多少会对其学习能力和独立性产生不同程度的影响，进而影响其有效性随任期的变化。同时，新入职的独立董事占比以及"去而复返"的特殊样本，进一步支持了本章的逻辑推论。考虑到目前我国独立董事人才市场尚不完善的现状以及供给结构性减少的事实，根据本章的实证结果，适当延长独立董事任期对缓解上述问题具有一定的积极意义。

第三篇

法律环境、公司治理与企业行为

第十章

中国法律环境与企业行为：综述与展望

第一节 为何关注法律环境

在学术研究中，法与金融历来是经济学研究中的重要议题，数十年来，大量的学者将注意力集中于这一领域，也产生了极为丰富的研究成果。在实践上，决策层始终高度关注与经济活动相关的法律制度建设，习近平总书记多次强调"要坚持依法治国、依法执政、依法行政共同推进，法治国家、法治政府、法治社会一体建设"。党的二十大报告指出："坚持依法治国、依法执政、依法行政共同推进，坚持法治国家、法治政府、法治社会一体建设，全面推进科学立法、严格执法、公正司法、全民守法，全面推进国家各方面工作法治化。"这切实反映了顶层设计中，对法律制度与经济发展关系的重视。如此之多、之重的关注背后，隐藏着的问题在于，法律制度对经济发展而言，缘何如此重要？从不同的学科视角出发，这一问题的答案可能是多样性的。从公司治理的角度出发，我们可能可以简要而清晰地梳理出一条回答的脉络。

人类社会的经济活动是由无数的生产和交易行为组成的，而如果我们采信科斯和张五常等的新制度经济学观点，那么由企业为主体的生产行为也是将交易内部化的契约安排。从这一点出发，经济活动的本质可能就是丰富、多样和不间断的交易。既是交易，就需要一个秩序来保障交易的完成。否则，整个经济社会就遵循"弱肉强食"的丛林法则，欺诈、凌霸甚至暴力都会充斥市场。此时，任一交易中双方的行为都难以被良好地预期，也均面临着巨大的不确定性，交易成为一项高风险的活动。市场的失序使得交易难以开展，进而导致市场不断地萎缩，最后，经济活动陷入停滞，发展也就无从谈起。因此可以说，秩序是保障经济活动的基础。

问题在于，秩序从何而来。诺思（North，1990）提出了一个观点，即一系列成文或不成文的制度，建立了经济活动的基本原则。任何交易的参与者，要想获得社会支持和存在的合法性，就要遵循它所处的制度环境。换句话说，制度塑造和界定了交易参与者可被社会接受和支持的行为边界（Aldricich & Fiol，1994）。这些制度揭示了交易参与者所面临的行为约束和拒绝遵守所可能的惩罚，也就规范了交易者的行为。行为一旦被规范，预期随之变得可行，交易所面临的不确定性也就大大地降低了，市场交易因而能够不断地发生和完成。

这样的例子有很多，如当产品的质量难以轻易了解，交易者中的卖方可能会采取以次充好的方式来获得更多的利益，而买方知道这一可能性的存在，于是选择只接受次等商品的价格。如果这种行为没有制度上的规范，市场就会陷入"劣币驱逐良币"的柠檬市场（Akerlof，1970）。但如果存在一项制度，使得卖方所宣称的质量能够得到很好的保证，又或者以次充好的行为在事后面临足够的惩罚，且这种惩罚的可信度极高，那么，买方便不再担心受骗，而可以大胆交易，并基于对方所宣称的质量报价。于是，市场交易能够持续地完成，经济活动由此得到发展。

制度有多个维度的区分，在形式上，有正式和非正式之分，那些书面的、正式被国家强制力量所认可的制度，形成了正式制度（Baumol，1990；Denzau & North，1994）；而另一部分没有被有意设计的、不成文，但却被广泛接受的传统、伦理、道德等则构成了非正式制度。在来源上，詹科夫等（Djankov et al.，2003）的"新比较经济学"将之归结为：一是出于自律的市场参与者自我约束；二是市场竞争形成的自发约束；三是行业自律或者行业自我约束；四是由法律体系提供的法律约束；五是由行政体系提供的监管约束；六是政府对微观经济活动进行干预的行政约束；七是通过行政、市场、法律相协调的国家治理约束。无论是正式制度还是非正式制度，也无论哪种来源，都能够在一定程度上完成为市场提供秩序的重任，而差别在于具体的情景下所能起到的作用程度。

其中，法律通过国家强制力量保障，以书面的形式在一国或者多国范围内存在，其正式性、强制性导致了极高的可信度，因而可能是一种最为基础性的制度范式。法律对市场参与者行为进行了具有刚性的约束，并明确展示了违背法律所面临的惩罚，具有极强的约束力，因而可以大幅度地减少前述的交易成本，进而促进交易的发生，推动市场的繁荣。需要说明的是，法律不仅包括条款的制定与发布，还包括执行，两者共同构成了一个地区的法律环境。对中国的情境而言，一方面，中央政府制定了诸多全国性法律法规，构成了总体的法律制度。地方政府在不违背上位法的前提下，也出台了许多地方性的规章制度，同样构成地方法律环境的一部分。另一方面，法律在各地的执行情况存在差异（黄文艺，2012）。这两方面决定了，在我国，各个地区之间存在法律环境的不同（付子堂、张善根，2014）。这种不同，与各个地区经济发展、企业行为的差异性一起，给我们观察和理解法律制度对经济的作用提供了一个良好的场景。

有鉴于此，在本书的这一章，我们结合现有研究，简要回顾现有研究中法律环境对企业行为的影响。具体地，我们从法律环境对企业行为的规范、法律环境对企业交易的促进，以及法律环境与企业依存的其他制度的关系三个主要方面展开，最后，我们展望了法律环境与企业行为相关研究在未来的可能方向。特别需要说明的是，考虑到中外法律制度的差异和本书的主旨，我们主要关注了中国相关问题的研究，而较少考虑基于国外背景的研究。

第二节　法律环境对企业行为的规范

法律环境之所以值得特别关注，是由于其强制性地规范了市场参与者的行为，从而能够降低交易费用，促进经济增长。那么，法律制度是否真的能够对企业的行为进行约束，如何约束，就是现有研究中的一大主题。

由于信息不对称的存在，企业内部人拥有信息优势，从而可能做出有利于自身但损害外部投资者利益的行为。为抑制这一问题，各国的法律制度都设置相关条款来保护外部投资者，从而减少内部人的利益侵占行为。而这些法律的严格与否、执行情况就会形成对企业内部人行为的不同约束。部分研究对此进行了关注，例如，从国际比较角度来说，戴克和津加莱斯（Dyck & Zingales，

2002）检验了对投资者的法律保护与内部人利益攫取行为，他们发现，法律制度对投资者保护越强的经济体，内部人侵占公司利益的行为越少。克莱帕和洛夫（Klapper & Love，2002）也进行了类似的工作，并得出了近似的结论。针对中国问题的此类研究也有一些，姜国华等（2008）研究了中国公司大股东资金占用问题，他们发现良好的法制环境会抑制大股东掏空上市公司的行为。马连福和曹春芳（2011）发现，良好的地区法制环境会抑制上市公司IPO募集资本变更用途的影响，减少上市公司损失性募集资本变更。王兰芳等（2019）研究了法制环境对企业研发"粉饰"的影响，他们发现企业有动机采取利用创新较小的实用新型专利代替创新较大同时难度更高的发明专利。在制度环境较好的地区，良好的法律制度既可以更好地保护专利的产权，又能够形成更有效的信息环境，加强对公司的监督。因此会扼制企业"粉饰"研发的行为。这些研究都从不同的企业行为角度，说明法律环境会在一定程度上对内部人侵占投资者利益的行为进行规范。

这一主题的研究还有一部分体现在法律环境对会计信息的影响上。会计信息是缓解内外部信息不对称的基础性信息机制，企业内部人为了实现其控制权私利，总是有动机扭曲会计信息，而良好的法律环境可以约束这一行为。盈余管理是一种典型的信息扭曲，迪伦等（Dyreng et al.，2012）发现，由于法律对公司财务操纵的监管力度以及事后的处罚力度不同，公司所在地的法律环境会影响公司的盈余管理行为。陈克兢等（2017）针对中国的研究也得出类似的结论，他们发现法治程度更好的地区，地方部门执法效率较高，更容易识别企业的盈余管理行为并给予处罚，因而可以扼制盈余管理行为。方红星等（2017）研究了法律制度环境对会计信息质量的影响，他们发现由于大供应商、大客户和企业之间存在私有信息渠道，因此，供应链的集中度会削弱会计信息的可比性。但是，法律制度会对上述私有信息分享形成约束，降低供应链集中度对会计信息质量的影响。张鸣等（2012）的研究以审计师变更为切入点展开，围绕法律环境对市场主体的相关行为的影响进行研究。研究发现，制度环境越发达，上市公司的审计师越不可能被更换。继任的审计师因为诉讼风险高，所以审计也会更加严格。罗炜和饶品贵（2012）发现，制度环境较好的地区，上市公司因为盈余管理行为更换投行的可能性更小，且更可能更换为声誉更好的投行。这些研究尽管出发点有所差异，但都共同揭示了法律制度的完善对规范公司内部人会计信息扭曲行为、降低信息不对称的巨大作用。

以上是部分法律环境规范企业这一市场主体中内部人行为，降低交易费用的例证。当然，法律环境对企业行为的规范，远不止这一个视角，在环境污染（梁平汉、高楠，2014）、社会公平（李雪灵等，2012）、产品质量等许多维度，法律制度对企业也会产生显著的规范作用。

第三节　法律环境对交易的促进

法律制度规范了企业行为，降低了信息不对称和交易成本，这就为诱发交易提供了可能，而交易的扩大，最终将促进市场的发展和经济的繁荣。

这方面的实证研究最早来自拉·波特等（La Porta et al.，1997、1998），他们从外部股东和内部人之间的委托代理矛盾出发，强调对外部股东的保护性法律制度可以减少内部人对外部投资者的利益侵占，因而促进潜在的投资者购买公司股份，从而促进金融发展。基于这一思想，他们对法律制度与金融交易的关系进行了跨国别实证研究：通过对49个国家的法律制度进行评分，并将之和该国的公司外部金融市场发展相联系，发现法律制度对投资者保护较弱的国家会有更小规模的资本市场，债权和股权融资的规模都要更小。这一开创性工作将法律制度与金融市场发展联系了起来，如果考虑到金融市场的发展是金融交易不断繁荣的结果，那么这一工作也初步印证了法律制度对交易发生的促进作用。基于类似的逻辑，德米尔古克·昆特和马克西莫维奇（Demirguc-Kunt & Maksimovic，1999）关注了债权市场，他们发现在那些法律制度更有效的国家，大公司会有更多的长期债务绝对量，且长期债务在总债务中所占的比例更大。

也是基于同样的出发点，大量的学者对中国的相关问题进行了验证。肖作平（2009）针对中国情境进行了类似的工作，他发现在中国那些法律制度较好的地区，公司会有更多的债务比例。考虑到债务的来源主要包括商业交易和金融交易，这些研究都可以视为从法律对融资影响的角度展现了法律制度对交易的影响。余劲松和梁红英（2006）利用27个国家和地区的截面数据研究了法律制度和证券市场参与的关系，他们发现，证券市场参与率与法律制度的完备程度正相关。何韧等（2015）研究了法制环境对小微企业银企关系与信贷可得性之间关系的影响。他们发现，良好的银企关系会拓宽小微企业贷款渠道，增加其贷款数量。在法制环境相对较好的地区，银企关系与小微企业信贷之间的关系得到了加强。邓路等（2014）研究了法律环境和民间金融之间的关系，他们发现，地区法制环境越差，民营企业越依赖民间金融，但后者会对企业绩效产生负面作用，从而不利于经济增长。这些研究表明，法律制度的完善可以促进金融交易的开展，他们也大多发现，金融交易对企业价值带来了正面影响。而且正如张健华和王鹏（2012）发现的那样，这些金融交易还增加了银行的利益。他们发现，良好的法律保护水平不仅能够促进银行贷款规模，还能提高银行经营业绩。

以上是法律环境在总体上对金融交易产生正面影响的例证，还有学者从具体法律的角度验证了这一问题。例如钱雪松等围绕《中华人民共和国物权法》（以下简称《物权法》）这一具体法律制度进行了一系列的研究，新《物权法》进一步扩大了担保财产的范围，明确了担保物权的设定程序，因而可能对之前难以通过提供抵押借款的企业产生直接的影响。他们发现新《物权法》实施之后，那些固定资产比例较低的企业流动性负债和总体负债都获得了更快的增长，而这一负债增长主要由于商业信用而非银行贷款驱动（钱雪松、方胜，2017）。他们还发现，担保品的扩大，降低了企业出于预防性动机的现金持有，增加了企业的资金使用效率（钱雪松等，2019a）。同时，可抵押范围的扩大，使得那些抵押品更少的企业降低了债务成本（钱雪松等，2019b）。由这些研究可见，《物权法》对担保品范围的改善促进了企业和交易对手之间的金融性交易，通过增加抵押物的方式增加了交易的可能性，降低了交易成本。这些研究，从具体法律制度变革的角度生动说明了法律制度对市场交易的重要作用。

不仅金融交易会受到法律环境改善的促进，其他交易中也有类似的效果。在投资交易中，刘慧龙和吴联生（2014）发现，法制环境较差的地区，地方政府越可能采用宽松征税的方式变相给予辖区内企业优惠，以提升该地区的竞争力。而在法制环境较好的地区，优越的法律环境本身也成为一项竞争优势，因而无需通过降低税负的方式吸引投资。在控制权交易中，李善民和张媛春（2009）发现，较差的法制环境会导致控制权转移交易中交易成本增加，而法制环境的改善会降低交易成本，提高交易效率。何轩等（2014）研究了企业外部制度环境与家族代际传承的关系，他们发现如果外部制度环境较差，对企业家的保护不足时，家族会更多地考虑不再保留控制权，反之则更多地进行家族内部的传承。贺小刚等（2019）发现制度环境会对创业者产生影响，当制度环境较好，创业者更倾向于继续经营活动，而不是将企业出售。在国际贸易中，潘镇（2006）基于153个国家和地区的证据表明，制度质量是双边贸易的重要影响因素，市场越规范，私有财产的保护程度越高，越有利于双边贸易的开展。更一般性的商业交易中，吴一平和王健（2015）利用欧洲复兴开发银行和世界银行针对28个转型经济体的调查数据，研究了政治网络对于创业行为的影响，发现只有在法制环境较差的经济体中，政治网络才会对创业行为产生正向影响。这一结果表明，良好的法制环境会对政企连接这一非正式制度产生替代效应，也表明，良好的法制环境会减少不确定性，增加交易的可能，从而促进繁荣。

这些来自不同交易类型的例证，共同表明了一个事实，即良好的法律环境会促进各种类型交易的发生，从而促进经济的繁荣与发展。

第四节 法律环境对其他制度的替代

以上所展示的研究结论表明，法律制度可以对市场主体的行为进行规范，从而降低交易成本，进而促进交易的发生和完成，最终推动经济增长。但是，实际经济运行中，良好的法律制度并非随处可得，以中国为例，艾伦等（Allen et al.，2005）沿用拉·波特等的做法，对改革早期的中国法律制度进行了测评，他们发现改革初期中国的法律制度完备程度，无论是和发达国家相比，还是和其他新兴市场经济体相比，均处于相对较弱的状态。而且，中国的法律制度还存在不均衡的问题。陈信元等（2010）研究了中国资本市场投资者保护相关法律实施的市场反应，他们发现，相对于司法相对更为独立的地区，司法相对不独立地区的公司市场反应更弱。这一结果说明，投资者普遍认为，地方政府在法律执行中存在差异。但显然的事实是，中国的经济获得了巨大的发展和成功，这种成功的背后也必然有着一系列的制度保障。这些正式或非正式的制度，如政企连接、治理架构等，在一定程度上弥补了法律制度的暂时缺失，起到了治理作用。随着依法治国理念的深入，中国法治进程的加快，构建社会主义市场经济法律体系工作也在稳步进行（刘伟，2015），自然的问题是，法律环境的改善会对这些治理机制产生替代作用吗？有部分研究可以为我们回答这一问题提供了支持。

一是与政府的关系方面。西方理论认为，和政府的关系是发展中国家在法律制度不完善的情况下，企业寻求的替代性保护机制（La Porta et al.，1998、2002）。在中国，地方政府在法律执行中扮演重要作用（潘越等，2015），那么在法律制度不完善的地区，企业是否会以与政府的关系作为替代性保护机制，反过来，法律制度较好的地区，是否就会对政府关系依赖性更弱呢？就现有的大部分研究看，答案可能是肯定的。余明桂和潘红波（2008）研究了政企连接和民营企业贷款之间的关系，他们发现政企连接会增加民营企业贷款数量、延长贷款期限结构。更重要的是，在良好的法制环境地区，政企连接所起到的作用会显著降低。罗党论和唐清泉（2009）从地方产权保护这一法律制度具体角度出发，研究了法制环境和民营企业政企连接之间的关系。他们发现，民营企业的政企连接是对法制环境不完善的一种替代性机制，正是由于法制的不完善、对产权的保护不足，才导致了民营企业寻求政企连接。

二是企业自身的治理结构。除了政府这一外部机制，企业内部治理制度也会产生相应的作用，以降低对法律制度的需求。例如，通过集团企业形式形成内部资本市场，可以缓解因为法律制度供给不足带来的金融交易不足；或者，通过控股股东这一股权制度安排，可以缓解法律对投资者保护不足带来的相关问题。部分研究也对此进行了关注，如黄俊和张天舒（2010）研究了我国企业选择集团这一组织形式的制度诱因。他们发现，由于外部法律制度的不足，市场交易存在较高成本，集团模式会降低这种成本。这也就说明，法律制度和其他非正式制度之间存在替代关系。甄红线等（2015）发现终极控制权和公司外部法制环境都能够促进民营上市公司业绩提高，但两者也存在替代效应，随着制度环境的提高，终极控制权对业绩的促进效应逐步消失。张鸣等（2012）从审计师变更的角度，研究了法律环境对市场主体行为的影响。他们发现，在制度环境相对发达的地区，上市公司更不会轻易更换审计师，而且即使更换，也更有可能是进行审计师的升级。进一步地，由于较高的诉讼风险，继任的审计师也会更加严格地进行审计。由此可见，随着法律缓解的完善，一些外部或者内部的治理机制重要性可能下降，这也就说明，法律制度和其他制度之间存在替代关系。

三是企业外部的其他非正式制度方面。崔和王（Choi & Wong，2007）的跨经济体证据表明，当公司所在市场的法制环境较差时，公司更可能通过聘请"五大"审计师事务所来标榜自己的良好会计信息质量。郑军等（2013）研究了商业关系网络与企业交易成本的关系，他们发现关系网络有助于节约交易成本，提升企业价值。在法制环境较差的地区，这一关系更为明显。这一研究说明，关系网络这一非正式制度在一定程度上也能够降低交易费用，但在法制成熟地区，非正式制度的作用就会受到抑制。从而表明，法律制度和非正式制度之间存在一定的替代性关系。这些例证都表明，非正式制度在起到一定作用的同时，也存在与法律之间的替代关系。

以上研究从不同的角度出发，共同说明在有良好法律制度保障的情况下，部分其他制度的重要性下降了，这也从另外一个角度说明了法律制度对经济发展的重要性。需要强调的是，这种替代性可能是有边界的，法律和其他制度之间可能并不存在完全替代关系，并不意味着只要法律制度足够好，其他制度就可以或者应该退出市场。

第五节　总结和展望

我们在前文中以一个简单的逻辑梳理了法律环境、企业行为之间的关系，这种关系的起点在于，交易的不断开展构成了市场的发展和繁荣，而交易天然需要某些制度来提供秩序。法律制度作为一种国家强制制度，以其强制力、可信度规范了交易参与者的行为，降低了交易成本，进而促进了交易的发生，也就推动了经济发展。同时，其他制度也在为市场提供秩序，他们和法律制度之间存在替代性作用。伴随着这一逻辑，我们简要回顾了相关研究，特别是近年来针对中国市场的相关研究。这一回顾工作为上述理论逻辑提供了支撑，也为我们更好理解法律制度和企业行为之间的关系提供了更为生动鲜活的案例。我们相信，法律制度对企业行为的影响，会在未来很长的历史阶段内存在，这一领域也会不断涌现出更新、更有意义的研究。考虑到法律、特别是社会主义市场经济法律制度的完善，未来的研究可能在以下方向有所突破。首先是全国性法律制度的逐步完善，市场改革的路径和手段逐步法制化（李扬，2015），法律能够为市场交易提供的保障可能会进一步扩大，此时，其他制度，特别是那些非正式制度是否会逐步退出，这种退出的边界何在，关系、文化等非正式制度是否会在更好的法律制度下扮演更重要的角色。其次，当前法学界对如何完善法律环境有所争论，法治化的地方先行（倪斐，2013）和执法权力上收

（韩志红、陈爽，2010）各有支持者，其在经济、治理研究领域带来的机遇是，一方面，这种争论不应该仅仅是法学理论层面上的，而是要求我们从经济后果的角度，为地方政府在法律执行和保障层面所带来的影响提供更多的证据；另一方面，这种争论所带来的地方政府在法律环境中重要性的变化，也可以给我们提供更多的观测机会。最后，近年来国际外部环境的变化可能会对国际法的缔结与废除产生重要的实质性影响，国际法的变动对全球化经济行为，包括"一带一路"、国际投资和贸易、结算，以及公司治理机制带来哪些影响，可能也是值得关注的问题。

第十一章

高管继任、职工薪酬与隐性契约*
——基于中国上市公司的经验证据

企业是一系列契约（包含隐性与显性契约）的组合（Jensen et al., 1976; Cheung, 1983; Bowen et al., 1995）。在完全契约状态下，股东可以通过与高管签订系列契约，来激励高管以实现企业价值最大化（Jensen et al., 1976; Grossman et al., 1980）。但在现实经济生活中，不仅契约是不完全的（Hart, 1988; 杨瑞龙等, 2006），有些契约还常常难以观察，比如隐性契约。隐性契约的存在为高管建立以控制权私利最大化为目的的公司政治提供了便利，譬如，高管与其他利益团体形成利益同盟，包括政府、媒体、法院、员工甚至高校等（Hellwig, 2000）。本章主要讨论和检验的是高管和员工之间的隐性联盟问题。在企业内部，员工是高管建立公司政治的重要结盟对象之一，与员工建立良好的工作关系能降低高管日常经营活动中的交易成本（Jensen et al., 1976; Cronqvist et al., 2009; Pagano et al., 2005），能够丰富高管人员的社会关系网络。工资是高管与员工交流的最主要工具，当然也可能是高管和员工合作侵犯股东利益的一种方式。

职工薪酬是高管与职工建立政治利益同盟的重要工具之一，尤其在中国企业职工收入结构相对简单的情况下，工资在高管与职工利益同盟之中的作用更强。并且，相对于股东，高管和员工都作为代理人角色而存在，具有共同的利

---

* 本章原文以《高管继任、职工薪酬与隐性契约——基于中国上市公司的经验证据》为题发表于《经济研究》2011年第2期，有所改动。

益诉求，因此，两者更容易形成"互惠"的利益同盟，这种同盟关系的维持和发展可能会以牺牲股东利益为代价（Jensen et al., 1976; Hellwig, 2000）。因此，股东和高管之间的委托代理问题就可能对职工薪酬产生影响（Cronqvist et al., 2009; Pagano et al., 2005）。

关于高管与职工之间的隐性契约关系的研究当前大多集中于劳动经济学领域（Akerlof, 1982; Schmidt, 1995），认为职工的努力程度与工资水平正相关，高工资换取了职工的高质量工作。但在公司治理领域，大多研究关注公司高管、大小股东、董事之间的关系，鲜有研究关注高管与员工之间的关系。高管与员工的关系作为对企业价值最大化极为重要的关系之一，似乎始终没有得到应有的重视。在中国这样一个转型经济体（吴思, 2009），以隐性契约为基础的公司政治的研究显得尤为重要。即使在资本市场较为发达、法律和公司治理较为完善的西方国家，公司中的隐性契约依然普遍存在（Bowen et al., 1995），然而学术界对其研究却相对缺乏，该领域并没有得到应有的重视。在公司治理领域，尽管职工参与公司治理相对较少，但其在显性契约以及隐性契约的执行中的作用却不能低估，可是学术界在如何填补职工与公司治理的鸿沟方面却相当沉默（Jacoby, 2001）。

高管与员工之间既存在以显性契约为基础的工作关系，也可能存在以隐性契约为基础的私人关系。本章以高管继任为切入点，研究高管继任过程中职工薪酬的变化，分析基于高管控制权私利最大化的公司政治对企业的影响。在高管变更过程中，企业内部的关系网络需要重构（Cao et al., 2006; Huson et al., 2004），这给我们提供了一个更清晰地观察高管与员工隐性契约的建立及其经济后果的窗口。高管与员工隐性契约内容是一个可重复的博弈过程，因能够"互惠"而可以自动执行（Fehr et al., 2000）。我们分析了高管变更过程中双方的"互惠"，检验发现，作为高管给员工高工资的回报，职工在高管变更过程中起到了缓冲的作用，职工工资越高，高管被更换的概率越低。新高管继任后会积极与员工建立政治联盟，相对于高管没有变更的企业，高管变更的企业其当年职工工资有显著增长；相对于企业内部提拔的高管，外聘的高管会更大幅度地为职工增长工资。进一步地，以非高管变更样本作为正常工资增长的估计样本，将高管变更过程中的工资增长划分为正常的工资增长（即经济激励动机的工资增长）和非正常的工资增长（即政治动机的工资增长）。检验发现，经济激励动机的工资增长与未来业绩增长显著正相关，而政治动机的工资增长与未来业绩增长显著负相关。

本章以高管继任为切入点，分析了继任过程中隐性契约的建立及其经济后果，具有政治动机的隐性契约并不利于契约第三方的价值最大化。本章的贡献首要在于，将职工引入公司治理领域，认为职工是高管建立公司政治的重要结盟对象之一，而以往公司治理领域的文献中没有给予职工足够的重视；其次在于丰富了公司治理的隐性契约研究，以及以隐性契约为基础的公司政治研究；最后，一定程度上，本章还发展了高管变更影响因素、经济后果以及企业层面职工薪酬影响因素的研究。

第一节 文献综述

对高管变更的研究，以往文献基本围绕高管变更的影响因素以及高管继任的经济后果两方面。高管变更影响因素的研究文献认为，较差的企业经营业绩可能是诱使高管变更的主要原因之一（Kato et al.，2006；赵震宇等，2007）。与职工相关联的高管变更文献并不多见，比尔格等（Billger et al.，2005）发现大幅度裁员的随后一年，高管被变更的概率较大。在高管继任的经济后果方面，魏斯巴赫（Weisbach，1995）发现，继任高管在上任后会处理掉前任高管购并的亏损资产。曹等（Cao et al.，2006）研究认为，高管的变更不仅意味着代理人的变化，更意味着企业社会关系网络的重构。继任者的不同来源也可能对企业带来不同的影响（Huson et al.，2004）。由以上文献不难发现，以往的研究似乎并没有对职工这个利益相关者有充分的重视，并没有充分考虑高管变更过程中职工所发挥的作用。

职工薪酬的研究可能起源于以职工个人为研究对象的劳动经济学，其中以效率工资理论（Shapio et al.，1984；Akerlof；1982）和绩效工资理论（Lazear，2000；Paarsch et al.，2000）为主，近年在公司财务领域，企业层面职工薪酬的相关研究才开始起步。克龙奎斯特等（Cronqvist et al.，2009）发现具有"堑壕"动机的高管会通过向职工支付高工资享受控制权私利。帕加诺（Pagano，2005）发现当高管和股东之间的利益冲突较大时，高管通过向员工支付高工资与职工形成同盟。还有部分研究关注企业层面职工薪酬的影响因素以及职工薪酬与企业业绩的关系，如陈冬华等（2010；2011）、陈等（Chen et al. ，2009；2011）。这些研究也为本章提供了重要参考。

另外，公司治理中的隐性契约基础也需要加强研究（陈冬华等，2008）。诺思和罗伯特（North & Robert，1973）在论及隐性制度的重要性时提到，"我们必须要关注那些非正式约束。它们对一个社会的运转起到关键作用。但是，我们却不去了解它们是如何运作、如何实施、怎样随时间的变化而演进，以及它们运作的效率"。在可重复的委托代理关系中，显性契约较容易被委托人、代理人以及第三方识别，并有法律作为各方利益实现的保障，但隐性契约更多地存在于委托人和代理人之间（Schmidt，1995），其执行要依靠契约双方的自我执行（Bull，1987），自我执行的一个前提条件就是契约双方能够从执行过程中达到"互惠"（Fehr et al.，2000）。经济学领域关于隐性契约的研究较多地集中于对职工工资刚性起因的研究，认为企业家支付高工资给职工，其目的就是将高工资作为礼物赠给职工，以获取职工努力工作的回报（Akerlof，1982）。但是，在中国，隐性契约正被应用在更多特别是公司治理的研究中，比如，陈冬华等（2008）研究发现，证券监管机构在各地区间分配 IPO 资源时，会参考各地区上市公司发生丑闻的频率和严重程度；江等（Jiang et al.，2009）检验了隐性契约在法律执行中的作用。以上文献从不同视角检验了隐性契约的存在及其经济后果。既然隐性契约的存在具有普遍性，那么在高管变更的过程中，高管为达到控制权私利的最大化，可能会与职工形成以隐性契约为基础的同盟，同盟关系形成的前提条件就是双方的"互惠"，这种"互惠"是否会损害股东的利益呢？这是本章研究的主要问题。

第二节 制度背景、理论分析与假设提出

政府对企业的放权伴随着中国经济体制改革的整个过程。改革开放之前，国有企业职工和管理层工资一直处于严格的计划管制阶段，工资与财务状况完全分离，长期实行等级工资制度。企业管理层和员工缺乏劳动积极性是当时中国企业面临的严重问题。20 世纪 80 年代中期，劳动部实施以企业利润激励为导向的工资预算制度，政府给予企业管理层更多的自主权、生产决策权以及利润留成，管理层也可以在更大程度上激励职工和自己，企业可以按照自己的实际情况进行工资预算。一个重要的变化是，薪酬中除了基本的月度工资，还有

部分浮动工资和奖金,这种工资机制在很大程度上激励了职工努力工作(Groves et al.,1995),但这种薪酬机制对经理人和职工的激励效果受到国有企业用人权的制约(Liu et al.,2004)。在此期间,另一项重要改革是劳动合同制,管理层拥有了较大的用人权。2007年实行新会计准则后,企业合理的工资薪金支出无须再缴纳33%的工资调整税。以上改革的主要目的是建立市场导向的工资结构(Yueh,2004),激发职工的工作积极性。

在西方国家,工会在决定职工工资变化甚至企业重大决策过程中起关键作用。中国早在2000年就出台了《工资集体协商试行办法》,虽然起到了一定的积极作用,但是由于企业职工与企业在工资协商过程中的地位不平等以及信息不对称,工会在工资决策过程中处于弱势。为切实维护劳动者权益,2008年中国颁布并开始执行了《中华人民共和国劳动合同法》。从法律规定的内容以及实施效果看,企业出现劳动纠纷后,工会可以代表员工争取合法权益。尽管在此之前企业工会这种正式规则尚未发挥应有作用,但这并不代表员工不会通过其他途径来维护权益,譬如,可能会以上访或者到政府部门投诉等形式来维护自己的权益。这些非正式抗议形式可能会对企业管理层构成压力。2002年,国务院颁布《关于进一步做好职工代表大会民主评议国有企业领导人员工作的意见》,要求充分发挥以职工代表大会为基本形式的企业民主管理制度的积极作用,增加了职工代表大会对国有企业管理层的民主评议功能。因此,管理层处理其与内部员工的关系可能会成为重要的日常工作之一。

由于政府对社会公平等问题的关注,国有企业高管薪酬受到管制(陈冬华等,2005),然而,管理层还是有较强的动机去经营企业,因为除了货币激励之外,可能更多的是非货币激励,比如人员的任命、舒适的办公环境、签字权等,也包括与员工建立的私人关系等(Jensen et al.,1976)。管理层与员工的关系包括正常的工作关系和工作之余的私人关系,正常的工作关系属于显性契约的范畴,可以通过企业正式的规章制度来规范。而工作之余的私人关系,通过心照不宣的、双方共同遵守的方式来自我执行,我们可称之为隐性契约。管理层为达到个人效用的最大化,往往会通过工作关系来加强这种私人关系。

上述林林总总的社会关系网络,在管理层变更时常常会进行重构(Cao et al.,2006)。新任管理层要处理与企业各种利益相关者的关系,会尽量通过自己对企业的控制权与相关群体达成政治联盟,这些联盟常常以隐性契约为基础，员工是其中最重要的群体之一。① 与员工保持较好的关系至少可能会给管理层带来以下好处。一是降低未来的交易成本。新任高管往往会改变公司的原有战略，尤其是外部来源的高管（Huson et al.，2004）。与员工保持良好的关系可能会在很大程度上降低未来的谈判成本、管理成本等，能够使新任高管的工作得以顺利进行。二是与员工形成利益同盟（Pagano et al.，2005；Cronqvist et al.，2009）。两者的利益同盟以双方自动执行的、不被第三方察觉的、并且能够使双方"互惠"的隐性契约为基础（Fehr et al.，2000）。这种"互惠"将使管理层和职工在现在或将来的契约执行中收益，或者由于不执行隐性契约而受到损失（Bull，1987），隐性契约的执行情况将在一定程度上强化或者弱化高管与职工的政治利益联盟。

首先分析高管在隐性契约执行过程中的收益。② 帕格诺等（Pagano et al.，2005）研究表明，如果高管具有较高的控制权私利，那么高管与职工会形成天然的同盟以抵御被收购的威胁。为保护高管支付给职工的高工资，职工会向购并方游说以抵御购并。在中国资本市场中，尽管接管并不常见，但是高管的变更却相对较多。在高管与员工的可重复博弈中，高管通过以往高管与员工的联盟状况获取信息，能够预期到与职工建立的良好关系能够为自己带来的效用。职工作为理性"经济人"也符合自我利益最大化假设，能够知悉自己与高管重复博弈过程中的收益。对职工而言，工资高低无疑成为能够决定其效用大小的重要指标之一，尤其是职工总是对其过去的努力以及自己努力在企业成果中的比重很有自信（Meyer，1975）。较高的工资更容易使高管被员工所"接受"，因为高管支付的高工资不仅仅满足了员工的自尊（Meyer，1975），可能高工资也向员工传递了信号：现任的高管是"友好"的，是自己的政治利益盟友。

为最大化自己的利益，职工也会采取一系列行动回报"友好"的高管。以往的研究表明，企业经营业绩越低，则管理层被解聘的可能性越大（Kato et al.，2006；赵震宇等，2007）。但是如果高管向职工支付了高工资，形成了较和谐的工作关系和个人关系，那么高管离任的概率可能会因为以下原因而降

---

① 新任高管要处理企业内部的各种关系，比如独立董事、银行、各类股东、税务部门、员工等，本章仅考虑员工，其他利益相关者暂且不提，这并不影响本章的分析。

② 高管与员工良好的工作关系和私人关系将会使双方具有较多收益，而本章的研究重点在于高管变更过程中双方的收益。

低：一是职工向高管变更决定者进行游说，游说的力度与职工目前的工资水平正相关，因为工资水平直接决定了员工从现任高管处获取的利益，或者说工资水平在很大程度上决定了高管和员工同盟关系的强弱；二是良好的高管员工之间关系也会向高管变更决定者传递信号，因为高管变更决定者会意识到，重新构建良好的高管员工关系可能会付出高昂的成本，而良好的关系也是降低交易成本的重要保障之一。因此，在其他条件不变的情况下，当前职工工资水平越高，高管离任的概率越低。同理，如果高管支付给员工的工资较低，这意味着高管与员工之间很难形成良好的个人关系，高昂的交易成本和不和谐的政治联盟关系会增加高管变更的概率。因此，我们提出以下假设。

假设11.1：其他条件不变，上期职工工资水平越高，本期高管被变更的概率越低。

再分析高管变更过程中的职工收益。职工在高管变更过程中的收益在很大程度上取决于高管以建立个人关系为目的的政治动机，因为新上任的高管需要在企业内外构建自己的社会关系网络（Ahuja，2000）。在代理模型中，由于代理冲突的存在，高管会利用对企业各种资源的控制权来获取私利，其中包括企业内的关系网络（Cronqvist et al.，2009）；对职工而言，能够获取其政治利益联盟的最好方法莫过于提高职工的工资（Thaler，1989）。高管被提拔到了新的职位或者到了新的企业，在努力工作的同时，还要积极地与职工建立政治利益同盟。是否利用自己对企业的控制权为职工增长工资，取决于高管对过去高管与职工重复博弈信息的了解及其利弊权衡。高管在分析自己为职工额外付出的同时，也要判断是否也会得到职工的额外帮助。如果高管与职工建立的同盟关系能够给高管带来控制权私利，那么高管会不惜牺牲股东利益来为职工增长工资（Cronqvist et al.，2009）。如果我们的假设11.1能够得到支持，那就说明高管可以通过与职工的政治联盟而增加保住职位的概率，高管与职工之间这种以隐性契约为基础的政治联盟会通过双方的自我执行而获得"互惠"。

新任高管给职工增长工资可能会受到董事会的监督，因为若不考虑高工资增长对职工的激励作用，实际上新增工资成为企业利润的减项。但董事会对超额工资增长的顾虑可能并不构成对新任高管建立政治联盟的阻碍，其理由如下。一是高管是给职工增长工资，董事会的干涉理由不充分，这也是隐性契约不为第三方所察觉的主要表现之一。甚至董事会也会跟新任高管建立政治联盟，不惜牺牲股东利益。董事会与高管的政治联盟在以往文献中得到了大量的实证检验（Adams et al.，2007）。二是高管会以职工激励为借口增长职工的工资，但这种工资增长包含的政治动机无法与经济动机相分离。因此，新任高管既有动机也有能力为职工增长工资。因此，我们提出以下假设。

假设11.2a：其他条件不变，新任高管继任时会更大幅度提高职工的工资。

以往高管变更的文献涉及继任高管来源对企业的影响（Cao et al.，2006；Huson et al.，2004；Shen et al.，2002），研究基本得到一致的结论，即不同来源的高管继任后行为会存在显著差异。对于内部升迁的高管，其主要是职位的升迁，拥有了更多的决策权，同时也拥有了对企业资源更多的控制权。在跟往届高管一起工作的过程中，对企业的各利益相关者相对熟悉，了解企业内部的运作和各种关系的维持。他们与企业普通职工依然会保持较好的关系。当升迁后的高管来掌管企业的经营大权时，他们相对以往更需要职工的配合，需要更稳定和牢固的政治联盟来强化自己对企业的控制权，因此，他们在升迁后会给职工增长工资。

对于从企业外部调任的高管，相对而言，他们并不熟悉企业的运作和特有知识（Shen et al.，2002），更重要的是，外部调任来的高管进入了一个完全不熟悉的环境，在这样的环境中，高管在与企业利益相关者建立正常的工作关系的同时，必须建立自己的政治利益联盟，其目的有以下两点：一是通过政治利益联盟尽快将自己所主持的工作纳入正轨，以弥补高管变更给企业带来的冲击；二是利用对企业的控制权，最大化控制权私利，建立自己的企业内部政治利益网络。相对内部提升的高管而言，外部调任的高管建立自己政治联盟的动机更为迫切，其力度也更大。在高管变更、组织重组之际，外部调任的高管向职工传递"友好"的信号尤为重要，这决定了企业是否具有和谐的高管与员工关系，决定了员工对新上任高管的配合程度。因此，我们有理由相信，相对那些内部升迁的高管，外部调任的高管更需要与职工建立工作之外的个人关系。综上所述，我们提出以下假设。

假设11.2b：其他条件不变，外部来源的高管相对内部来源的高管给职工增长的工资幅度更大。

基于高管利益的职工工资增长可能会在一定程度上超过企业正常的工资增长，其根源在于股东与高管之间的委托代理问题（Cronqvist et al.，2009）。为达到个人控制权私利最大化，高管不惜牺牲股东利益，利用自己所掌握的企业资源为职工增长工资。在企业与职工之间也会存在委托代理问题，解决该问题的主要方式就是将职工利益与企业利益相联系，支付与业绩相关联的薪酬（Jensen et al.，1976；Jensen & Murphy，1990）。但是高管出于自利动机为职工增长工资时违反该原则，向职工支付超额的工资。对于职工而言，这是一种不劳而获的工资增长，会对其未来努力程度构成负向影响（陈冬华等，2010）。高管为职工支付的以政治联盟为动机的薪酬越多，对职工未来努力程度的负面影响越大。相反，如果工资增长是出于经济激励动机，那么这部分的工资增长将会与以企业业绩为代理变量的职工努力程度相联系，那么这部分工资增长将对职工具有激励作用。为此，我们提出以下假设。

假设11.3：基于政治动机的工资增长与企业未来业绩增长负相关；基于经济激励动机的工资增长与企业未来业绩增长正相关。

第三节 研究设计

一、数据来源与研究样本

本章研究样本为中国上海和深圳股票交易所 A 股上市公司，研究期间为 2000～2009 年。在剔除金融行业和变量缺失样本后，剩余11031个观察值，具体分布如下：2000年229个，2001年955个，2002年1079个，2003年1137个，2004年1210个，2005年1293个，2006年1271个，2007年1280个，2008年1294个，2009年1283个。本章财务数据来源于国泰安数据库（CSMAR），宏观数据来源于中国统计信息网（www.tjcn.org）。

二、研究模型与变量定义

为检验假设11.1，采用全样本，建立以高管是否变更为因变量的 Logisitic 模型，如下：

$$ceochange = \alpha_1 + \beta_1 laglnwage + \beta_2 lagroa + \beta_3 firstch + \beta_4 state + control\ variables$$
(11.1)

为检验假设11.2a，采用全样本，建立以职工工资增长（pwage）为因变

量的多元线性回归模型,如下:

$$pwage = \alpha_1 + \beta_1 ceochange + \beta_2 difroa + \beta_3 firstch + \beta_4 dua + control\ variables$$

(11.2)

为检验假设 11.2b,采用高管变更的样本,我们建立以职工工资增长为因变量的多元线性回归模型,如下:

$$pwage = \alpha_1 + \beta_1 outceo + \beta_2 difroa + \beta_3 dua + \beta_4 laglnwage + control\ variables$$

(11.3)

为检验假设 11.3,采用高管变更样本,我们建立以未来业绩增长($difroa$)为因变量的多元线性回归,如下:

$$difroa = \alpha_1 + \beta_1 lagpolipwage + \beta_2 lagfitwage + \beta_3 lnwage + control\ variables$$

(11.4)

其中,$lagpolipwage$ 是滞后期的出于政治动机的工资增长,$lagfitwage$ 是滞后期的正常工资增长。

本章主要变量定义如表 11-1 所示。

表 11-1　　　　　　　　　主要变量的定义

变量名称	变量符号	变量定义
总经理变更	ceochange	如果当年 CEO 发生变更,则该哑变量为 1,否则为 0
董事长变更	cbchange	如果当年董事长发生变更,则该哑变量为 1,否则为 0
变更月份	month	新任高管上任的月份
两职合一	dua	如果总经理和董事长两职合一,则改变量为 1,否则为 0
总经理来源	outceo	如果新任 CEO 来源于企业外部,则改变量为 1,否则为 0
董事长来源	outcb	如果新任董事长来源于企业外部,则改变量为 1,否则为 0
工资水平	lnwage	对本期工资水平取自然对数
上期工资水平	laglnwage	滞后期的工资水平
工资增长	pwage	(本期工资水平-上期工资水平)/上期工资水平
滞后期工资增长	lagpwage	滞后一期的工资增长
出于政治动机的工资增长	polipwage	将正常的工资增长与出于政治动机的工资增长相分离,具体见变量解释
正常的工资增长	fitpwage	将正常的工资增长与出于政治动机的工资增长相分离,具体见变量解释

续表

变量名称	变量符号	变量定义
经营业绩	roa	利润总额/企业期末总资产
滞后期业绩	$lagroa$	滞后一期的经营业绩
业绩增长	$difroa$	相邻期业绩之差,$roa_t - roa_{t-1}$
大股东变更	$firstch$	如果当年第一大股东变更,则改变量为1,否则为0
第一股东持股	$firsthold$	第一大股东持股数量占总股本的比重
独立董事比例	$rindiret$	独立董事数量与董事总数量之比
货币资金	rm	期初货币资金占总资产的比重
企业规模	$size$	企业期末总资产的对数
负债率	lev	期末负债总额/期末资产总额
国有企业	$state$	如果是国有企业,则该变量为1,否则为0
劳动密集型企业	$labor$	如果企业的人均营业收入低于年份样本中位数,则该企业为劳动密集型企业,否则为资本密集型企业
物价指数	cpi	不同年份的消费者物价指数,数据来源于中国统计信息网
失业率	$layoff$	企业所在地区的失业率,来源于中国统计信息网
国民生产总值	gdp	企业所在地区的国民生产总值增长率,来源于中国统计信息网
行业哑变量	$indu1-11$	按照证监会CSRC行业分类标准,划分为12个大类
年份哑变量	$year$	从2001年到2009年共9个哑变量

为更好地观察高管变更对企业职工薪酬的影响,我们分别设置了总经理变更($outceo$)和董事长变更($outcb$)两个变量。为控制高管变更的政治动机,我们在模型(11.2)和模型(11.3)中加入了变更月份($month$)变量,如果变更月份越靠近期末,工资增长越大,则更能说明是高管的政治动机使然,所以,我们预测该变量与职工工资增长为正向关系。为进一步考察继任高管的来源对职工工资的影响,参考帕里诺(Parrino,1997)、曹等(2006)、杜兴强等(2010)的研究,我们将继任高管划分为企业内部提升和外部调任,如果是外部调任,则该变量为1,否则为0。高管是否有条件给职工增长工资可能取决于期初的企业货币资金数量,为此,我们也在模型(11.2)和模型(11.3)中考察了货币资金(rm)对职工工资增长的影响。

除企业业绩增长、规模、上期工资水平、企业产业特征等对工资增长产生影响的变量以外，高管变更时也可能会出于个人私利而提高职工工资。从计量方法上讲，可能就是我们所观察到的工资增长水平包括了正常因素导致的工资增长，还包括了正常因素无法解释的部分，我们可以称之为出于政治动机的工资增长。参照科尔等（Core et al.，1999）、海斯等（Hyes et al.，2000）关于超额薪酬的计算方法，我们先利用没有发生高管变更的样本作为估计样本，计算出各影响因素对工资增长的影响系数，然后代入高管发生变更的样本中，估计正常的工资增长（fitpwage），再用实际工资增长减去正常工资增长，得到非正常的工资增长（polipwage）。正常工资增长的多元线性回归估计模型如下：

$$pwage = \alpha_1 + \beta_1 difroa + \beta_2 laglnwage + \beta_3 state + control\ variables \quad (11.5)$$

$$polipwage = pwage - fitpwage \quad (11.6)$$

另外，结合以往学者对高管变更影响因素的相关研究（Kato et al.，2006；Fama et al.，1983；朱红军，2002；方轶强等，2007），我们控制了第一大股东持股比例（firsthold）、第一大股东是否变更（fiestch）、独立董事比例（rindiret）以及企业性质（state）、负债率（lev）等变量。参照我们之前的研究（陈冬华等，2010；Chen et al.，2011；Chen et al.，2009），我们控制了企业所在地区生产总值、失业率、行业、规模、年份以及是否是劳动密集型企业等变量。

第四节 描述性统计分析

一、主要变量的描述性统计分析

由表 11-2 可见主要变量的基本分布。工资水平（wage）的中位数为 35649 元，明显小于工资均值 66995 元，表明工资分布并不均匀，少数的高工资企业拉高了样本均值，工资增长（pwage）变量也存在类似现象。

表 11-2　　　　　　主要变量的基本描述性统计

变量	样本数	p1分位数	p25分位数	中位数	p75分位数	p99分位数	标准差	均值
wage	11031	5063	21199	35649	63526	970159	121771	66995
pwage	11031	-0.79	-0.04	0.12	0.33	4.93	0.73	0.25

二、主要变量的均值

从表11-3 Panel A 可见，在8238个高管变更的样本中，变更当年的工资增长均值为0.33，在1%水平上显著高于高管没有发生变更的样本，这与我们的假设相符。表11-3 Panel B 显示，1188个外部高管来源样本的工资增长均值为0.39，比内部高管来源的工资增长高出0.1。这表明，外部来源的高管具有更强烈的动机争取职工的政治同盟，其工资增长力度也比内部来源的高管要高。

表11-3　　　　　　　　　主要变量均值情况

Panel A：高管变更当年的工资水平和工资增长		
考察变量：工资增长 pwage		
项目	均值	均值检验
高管变更（样本8238）	0.33	5.39***
高管没变更（样本2793）	0.22	
Panel B：继任高管来源样本的工资增长		
考察变量：工资增长 pwage		
项目	均值	均值检验
内部来源（样本1605）	0.29	2.72***
外部来源（样本1188）	0.39	

注：*** 代表在1%的水平上显著。

第五节　实证检验

一、假设11.1检验

为检验假设11.1，我们对高管变更与上期工资水平之间的关系进行了 Logistic 一元和多元回归分析。在高管变更当期，职工工资已经受到新任高管的影响，而离任高管所能控制的只能是离任之前的职工工资，所以在模型中，我们考察的是高管变更的上期工资。在以隐性契约为基础的高管与职工政治利益联盟中,需要契约双方自我执行契约才能达到"互惠"的结果,而假设11.1是要检验契约中高管的收益,该收益是以职工对隐性契约的自我执行为基础。

由表11-4可见,无论在仅考察上期工资水平的一元回归还是控制了其他变量的多元回归中,上期工资水平均与高管是否变更哑变量显著负相关,这意味着上期职工工资水平越高,高管和职工之间形成的以隐性契约为基础的政治利益联盟越牢固,高管越不容易被变更。在这个过程中,职工为了保护自己的个人利益以及为了维护政治利益联盟而自我执行契约,该契约的执行使高管的位置更加稳固,同时,职工对契约的自我执行也为未来的重复博弈增加了可信度。

表11-4　　　　　上期工资水平与高管是否变更的 Logistic 回归

变量	(1)	(2)
$laglnwage$	-0.162*** (-6.970)	-0.054** (-2.063)
$lagroa$		0.001 (0.428)
$firstch$		0.787*** (8.839)
dua		-0.429*** (-5.121)
$state$		-0.231*** (-4.490)
常数项	0.608** (2.506)	3.656*** (7.064)
控制变量		控制
N	11031	11031
R^2	0.0040	0.0273

注:本回归是利用模型(11.1)对假设11.1的检验。其他控制变量如模型(11.1)所示。括号里的数字为 z 值。**、*** 分别代表在5%、1%的水平上显著。

二、假设11.2 的检验

既然在隐性契约的执行过程中,职工通过自我执行使高管获得了收益,那么高管也会通过对隐性契约的自我执行最大化职工的利益。因此，新任高管可能会显著提高职工工资，以获取在未来两者重复博弈过程中的可信度。回归结果如表 11-5 列（1）所示。

表 11-5　　　　高管继任、高管来源与职工工资增长的 OLS 回归

变量	（1）	（2）
ceochange	0.125*** (4.613)	
outceo		0.072** (1.999)
difroa	0.435*** (6.697)	0.462*** (3.489)
firstch	0.073** (2.431)	
dua	-0.002 (-0.0694)	0.084 (1.237)
laglnwage	-0.232*** (-26.93)	-0.315*** (-14.47)
state	0.025 (1.568)	0.010 (0.253)
常数项	3.100*** (17.03)	5.056*** (11.40)
控制变量	控制	
N	11031	2792
R^2	0.093	0.118

注：列（1）是利用模型（11.2）对假设 11.2（a）的检验，回归样本为全样本。列（2）是利用模型（11.3）对假设 11.2（b）的检验，回归样本为高管变更样本，其他控制变量见模型（11.2）和模型（11.3）。括号里的数字为 t 值。**、*** 分别代表在 5%、1% 的水平上显著。

由表 11-5 列（1）可见，ceochange 的回归系数为 0.125，在 1% 水平上显著，表明高管继任的当期会大幅度增长职工的工资，比没有变更的公司高 12.5%，增幅较大，假设 11.2a 得到了支持。在控制业绩增长（difroa）之后，高管变更（ceochange）仍然与工资增长显著正相关，这在一定程度上表明了在高管变更时工资增长除了经济激励因素之外，还体现出高管的政治动机。

列（2）显示，外部来源高管回归系数变为 0.072，在 5% 水平上显著。这表明，外部来源的高管任职后会比内部来源的高管多给职工提高大约 7% 的工资，该结果具有统计意义和经济意义，与预期相符，实证结果支持假设 11.2b。

三、假设 11.3 的检验

为检验具有政治动机的工资增长对企业的影响，我们首先利用非高管变更样本估计正常工资增长，计算出具有政治动机的工资增长，估计模型结果如表 11-6 列（1）所示。将列（1）估计的回归系数带入高管变更的样本中，按照前文模型（11.5）所述的方法估计出具有激励动机的工资增长和具有政治动机的工资增长。再将这两个变量带入高管变更的样本进行检验，结果如表 11-6 列（2）所示。经济激励的工资增长的回归系数为 0.046，在 5% 水平上显著，政治动机的工资增长的回归系数为 -0.009，在 5% 水平上显著。该回归结果符合我们的预期，即政治动机的工资增长降低了对职工的激励作用，与未来业绩增长显著负相关，说明高管出于个人控制权私利最大化的目的与职工达成的工资增长不具有正向激励作用。

表 11-6　　正常工资增长的 OLS 估计模型以及政治动机工资增长与未来业绩增长的 OLS 回归

变量	(1)	(2)
$difroa$	0.366*** (4.866)	
$lag lnwage$	-0.189*** (-20.49)	
$state$	0.017 (1.037)	
$lag fitpwage$		0.046** (2.353)
$lag polipwage$		-0.009** (-1.893)

续表

变量	(1)	(2)
lnwage		0.009** (2.128)
state		0.003 (0.301)
常数项	2.210*** (3.587)	-0.143* (-1.679)
控制变量	控制	控制
N	7277	1500
R^2	0.078	0.016

注：列（1）是使用模型（11.5）对正常工资增长的估计，样本为高管非变更样本。其他控制变量如模型（11.5）所示。列（2）是利用模型（11.4）对假设11.3的检验。其他控制变量如模型（11.4）所示。括号里的数字为 t 值，*、**、*** 分别代表在 10%、5%、1%的水平上显著。

四、高管离任与工资增长检验

前任高管离任之前是否也会出于控制权私利最大化动机利用最后机会为职工增长工资？回归结果支持了我们的猜想，在离任前一年，高管会利用最后的机会为职工增长工资，建立自己的社会关系。另外，我们对高管继任后第二年的工资变化也进行了跟踪检验，结果显示，在继任的第二年，工资增长幅度依然高于非变更公司，只不过工资增幅 5.8% 低于上任的当期 13% 左右。

五、稳健性测试

为保证实证结论的稳定性，本章进行了以下的稳健性测试：一是将总经理变更替换为董事长变更；二是分别按照异方差的稳健性推断和按照年份的聚类回归对三个假设进行了稳健性测试；三是利用全样本测试假设 11.3，使用高管变更与工资水平的交互变量考察高管变更过程中的政治动机对未来业绩增长的影响。上述稳健性测试的结果与前述的发现没有显著差异。

第六节　结论及启示

本章以高管继任为切入点，研究了高管和员工之间以隐性契约为基础的公司政治。高管为获取控制权私利的最大化，在公司中建立以个人关系为目的的关系网络。在高管与员工可重复博弈过程中，双方通过对隐性契约的自我执行获得"互惠"，这种"互惠"可能以损害第三方利益为代价。

实证结果发现，继任高管会显著地增长职工工资，获得高薪酬的职工也会降低高管被变更的概率；相对于内部提拔的高管，外部来源的高管具有更大的动机去提高职工工资，更有动机建立新的公司政治网络。这种基于隐性契约的、以控制权私利最大化为目的的工资增长更多地体现了高管的政治动机，而不是经济激励动机，因此，本章进一步将工资增长分离为经济动机和政治动机的工资增长后，发现出于政治动机的工资增长对未来业绩增长起到显著的负面作用，而出于经济激励动机的工资增长对未来业绩增长具有显著的正向作用。

在以往的公司治理研究中，忽视了员工这一重要利益相关者，特别是高管与员工的隐性契约对企业价值的影响。我们研究发现，基于公司政治的关系网络有损于企业价值的创造，因此，如何合理引导和利用高管与员工之间的隐性契约并使之发挥积极作用，需要引起理论界和实务界的共同关注，在注重利益相关者利益保护的同时，也要看到利益相关者所可能构成代理问题引致代理成本的一面。

第十二章

公司资金占用与管理层变更*

党的十九大报告指出,明确全面深化改革总目标是完善和发展中国特色社会主义制度、推进国家治理体系和治理能力现代化。公司治理是微观的依法治理模式,良好的公司治理体系能够助力国家治理体系和治理能力现代化。代理问题是公司治理实践中面临的主要问题,随所有权结构的变化,公司代理问题体现的重点会有所不同,比如股东与管理层之间的冲突,股东与债权人之间的冲突等。在发达国家,股权分散,管理层人员与股东的利益冲突贯穿公司治理的主线(Jensen & Meckling, 1976)。而在转型与新兴经济国家,公司股权相对集中,大股东与中小股东的利益冲突则成为公司代理问题的主导(Shleifer & Vishny, 1986; Denis & McConnell, 2003),大股东的掏空行为就是突出表现之一。然而除上述情形外仍有一种情形较长时间未引起足够重视,即股东对管理层利益的侵犯,这一情形在股权集中、存在强势大股东的情况下是可能存在的(祝继高、王春飞,2012)。

在中国这样一个典型的转型与新兴经济国家,公司股权集中的同时(Firth, 2006a),尚在探索对中小投资者的法律保护的方式(Allen et al., 2005),因而存在一定大股东对中小股东的利益侵占的现象。这也引发了不少文献对中国上市公司掏空问题的关注(Liu & Lu, 2007; Jian & Wong, 2010; Jiang, 2010; Peng et al., 2011)。然而,上述研究大多集中于大股东与中小股

---

* 本章原文以《大股东会侵犯管理层利益吗——来自资金占用与管理层人员变更的经验证据》为题发表于《金融研究》2015年第3期,有所改动。

东之间的博弈与均衡上。事实上，掏空行为的后果可能波及甚广，会影响到管理层、职工等诸多利益相关者。王和肖（Wang & Xiao，2011）对此进行了有益探索，他们认为，大股东的掏空行为将导致管理层较低的薪酬业绩敏感性，有两方面原因：第一，掏空行为往往需要管理层的配合，当薪酬业绩敏感性较高时，管理层有动机提高公司业绩而不愿与大股东合谋；第二，掏空行为会影响公司业绩，而模糊公司业绩和管理层努力的关系。本章关注管理层与大股东之间的冲突问题，有益于促进企业家的精神保护。经济社会的可持续发展需要弘扬企业家精神、发挥企业家示范作用，而激发和保护企业家精神离不开公司环境、市场环境和社会环境的持续改善。具体地，我们认为，公司里大股东的资金占用行为不仅可能对管理层的薪酬业绩敏感性和薪酬水平产生影响，还会影响到管理层人员的变更。资金占用会导致管理层人员的薪酬水平、薪酬增长处于较低水平，面临较高的诉讼风险并造成其在劳动力市场上潜在价值下降。这些负面后果将使得管理层与大股东之间的冲突处于较高水平，导致更为频繁的管理层人员变更。这一推论得到了本章经验证据的支持。

本章可能的研究意义在于以下四个方面。第一，为审视股东与管理层之间的代理冲突提供了新的视角。西方发达资本市场中，股权高度分散，股东与管理层之间的冲突主要表现为管理层对股东利益的侵占，比如管理人员的道德风险以及壕沟效应等。实务界与理论界关心的焦点也在于如何更好地激励和约束管理层人员，以减少其对股东利益的侵害。然而在股权集中的新兴市场，管理层相对于大股东往往处于弱势地位，股东与管理层之间的冲突更可能出自大股东对管理层利益的侵犯。股权集中的制度背景（包括股权分置改革）提供了检验上述猜想的良好设定，将为我们理解股权结构在两类代理问题中发挥怎样的作用提供一定启发。第二，扩展了大股东资金占用后果的研究文献，大股东的资金占用行为不仅可能侵害中小股东的利益，也会影响管理层的利益，并可能波及公司其他利益相关者，这为今后的研究提供了一个更为广阔的思路。同时，本章的证据也展示了大股东资金占用对公司价值负面影响的具体路径。除过低的薪酬水平和薪酬业绩敏感性会导致管理层的懈怠之外，管理层人员的频繁变更会损害公司决策的连续性，并且频繁变更后的管理层可能仅服务于大股东，而非以公司价值最大化为目标，这些变化都将造成公司价值的下降，尤其加剧中小股东价值的毁损。第三，比较德丰和黄（Defond & Huang，2004）、弗思等（Firth et al.，2006b）、游家兴和李斌（2007）等的研究①发现，中国上市公司高管的变更频率处于较高水平。考虑到我国并不发达的经理人市场，这种异常高的变更比率值得注意。那么本章的发现至少提供了一个解释，即股权集中时，大股东与管理层之间的冲突可能引致了管理层的频繁变更。第四，"新时代改革开放和社会主义现代化建设的丰富实践是理论和政策研究的'富矿'"，本章立足于我国企业公司治理的实践，从大股东和管理层冲突的角度提炼了有规律性的本土经验，为我国社会主义现代化经济建设提供符合实际的理论支持。

第一节　文献回顾、理论分析与假设发展

一、文献回顾

股权结构是代理问题的重要影响因素，当股权较为分散时，管理层和股东之间的冲突是代理问题的主要表现形式；而当股权较为集中时，管理层的代理成本将会降低，大股东和中小股东的冲突则逐渐变得重要（Berle & Means，1932；Jensen & Meckling，1976）。股权集中比例的逐渐提高使得管理层的地位由强势逐渐走向弱势。

约翰逊等（Johnson et al.，2000b）针对大股东的自利行为，提出了"掏空"的概念。随后，相关的研究不断跟进。约翰逊等（Johnson et al.，2000a）指出了大股东的掏空行为的一系列负面影响，并认为大股东的掏空行为是东南亚金融危机的主要原因。裴等（Bae et al.，2002）和伯特兰等（Bertrand et al.，2002）研究了集团内部的掏空行为。裴等（Bae et al.，2002）发现，韩国集团附属企业的并购行为增加了集团内其他企业的价值，但却降低了中小股东的利益。伯特兰等（Bertrand et al.，2002）认为，控股股东会根据所掌握公司现金流量权的不同情况进行资源的转移，资源会从低现金流量权的公司转

---

① 德丰和黄（Defond & Huang，2004）的跨国研究显示，1997~2001年世界33个国家和地区的CEO平均变更比率为15%，研究样本未包括中国。弗思等（Firth et al.，2006b）、游家兴和李斌（2007）及本章研究显示，中国上市公司高管的更换比率在20%左右。注意到德丰和黄（Defond & Huang，2004）的样本中变更比率最高的是韩国，为28%，而同时韩国上市公司的大股东资金支持与掏空情况也类似于中国，较为严重（Bae et al.，2002）。

移到高现金流量权的公司,他们从印度的集团公司中发现了相应的证据。张等（Cheung et al., 2006）关注了香港证券市场上的关联交易,结果发现,当公司披露某些关联交易（与公司的股东和管理层持有的公司的交易）时,公司会遭受一个显著的负面的市场反应。

由于中国是一个典型的股权集中的新兴市场国家,大量研究对中国上市公司掏空行为的影响因素和经济后果进行了探索。这些研究发现,股权结构（李增泉等,2004;Jiang et al., 2010）、治理水平（高雷、张杰,2009）、制度环境（Jian & Wong, 2010;Jiang et al., 2010）、经营状况（Peng et al., 2011）等因素对大股东的掏空行为有显著影响。同时,掏空行为在公司的运营效率（Liu & Lu, 2007）、信息质量（雷光勇、刘慧龙,2007）、绩效水平（李增泉等,2005）等多方面有不利影响。

关于管理层人员变更影响因素的研究同样由来已久。卡普兰（Kaplan, 1994）研究了1980年左右德国上市公司管理层人员变更的影响因素,结果显示,管理层人员变更的可能性与公司的股票收益率、会计业绩显著负相关,但与销售收入和利润增长率则不存在显著关系。恩格尔等（Engle et al., 2003）则研究了会计信息在管理层人员变更中的重要性,结果发现,会计信息越准确,则会计信息会被越多地采用。加藤和朗（Kato & Long, 2006）、赵震宇等（2007）针对中国上市公司的实证检验,均支持了管理层人员更换与公司绩效之间的关联。此外,朱红军（2002）、张俊生和曾亚敏（2005）、游家兴和李斌（2007）、游家兴等（2010）、丁友刚和宋献中（2011）则在管理层人员特征、董事会特征、信息透明度等方面进行了拓展。

二、理论分析与假设发展

从上述文献回顾可以看出,尽管大股东资金占用以及管理层人员变更这两个领域的研究已经较为丰富,但并没有文献直接探究两者的关系。我们认为,大股东的资金占用行为不仅会侵害中小股东的利益,还可能影响公司管理层的利益。王和肖（Wang & Xiao, 2011）对大股东资金占用行为与管理层薪酬业绩敏感性的关系进行了探讨:当薪酬业绩敏感性较高时,管理层出于自利的目的可能并不愿意配合大股东的掏空行为;同时,大股东的资金占用行为本身也模糊了管理层努力和公司业绩的关系,这样管理层的薪酬业绩敏感性也会比较低。随后的检验中，文章发现，大股东资金占用越多，管理层的薪酬水平越低。有两点可能的原因：第一，大股东资金占用多的企业往往聘请的管理层能力较差；第二，管理层的实际薪酬水平可能被低估了，如国有企业还有晋升激励未被包括（Cao et al., 2010）。

除上述两点外，我们认为，资金占用导致管理层薪酬水平较低的原因可能还有以下几点。首先，当大股东有足够的能力通过掏空自利时，激励管理层努力工作的重要性就降低了。此时，大股东的目的集中于用什么方法、在什么时点从控股公司转移资源，而非真正提高公司业绩。即使大股东需要公司有良好业绩时（比如配股和避亏），也可以通过资源输送达到目的（李增泉等，2005；Jian & Wong, 2010）。因此，大股东缺乏足够的动机给管理层提供适当的激励。此时，企业可能吸引到能力较低的高管，或者即使吸引到了较高水平的高管也难以才尽其用。其次，管理层薪酬对于企业也是一项重要支出，为管理层提供高额的薪酬会减少大股东潜在的掏空收益。因此，大股东有动机压缩现阶段各项支出，为未来的掏空预留空间。最后，大股东的资金占用行为（往往是巨额应收款）一方面会降低企业短期的流动性，另一方面会降低企业长期的业绩（Jiang et al., 2010）。两者结合就可能导致企业现金流状况不断恶化，这样的企业本身也没有足够的流动性为管理层提供适当的激励。

在已有文献识别大股东的资金占用降低管理层薪酬水平和薪酬业绩敏感性的基础上（Wang & Xiao, 2011），我们认为，大股东资金占用还会引发其他经济后果，比如引发更为频繁的管理层人员变更。这一推断的具体路径包括以下三个方面。

第一，管理层人员难以长期忍受资金占用伴随的较低的薪酬水平和薪酬增长。即使高管在上任初期囿于有限的能力经验，接受了较低水平的薪酬，但随着个人在相应职位上的职业学习、经验的增加、私人关系的建立，其人力资本价值不断增加，但却不得到相应的回报。其薪酬水平长期处于较低水平，即使努力工作，薪酬增长可能也不尽如人意，这将使得管理层与大股东之间的冲突处于较高水平。这一情况下，大股东会解聘或停止续聘有涨薪诉求的高管，当观测到更好的外部机会时，管理层人员也会主动寻求变动。

第二，资金占用可能增加管理层人员的诉讼风险。大股东的资金占用行为并不符合法律的规定，也没有在管理层人员的雇佣合同中规定。当资金占用行为过于严重时，管理层人员甚至还会承担诉讼风险。由此，管理层人员并无动力积极配合大股东实施资金占用行为，甚而对之予以抵制。随着资金占用严重程度的提高，管理层与大股东双方意见的冲突会逐步加剧。此时，大股东可能主动行动、变更管理层，通过"大换血"为占用行为去除障碍（石水平，2010），出于对未来诉讼风险的忧虑，管理层人员也可能主动选择离开。

第三，资金占用可能降低管理层人员在劳动力市场上的潜在价值。大股东资金占用会恶化企业的业绩，使企业面临较高的破产风险（Jiang et al., 2010）。低劣的经营业绩会降低管理层在劳动力市场上的价值，而一旦破产，管理层人员价值的减损会更加严重。在管理层人员决策是否进入某企业时，可能对企业的内部信息并没有详细了解。而随着在企业任职经验的增加，管理层人员对企业信息的了解逐渐深入。随着信息的逐步对称，管理层人员可能提前采取相应的对策，规避风险。

由以上三方面原因推测，资金占用将加剧大股东与管理层之间的冲突，从而引发更频繁的管理层人员变更。对之进行总结，提出本章的研究假设。

假设12.1：大股东资金占用越严重，管理层人员越容易发生变更。

第二节 样本选择、变量定义与描述性统计

一、样本选取

本章选取的样本为1999年至2010年披露管理层人员变更信息的A股上市公司，初始观测共11734个。随后进行了以下几步筛选：(1) 剔除上市不满两年的观测1654个；(2) 剔除金融行业公司的观测44个；(3) 剔除其他数据缺失的观测899个；(4) 为避免并购重组对高管变更的机械影响，剔除并购重组发生金额与期初资产总额比值高于10%的观测1799个，剩余7338个观测。本章使用的高管变更及公司治理数据来自CCER数据系统，其他数据来自CSMAR数据系统，数据处理使用SAS系统。

二、模型构建与变量定义

参考朱红军（2002）等的研究，构建模型（12.1）对研究假设进行检验：

$$Change_{t+1} = a_0 + a_1 Tun_t + a_2 Roa_t + a_3 Tq_t + a_4 Age_t + a_5 Lev_t + a_6 Size_t +$$
$$a_7 Soe_t + a_8 Pro_t + a_9 Rinde_t + a_{10} Dual_t + a_{11} Sh_t + a_{12} Mshare_t +$$
$$a_{13} Index_t + \sum Year + \sum Industry + \varepsilon \qquad (12.1)$$

模型的被解释变量是管理层人员的变更（Change），如下定义：DChange_chair，虚拟变量，董事长变更取 1，否则取 0；DChange_ceo，虚拟变量，总经理变更取 1，否则取 0；Dchange，虚拟变量，董事长、总经理均保持不变取 0，否则取 1。为减轻内生性问题影响，Change 取未来一期值，模型其余变量取当期值。

模型的解释变量是大股东的资金占用（Tun），参考江等（Jiang et al.，2010）、王和肖（Wang & Xiao，2011），如下定义：Tun，其他应收款与公司总资产的比值。

模型的控制变量包括：盈利水平（Roa），公司净利润与总资产的比值；成长性（Tq），公司的托宾 Q 值；公司年龄（Age），公司的上市年限；财务杠杆（Lev），公司总负债与总资产的比值；规模（Size），公司年末总资产的自然对数；产权性质（Soe），虚拟变量，国有上市公司取 1，否则取 0；行业性质（Pro），虚拟变量，保护性行业取 1，否则取 0；[①] 独立董事比例（Rinde），独立董事占董事会总人数的比例；是否两职合一（Dual），虚拟变量，若董事长、总经理两职合一取 1，否则取 0；第一大股东的持股比例（Sh）；管理层持股比例（Mshare）；市场化水平（Index），公司所在地区的市场化指数，取自樊纲等（2010）；年份虚拟变量（Year）；行业虚拟变量（Industry）。实证分析前，对所有连续变量进行上下 1% 的 Winsorize 调整。

三、描述性与相关性分析

表 12-1 是主要研究变量的描述性统计。董事长、总经理变更的比例（Dchange_chair、Dchange_ceo）约为 20%，与费思等（Firth et al.，2006b）、游家兴和李斌（2007）的研究一致。每年董事长、总经理至少一位发生变更的均值为 0.323。大股东资金占用的均值为 0.049、中位数为 0.022，表明存在

[①] 保护行业包括：B 采掘业；C4 石油、化学、塑料、塑胶；C6 金属、非金属；D 电力、煤气及水的生产和供应业；F 交通运输、仓储业；G 信息技术业。

部分上市公司资金占用情况比较严重。国有上市公司观测占总观测的76.3%。未报告的相关系数矩阵显示：管理层人员变更变量（Dchange_chair、Dchange_ceo、Dchange）与资金占用变量（Tun）始终呈正相关关系，且显著。这意味着资金占用情况越严重，管理层人员变更的可能性越大。此外，解释变量、控制变量之间不存在高度相关关系。

表 12-1　　　　　　　　　主要变量的描述性统计

变量名	变量符号	均值	p25分位数	中位数	p75分位数	标准差
董事长变更	DChange_chair	0.185	0	0	0	0.388
总经理变更	DChange_ceo	0.229	0	0	0	0.420
董事长与总经理变更	Dchange	0.323	0	0	1	0.468
资金占用衡量	Tun	0.049	0.007	0.022	0.057	0.077
公司盈利水平	Roa	0.026	0.009	0.029	0.054	0.064
公司成长性	Tq	1.515	1.081	1.279	1.673	0.751
公司年龄	Age	7.311	4	7	10	3.626
财务杠杆	Lev	0.492	0.365	0.501	0.627	0.182
公司规模	Size	21.427	20.731	21.326	22.016	1.012
是否国企	Soe	0.763	1	1	1	0.426
是否处于保护行业	Pro	0.378	0	0	1	0.485
独董比例	Rinde	0.295	0.286	0.333	0.364	0.131
是否两职合一	Dual	0.105	0	0	0	0.306
第一大股东持股比例	Sh	0.404	0.270	0.389	0.532	0.166
管理层持股比例	Mshare	0.003	0.000	0.000	0.000	0.020
市场化水平	Index	7.541	5.75	7.4	9.35	2.265

第三节　实证检验

一、资金占用是否会影响管理层人员变更

需要指出的是，若可以对每个公司还原出一个"真实"业绩（不存在

资金占用的情况，记为 RealPerf)，则这个"真实"业绩应该是"名义"业绩（NomiPerf，即此处的 Roa）与由于大股东资金占用而损耗的业绩（记为 GapPerf）之和。而 GapPerf 应该是资金占用（Tun）的递增函数。这样，当把企业"真实"业绩分为两部分，且控制"名义"业绩时，由于大股东资金占用而损耗的业绩越高，管理层人员变更的比率理应越低，因为这部分业绩损耗不仅不是管理层人员的过失，还抵减了管理层人员的努力。而如果发现大股东资金占用反而增加了管理层变更的概率，则更凸显出大股东与管理层之间的冲突。

具体的回归检验按公司进行聚类，并报告经稳健标准误调整的 t 值。模型（12.1）的回归结果如表 12-2 所示，依次检验了资金占用对董事长变更、总经理变更和董事长、总经理两者至少其一变更的影响。结果显示，盈利水平（Roa）的系数均为负，且均在 1% 水平上显著，表明公司业绩越好，管理层人员变更的可能性越小。在控制盈利水平的基础上，资金占用（Tun）的系数始终为正，且均在 1% 水平上显著。即资金占用越多的公司，其管理层人员变更的概率更大。经济意义上，资金占用（Tun）每提高 1 个标准差，对应的董事长、总经理及两者其一变更的概率分别增加 2.08%、1.86% 和 2.79%。而名义业绩（Roa）每提高 1 个标准差，变更概率分别减少 3.36%、2.50% 和 3.71%。由此可见，资金占用对管理层变更的影响在经济意义上是显著且重要的。大股东的资金占用对管理层人员的薪酬水平、薪酬业绩敏感性以及公司业绩等方面的负面影响，可能会激化与管理层团队的冲突，而引发更为频繁的管理层变更。表 12-2 的结果支持了研究假设。[①] 其余变量的回归结果与以往文献相似。

[①] 我们还尝试考察资金占用对业绩—变更敏感性的影响，即在原有模型基础上，增加资金占用与业绩水平的交乘项。若结果显示，资金占用的系数依然显著为正，但加入的交乘项系数显著为负（资金占用与交乘项系数的联合检验不显著或负向显著），则意味着相同公司业绩水平上，资金占用越多，管理层变更概率越小。即大股东与管理层达到了一定"默契"，大股东占用公司资金，但这部分资金占用不影响（甚至反方向阻碍）管理层的变更。在这样的情况下，公司的管理层变更趋于"合理"，因为变更决策已经包含了资金占用对业绩负面影响的考虑，变更的管理层是由于其他原因而非资金占用带来的。若资金占用的系数依然显著为正，但加入的交乘项系数不显著，这种情况更倾向于表明管理层的变更是不合理的，管理层的利益受到了损害。未报告的结果显示，资金占用与公司业绩交乘项的系数符号不存在稳定趋势，且均不显著。

表 12-2 资金占用与管理层人员变更

变量	(1) Dchange_chair	(2) Dchange_ceo	(3) Dchange
Tun_t	1.852*** (4.17)	1.395*** (3.68)	1.653*** (4.36)
Roa_t	-3.737*** (-7.25)	-2.292*** (-4.50)	-2.748*** (-5.75)
Tq_t	0.071 (1.21)	0.048 (0.87)	0.063 (1.29)
Age_t	0.020* (1.71)	0.016 (1.57)	0.014 (1.48)
Lev_t	-0.015 (-0.07)	0.313* (1.74)	0.188 (1.10)
$Size_t$	-0.034 (-0.86)	-0.001 (-0.03)	-0.012 (-0.36)
Soe_t	0.201** (2.23)	-0.103 (-1.44)	0.051 (0.73)
Pro_t	0.378 (1.35)	-0.032 (-0.14)	0.136 (0.60)
$Rinde_t$	-2.629*** (-5.10)	-1.030** (-2.15)	-1.526*** (-3.48)
$Dual_t$	-0.615*** (-4.83)	0.145 (1.43)	-0.239** (-2.42)
Sh_t	0.086 (0.38)	0.333* (1.67)	0.331* (1.78)
$Mshare_t$	-4.081 (-1.36)	-1.346 (-0.71)	-1.779 (-1.02)
$Index_t$	-0.007 (-0.36)	-0.027 (-1.58)	-0.008 (-0.52)
常数项	-0.938 (-1.11)	-0.881 (-1.04)	-0.267 (-0.36)
行业/年份变量	是	是	是
N	7338	7338	7338
R^2	0.040	0.024	0.026
LR Chi^2 值	255.3	187.3	215.3

注:括号里的数字为 t 值。*、**、*** 分别代表在 10%、5%、1% 的水平上显著。

二、资金占用是否确实侵犯了管理层人员的利益

之前的回归结果显示,大股东的资金占用会引发管理层人员的频繁变更,但并不能由此推测管理层利益一定被侵犯。王和肖(Wang & Xiao,2011)发现,大股东资金占用严重的企业其高管薪酬水平更低,薪酬业绩敏感性更低,但他们并未明确提出资金占用损害了管理层的利益。原因在于:一方面,资金占用严重的企业其雇用的管理层水平可能较低;另一方面,货币薪酬并非管理层的全部收益,若其获得了更多的晋升机会,其整体利益并未受到损害。王和肖(Wang & Xiao,2011)并未对此推论进行实证检验,本章则对此进行初步探索。

1. 资金占用严重的企业雇用了能力低下的管理层吗

管理层人员的真实能力难以衡量,否则其选拔与薪酬的决定也不会是实务界和学术界经久不衰的话题。根据以往文献(Chevalier & Ellison,1999;Gottesman & Morey,2006),我们认为,在可获得的个人信息中,高管的学历可以一定程度表征其能力。从 CSMAR 数据库获得高管教育背景信息,设置序数变量 $MEdu$:1,中专及中专以下;2,大专;3,本科;4,硕士研究生;5,博士研究生。根据资金占用的严重程度由低到高(按 Tun 的四分位数)将所有公司划分为 1~4 组。若资金占用越高的企业,其高管的学历显著低于其他组,则高管利益未受侵害的可能性更大。

表 12-3 Panel A 为董事长学历的描述性统计,Panel B 为总经理学历的描述性统计。① 结果显示,董事长、总经理学历并不随资金占用程度存在单调的增减趋势。除第 2 组外,其余组高管学历的下四分位数、中位数、上四分位数均相同。第 4 组(资金占用程度最高组)的高管学历除低于第 2 组外,高于或接近第 1 组(资金占用程度最低组)、第 3 组(t 检验与中位数检验)。

这部分检验结果并不足以支持资金占用严重的企业雇用了能力低下的管理层的推论。

---

① 若剔除学历信息缺失的观测再进行分组描述和检验,结果不变。

表 12-3　　资金占用与管理层人员学历

		Panel A：董事长			
资金占用组	观测数	均值	p25分位数	中位数	p75分位数
1（资金占用程度最低组）	618	3.372	3	3	4
2	636	3.460	3	4	4
3	541	3.401	3	3	4
4（资金占用程度最高组）	479	3.390	3	3	4
		Panel B：总经理			
资金占用组	观测数	均值	p25分位数	中位数	p75分位数
1（资金占用程度最低组）	638	3.365	3	3	4
2	645	3.462	3	4	4
3	555	3.339	3	3	4
4（资金占用程度最高组）	517	3.406	3	3	4

2. 可以由晋升机会解释吗

资金占用与管理层人员变更的关系在不同产权性质的企业中会有不同表现。首先，国有企业提供的激励更为多样。除货币薪酬外，还有晋升激励（Cao et al.，2010；梁上坤等，2013）。即使企业不能提供足够的货币薪酬，其他形式的激励也可能缓和管理层人员的需求（晋升机会不一定因为资金占用而减少）。进入国有企业的高管，事实上已经有了货币薪酬较低的预期，而各种情形下服从大股东安排获得晋升机会对其更加重要。其次，国有企业背后可能存在隐性的担保。国有企业陷入困境后，大股东挽救壳资源的目的更为强烈，因此，国有企业管理层面临的破产的个人成本可能更低。而且即使企业破产，管理层也可能在政府的安排下进入其他企业或者政府机构。最后，国有企业管理层人员的选拔不同于非国有企业，来自大股东或者地方政府的高管天然地会配合大股东的行为。而且国有企业属于一个较为封闭的劳动力市场（周黎安，2007），即使管理层人员有离开的意愿，可能也难以付诸实施。①

---

① 丁友刚和宋献中（2011）考察了 1997~2008 年 289 起董事长变更，其进入民营企业或者外资企业就职的仅 8 起。

因此，若仅在国有企业中观察到资金占用伴随着更为频繁的变更，可能缘于管理层人员出于晋升等目的，配合了大股东的行为。那么，之前观察到的现象就非大股东侵犯了管理层利益，而是两者的利益交换。然而，若非国有企业中也存在上述现象，则这部分管理层人员的利益可能确实受到了损害，因为他们的晋升机会极其稀少，资金占用又造成了他们的薪酬低下、变更频繁。对此，采用按产权性质分组和增加资金占用与产权性质交乘项两种方法检验。

回归的结果如表12-4①列（1）、列（2）显示，Tun 的系数均显著为正，无论在国有和非国有企业中，大股东资金占用均会引发更频繁的管理层变更。列（3）增加了资金占用与产权性质的交乘项，结果显示，Tun 的系数依然为正，在1%水平上显著，$Tun \times Soe$ 的系数为负，接近显著，t值为-1.57。相同资金占用下，相对非国有企业，国有企业管理层人员变更的可能性更小。国有企业的管理层人员拥有未来晋升的机会，这一激励会构成一种补充，缓解资金占用引发的大股东和管理层之间的冲突。

表12-4　　　不同产权性质企业中资金占用与管理层人员变更

变量	Dchange		
	（1）国有企业	（2）非国有企业	（3）全样本
Tun_t	1.529 *** (3.37)	1.786 ** (2.57)	2.447 *** (3.87)
$Tun_t \times Soe_t$			-1.140 (-1.57)
Soe_t			0.136 * (1.69)
Roa_t	-2.831 *** (-5.22)	-2.227 ** (-2.19)	-2.645 *** (-5.57)
Tq_t	0.115 * (1.89)	-0.044 (-0.51)	0.066 (1.35)

---

① 为节约篇幅，此处及下文仅报告部分重要控制变量的结果，此外未单独列示董事长变更或者总经理变更的结果，但其一致。

续表

变量	Dchange		
	(1) 国有企业	(2) 非国有企业	(3) 全样本
Age_t	0.015 (1.31)	-0.002 (-0.09)	0.014 (1.47)
Lev_t	-0.033 (-0.17)	1.035*** (2.88)	0.198 (1.17)
$Size_t$	-0.002 (-0.04)	-0.084 (-1.11)	-0.009 (-0.27)
常数项	-0.391 (-0.46)	1.086 (0.64)	-0.359 (-0.48)
行业/年份/其他控制变量	是	是	是
N	5596	1742	7338
R^2	0.019	0.070	0.026
LR Chi^2 值	134.1	146.3	214.3

注：括号里的数字为 t 值。*、**、*** 分别代表在 10%、5%、1%的水平上显著。

这部分检验的结果显示晋升机会可以解释一部分，但不足以解释本章之前的全部发现。在非国有企业中，大股东资金占用会引发更频繁的管理层变更，这些管理层的利益可能受到了切实损害。

3. 股权分置改革前后的测试

股权分置改革事件为资金占用是否侵犯管理层人员利益提供了另一个极佳的检验场景。大股东资金占用是中国资本市场面临的一个严重问题，阻碍资本市场的健康发展。对此，中国证监会采取了一系列应对措施，自 2005 年起中国资本市场开始了股权分置改革。这一改革降低了大股东的持股比例，更严格地规范了公司治理。那么，股权分置改革前后，资金占用与管理层人员变更的关系是否发生变化了呢？以股权分置改革为界，将全样本分为 2005 年之前（1999~2004 年）和之后（2007~2010 年）两个子样本进行检验。① 同时，也采用增加资金占用与股权分置改革与否交乘项的方法进行检验。其中，股权分置改革与否（Ssr）为虚拟变量，年份处于 2007~2010 年时间段取 1，年份处

---

① 绝大部分公司的股权分置改革在 2005~2006 年内完成。

于 1999~2004 年时间段取 0。

回归结果如表 12-5 所示，结果显示，股权分置改革之前，大股东资金占用会显著影响管理层人员的变更，Tun 的系数为正，且在 1% 水平上显著，而股权分置改革之后，Tun 的系数为负，不显著。列（3）增加了资金占用与股权分置改革与否的交乘项，结果显示，Tun 的系数依然为正，在 1% 水平上显著，$Tun \times Ssr$ 的系数为负，在 10% 水平上显著。股权分置改革后，大股东的持股比例下降，加之公司治理其他方面趋于完善，资金占用中大股东自利的成分有一定降低，管理层利益受大股东侵犯的程度有一定降低。[①]

表 12-5　　　　股权分置改革治理前后资金占用与管理层人员变更

变量	Dchange		
	（1）分置改革前	（2）分置改革后	（3）全样本
Tun_t	1.744*** (3.85)	-0.330 (-0.22)	1.871*** (4.17)
$Tun_t \times Ssr_t$			-2.917* (-1.95)
Ssr_t			-0.065 (-0.26)
Roa_t	-2.607*** (-3.69)	-2.532*** (-3.14)	-2.470*** (-4.73)
Tq_t	0.155 (1.30)	0.021 (0.37)	0.040 (0.79)
Age_t	-0.013 (-0.70)	0.039*** (2.88)	0.018* (1.68)
Lev_t	0.124 (0.50)	0.244 (0.82)	0.176 (0.93)
$Size_t$	-0.069 (-1.12)	-0.022 (-0.43)	-0.043 (-1.12)

[①] 但这并不意味着股权分置改革后，大股东和管理层的冲突完全消弭。关联交易、过度担保等其他"掏空"行为依然可能激化双方的冲突，对之关注依然存在价值。

续表

变量	Dchange		
	(1) 分置改革前	(2) 分置改革后	(3) 全样本
常数项	1.744*** (3.85)	-0.330 (-0.22)	1.871*** (4.17)
行业/年份/其他控制变量	是	是	是
N	3251	2412	5667
R^2	0.029	0.029	0.029
LR Chi^2 值	113.5	74.6	189.5

注：括号里的数字为 t 值。*、*** 分别代表在 10%、1% 的水平上显著。

这部分检验的结果进一步增强了大股东资金占用侵犯管理层利益的推论，且很难由高管能力差异和晋升机会解释。

三、稳健性测试

1. 变动的资金占用与管理层变更

鉴于大股东资金占用和管理层变更之间存在较强的内生性关系（如管理层变更时更利于大股东掏空），本章之前的研究设计中，对管理层是否变更取未来一期值，对资金占用等其余变量取当期值。本章的这部分检验中，进一步将当期资金占用分解为上一期资金占用（Tun_{t-1}）、当期资金占用与上一期资金占用之差（ΔTun）两部分，且在模型中控制当期管理层是否变更（$Change_t$）。回归结果显示，上一期资金占用（Tun_{t-1}）的系数为正，且均在 1% 水平上显著，管理层人员变更（$Change_t$）的符号均为负。即当年发生了管理层人员变更，则下一年发生管理层人员变更的可能性趋小。在此基础上，当期资金占用与上一期资金占用之差（ΔTun）的系数始终为正，且均显著。即当期资金占用程度的增强会引发更高的管理层变更概率。这一结果进一步削弱了内生性质疑。

2. 资金占用的其他度量形式

以往的一些文献认为，大股东也可能通过应收账款、预收账款等形式实现资金占用，此外，采用净占用的定义方法度量大股东的资金占用有一定的优点

（李增泉等，2004；黄志忠，2006；曾庆生、陈信元，2011）。[①] 本章的这部分检验中，将应收账款、应收票据、预付账款逐项与其他应收款相加，并同时考虑净占用概念（相应地减去应付账款、应付票据、预收账款），衡量资金占用。回归结果显示，这些衡量方法下，Tun 的系数始终为正，且均在 1% 或 5% 水平上显著。由此表明，采用不同方法度量资金占用不改变对研究假设的支持。

3. 剔除正常变更

对于高管变更的动因有多种划分，方法也不尽相同（张俊生、曾亚敏，2005；游家兴、李斌，2007；游家兴等，2011）。我们认为，大股东与管理层之间的冲突会导致管理层频繁变更，这既包括大股东解雇高管，也包括高管主动辞职（这两者对本章的研究结论更有意义）。除此之外，一些不可控的客观原因也会造成高管变更，比如退休、涉案等。剔除这些情况导致的变更有助于提高结论的稳健性，为此我们进行了如下尝试。参考游家兴和李斌（2007）的研究，将 CSMAR 数据系统列示的以下几种情况视为正常变更：退休、任期届满、控股权变动、涉案、结束代理，剔除正常变更的观测进行回归。[②] 回归结果显示，Tun 的系数始终为正，且均在 1% 水平上显著。由此表明，剔除正常变更不改变对研究假设的支持。

4. 采用监事会主席变更进行测试

本章的研究假设认为，资金占用可能引发大股东与整个管理层的冲突。因此，在董事长、总经理之外，我们还检验了资金占用对监事会主席变更的影响。设置变量 $Dchange\_cs$，其为虚拟变量，监事会主席变更取 1，否则取 0。回归结果显示，Tun 的系数为正，且在 5% 水平上显著。由此表明，资金占用也增加了监事会主席变更的可能性，这一证据强化了资金占用激化大股东与整个管理层冲突的推论。

[①] 行业、地区或信用条件特点可能使某些企业同时拥有较多的应收账款和应付账款，而这些款项都是经营活动发生地合理款项，取净值可能一定程度缓解这些问题。

[②] 当然精确区分这两种情况十分困难，比如健康原因既可能是真实的不可控的情况，也可能是双方冲突的掩饰，而退休、任期届满也很难判断到底属于哪一种情况（高管超过 60 岁任职的案例时常存在，出于类似考虑，张俊生和曾亚敏（2005）及丁友刚和宋献中（2011）均未区分正常与非正常变更，游家兴等（2011）则未区分离职原因，而将达到退休年龄离职的视为正常变更，其余视为非正常变更）。若调整划分，将健康原因归为正常变更，退休、任期届满归为非正常变更，再进行测试，均不改变结果。谨慎起见，本章的主要回归并没有剔除所谓的正常变更，而仅将之作为稳健性测试交待。

5. 其他稳健性测试

（1）采用 Ordered Logistic 回归。将模型（12.1）的被解释变量替换为 Numchange。Numchange 为董事长、总经理变更的人数（取值 0、1、2），采用 Ordered Logistic 回归的方法进行检验。

（2）剔除并购重组影响较大的观测进行测试。为避免并购重组对管理层人员变动的机械影响，之前将当年并购重组金额与期初总资产之比超过 10% 的观测剔除。除此之外，尝试将 5%、15% 的观测剔除，以及控制前一期或后一期并购重组金额进行回归。

（3）回归变量采用其他方式度量进行测试。采用当期与上一期资金占用的均值；将会计业绩替换为净资产收益率（ROE）；将成长性定义为营业收入增长率进行回归。这些测试均不改变之前结论。

第四节　研究结论与局限

股权结构的差异会使得代理问题呈现出不同的表现形式。然而无论是股权分散下聚焦管理层对股东利益的侵占，还是股权集中情况下关注大股东对中小股东利益的侵占，都忽略了管理层利益被强势大股东侵犯的可能。我们认为，大股东的资金占用及其实现事实上损害了管理层的利益。大股东对控股公司的资金占用不仅仅会降低管理层的薪酬水平和薪酬业绩敏感性，这种冲突还会导致更为频繁的管理层变更。

本章使用中国 A 股上市公司数据对上述推论进行了实证检验。结果显示，大股东资金占用越严重，公司的管理层人员越容易发生变更。进一步地分析并未发现不同资金占用公司高管能力特征的显著差异，同时，资金占用与管理层人员变更的关系在国有企业中有所削弱。此外，股权分置改革一定程度缓解了大股东与管理层围绕资金占用的利益冲突。上述发现可能会扩展对大股东资金占用行为影响对象的理解。在股权集中的新兴市场，管理层相对大股东往往处于弱势地位，大股东资金占用的负面影响不再仅局限于中小股东，而可能波及公司的所有利益相关者。此外，本章提供的证据也有助于对大股东资金占用行为与公司业绩关系的解读。大股东的资金占用降低公司的业绩不仅仅在于"掏走"的资源，对管理层不适当的激励以及由此引发的管理层频繁变更也可能是公司价值降低的重要原因。此外，本章还从大股东与管理层冲突的角度提供了我国上市公司高管变更比率较高的一个解释。这一研究结果对当前金融改革和资本市场建设具有重要启示。目前，我国经济发展面临新的风险挑战。大股东占用上市公司资金，不仅会严重影响公司的正常运营，也会影响资本市场的诚信建设和健康发展，因此需要全社会各界的重视和努力。

当然，本章的研究还有诸多不足。第一，大股东的掏空行为有多种方式，比如关联交易、并购重组、担保等，这些方式在本章并没有一一考虑。第二，无论采用原始值还是净值计量资金占用，都无法完全精确地排除其中一些生产经营活动的实际发生值。第三，管理层的变更不仅仅包括董事长、总经理、监事会主席，还有其他一些职位的管理人员，我们并没有单独加以研究。这些方面都构成了研究局限，也是未来的研究方向。

第十三章

盈余管理行为中的经理人惯性*
——一种基于个人道德角度的解释与实证

随着经济全球化、经济形态和金融事务复杂化,国内外上市公司及金融机构财务丑闻频出,引起了实务界和理论界对上市公司财务舞弊等盈余管理行为的持续关注。席佩尔(Schipper,1989)认为,盈余管理是有目的地干预对外财务报告过程,以获取某些私人利益的披露管理。希利和瓦伦(Healy & Wahlen,1999)认为,盈余管理是指经理人在财务报告与组织交易等活动中运用判断,改变对外财务报告,以误导证券持有人对公司基本业绩的评价。而魏明海(2000)则认为,盈余管理是经理人为了误导其他会计信息使用者对企业经营业绩的理解,或影响那些基于会计数据的契约结果,在编报财务报告和"构造"交易事项以改变财务报告时,作出判断和会计选择的过程。相比之下,后者的定义具有更加宽广的含射性。当然,无论哪种定义,盈余管理的行为主体都是企业管理当局,即可以影响财务信息披露的管理者。企业管理当局进行盈余管理的目的是误导会计信息使用者对企业经营业绩的理解,或影响那些基于会计数据的契约结果。不论是机会主义观的盈余管理还是效率观的盈余管理,其结果均会产生不符合公司真实财务状况的会计信息,并在一定程度上增加企业内外部之间的信息不透明性,不仅可能影响外部资本市场的资本配置效率(Chen & Yuan,2004),也可能影响企业内部自身的资源配置效率(任

---

* 本章原文以《盈余管理行为中的经理人惯性——一种基于个人道德角度的解释与实证》为题发表于《南开管理评论》2017年第3期,有所改动。

春艳，2012；刘慧龙等，2014），损害外部信息使用者的利益和公司自身的利益。除非认为内部人与外部人的信息是完全对称的，则博弈的结果不会损害任何一方的利益。但是，这样的假设会造成自相矛盾的结果，因为信息完全对称会勾销会计信息存在的必要性。因此，为了降低或抑制企业的盈余管理，各种内部治理机制和外部监管机制被设计和执行，用以约束企业管理当局的盈余管理行为，比如独立董事制度、审计委员会制度、内部控制制度、外部审计制度、相关法律法规等。但是，这些制度并不能完全有效地抑制企业的盈余管理，因为管理者的盈余管理行为无法被制度完全有效地约束。除了这些以法律的强制性保证其实施的制度措施外，道德亦构成了个人行为约束的重要维度。"法律是成文的道德，道德是内心的法律。法律和道德都具有规范社会行为、调节社会关系、维护社会秩序的作用。"[①] 因此，我们认为，管理者的盈余管理行为不仅受到外部制度的约束，同时也受管理者个人内在德行品性的影响，具有一定程度的惯性，这种行为惯性不容易被外在制度化的因素影响和改变。本章试图采用实证的研究方法检验这种受经理人个人德行品性影响的盈余管理行为惯性的存在；通过选择曾在两家上市公司担任过董事长或总经理的高管个人样本，计算其在每一家公司任职时公司的操控性应计水平的平均值，检验具有相同高管的公司之间操控性应计水平的相关性，以此验证盈余管理惯性可能受高管个人德行品性影响的存在性。

本章研究发现，在控制了其他盈余管理影响因素的情况下，具有相同的董事长或者总经理的公司之间操控性应计水平具有显著的正相关关系；为了排除公司财务因素及治理因素的影响，按倾向得分匹配法（PSM）对上述样本公司进行配对，研究发现，不具有相同的董事长、总经理的公司之间，操控性应计水平也不再具有显著的正相关关系；进一步控制治理因素对操控性应计的影响，检验发现，当高管由治理好的样本公司变更到治理差的样本公司时，以及当高管由治理差的样本公司变更到治理好的样本公司时，先后任职公司之间的盈余管理依然具有显著正相关关系；在稳健性检验中，分别考虑进行同行业—年度样本配对、删除特殊样本（IPO当年样本、配股前一年样本和微利样本）、高管先后任职公司股权性质是否相同、高管先后任职公司是否属于同一企业集

---

① 习近平2016年12月10日主持十八届中共中央政治局第三十七次集体学习时的讲话。同时，他强调"坚持依法治国和以德治国相结合，使法治和德治在国家治理中相互补充、相互促进、相得益彰，推进国家治理体系和治理能力现代化"。

团、高管是否同时兼任两家上市公司、高管先后任职公司所在地区以及与年份相关的制度变迁因素，检验结果依然稳健。上述研究结果表明，同一个人在不同的公司中担任高管，其盈余管理行为的惯性使得公司"盈余管理"保持了一定程度的持续性，这种行为惯性不完全随着外在制度约束的变化而变化。本章尝试从高管个人内在德行品性角度解释这种行为惯性。该研究发现的启示在于，由于公司各种内外部监督机制对盈余管理的约束能力在边际上越来越弱，如果仅仅依赖制度，改善公司治理的成本将会越来越高，不符合成本效益原则。因此，在公司治理中，在给定成本的条件下，强调制度约束作用的同时，也需重视高管个人内在品性在治理中可能发挥的重要作用，公司可以通过选择投入相对于高管个人而言的外在制度和高管个人的德行品性来调整公司治理的成本和效益。

本章可能的研究贡献有以下三点：一是可以从高管行为惯性或内在德行品性的角度进一步解释公司盈余管理水平的差异性，丰富现有盈余管理影响因素的文献（Dechow et al., 2010）；二是可以说明高管在公司治理和公司价值中的重要作用，表明对高管的选择和聘任是公司的重要决策之一，具有重要的理论和实务意义；三是揭示制度建设包括公司外部法制、内部治理机制等，只是制约盈余管理、改善公司治理的必要条件，并不是充分条件。

第一节　文献回顾

一、高管个人道德对高管行为和行为结果的影响

佩格尔等（Pegels et al., 2000）以及马塞尔（Marcel, 2009）的研究发现，管理者既有认知结构和价值观决定了其对相关信息的解释力，影响着他们的战略选择，影响公司绩效、并购重组行为、财务杠杆等。另有文献研究发现，管理者的"过度自信"或"过度乐观"会对其决策和决策结果产生影响。对自身能力过度自信的 CEO 倾向于高估自己并购整合企业的能力、高估并购的价值，并购决策失败的可能性较大（Malmendier & Tate, 2005; Malmendier & Tate, 2008）。当内部资金充足时，过分乐观的 CEO 倾向于过度投资；当内部资金不足时，过分乐观的 CEO 认为企业价值被低估，不愿意在市场上募集资金从而放弃可以带来净现值为正的投资项目，导致投资不足（Heaton,

2002)。正因为 CEO 的"过度自信"或"过分乐观"影响其进行股权融资的意愿，使其更倾向于债权融资，因此，公司的负债率水平也会受到影响（Hackbarth，2008），企业的财务风险增加。汉布里克和梅森（Hambrick & Mason，1984）认为，高层管理者在作出决策时，由于内外环境的复杂性，管理者不可能对公司的所有方面进行全面认识，即使在管理者视野范围内的现象，管理者也只能进行选择性观察，不能获取与决策相关的所有信息，此时管理者既有认知结构和价值观决定了其对相关信息的解释力，影响着他们的战略选择，并进而影响企业的行为。已有研究发现，公司的 CFO 和 CEO 能够通过影响会计政策的选择、公司盈余会议的基调而影响公司的盈余质量（Ge et al.，2011；Davis et al.，2015），表明公司的 CFO 和 CEO 能够影响公司的财务会计决策。但总体上，这些文献还是侧重于从行为主义的路径来解释高管的行为，而尚未有文献从个人道德的角度来阐释高管的行为及其行为结果。

二、外在制度对高管行为和行为结果的影响——对盈余管理的影响

已有文献研究认为，公司的业绩、债务水平等财务状况会影响高管的盈余管理行为，影响公司的盈余质量。比如，在绩效差的公司中，高管运用会计政策的选择提高盈余（DeFond & Park，1997）；在我国，亏损公司为了避免公司连续三年亏损而受到证券监管部门的退市处罚，会在亏损当年及其前后年份进行显著调减或调增盈余的盈余管理行为（陆建桥，1999）；具有较高负债率水平的公司为了避免违反债务限制性条款，在违约之前都普遍采用过增加盈利的会计政策（Sweeney，1994）。公司薪酬激励制度也被认为会影响高管盈余管理行为（Healy，1985；Holthausen et al.，1995；肖淑芳、张超，2009；吕长江、张海平，2011），比如，公司的奖金、分红计划以及股权激励计划使管理者出于最大化自身利益的动机去管理各期盈余。

理论上看，各类公司内外部制度包括审计委员会制度、监事会制度、内部控制制度、独立董事制度、外部审计制度、法制环境等，能够在一定程度上约束高管的盈余管理行为。现有研究发现，内部控制程序（Doyle et al.，2007）、董事会和审计委员会中外部董事的比例（Klein，2002；Farber，2005）、董事会中具有财务或会计背景的独立董事比例（胡奕明、唐松莲，2008）、审计委

员会的存在（刘力、马贤明，2008）可以帮助降低公司的盈余管理水平；审计师也能够在一定程度上发现或消除上市公司财务信息中有目的性和无目的性的差错和错报，从而影响上市公司报告的盈余质量（Caramanis & Lennox，2008）。但是，这些公司治理制度上的约束并非完全有效。已有较多研究发现，公司治理系统的好坏并不影响管理当局的负向盈余管理行为（余宇莹、刘启亮，2007）；监事会也没能在对外部审计的支持方面发挥预期的作用（李爽、吴溪，2003）；由于缺乏一定的独立性，我国上市公司中的独立董事未能有效抑制或缓解上市公司中的盈余管理问题，因而未能在公司治理中发挥实质性的作用（支晓强、童盼，2005）；高质量的内部控制虽然有助于抑制公司的应计盈余管理行为，但对真实盈余管理的抑制作用却较小（范经华等，2013）；作为增加上市公司财务信息可信性的第三方——审计师，也并没未能有效揭示和抑制上市公司的盈余管理行为（夏立军、杨海斌，2002；薄仙慧、吴联生，2011；曹琼等，2013）。

以往研究发现，一国的法律及制度环境从根本上影响着公司报告盈余的特征（Alford et al.，1993；Land & Lang，2002）。外部治理环境（如市场化程度、政府干预程度、法治水平等）显著影响上市公司的盈余管理，能够替代公司治理机制在一定程度上约束高管的盈余管理行为（李延喜等，2012；李延喜、陈克兢，2014）。但是，张玲、刘启亮（2009）却研究发现，在市场化程度高、政府干预少、法治水平高的地区，负债水平与盈余管理之间的正相关关系更为强烈。关于盈余管理动机的"惩罚假说"认为，投资者法律保护潜在地鼓励盈余管理行为，因为当面临更大的惩罚措施时，内部人更有动力去隐藏他们的控制权私利（Leuz et al.，2003）。

鉴于契约的不完备性（Grossman & Hart，1986），公司不可能制定出完备的治理机制来约束管理者的行为，在一些情况下，制度反而会产生相反的治理效果。据现有研究文献不难发现，制度在约束高管盈余管理行为、改善公司治理上的作用是有限的。

三、个人道德与制度

国家治理的有效性不仅在于法律，还在于道德。夏伟东（2004）认为，任何一种在历史上站得住脚并产生了重大影响的治国思想和治国方略，都必须依靠道德和法律作为相辅相成、缺一不可的基本手段。在传统中国社会，德治思想即已受到了突出重视和强调。"道之以政，齐之以刑，民免而无耻"（《论语·为政》），用政令来治理百姓，用刑法来整顿他们，老百姓只求能免于犯罪受惩罚，却没有廉耻之心。"法令滋章，盗贼多有"（《道德经·第五十七章》），法令越是严酷，盗贼反而更多；即使"天下之网尝密矣然奸伪萌起"（《史记·酷吏列传》），情况严重的时候，"上下相遁，至于不振"（《史记·酷吏列传》），需要借助更加严酷的法令才行，形成恶性循环。但是，如果"道之以德，齐之以礼，有耻且格"（《论语·为政》），用道德去引导百姓，用礼制去同化他们，百姓不仅会有羞耻之心，而且有归服之心。"破觚而为圜，斫雕而为朴，网漏于吞舟之鱼，而吏治烝烝，不至于奸，黎民艾安"（《史记·酷吏列传》），精简繁苛的法律，官吏就会有很好的政绩，不会做出奸邪之事，百姓也都平安无事。由此看来，"徒善不足以为政，徒法不能以自行"（《孟子·离娄上》）。在现代中国社会，单凭法律亦是不能解决中国存在的所有社会弊病和问题（马戎，1999）。道德治理是国家治理的重要维度，是促进国家治理体系和治理能力现代化不可或缺的治理手段和推动力量（龙静云，2015）。

同样，在公司治理中对高管行为的约束上，制度和道德二者也应相辅相成，以改善公司治理状况。王小锡（2011）认为，"道德作为特殊的生产性资源具有独特的经济价值"，社会组织层次的道德"可以为生产的发展营造良好的劳动生产环境和必要的社会条件，减少生产发展的'社会成本'"，个人层次的道德"作为个体的精神动力和价值支撑而参与价值的创造"，因而，"道德是现代化大生产不可或缺的精神要素"。王小锡和杨文兵（2002）以及华桂宏和王小锡（2004）则认为，在经济活动的交易过程中，"逆向选择"和"道德风险"等机会主义行为的存在导致了极大的交易成本，而个人道德在交换环节有利于纠正交换的过度逐利动机、减少交换过程中由于信息不对称产生的机会主义行为，降低交易成本。

本章所称的"制度"是指相对于高管个人而言的制度，包括各类正式和非正式制度；而"道德"是指高管个人层次的德行品性，不同于以往研究中的非正式制度。比如，有学者从非正式制度的角度入手，研究其对公司治理的作用。陈冬华等（2013）研究了非正式制度对公司治理的影响，结果发现，上市公司所在地的宗教传统能够显著抑制上市公司的盈余管理，且这种关系在法律制度完善的地区更为明显，表明法律制度这一正式制度与宗教传统这一非正式制度在抑制公司的盈余管理上存在一定的互补关系。潘越等（2010）则探讨社会资本（包括诚信、道德、社会规范等非正式制度）与法律保护这两种外部约束机制在影响公司盈余管理决策方面的相互替代作用，结果发现，社会资本与法律保护在公司IPO盈余管理决策中起相互替代的抑制作用，在法律保护比较薄弱的地区，社会资本对IPO盈余管理行为的约束作用更加显著。这些研究中所称的非正式制度也可称为公司所处环境的道德水平，但其依然属于相对于高管个人而言的外在制度。

以往的文献较多研究外在制度对公司治理（比如盈余管理）的影响，鲜有文献从高管个人内在德行品性的角度出发，阐释其对公司治理的影响。鉴于制度在约束高管盈余管理行为、改善公司治理上的作用终归存在其经济上的边际，本章尝试通过实证研究方法检验高管个人德行品性是否会对盈余管理产生影响，从而提供改善公司治理的新启示。

第二节 理论分析和研究假设

高管作为公司经营活动的主要决策者，其行为结果之一表现为影响包括盈余管理在内的公司治理。基于上述文献的理论观点和研究结果，我们认为，高管行为受两个方面的影响：相对于高管而言的外在制度（包括各类公司治理机制、法律法规、规章制度、非正式制度等）和相对于高管而言的内在个人德行品性。前者是高管行为的外在约束，后者是高管行为的内在约束。理论上，外在制度和个人德行品性通过规范或影响高管的行为影响公司治理。若高管所处的外在制度环境和内在德行品性持续不变，则高管的行为持续不变，主要受高管行为影响的公司治理状况（如盈余管理）也能保持不变。若高管所处的外在制度环境发生了变化，而其内在德行品性保持不变，则受其影响的高管行为依然具有一定程度的持续性。高管个人所处的外在制度和其内在德行品性对公司治理的影响机制如图13-1所示。

理论上，从长期看，外在制度可能会影响个人的内在德行品性，整个社会人的德行品性也会影响外在制度的制定和实施。但从短期来看，人的德行品性具有一定程度的持续性和一贯性，不会被轻易改变，高管个人的德行品

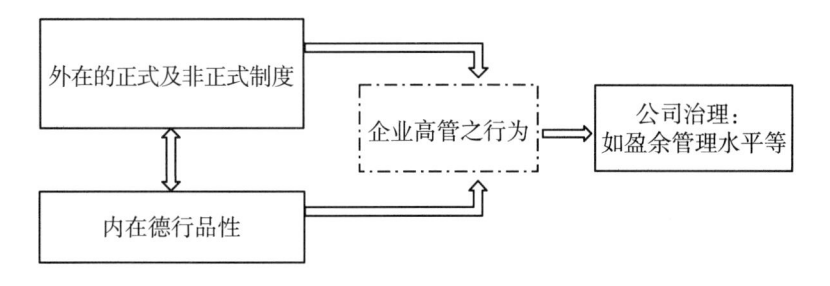

```
┌─────────────────┐      ┌─────────────┐      ┌──────────────┐
│ 外在的正式及非  │─────▶│             │      │  公司治理：  │
│ 正式制度        │      │ 企业高管之行为│─────▶│ 如盈余管理    │
└─────────────────┘      │             │      │ 水平等        │
         ▲               └─────────────┘      └──────────────┘
         │                      ▲
         ▼                      │
┌─────────────────┐             │
│  内在德行品性   │─────────────┘
└─────────────────┘
```

图 13 - 1　外在制度和内在德行品性对公司治理的影响机制

性对公司治理的影响难以完全通过外部制度的设计来规范和约束。因而，我们认为，同一个高管在不同的公司治理约束中，时间是一个稳定常量。"高管个人所处的外在制度"和"高管个人的内在德行品性"是改善公司治理的两个可以相互替代又互相补充的因素（见图 13 - 2）。图 13 - 2 中，X 轴表示公司对高管个人道德的投入，Y 轴表示公司对制度的投入，曲线 U 是公司治理状况的无差异曲线，即公司在制度和高管个人道德上的投入均可以改善公司治理状况，且改善公司治理状况的边际效用是递减的。曲线 U 上的各点所代表的公司治理状况是相同的，但制度和高管个人道德的投入组合不同，成本也有所差异。线 a 是公司投入制度和高管个人道德的等成本线，线 a 上的各点所代表的制度和高管个人道德投入组合的投入成本是相同的，但公司治理状况是不同的。等成本线 a 向右上方移动代表增加投入，等成本线向左下方移动代表减少投入。在制度和高管个人道德投入比一定的情况下，投入成本增加会使公司治理状况无差异曲线 U 向右上方移动，公司治理状况得以改善，投入成本减少则会使公司治理状况无差异曲线向左下方移动，公司治理状况变差。如图 13 - 2 所示，等成本线 a 上的 A、B、C 三点代表不同的制度和高管个人道德投入组合，公司的投入成本是相同的，但三种投入组合下的公司治理状况是不同的：A 点的公司治理状况优于 B 点和 C 点，B 点和 C 点的公司治理状况相同（在同一条公司治理状况无差异曲线上）。即在给定投入成本的情况下，A 点（等成本线和公司治理状况无差异曲线的切点）是最优的制度和高管个人道德投入组合点。B 点过多地投入制度（当前可能存在的现象），C 点则过度地强调高管个人道德，均不能有效地改善公司的治理状况。因此，在成本效益的原则下，改善公司治理状况时既不能过度依赖制度，也不能仅仅依赖个人的德行品性，否则，改善公司治理的成本将会越来越高。公司可以通过选择投入相对于高管个人而言的外在制度和高管个人的内在德行品性来调整公司治理的成本和效益。

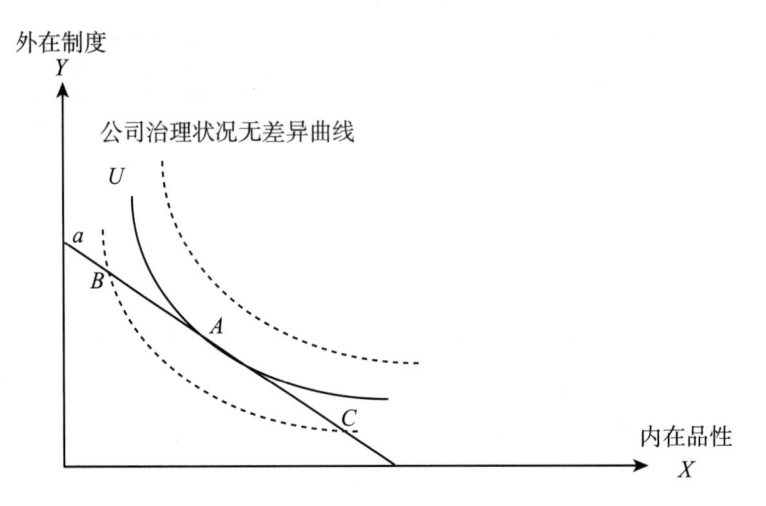

图 13-2　外在制度和内在品性对公司治理的影响

由于不能够准确衡量高管个人的德行品性，因此，无法直接检验高层管理者个人的品性是否会对公司治理产生影响。不过，由于高管个人的德行品性具有一定程度的持续性和一贯性，可以通过检验同一名高管（其内在的德行品性相同）在不同公司（高管所处的外在制度环境不同）中的行为惯性，间接检验高管个人的德行品性对公司治理的影响。

本章从公司治理的盈余管理角度出发，以高管的更换样本为研究对象，通过研究具有相同高管的公司之间盈余管理水平相关性，检验管理者个人持续的盈余管理行为的存在，以验证高管自身德行品性会对盈余管理产生影响：高管个人德行品性的一贯性会导致其盈余行为具有一定程度的持续性或惯性，因而具有相同高管的公司之间盈余管理水平具有一定程度的相关性。基于此，提出以下假设。

假设13.1：在其他因素一定的情况下，具有相同高管的公司之间，后任公司的盈余管理和先任公司的盈余管理显著正相关（高管的盈余管理行为具有持续性或惯性）。

但是，后任公司的盈余管理和先任公司的盈余管理之间显著的相关性，可能是先后两类公司具有相似的公司规模、业绩、内外部监督机制等影响盈余管理的各类可观测和不可观察的因素，而不是因为同一个高管盈余管理行为的持续性。为此，本章分别对先任公司样本组和后任公司样本组按照公司规模、业绩、内外部监督机制等因素进行配对，得到先任公司样本组的配对组和后任公司样本组的配对组。这样一来，后任公司和先任公司的配对公司之间不再具有相同的高管，后任公司的配对公司和先任公司之间也不再具有相同的高管。基于此，提出以下假设。

假设 13.2a：在其他因素一定的情况下，后任公司的盈余管理和先任公司的配对公司的盈余管理不再显著正相关或正相关性显著降低（高管的盈余管理行为不再具有持续性或持续性降低）。

假设 13.2b：在其他因素一定的情况下，后任公司的配对公司的盈余管理和先任公司的盈余管理不再显著正相关或正相关性显著降低（高管的盈余管理行为不再具有持续性或持续性降低）。

为了进一步验证具有相同高管的公司之间后任公司的盈余管理和先任公司的盈余管理的正相关关系，是由高管个人内在德行品性影响下的盈余管理行为的持续性所致，而不是具有相同的其他公司治理因素所致，本章分别选择这两类样本公司：高管从公司治理好的公司变更到公司治理差的公司以及高管从公司治理差的公司变更到公司治理好的公司，并检验以下假设。

假设 13.3a：在其他因素一定的情况下，当高管从公司治理好的公司变更到公司治理差的公司时，后任公司的盈余管理和先任公司的盈余管理依然显著正相关（高管的盈余管理行为依然具有持续性）。

假设 13.3b：在其他因素一定的情况下，当高管从公司治理差的公司变更到公司治理好的公司时，后任公司的盈余管理和先任公司的盈余管理依然显著正相关（高管的盈余管理行为依然具有持续性）。

第三节　研究设计

一、样本

上市公司的董事长是最高领导者、决策者或管理者，由董事会选出，统领董事会，代表董事会领导公司的方向与策略，是公司的法人代表和重大事项的决策者；而总经理则拥有上市公司的日常行政管理权力。管理层权力理论认为，高管可以"绕过"董事会的监管，通过其拥有的权力执行自身意愿（Rabe，1962；Finkelstein，1992）。而在中国资本市场中，实际控制人一般通过直接担任或任命董事长或总经理手段来实现其经营和治理的职能。因此，本章选择均可能会对上市公司业绩和治理产生影响的董事长和总经理作为研究对象。

利用 CSMAR 数据库中"中国上市公司治理结构研究数据库—高管动态—董事长与总经理变更文件"和"中国上市公司治理结构研究数据库—基本数据—治理综合信息文件"数据，追踪董事长和总经理的变更，数据期间截至 2013 年。

根据数据库提供的"中国上市公司治理结构研究数据库—高管动态—董事长与总经理变更文件"信息区分继任和离任，将继任高管和离任高管按姓名进行合并；通过查看公司高管变更当年年报、各财经网站的公司高管简历，判断同名的高管是否为同一人，删除高管同名但不是同一个人的样本，共有 472 人满足至少在两家上市公司担任过高管，共涉及 627 个上市公司。

"中国上市公司治理结构研究数据库—基本数据—治理综合信息文件"中披露了上市公司每一年董事长和总经理的姓名，将上述样本按公司代码和高管姓名与"治理综合信息文件"合并，保留高管姓名在两组数据中均存在的观测。这样处理是为了排除高管可能是因为任职时间过短或刚接任职位尚未出现在上市公司年报中的情况。由于上述样本中的高管没有完全匹配，删除没有匹配上的观测后，样本出现了一个高管只对应一个上市公司的情况，删除此类观测数据。最终得到的样本是，193 人至少在两家上市公司担任过高管职务，且能够对当年的财务报告编制产生一定影响力。这 193 位高管的任职涉及 318 个上市公司。

夏立军（2002）认为，截面修正的 Jones 模型能够更好地揭示公司的盈余管理，而业绩也会影响公司的盈余管理。因此，本章根据业绩调整的截面修正 Jones 模型计算操控性应计水平来衡量本章关注的盈余管理水平。删除上述样本中操控性应计水平缺失的观测，因删除操控性应计水平缺失的观测，导致此时的样本中一个高管只对应一个上市公司的情况产生，再同时删除一个高管对应一个上市公司的情况。最终，样本共有 178 位高管观测，涉及 296 个上市公司。其中，161 位只在两家上市公司担任过高管，17 位在两家以上的上市公司担任过高管。样本期间的分布是 1999~2013 年。

本章试图通过检验这 178 位高管前后任职的上市公司盈余管理水平之间的相关性，研究高管个人盈余管理行为的持续性，以检验高管个人的德行品性对盈余管理的影响。按照这些高管的任职时间顺序，确认高管先后任职的公司样本，共确认 248 对"公司—高管—公司样本"（需要说明的是：（1）若同一个高管只在两家上市公司任职过，则构成 1 对"公司—高管—公司"样本，若同一个高管在三家上市公司任职过，则可构成 3 对"公司—高管—公司"样本，若同一个高管在四家上市公司任职过，则可构成 6 对"公司—高管—公司"样本，以此类推；（2）若同一个高管在两家上市公司同时兼任，则可构成 2 对"公司—高管—公司"样本），共有 1510 个"公司—年"观测，其中，高管在先任公司有 827 个"公司—年"观测（样本组 X），在后任公司有 683 个"公司—年"观测（样本组 Y）（见表 13 –1）。

表 13 –1　　　　　　　　　　样本分布统计

项目	数值
在两家及以上的上市公司担任过高管的高管人数	178 人
上市公司家数	296 家
样本分布期间	1999 ~ 2013 年
公司—高管—公司	248 对
高管先任职的公司—年观测数（样本组 X）	827
高管后任职的公司—年观测数（样本组 Y）	683

注：其他财务数据、公司治理数据均来源于 CSMAR 数据库。

二、模型

为了检验假设 13.1，将样本组 Y 的盈余管理水平对样本组 X 的盈余管理水平进行线性回归，模型如下：

$$EM_Y = \alpha_0 + \alpha_1 EM_X + \alpha_i ControlVariables_Y + \varepsilon_Y \tag{13.1}$$

其中，EM_Y 是高管后任职样本组 Y 的盈余管理水平，EM_X 是高管先任职样本组 X 的盈余管理水平，$ControlVariables_Y$ 是相应的控制变量，ε_Y 是残差项。若假设 13.1 成立，则 α_1 显著为正。

为了检验假设 13.2a 和假设 13.2b，分别对 Y 组样本和 X 组样本按照资产规模（$Size$）、负债率水平（Lev）、营业收入增长率（$Growth$）、净资产收益率（ROE）、是否由"四大"审计（$Big4$）、第一大股东持股比例（$FirstPercent$）、管理层持股比例（M_Shares）、董事长和总经理是否两职合一（$Duality$）、董事会规模（*BOD*）、外部董事比例（*IndepR*）等维度进行配对，得到样本组 X 的配对组 X_0，样本组 Y 的配对组 Y_0。再检验配对组 X_0 的盈余管理水平与样本组 Y 的盈余管理水平的相关性，样本组 X 的盈余管理水平与配对组 Y_0 的盈余管理水平的相关性，模型如下：

$$EM_Y = \beta_0 + \beta_1 EM_{X0} + \beta_i ControlVariables_Y + \varepsilon_Y \tag{13.2}$$

$$EM_{Y0} = \gamma_0 + \gamma_1 EM_X + \gamma_i ControlVariables_{Y0} + \varepsilon_{Y0} \tag{13.3}$$

其中，EM_Y 是高管后任职样本组 Y 的盈余管理水平，EM_{X0} 是配对组 X_0 的盈余管理水平，$ControlVariables_Y$ 是相应的控制变量，ε_Y 是残差项；EM_{Y0} 是配对组 Y_0 的盈余管理水平，EM_X 是高管先任职样本组 X 的盈余管理水平，$ControlVariables_{Y0}$ 是相应的控制变量，ε_{Y0} 是残差项。若假设 13.2a 和假设 13.2b 成立，则 β_1、γ_1 不显著，或显著小于 α_1。

为了检验假设 13.3a 和假设 13.3b，本章选择这两类样本——高管从公司治理好的样本（X_{Good}）变更到公司治理差的样本（Y_{Bad}）、高管从公司治理差的样本（X_{Bad}）变更到公司治理好的样本（Y_{Good}），检验高管前后任职公司盈余管理水平的相关性，模型如下：

$$EM_{Y_{Bad}} = \delta_0 + \delta_1 EM_{X_{Good}} + \delta_i ControlVariables_{Y_{Bad}} + \varepsilon_{Y_{Bad}} \tag{13.4}$$

$$EM_{Y_{Good}} = \theta_0 + \theta_1 EM_{X_{Bad}} + \theta_i ControlVariables_{Y_{Good}} + \varepsilon_{Y_{Good}} \tag{13.5}$$

其中，$EM_{Y_{Bad}}$ 是高管后任职样本组 Y 中公司治理较差样本的盈余管理水平，$EM_{X_{Good}}$ 是高管先任职样本组 X 中公司治理较好样本的盈余管理水平，$ControlVariables_{Y_{Bad}}$ 是相应的控制变量，$\varepsilon_{Y_{Bad}}$ 是残差项；$EM_{Y_{Good}}$ 是高管后任职样本组 Y 中公司治理较好样本的盈余管理水平，$EM_{X_{Bad}}$ 是高管先任职样本组 X 中公司治理较差样本的盈余管理水平，$ControlVariables_{Y_{Good}}$ 是相应的控制变量，$\varepsilon_{Y_{Good}}$ 是残差项。若假设 13.3a 和假设 13.3b 成立，则 δ_1、θ_1 依然显著为正。

根据以往研究，公司特征如规模、负债率水平、盈利性、成长性会影响盈余质量，公司的内部治理和控制情况会影响盈余质量，外部审计也会影响最终的盈余质量。因此，本章选择在模型中加入的控制变量（*ControlVariables*）包括：公司规模（*Size*）、负债率水平（*Lev*）、盈利水平（*ROE*）、成长性（*Growth*）、是否亏损（*Loss*）、是否两职合一（*Duality*）、董事会规模（*BOD*）、外部董事比例（*IndepR*）、第一大股东持股比例（*FirstPercent*）、管理层持股比例（*M_Shares*）、是否由"四大"审计（*Big*4）。

三、变量定义

上述模型所涉及变量的具体定义，如表 13－2 所示。

表 13－2　　　　　　　　　变量定义

变量名	变量定义
$\lvert DA \rvert$	操控性应计水平的绝对值，利用业绩调整的截面修正 Jones 模型计算，用来衡量上市公司的盈余管理水平（EM）。其中，$\lvert DA \rvert\_X$ 用来衡量高管先任职公司样本组 X 的盈余管理水平（EM_X）；$\lvert DA \rvert\_Y$ 用来衡量高管后任职公司样本组 Y 的盈余管理水平（EM_Y）
$Size$	上市公司规模，等于期末公司总资产的自然对数。其中，$Size\_X$ 用来衡量高管先任职公司样本组 X 中的公司规模，$Size\_Y$ 用来衡量高管后任职公司样本组 Y 中的公司规模
Lev	上市公司资产负债率，等于期末公司的总负债除以总资产。其中，Lev_X 用来衡量高管先任职公司样本组 X 中的公司资产负债率，Lev_Y 用来衡量高管后任职公司样本组 Y 中的公司资产负债率
ROE	上市公司业绩，等于期末公司的净利润除以总资产。其中，ROE_X 用来衡量高管先任职公司样本组 X 中的公司业绩，ROE_Y 用来衡量高管后任职公司样本组 Y 中的公司业绩
$Loss$	上市公司亏损的可能性，上市公司当年亏损取值为 1，否则取值为 0。其中，$Loss\_X$ 用来衡量高管先任职公司样本组 X 中的公司亏损可能性，$Loss\_Y$ 用来衡量高管后任职公司样本组 Y 中的公司亏损可能性
$Big4$	上市公司年报由"四大"进行审计的可能性，由"四大"审计则取值为 1，否则取值为 0。其中，$Big4\_X$ 用来衡量高管先任职公司样本组 X 中的公司年报由"四大"进行审计的可能性，$Big4\_Y$ 用来衡量高管后任职公司样本组 Y 中的公司年报由"四大"进行审计的可能性
$FirstPercent$	上市公司第一大股东持股比例，等于第一大股东持股总数除以总股数。其中，$FirstPercent\_X$ 用来衡量高管先任职公司样本组 X 中的公司第一大股东持股比例，$FirstPercent\_Y$ 用来衡量高管后任职公司样本组 Y 中的公司第一大股东持股比例
M_Shares	上市公司管理层持股比例，等于管理层持股总数除以总股数。其中，M_Shares_X 用来衡量高管先任职公司样本组 X 中的公司管理层持股比例，M_Shares_Y 用来衡量高管后任职公司样本组 Y 中的公司管理层持股比例

续表

变量名	变量定义
Duality	上市公司董事长和总经理两职合一的可能性，若董事长和总经理两职合一取值为 1，否则取值为 0。其中，$Duality\_X$ 用来衡量高管先任职公司样本组 X 中的公司董事长和总经理两职合一的可能性，$Duality\_Y$ 用来衡量高管后任职公司样本组 Y 中的公司董事长和总经理两职合一的可能性
Boardsize	上市公司董事会总人数
BOD	上市公司董事会规模，等于董事会总人数的自然对数。其中，BOD_X 用来衡量高管先任职公司样本组 X 中的公司董事会规模，BOD_Y 用来衡量高管后任职公司样本组 Y 中的公司董事会规模
Indep	上市公司董事会中外部董事的总人数
IndepR	上市公司董事会中外部董事的比例，等于外部董事人数除以董事会总人数。其中，$IndepR\_X$ 用来衡量高管先任职公司样本组 X 中的公司外部董事的比例，$IndepR\_Y$ 用来衡量高管后任职公司样本组 Y 中的公司外部董事的比例

第四节 实证结果分析

一、样本描述性统计

（1）高管先后在两家上市公司任职的时间间隔和行业属性描述性统计如表 13-3 所示。在 248 对"公司—高管—公司"样本中，同一高管先后在两家上市公司担任高管的时间间隔平均是 1.964 年；最短的时间间隔是 0 年（兼任），共有 98 对"公司—高管—公司"样本；最长的时间间隔是 11 年，只有 1 对"公司—高管—公司"样本。在 248 对"公司—高管—公司"样本中，同一高管先后任职的公司属于同一个行业的，有 104 对，约占 42%。

表 13 – 3　高管先后在两家上市公司任职的时间间隔和行业属性描述性统计

Panel A：时间间隔和行业属性统计

项目	均值	标准差	最小值	p25分位数	中位数	p75分位数	最大值
先后任职时间间隔（年）	1.964	2.393	0	0	1	3	11
先后任职公司是否属同行业（1/0）	0.419	0.494	0	0	0	1	1

Panel B：时间间隔分布统计

先后任职时间间隔（年）	"公司—高管—公司"样本数量（对）
0	98
1	46
2	24
3	22
4	23
5	8
6	11
7	8
8	3
9	2
10	2
11	1
总计	248

Panel C：同行业属性分布统计

高管先后任职的公司是否属同一个行业	"公司—高管—公司"样本数量（对）
是（1）	104
否（0）	144
总计	248

（2）样本主要变量描述性统计如表 13 – 4 所示。表 13 – 4 的 Panel A 显示，同一名高管先后任职的公司之间，盈余管理水平（$|DA|$）没有显著差异；后任公司的规模（$Size$）显著大于先任公司，后任公司的净资产收益率（ROE）显著小于先任公司，且其发生亏损的可能性（$Loss$）显著大于先任公司；后任公司的第一大股东持股比例（$FirstPercent$）显著小于先任公司；后任

公司的外部董事人数（Indep）显著大于先任公司；其他变量之间没有显著性差异。表 13-4 的 Panel B 显示，除了外部董事人数（Indep）这个变量外，其他变量在高管先任公司样本组 X 和配对组 X_0 之间没有显著性差异。表 13-4 的 Panel C 显示，除了成长性（Growth）这个变量外，其他变量在高管后任公司样本组 Y 和配对组 Y_0 之间没有显著性差异。

表 13-4　高管先后任职公司样本及其配对样本的变量描述性统计

Panel A											
变量	X 组样本（827）					Y 组样本（683）					T 检验
	均值	标准差	最小值	中位数	最大值	均值	标准差	最小值	中位数	最大值	
|DA|	0.067	0.071	0.000	0.043	0.433	0.064	0.065	0.000	0.044	0.433	-0.77
Size	22.052	1.239	18.666	21.882	26.647	22.238	1.420	16.161	22.076	26.796	2.71***
Lev	0.518	0.213	0.087	0.510	1.534	0.526	0.224	0.063	0.518	1.376	0.70
Growth	0.236	0.459	-0.627	0.179	2.823	0.219	0.559	-0.659	0.142	4.464	-0.67
ROE	0.079	0.156	-1.174	0.075	0.673	0.059	0.177	-1.174	0.067	0.673	-2.40***
Loss	0.075	0.264	0.000	0.000	1.000	0.107	0.309	0.000	0.000	1.000	2.17***
Big4	0.075	0.264	0.000	0.000	1.000	0.072	0.258	0.000	0.000	1.000	-0.24
FirstPercent	42.205	16.332	8.700	42.840	83.830	37.817	15.361	6.660	37.340	81.850	-5.34***
M_Shares	0.513	4.063	0.000	0.002	65.605	0.809	5.102	0.000	0.002	60.455	1.25
Duality	0.047	0.201	0.000	0.000	1.000	0.037	0.184	0.000	0.000	1.000	-0.96
Boardsize	9.418	2.076	4.000	9.000	19.000	9.295	2.174	4.000	9.000	18.000	-1.12
Indep	3.191	0.984	0.000	3.000	6.000	3.367	0.856	0.000	3.000	7.000	3.66***
Panel B											
变量	X 组样本（827）					X 组样本配对样本 X_0（827）					T 检验
	均值	标准差	最小值	中位数	最大值	均值	标准差	最小值	中位数	最大值	
|DA|	0.067	0.071	0.000	0.043	0.433	0.063	0.065	0.000	0.044	0.472	-1.19
Size	22.052	1.239	18.666	21.882	26.647	22.075	1.340	15.577	21.971	28.482	0.37
Lev	0.518	0.213	0.087	0.510	1.534	0.516	0.206	0.071	0.521	1.129	-0.19
Growth	0.236	0.459	-0.627	0.179	2.823	0.294	1.214	-0.664	0.125	10.284	1.27
ROE	0.079	0.156	-1.174	0.075	0.673	0.076	0.161	-1.174	0.073	0.673	-0.44
Loss	0.075	0.264	0.000	0.000	1.000	0.091	0.287	0.000	0.000	1.000	1.16
Big4	0.075	0.264	0.000	0.000	1.000	0.059	0.236	0.000	0.000	1.000	-1.28
FirstPercent	42.205	16.332	8.700	42.840	83.830	42.039	17.496	6.690	41.310	89.410	-0.20
M_Shares	0.513	4.063	0.000	0.002	65.605	0.417	3.305	0.000	0.002	53.814	-0.53
Duality	0.047	0.201	0.000	0.000	1.000	0.047	0.154	0.000	0.000	1.000	0.01
Boardsize	9.418	2.076	4.000	9.000	19.000	9.433	2.021	5.000	9.000	19.000	0.15
Indep	3.191	0.984	0.000	3.000	6.000	3.318	0.881	0.000	3.000	7.000	2.75***

续表

Panel C

变量	Y组样本（683）					Y组样本配对样本 Y_0（683）					T检验
	均值	标准差	最小值	中位数	最大值	均值	标准差	最小值	中位数	最大值	
$\|DA\|$	0.064	0.065	0.000	0.044	0.433	0.060	0.063	0.000	0.043	0.471	-1.03
Size	22.238	1.420	16.161	22.076	26.796	22.251	1.489	18.324	22.125	28.482	0.17
Lev	0.526	0.224	0.063	0.518	1.376	0.521	0.203	0.074	0.518	1.056	-0.44
Growth	0.219	0.559	-0.659	0.142	4.464	0.483	1.755	-0.603	0.139	10.284	3.76***
ROE	0.059	0.177	-1.174	0.067	0.673	0.061	0.200	-1.174	0.076	0.673	0.24
Loss	0.107	0.309	0.000	0.000	1.000	0.094	0.292	0.000	0.000	1.000	-0.81
Big4	0.072	0.258	0.000	0.000	1.000	0.076	0.265	0.000	0.000	1.000	0.31
FirstPercent	37.817	15.361	6.660	37.340	81.850	36.861	16.702	5.050	33.840	86.350	-1.10
M_Shares	0.809	5.102	0.000	0.002	60.455	1.263	5.951	0.000	0.004	67.365	1.51
Duality	0.037	0.184	0.000	0.000	1.000	0.033	0.131	0.000	0.000	1.000	-0.51
Boardsize	9.295	2.174	4.000	9.000	18.000	9.134	1.985	4.000	9.000	16.000	-1.43
Indep	3.367	0.856	0.000	3.000	7.000	3.319	0.828	0.000	3.000	6.000	-1.05

注：*** 代表在1%的水平上显著。

二、实证分析：假设13.1和假设13.2a、假设13.2b的检验

为了检验本章的研究假设13.1，计算样本组 X 中每一个高管在公司任职时的平均操控性应计水平 $|DA|\_X$，即高管先任职公司的盈余管理水平；计算样本组 Y 中每一个高管在公司任职时的平均操控性应计水平 $|DA|\_Y$，即高管后任职公司的盈余管理水平。将先任职公司的盈余管理水平对后任职公司盈余管理水平进行回归，回归结果如表13-5中的列（1）和列（2）所示。回归分析中涉及的所有控制变量则均取高管在后任公司任职期间内该变量在所有年份取值的平均值，后文亦如此。

表13-5　假设13.1和假设13.2a、假设13.2b的回归分析结果

变量	(1)	(2)	(3)	(4)	(5)	(6)
	$\|DA\|\_Y$	$\|DA\|\_Y$	$\|DA\|\_Y$	$\|DA\|\_Y$	$\|DA\|\_Y_0$	$\|DA\|\_Y_0$
$\|DA\|\_X$	0.311*** (4.60)	0.297*** (4.23)			0.062 (0.86)	-0.005 (-0.08)
$\|DA\|\_X_0$			0.048 (0.60)	0.001 (0.01)		

续表

变量	(1) $\|DA\|\_Y$	(2) $\|DA\|\_Y$	(3) $\|DA\|\_Y$	(4) $\|DA\|\_Y$	(5) $\|DA\|\_Y_0$	(6) $\|DA\|\_Y_0$
$Size\_Y_0$		-0.005 (-1.55)		-0.007** (-2.13)		-0.009*** (-2.75)
Lev_Y_0		0.023 (1.31)		0.031* (1.74)		0.076*** (3.81)
$Growth\_Y_0$		0.005 (0.79)		0.010 (1.53)		0.008*** (2.71)
ROE_Y_0		0.049 (1.55)		0.071** (2.16)		0.119*** (4.68)
$Loss\_Y_0$		0.001 (0.04)		0.010 (0.56)		0.004 (0.22)
$Big4\_Y_0$		-0.025* (-1.74)		-0.016 (-1.08)		-0.017 (-0.93)
$FirstPercent\_Y_0$		-0.000 (-1.27)		-0.000 (-0.82)		0.000 (0.22)
$M\_Shares\_Y_0$		-0.001** (-2.28)		-0.001 (-1.43)		0.004 (0.13)
$Duality\_Y_0$		-0.024 (-0.91)		-0.021 (-0.79)		-0.001 (-1.11)
BOD_Y_0		-0.030 (-1.62)		-0.031 (-1.62)		-0.045** (-2.37)
$IndepR\_Y_0$		-0.106* (-1.77)		-0.128** (-2.06)		0.017 (0.31)
常数项	0.043*** (7.87)	0.252*** (3.94)	0.062*** (10.47)	0.311*** (4.80)	0.057*** (9.79)	0.294*** (4.26)
N	248	248	248	248	248	248
调整 R^2	0.075	0.146	-0.003	0.081	-0.001	0.141

注：括号里的数字为 t 值。*、**、*** 分别代表在 10%、5%、1% 的水平上显著。

为了检验假设 13.2a 和假设 13.2b，分别将先任公司样本组的配对组 X_0 的操控性应计水平 $|DA|\_X_0$ 对后任公司样本组 Y 的操控性应计水平 $|DA|\_Y$ 进行回归，将先任公司样本组 X 的操控性应计水平 $|DA|\_X$ 对后任公司样本组的配对组 Y_0 的操控性应计水平 $|DA|\_Y_0$ 进行回归，回归结果分别如表 13-5 的列 (3)、列 (4) 和列 (5)、列 (6) 所示。

表 13-5 的列（1）、列（2）显示，无论是单变量回归，还是控制了其他影响盈余管理因素的多元回归，高管先任职公司的操控性应计水平对后任职公司的操控性应计水平均有显著正向影响（单变量回归中，系数是 0.311，t 值是 4.60；多元回归中，系数是 0.297，t 值是 4.23），即同一名高管在不同公司中的盈余管理行为具有持续性。假设 13.1 得到了实证证据的支持。

表 13-5 的列（3）、列（4）显示，无论是单变量回归，还是控制了其他影响盈余管理因素的多元回归，高管先任职公司的配对公司的操控性应计水平对高管后任职公司的操控性应计水平均不再具有显著正向影响（系数分别为 0.048 和 0.001，t 值分别为 0.60 和 0.01），即和高管先任职的公司具有相似财务状况和治理水平的配对公司的盈余管理行为并没有持续到高管后任职的公司中，因为配对的公司和后任职公司不再具有相同的高管。假设 13.2a 得到了实证证据的支持。

表 13-5 的列（5）、列（6）显示，无论是单变量回归，还是控制了其他影响盈余管理因素的多元回归，高管先任职公司的操控性应计水平对高管后任职公司的配对公司的操控性应计水平均也不再具有显著正向影响（系数分别为 0.062 和 -0.005，t 值分别为 0.86 和 -0.08），即高管先任职公司的盈余管理行为并没有持续到和高管后任职公司具有相似财务状况和治理水平的配对公司中，因为先任职公司和配对公司不再具有相同的高管。假设 13.2b 得到了实证证据的支持。

三、实证分析：假设 13.3a、假设 13.3b 的检验

假设 13.1 和假设 13.2a、假设 13.2b 的检验结果显示，管理层持股（M_Shares）、董事会规模（BOD）、外部董事比例（$IndepR$）、第一大股东持股比例（$FirstPercent$）、是否由"四大"审计（$Big4$）五个因素均与盈余管理负相关，其中，前三个因素的影响更显著。

为了检验假设 13.3a 和假设 13.3b，本章将 248 对观测样本按照表 13-6 列示的四种划分标准分别分出两个子样本：子样本 1 为高管先任职公司的治理水平优于后任职公司的治理水平；子样本 2 为高管后任职公司的治理水平优于先任职公司的治理水平。其中，治理综合得分（ZH）按以下公式计算：ZH = 公司董事会规模/样本董事会规模均值 + 公司独立董事比例/样本独

立董事比例均值+公司管理层持股比例/样本管理层持股比例均值+公司第一大股东持股比例/样本第一大股东持股比例均值+公司由"四大"审计的可能性/样本由"四大"审计可能性的均值。

表 13 – 6　　　　　　　　公司治理水平高低的划分标准

项目	子样本 1	子样本 2
第一种：管理层持股（M_Shares）	高管先任职公司治理水平 > 后任职公司治理水平	高管先任职公司治理水平 < 后任职公司治理水平
第二种：董事会规模（BOD)		
第三种：外部董事比例（$IndepR$)		
第四种：综合治理得分（ZH）		

将满足上述条件的样本组 X 的操控性应计水平对样本组 Y 的操控性应计水平进行回归，子样本 1 和子样本 2 的回归分析结果分别如表 13 – 7 和表 13 – 8 所示。

表 13 – 7　　　　　　　　假设 13.3a 的回归分析结果

变量	(1) $\|DA\|\_Y$	(2) $\|DA\|\_Y$	(3) $\|DA\|\_Y$	(4) $\|DA\|\_Y$	(5) $\|DA\|\_Y$	(6) $\|DA\|\_Y$	(7) $\|DA\|\_Y$	(8) $\|DA\|\_Y$
$\|DA\|\_X$	0.610*** (5.54)	0.426*** (3.66)	0.227* (1.91)	0.311*** (3.80)	0.510*** (4.37)	0.402*** (3.43)	0.358** (2.53)	0.255*** (3.03)
$Size\_Y$					−0.000 (−0.07)	−0.001 (−0.15)	−0.010 (−1.47)	−0.003 (−0.94)
Lev_Y					−0.007 (−0.27)	0.016 (0.49)	0.101*** (2.60)	0.053** (2.46)
$Growth\_Y$					0.005 (0.44)	0.003 (0.32)	−0.048** (−2.47)	0.015* (1.87)
ROE_Y					−0.019 (−0.33)	0.064 (1.14)	0.080 (1.14)	0.046 (1.33)
$Loss\_Y$					−0.006 (−0.23)	0.039 (1.13)	0.012 (0.25)	−0.025 (−1.13)
$Big4\_Y$					−0.052** (−2.59)	−0.006 (−0.26)	−0.001 (−0.04)	−0.040** (−2.40)
$FirstPercent\_Y$					−0.000 (−0.07)	−0.001* (−1.70)	−0.000 (−0.29)	−0.000 (−0.23)

续表

变量	(1) $|DA|\_Y$	(2) $|DA|\_Y$	(3) $|DA|\_Y$	(4) $|DA|\_Y$	(5) $|DA|\_Y$	(6) $|DA|\_Y$	(7) $|DA|\_Y$	(8) $|DA|\_Y$
M_Shares_Y					-0.007 (-0.66)	-0.002 (-0.82)	-0.001 (-1.05)	-0.000 (-0.18)
$Duality\_Y$					-0.090** (-2.32)	0.007 (0.20)	-0.018 (-0.48)	0.023 (0.64)
BOD_Y					-0.094*** (-3.20)	-0.084** (-2.20)	0.014 (0.29)	0.001 (0.05)
$IndepR\_Y$					-0.351** (-3.92)	-0.204** (-2.44)	-0.054 (-0.17)	0.037 (0.49)
常数项	0.026*** (3.05)	0.035*** (3.89)	0.046*** (4.22)	0.045*** (6.57)	0.386*** (4.04)	0.321*** (3.00)	0.196 (1.01)	0.085 (1.05)
N	122	112	63	158	122	112	63	158
调整 R^2	0.197	0.101	0.041	0.079	0.374	0.169	0.105	0.176

注：括号里的数字为 t 值。*、**、*** 分别代表在 10%、5%、1% 的水平上显著。

表 13-8　　假设 13.3b 的回归分析结果

变量	(1) $|DA|\_Y$	(2) $|DA|\_Y$	(3) $|DA|\_Y$	(4) $|DA|\_Y$	(5) $|DA|\_Y$	(6) $|DA|\_Y$	(7) $|DA|\_Y$	(8) $|DA|\_Y$
$|DA|\_X$	-0.029 (-0.30)	0.128 (1.40)	0.237** (2.45)	0.301** (2.46)	-0.024 (-0.24)	0.262** (2.45)	0.216** (2.14)	0.270** (2.20)
$Size\_Y$					0.003 (0.61)	-0.007 (-1.63)	-0.001 (-0.15)	-0.003 (-0.56)
Lev_Y					0.017 (0.56)	0.021 (0.76)	-0.038 (-1.46)	-0.006 (-0.24)
$Growth\_Y$					-0.005 (-0.54)	-0.028** (-2.01)	-0.001 (-0.08)	-0.014 (-1.57)
ROE_Y					0.026 (0.46)	0.073 (0.99)	0.055 (0.85)	-0.117 (-1.39)
$Loss\_Y$					0.005 (0.16)	-0.020 (-0.77)	0.015 (0.60)	-0.021 (-0.74)
$Big4\_Y$					-0.020 (-0.86)	-0.027 (-1.31)	-0.034* (-1.79)	-0.029 (-1.06)

续表

变量	(1) $|DA|\_Y$	(2) $|DA|\_Y$	(3) $|DA|\_Y$	(4) $|DA|\_Y$	(5) $|DA|\_Y$	(6) $|DA|\_Y$	(7) $|DA|\_Y$	(8) $|DA|\_Y$
FirstPercent_Y					-0.001** (-2.35)	-0.000 (-0.81)	-0.001** (-2.43)	-0.000 (-0.88)
M_Shares_Y					-0.000 (-0.72)	-0.002 (-1.65)	-0.004 (-1.45)	-0.001*** (-2.66)
Duality_Y					0.054 (1.47)	-0.053 (-1.20)	-0.012 (-0.27)	-0.074** (-2.21)
BOD_Y					0.002 (0.08)	-0.009 (-0.36)	-0.056** (-2.46)	-0.064*** (-2.64)
IndepR_Y					0.181** (2.06)	0.139 (1.40)	-0.134** (-2.05)	-0.407*** (-4.07)
常数项	0.062*** (7.57)	0.052*** (7.19)	0.049*** (6.63)	0.041*** (4.39)	-0.056 (-0.51)	0.167* (1.91)	0.286*** (3.55)	0.422*** (4.40)
N	94	93	144	90	94	93	144	90
调整 R^2	-0.010	0.010	0.034	0.054	0.053	0.085	0.150	0.345

注：括号里的数字为 t 值。*、**、*** 分别代表在 10%、5%、1% 的水平上显著。

表 13-7 结果显示，当高管先任职公司的治理水平优于后任职公司的治理水平时，先任职公司和后任职公司之间的盈余管理仍然具有显著正相关关系。即当高管从公司治理水平好的公司变更到公司治理差的公司时，其盈余管理行为显著地延续到了后任职公司。假设 13.3a 得到了实证证据的支持。

表 13-8 结果显示，当高管后任职公司的治理水平优于先任职公司的治理水平时，先任职公司和后任职公司之间的盈余管理水平整体上仍然具有显著正相关关系，即当高管从公司治理水平差的公司变更到公司治理好的公司时，高管个人在先任职公司的盈余管理行为依然能够在一定程度上延续到后任职公司。假设 13.3b 得到了实证证据的支持。

比较表 13-7 和表 13-8 结果可以发现，与高管从公司治理水平差的公司变更到公司治理水平好的公司相比，高管从公司治理水平好的公司变更到公司治理水平差的公司时，其盈余管理行为的持续性更加显著。这一结果恰好表明，外在制度和内在德行品性均可以影响高管个人的行为和行为结果：无论外在制度如何变化，由于高管内在德行品性具有一定的持续性，受德行品性影响的盈余管理行为始终会显著持续到后任公司中，而受外在制度影响的部分会因外在制度的强化而不具有持续性。

第五节 进一步检验

为了检验时间间隔的长短对高管盈余管理行为持续性的影响,在分析中加入高管先后任职两家公司的时间间隔($TimeInternal$)与先任公司盈余管理水平($|DA|\_X$)的交叉项($|DA|\_TimeInternal$),分析结果如表13-9列(3)所示。结果显示,$|DA|\_X$的系数依然显著大于0(系数为0.651,t值为6.40),而$|DA|\_TimeInternal$的系数显著小于0(系数为-0.113,t值为-4.71),说明高管的盈余管理行为在先后任职的两家公司中具有显著的持续性,但随着先后任职的时间间隔的延长,这种行为的持续性会显著下降。对该结果的可能解释是,随着时间间隔的延长,高管个人内在的德行品性也会有所变化,受其影响的盈余管理行为的持续性降低。

为了检验高管先后任职公司所在行业的差异对高管盈余管理行为持续性的影响,在分析中加入高管先后任职两家公司是否属于同行业变量($SameIndustry$)与先任公司盈余管理水平($|DA|\_X$)的交叉项($|DA|\_SameIndustry$),分析结果如表13-9列(4)所示。结果显示,$|DA|\_X$的系数依然显著大于0(系数为0.180,t值为2.21),$|DA|\_SameIndustry$的系数也显著大于0(系数为0.422,t值为2.77),说明高管盈余管理行为在同行业的公司中持续性更加显著,因为在同行业的公司中,高管所处的外在制度环境更加一致;而高管盈余管理行为在非同行业公司中的持续性($|DA|\_X$的系数依然显著大于0)则进一步支持了本章的研究假设。

表13-9　　　　　　　　进一步检验回归分析结果

变量	(1)	(2)	(3)	(4)
	$|DA|\_Y$	$|DA|\_Y$	$|DA|\_Y$	$|DA|\_Y$
$|DA|\_X$	0.311*** (4.60)	0.297*** (4.23)	0.651*** (6.40)	0.180** (2.21)
$Size\_Y$		-0.005 (-1.55)	-0.005* (-1.80)	-0.005 (-1.52)

续表

变量	(1) $|DA|\_Y$	(2) $|DA|\_Y$	(3) $|DA|\_Y$	(4) $|DA|\_Y$
Lev_Y		0.023 (1.31)	0.016 (0.96)	0.026 (1.52)
$Growth\_Y$		0.005 (0.79)	0.004 (0.64)	0.001 (0.14)
ROE_Y		0.049 (1.55)	0.035 (1.15)	0.058* (1.83)
$Loss\_Y$		0.001 (0.04)	-0.003 (-0.16)	0.006 (0.34)
$Big4\_Y$		-0.025* (-1.74)	-0.019 (-1.40)	-0.027* (-1.88)
$FirstPercent\_Y$		-0.000 (-1.27)	-0.000* (-1.83)	-0.000 (-1.47)
M_Shares_Y		-0.001** (-2.28)	-0.001** (-2.23)	-0.001*** (-2.75)
$Duality\_Y$		-0.024 (-0.91)	-0.020 (-0.80)	-0.022 (-0.86)
BOD_Y		-0.030 (-1.62)	-0.028 (-1.61)	-0.029 (-1.61)
$IndepR\_Y$		-0.106* (-1.77)	-0.098* (-1.70)	-0.111* (-1.86)
$TimeInternal$			0.009*** (4.22)	
$|DA|\_TimeInternal$			-0.113*** (-4.71)	
$SameIndustry$				-0.028** (-2.42)
$|DA|\_SameIndustry$				0.422*** (2.77)
常数项	0.043*** (7.87)	0.252*** (3.94)	0.241*** (3.93)	0.260*** (4.05)
N	248	248	248	248
调整 R^2	0.075	0.146	0.216	0.167

注：括号里的数字为 t 值。*、**、*** 分别代表在 10%、5%、1% 的水平上显著。

第六节 稳健性测试

一、考虑股权性质和是否同属一个企业集团的稳健性测试

若上市公司具有相同的股权性质或者同属一个企业集团，表明其高管具有相同的外在制度约束。在这种相同的外在制度约束下，行为一致性不能归因于高管德行品性的影响。因此，需要对同一高管前后任职公司的股权性质是否相同以及是否属于同一企业集团进行控制。

为了控制股权性质的影响，本章在假设13.1的检验模型中加入变量"股权性质是否相同"（$Property$）和交叉变量$Interation1$（$|DA|\_X \times Property$）做进一步的稳健性检验。其中，$Property$的定义如下：将上市公司根据实际控制人的类型分为中央国有企业、地方国有企业和非国有企业，若同一高管先后任职的上市公司同属中央国有企业或地方国有企业或非国有企业，则$Property$取值为1，否则，取值为0。检验结果如表13-10列（1）和列（2）所示。

表13-10　　考虑股权性质、企业集团、兼任/非兼任情况的稳健性测试

变量	(1) $\|DA\|\_Y$	(2) $\|DA\|\_Y$	(3) $\|DA\|\_Y$	(4) $\|DA\|\_Y$	(5) $\|DA\|\_Y$	(6) $\|DA\|\_Y$
$\|DA\|\_X$	0.308*** (4.48)	0.272*** (3.81)	0.300*** (4.42)	0.266*** (3.76)	0.305*** (4.42)	0.275*** (3.83)
$Property$	0.009 (1.11)	0.009 (1.12)				
$Interation1$	0.027 (0.47)	0.089 (1.53)				
$Group$			0.011* (1.68)	0.009 (1.41)		
$Interation2$			0.059 (0.96)	0.119* (1.91)		
$Interlock$					0.002 (0.35)	-0.001 (-0.20)

续表

变量	(1) $|DA|\_Y$	(2) $|DA|\_Y$	(3) $|DA|\_Y$	(4) $|DA|\_Y$	(5) $|DA|\_Y$	(6) $|DA|\_Y$
Interation3					0.032 (0.43)	0.115 (1.47)
ControlVariables		控制		控制		控制
N	247	247	247	247	248	248
调整 R^2	0.076	0.153	0.085	0.161	0.069	0.147

注：括号里的数字为 t 值。*、*** 分别代表在 10%、1% 的水平上显著。

为了控制企业集团的影响，本章在假设 13.1 的检验模型中加入变量"同一高管前后任职公司是否属于同一企业集团"（Group）和交叉变量 Interation2（$|DA|\_X \times Group$）做进一步的稳健性检验。其中，Group 的定义如下：若同一高管先后任职的上市公司属于同一企业集团，则 Group 取值为 1，否则，取值为 0。检验结果如表 13 – 10 列（3）和列（4）所示。

表 13 – 10 列（2）结果显示，当高管前后任职公司的股权性质不相同（Property 等于 0）时，在控制其他影响因素后，前后任职公司的盈余管理具有显著的正相关性，即高管盈余管理行为具有显著的持续性（$|DA|\_X$ 的系数为 0.272，t 值为 3.81）；当高管前后任职公司的股权性质相同（Property 等于 1）时，在控制其他影响因素后，前后任职的公司盈余管理水平的正相关性增加，但不显著（Interation1 的系数为 0.089，t 值为 1.53）。这一结果说明，高管前后任职公司的股权性质相同能够增加高管行为的一致性，但不显著；即使高管前后任职公司的股权性质不同，高管盈余管理行为依然具有持续性，这部分行为持续性可归因于个人德行品性的影响，从而支持本章假设 13.1。稳健性测试结果稳健。

表 13 – 10 列（4）结果显示，当高管前后任职公司不属于同一企业集团（Group 等于 0）时，在控制其他影响因素后，前后任职公司的盈余管理具有显著的正相关性，即高管盈余管理行为具有显著的持续性（$|DA|\_X$ 的系数为 0.266，t 值为 3.76）；当高管前后任职公司属于同一企业集团（Group 等于 1）时，在控制其他影响因素后，前后任职的公司盈余管理水平的正相关性增加，且较为显著（Interation2 的系数为 0.119，t 值为 1.91）。这一结果说明，高管

前后任职公司属于同一企业集团能够显著增加高管行为的一致性；即使高管前后任职公司不属于同一企业集团，高管的盈余管理行为依然具有持续性，这部分行为持续性可归因于个人德行品性的影响，从而支持本章假设 13.1。稳健性测试结果稳健。

二、考虑兼任/非兼任以及与年度相关的制度变迁因素的稳健性测试

将总样本区分为兼任和非兼任两类：（1）兼任，即同一个高管同时担任两家上市公司的董事长或总经理；（2）非兼任，即同一高管先后担任两家上市公司的董事长或总经理。与兼任的样本相比，非兼任样本能够更好地控制与年份或时间有关的制度变量对高管行为的影响，因为在相同的年份中高管行为更易表现出一致性，而这种行为一致性不能归因于高管德行品性的影响。

为了控制与年份相关的制度因素对高管行为的影响，本章在假设 13.1 的检验模型中加入变量"高管是否在两家上市公司兼任"（$Interlock$）和交叉变量 $Interation3$（$|DA|\_X \times Interlock$）做进一步的稳健性检验。其中，$Interlock$ 的定义如下：若同一个高管同时担任两家上市公司的董事长或总经理，$Interlock$ 取值为 1；若同一个高管先后担任两家上市公司的董事长或总经理，则 $Interlock$ 取值为 0。检验结果如表 13-10 列（5）和列（6）所示。

表 13-10 列（6）结果显示，当高管先后在不同年份任职于两家上市公司（非兼任，$Interlock$ 等于 0）时，在控制其他影响因素后，前后任职公司的盈余管理具有显著的正相关性，即高管盈余管理行为具有显著的持续性（$|DA|\_X$ 的系数为 0.275，t 值为 3.83）；当高管同时任职于两家上市公司（兼任，$Interlock$ 等于 1）时，在控制其他影响因素后，前后任职的公司盈余管理水平的正相关性增加，但不显著（$Interation3$ 的系数为 0.115，t 值为 1.47）。这一结果说明，高管同时任职于两家上市公司（与年度相关的制度因素相同）能够增加高管行为的一致性，但并不显著；即使高管前后任职于两家公司（与年度相关的制度因素不相同），高管的盈余管理行为依然具有持续性，这部分行为持续性可归因于个人德行品性的影响，从而支持本章假设 13.1。稳健性测试结果稳健。

三、考虑地区外部制度因素的稳健性测试

若两家上市公司同属于一个地区，则约束高管的外部制度具有一定的相似性，从而导致高管行为的一致性。因此，为了检验高管德行品性导致行为具有一致性或惯性，需要控制地区因素。

为了控制地区因素对高管行为的影响，本章在假设13.1的检验模型中加入变量"同一高管先后任职的两家公司注册地是否属于同一个地级市"（$Address$）和交叉变量 $Interation4$（$|DA|\_X \times Address$）做进一步的稳健性检验。其中，$Address$ 的定义如下：若同一高管先后任职的两家公司注册地属于同一个地级市，则 $Address$ 取值为1，否则取值为0。检验结果如表13–11所示。

表3–11　　考虑地区外部制度因素的稳健性测试

变量	(1) $\|DA\|\_Y$	(2) $\|DA\|\_Y$
$\|DA\|\_X$	0.325 *** (4.64)	0.303 *** (4.09)
$Address$	-0.002 (-0.31)	-0.001 (-0.17)
$Interation4$	-0.061 (-0.84)	-0.023 (-0.31)
$ControlVariables$		控制
N	248	248
调整 R^2	0.071	0.140

注：括号里的数字为 t 值。*** 代表在1%的水平上显著。

表13–11列（2）结果显示，当高管先后任职的两家上市公司所在地不同（$Address$ 等于0）时，在控制其他影响因素后，前后任职公司的盈余管理具有显著的正相关性，即高管盈余管理行为具有显著的持续性（$|DA|\_X$ 的系数为0.303，t 值为4.09）；当高管先后任职的两家上市公司所在地相同（$Address$ 等于1）时，在控制其他影响因素后，前后任职的公司盈余管理水平的正相关

性降低，但不显著（Interation3 的系数为 -0.023，t 值为 -0.31）。这一结果说明，即使高管前后任职的两家公司所在地不同（与地区相关的制度因素对高管行为的约束不同），高管的盈余管理行为依然具有持续性，这部分行为持续性可归因于个人德行品性的影响，从而支持本章假设 13.1。稳健性测试结果稳健。

四、同行业同年度配对

陈武朝（2013）认为，企业在经济周期不同阶段的盈余管理程度会有所差异，不同行业中的企业盈余管理行为也有所差异，因此，在研究盈余管理时，应考虑控制经济周期和行业的差别。因此，本章在检验假设 13.2a 和假设 13.2b 时，采用在同行业同年度内，对 X 组和 Y 组样本分别进行配对。由于样本量的限制，在同年度同行业内不是所有的公司年观测样本都成功配对，删除没有配对成功的观测样本，以及因此而不满足高管至少在两个上市公司任职条件的观测样本，最终剩下 751 个先任职公司年观测样本和其配对样本，638 个后任职公司年观测样本和其配对样本，共 235 对公司—高管—公司观测样本。

对假设 13.1、假设 13.2a 和假设 13.2b 重新检验，结果如表 13-12 的 Panel A 所示，单变量和多元回归结果均保持稳健，假设 13.1、假设 13.2a 和假设 13.2b 均依然成立。

表 13-12　　　　　考虑特殊样本的稳健性测试

变量	Panel A					
	(1)	(2)	(3)	(4)	(5)	(6)
	$|DA|\_Y$	$|DA|\_Y$	$|DA|\_Y$	$|DA|\_Y$	$|DA|\_Y_0$	$|DA|\_Y_0$
$|DA|\_X$	0.377*** (5.26)	0.353*** (4.70)			0.031 (0.57)	0.051 (0.94)
$|DA|\_X_0$			0.029 (0.39)	0.003 (0.04)		
ControlVariables	未控制	控制	未控制	控制	未控制	控制
N	235	235	235	235	235	235
调整 R^2	0.102	0.161	-0.004	0.078	-0.003	0.036

续表

Panel B

变量	(1)	(2)	(3)	(4)	(5)	(6)
	$|DA|\_Y$	$|DA|\_Y$	$|DA|\_Y$	$|DA|\_Y$	$|DA|\_Y$	$|DA|\_Y$
$|DA|\_X$	0.153** (2.00)	0.143* (1.92)	0.133** (2.30)	0.158*** (2.84)	-0.026 (-0.31)	0.006 (0.07)
ControlVariables	未控制	控制	未控制	控制	未控制	控制
N	178	178	248	248	248	248
调整 R^2	0.017	0.138	0.017	0.128	-0.004	0.037

注：括号里的数字为 t 值。*、**、*** 分别代表在 10%、5%、1% 的水平上显著。

五、删除特殊样本做稳健性测试

删除样本中 IPO 当年、配股前一年或者实现微利（即 $0 < ROE < 1\%$）当年上市公司样本，做稳健性测试。假设 13.1 的检验结果如表 13-12 的 Panel B 的列（1）、列（2）所示，结果保持稳健。

取高管在前后两个公司任职期间内盈余管理水平最大的那一年数据，检验其相关性，假设 13.1 的检验结果如表 13-12 的 Panel B 的列（3）、列（4）所示，结果保持稳健。

取高管在前后两个公司任职期间内盈余管理水平最小的那一年数据，检验其相关性，假设 13.1 的检验结果如表 13-12 的 Panel B 的列（5）、列（6），结果并不显著，这可能是因为盈余管理水平本身都很低，或均不存在盈余管理行为，无法通过本章的研究方法检验到盈余管理行为的持续性。

六、其他检验

本章采用了 t 检验方法分别检验前任公司、后任公司在高管变更前后盈余管理水平是否发生显著变化。

对于前任公司，计算高管离任当年的盈余管理水平 $|DA|_t$ 与离任前一年的盈余管理水平 $|DA|_{t-1}$ 的差值的绝对值 $D\_DA1 = \text{abs}(|DA|_t - |DA|_{t-1})$，采用 T 检验方法检验 D_DA1 是否显著异于 0；计算高管离任下一年的盈余管理水

$|DA|_{t+1}$ 与离任前一年的盈余管理水平 $|DA|_{t-1}$ 的差值的绝对值 $D\_DA2 = \text{abs}(|DA|_{t+1} - |DA|_{t-1})$，采用 T 检验方法检验 D_DA2 是否显著异于 0。检验结果如表 13-13 所示。

表 13-13　　　　　　　　　　单样本 T 检验

变量	观测数	均值	标准误	t 值
D_DA1	208	0.0578***	0.0043	13.41
D_DA2	147	0.0582***	0.0050	11.56
D_DA3	198	0.0516***	0.0040	13.05
D_DA4	82	0.0582***	0.0074	7.90

注：*** 代表在 1% 的水平上显著。

对于后任公司，计算高管继任当年的盈余管理水平 $|DA|_t$ 与继任前一年的盈余管理水平 $|DA|_{t-1}$ 的差值的绝对值 $D\_DA3 = \text{abs}(|DA|_t - |DA|_{t-1})$，采用 t 检验方法检验 D_DA3 是否显著异于 0；计算高管继任下一年的盈余管理水平 $|DA|_{t+1}$ 与继任前一年的盈余管理水平 $|DA|_{t-1}$ 的差值的绝对值 $D\_DA4 = \text{abs}(|DA|_{t+1} - |DA|_{t-1})$，采用 t 检验方法检验 D_DA4 是否显著异于 0。检验结果如表 13-13 所示。

如表 13-13 列示，前任公司在高管离任当年的盈余管理水平，比离任前一年平均变动了 0.0578，并在 1% 的水平上显著；前任公司在高管离任下一年的盈余管理水平，比离任前一年平均变动了 0.0582，并在 1% 的水平上显著；后任公司在高管继任当年的盈余管理水平，比继任前一年平均变动了 0.0516，并在 1% 的水平上显著；后任公司在高管继任下一年的盈余管理水平，比继任前一年平均变动了 0.0582，并在 1% 的水平上显著。上述检验结果表明，高管变更前后，前任公司和后任公司的盈余管理水平均发生了显著变化。虽然，盈余管理水平的显著变化不能完全归因于上市公司中高管品性的变化（高管品性伴随着高管个体的变更而变化），但此检验结果亦给本章理论提供了补充性的证据。

第七节　研究结论和意义

现有研究较多强调通过制度设计和制度建设来改善公司治理状况，但是，公司治理到底只是外部制度影响的结果，还是同样深受个人内在品性的影响？本章对这一问题进行了理论与实证探索。

本章选择曾在两家上市公司担任过高管（指董事长或总经理）的个人样本，计算其在每一家公司任职时公司操控性应计水平的平均值，通过检验两个公司之间操控性应计水平的相关性，来考察盈余管理是否会受高管个人道德品性的影响。本章将高管个人道德品性对盈余管理的影响称为盈余管理影响因素中的"经理人惯性"。实证结果发现，在控制了其他影响因素的情况下，具有相同高管的公司之间盈余管理水平具有显著正相关关系；为了排除公司财务因素及治理因素的影响，按倾向得分匹配法（PSM）对上述样本公司进行配对，研究发现，不具有相同高管的配对公司之间，操控性应计水平也不再具有显著的正相关关系；进一步控制治理因素对操控性应计水平的影响，检验发现，当高管由治理水平好的样本公司变更到治理水平差的样本公司，以及当高管由治理水平差的样本公司变更到治理水平好的样本公司时，先后任职公司之间的盈余管理整体上依然具有显著正相关关系。因此，经理人的盈余管理行为惯性并非仅仅受高管先后任职的公司具有相似的财务状况和治理环境，还受高管个人持续的德行品性的影响。实证结果支持盈余管理受到"经理人惯性"影响这一推论。

虽然邱等（Chiu et al.，2012）研究发现，具有"连锁"董事的公司之间，盈余管理行为具有传染效应，表现为具有相同董事的公司之间，当其中一个公司发生财务重述后，与其具有相同董事的其他公司在随后的传染期内发生财务重述的可能性要显著大于其他公司。凯迪亚等（Kedia et al.，2015）也研究发现，同行业或同地区的公司之间，盈余管理行为具有传染效应，表现为当同行业或同地区的公司发生财务重述后，同行业或同地区内的其他公司在此后的传染期内发生财务重述的可能性显著大于非同行业或非同地区的公司。后者将这种盈余管理的"传染效应"解释为"被传染公司"凭借信息优势对"传染源公司"盈余管理的学习和模仿，在学习和模仿的过程中，"被传染公司"权衡盈余管理的成本和收益，决定是否进行盈余管理。理论上，这种盈余管理行为"传染效应"既可能是因为相对于高管而言的外在制度的影响（相似的公司内外部制度），也可能是高管个人相同的内在德行品性的影响，使得高管行为具有相同的倾向，导致"被传染公司"和"传染源公司"的盈余管理具有一定相关性。但是，这些文献并没有能够从实证角度排除相似的公司内外部制度的影响，检验高管个人的内在德行品性是否会对盈余管理产生可预测的影响。

本章则从高管行为惯性或内在德行品性的角度进一步解释公司盈余管理水平的差异性，丰富了现有盈余管理影响因素的文献；本研究说明了高管在公司治理和公司价值中的重要作用，表明对高管的选择和聘任是公司的重要决策之一，因而具有重要的理论和实务意义；亦揭示了制度建设，包括公司外部法制、内部治理机制等，只是制约盈余管理、改善公司治理的必要条件，并不是充分条件。

第十四章

对外直接投资互动与母国制度安排*

发达国家和新兴市场国家间对外直接投资（FDI）的快速增长是全球化之一显著现象。以往关于 FDI 活动的研究主要从两个方向予以展开：其一关注于作为 FDI 供应方的跨国企业（MNC）（Antras et al.，2009；Eiteman et al.，2015），其二侧重于作为 FDI 接收方的东道国（Driffield & Love，2007；Franco，2013；Haskel et al.，2007；Javorcik，2004；Shroff et al.，2014）。相关研究一致认为，东道国的异质性因素，诸如较高的政治风险、薄弱的投资者保护、不甚协调的政府政策法规及较大的文化差异，均可能会对跨国公司的 FDI 决策制造阻碍（Filatotchev et al.，2007；Glynn & Abzug，2002；Lee & Chang，2009；Mauro，1995；Rodriguez et al.，2005）。相比之下，关于 FDI 母国因素如何影响 FDI 活动的研究则并不多见（Cuervo-Cazurra et al.，2018；Luo，1998；Pan，2003；Wang et al.，2009）。

通过手工搜集来自 47 个国家的中国 FDI 数据，本章基于母国制度视角考察了母国制度质量对外资企业在中国投资活动的影响。此前 FDI 研究多以跨国企业的供给侧效应和东道国企业的需求侧效应为主要研究对象，并隐含地假定 FDI 来源国的供给侧约束对外资企业投资决策影响有限。因此，本章以母国制度为观察视角，一定程度上填补了此前研究的空白。

为检验母国制度因素对外资企业投资决策的影响，本章考察了我国国内外企业间是否存在投资互动，以及这种互动如何与外资企业的母国制度相关联。如

---

* 本章英文原文以 Foreign Direct Investment Comovement and Home Country Institutions 为题发表于 *Journal of Business Research* 2019 年第 2 期,有所改动。

果市场有效,那么所有公开信息都将被包含于资源价格,只有依靠特定私有信息进行投资的企业才能获得超常收益,而这些企业会将那些陷于停滞的企业逐出市场并刺激经济增长(Morck et al.,2005)。然而,由于获取全部信息难度较高,并且跨境信息不对称程度更为明显,一些企业可能因管理层信息获取能力不足(Knyazeva et al.,2008)或政府干预(Chen et al.,2013)而选择模仿其他企业。此外,融资渠道不足和法律保护薄弱给企业造成的约束可能会进一步放大投资决策的缺陷。以上因素共同导致了企业间可能存在行业层面或国家层面的投资互动。

鉴于企业投资决策与资本配置将显著受到其所在经济体潜在制度因素的影响(Wurgler,2000),本章预期不同 FDI 母国间的制度质量将导致东道国国内外企业间不同的投资互动程度。对于母国制度如何影响投资活动,我们提出两种假说,即资本市场假说和法治假说。其中,资本市场假说预期,母国金融市场较为发达的外资企业能够更加灵活地进入母国和东道国的资本市场,所受经济限制较少,可以自行制定投资决策,因而,其与东道国国内企业的投资互动程度可能较低。相似地,法治假说预期,由于母国产权保护程度较为严格,契约执行质量较高,来自法治较为完善国家的外资企业与东道国企业的投资互动程度可能较低。

为检验以上假说,我们以 2000~2011 年超过 12 万个中国 FDI 公司年数据为样本,发现外资企业和中国本土企业间存在显著的投资互动现象。更为重要的是,来自不同母国的外资企业与中国本土企业间的投资互动程度并不趋同,母国制度质量更佳的外资企业与中国本土企业的投资互动程度更低,这有力地支持了以上两种假说。

在进一步分析中,我们检验了母国制度质量的作用渠道是否需满足一定条件,并发现资本市场效应只存在于法治较为完善的国家,而法治效应则仅作用于金融市场较为发达的国家。再者,当母国资本供应充足但法治环境薄弱时,外资企业与中国本土企业间的投资互动程度将有所提高。此外,我们还发现,母国制度质量较好的外资企业的实际投资水平与预期偏离程度较小,这表明其与中国本土企业间的低投资互动程度能够为其带来投资效率。

第一节　文献回顾与假设提出

在这一部分,我们首先对中国 FDI 流入情况予以讨论,继而对 FDI 相关研究予以回顾并提出研究假设以供检验。

一、中国 FDI 概览

在过去 40 余年中，中国经济增长表现亮眼。这一时期也被认为是中国 FDI 发展的黄金时代（Lau & Burton, 2008）。根据联合国贸易和发展会议（UNCTAD）的数据，1980 年，中国 FDI 流入仅为 5700 万美元，低于其他主要新兴市场。然而，在新冠肺炎疫情发生前，中国 FDI 流入已增至 1412 亿美元，远高于巴西（248 亿美元）、印度（506 亿美元）和俄罗斯（321 亿美元）（世界投资报告，2020）。截至 2019 年末，获得官方批准认可的外资企业已达 627223 家。[①]

由于我国对于外资企业来华开展投资活动要求较高，故 FDI 流入的摩擦成本可能相对较高。例如，我国政府对出入中国的资金流动较为审慎；再如，对于某些国家战略性产业，外资企业须成立合资企业并将技术转让给国内合作方才可进入市场。此外，由于中国资本市场和产品市场具有公开信息较少、政府参与程度较高、资金供给较为有限、政策较为灵活等特点，外资企业高管较难挖掘私有信息，转而更多依赖于母国的可用资源。

二、中国资本市场和法治发展

资本市场方面，中国资本市场成立于 20 世纪 90 年代初，且规模和深度发展迅速。本章使用从世界银行所公布数据中获取的股票市值与 GDP 之比（*Capital market*）作为 FDI 母国资本市场发展程度的衡量指标，该比值越高，母国资本市场发展越完善。另外，我们也参考德米尔古奇—昆特和莱文（Demirgüç–Kunt & Levine, 1996）的研究，使用结合市场规模和流动性的股票市场发展指标（*Stock market*）作为补充。与样本中的其他 47 个国家相比，中国在以前者（*Capital market*）为指标进行排名时位列第 22 名，在以后者（*Stock market*）为指标时位列第 16 名。

法治方面，参考先前研究者的研究（Daske et al., 2008；Faccio et al.,

---

① 《中国统计年鉴》（2020 年）。

2006),我们使用了由考夫曼等(Kaufmann et al., 2009)构建的法治指数,该指数反映了一个国家或地区契约执行、产权保护、公安和法院的质量。数据显示,中国法治发展水平在样本国家中排名第38位。

三、FDI 的投资互动

新古典投资理论认为,企业投资是无摩擦市场中的企业个体行为。然而,出于不同原因,在现实情境中可能存在公司间投资互动的现象。比如,投资活动可能与商业周期相关(Carpenter & Levy, 1998)。再如,行业层面的投资机会也可能带来同行企业间的投资互动(Guiso & Parigi, 1999)。此外,企业出于遵循政策或缺乏信息获取能力等考虑亦可能在制定投资决策时选择模仿其他公司(Knyazeva et al., 2008)。然而,从已有关于投资互动经济后果的研究来看,投资互动可能对公司绩效产生负面影响(Chen et al., 2013;Knyazeva et al., 2008)。由此来看,较高的投资互动程度可能意味着企业在进行投资决策时更多依赖于公共信息而非私有信息,继而导致其投资效率较低。接下来,将讨论母国制度影响的两条作用渠道,即资本市场和法治,如何与国内外企业间的投资互动相关联,相关研究假设总结如图 14-1 所示。

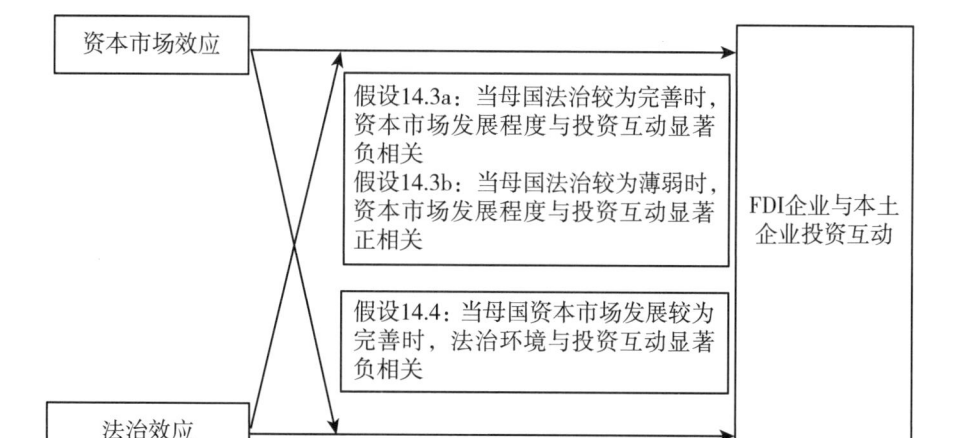

假设14.1:母国资本市场发展越完善,投资互动越低

资本市场效应

假设14.3a:当母国法治较为完善时,资本市场发展程度与投资互动显著负相关

假设14.3b:当母国法治较为薄弱时,资本市场发展程度与投资互动显著正相关

FDI企业与本土企业投资互动

假设14.4:当母国资本市场发展较为完善时,法治环境与投资互动显著负相关

法治效应

假设14.2:母国法治发展越完善,投资互动越低

图 14-1 理论框架

1. 母国资本市场假说

以往研究认为，金融市场发展对经济增长具有促进作用（Bekaert et al., 2005; Henry, 2000; Wurgler, 2000）。在金融市场较为发达的国家中，由于融资环境更为有利，企业获取资金相对容易，资本成本也相对较低。因此，处于金融市场较为发达国家的企业能够更加灵活地进行投资决策（Love, 2003; Love & Zicchino, 2006）。此外，在这些国家中，投资者数量更多，因而，风险分担能力更强。由此，沃格勒（Wurgler, 2000）认为："金融发展有助于一个国家更好地利用其投资机会。"

一个国家的FDI会受到母国和东道国资本供给的影响（Desbordes & Wei, 2017）。格林等（Greene et al., 2009）发现，凭借进出多个资本市场的渠道优势，跨国公司能够跨越当地市场的流动性限制。德赛等（Desai et al., 2004）认为，在债权人权利保护较弱的东道国，当地借贷成本相对较高。对于FDI来说，特别是在新兴市场开展FDI，从金融发展较为发达的母国获得资本有助于企业克服东道国当地市场的融资约束（Desai et al., 2008），并更好地利用东道国本土企业难以利用的资本市场（Desai et al., 2006）。陈冬华等（2013）发现，相较于本土企业，外资企业受当地市场影响的可能性较低。相比之下，来自资本市场并不发达国家的企业在FDI过程中较难从母国获得比较优势，并且在支付前期固定成本时还可能面临更多的筹资难题（Desbordes & Wei, 2017）。这些不利条件可能导致企业无法充分利用外部资本，选择次有投资并放弃增值项目。

综上所述，我们认为，由于母国资本市场较为发达的外资企业能够更加灵活地进入母国资本市场和中国资本市场，并且能够充分地利用私有信息以自主决策，因此，其与中国本土企业间的投资互动可能较少。相比之下，母国资本市场不甚发达的外资企业在融资方面可能会受到更多限制，也更易受到中国国内资本市场的约束。因此，此类外资企业与中国本土企业在投融资方面面临相似难题，这导致两者之间的投资互动程度相应更高。我们将以上观点提炼为资本市场效应，并提出以下假设。

假设14.1：外资企业与中国本土企业的投资互动与外资企业母国的资本市场发展程度显著负相关。

2. 母国法治假说

先前研究者的文献认为，制度质量对经济发展具有重要影响。有效的法律能够更好地保障少数投资者的利益并更有效地分配资金（La Porta et al.，1997），从而有利于降低政策风险，提高企业对盈利项目的投资热情（Boubakri et al.，2015）。此外，FDI 相关研究也强调了 FDI 东道国经济体法律保护的重要性。完善的东道国法治体系有利于 FDI 流入（Lu et al.，2014）；而薄弱的法治环境将阻碍 FDI 流入（Mauro，1995；Wei，2000）并增加外资公司以全资子公司而非当地合作伙伴进行 FDI 的可能性（Rodriguez et al.，2006）。

除东道国制度可能对 FDI 活动产生影响以外，母国制度质量也将对 FDI 活动产生影响。查里等（Chari et al.，2010）认为，发达国家的企业能够通过境外并购以扩大其母国制度质量所带来的收益。明戈等（Mingo et al.，2018）发现，母国制度环境更为完善的企业更习惯于在拥有较为强大监管机构的国外市场开展业务。崔和何（Cui & He，2017）也发现，母国国家权力的强度将影响 FDI 的选址决策。相比之下，母国法治较为薄弱的企业可能面临更高的资产征用风险，因此更可能选择持有现金并减少对其本国市场的投资（Caprio et al.，2013），转而更多投资于国外市场。此外，关于制度规避的研究也发现，当母国政治稳定性和监管质量较差（Dai et al.，2017；Le & Zak，2006）、税收较高（Collier et al.，2001）以及企业需求与制度约束有所冲突时（Witt & Lewin，2007），企业更可能选择境外投资以尝试克服母国制度缺陷。

综上所述，得益于制度优势，母国法治体系健全的外资企业能够更为有效地开展投资活动。与中国本土企业相比，这些企业能够在母国法律法规影响下获得更为先进和系统的政策指导。因此，我们预期，母国法治完善的外资企业与中国本土企业间的投资互动程度可能较低。我们将这一观点归纳为法治效应，并提出以下假设。

假设 14.2：外资企业与中国本土企业的投资互动程度与其母国法治质量显著负相关。

3. 条件性效应

资本市场效应和法治效应并非互斥。法治效应对投资活动既有直接影响，也有间接影响。一方面，由于来自法治完善国家的企业将受到更多规范约束和更高标准指导，母国法治环境能够直接影响企业投资决策；另一方面，由于法律制度能够影响契约成本进而促进金融发展和降低融资成本，母国法律标准也将间接影响企业投资行为（Demirgüç – Kunt & Levine，2005；Hail & Leuz，2006；La Porta et al.，1997；Wurgler，2000）。

根据这一逻辑，我们考察了母国资本市场发展对 FDI 投资活动的影响是否因母国法治环境而有所差异。阿尔法罗和哈梅尔（Alfaro & Hammel，2007）认为，金融一体化在经济增长中的有效性取决于国家层面的制度设计。在制度薄弱但与全球市场金融一体化程度较高的国家，跨境资本流动可能会增加因资源错配而引发金融危机的可能性。高丝等（Kose et al.，2006）认为，制度质量能够影响资本配置，例如，较弱的国家治理能力和较为充足的资本供给是 1997 年亚洲金融危机的核心原因。因此，我们预期，资本市场效应可能仅存在于法治较为完善的国家；只有当母国能够提供足够的法律保护时，其完善的金融市场才可能减弱国内外企业间的投资互动。相反地，当母国法治环境较差时，金融市场发展可能会增加国内外企业间的投资互动，因为在缺乏足够法律保护和严格法律标准条件下，充足的资本供给可能导致资源错配。基于以上分析，提出以下假设。

假设 14.3a：当母国法治较为完善时，其资本市场发展与外资公司和中国本土企业间的投资互动程度显著负相关。

假设 14.3b：当母国法治较为薄弱时，其资本市场发展与外资公司和中国本土企业间的投资互动程度显著正相关。

同样，母国法治环境对于投资互动的影响程度也可能因金融市场发展程度不同而有所变化。由于在资本获取方面缺乏竞争优势，母国资本市场欠发达的企业在融资方面将严重依赖于东道国，因此，母国法治环境可能无法对企业 FDI 活动产生显著影响。相比之下，母国资本市场发达的企业将更依赖于母国融资，也将受到更高法律标准的约束。因此，我们预期，只有在母国资本市场较为发达的条件下，其完善的法治环境才能够降低国内外企业间的投资互动程度。由此，提出以下假设。

假设 14.4：当母国资本市场较为发达时，其法治环境与外资企业和中国本土企业间的投资互动程度显著负相关。

同时，我们预期，在母国资本市场欠发达的条件下，其法治质量与外资企业和中国本土企业间的投资互动并无显著相关性。

第二节 样本数据与研究设计

一、样本来源

本章所使用数据来自国家统计局发布的中国工业企业普查数据库。该普查数据涵盖了中国营业收入超过 500 万元的全部工业企业。与以往使用上市公司样本作为研究对象不同,本章样本既包含上市公司,也包含非上市公司;既包含本土企业,也包含外资企业。在这里,外资企业被定义为投入资本全部或部分来自境外实体或个人的企业。在识别外资企业过程中,本章首先利用普查数据库中的所有权信息进行初始识别。然而,由于该普查数据库并未提供 FDI 来源国的相关信息,因此,我们进一步通过商务部(CMC)网站搜集了母国信息。具体做法是:将普查数据库中所涵盖的每一外资企业名称手动输入 CMC 的查询窗口,从而获取这些企业包括地址、注册资本以及来源国家或地区等详细注册信息。

我们的初始样本期间为 2000~2011 年,其中,2009 年样本因无法计算资本投资而被剔除。[①] 在合并普查数据与手工搜集的信息后,共得到 300634 个观测值。在样本筛选过程中,要求企业相关财务和所有权信息完整(见表 14-1 的变量定义),且反映母国资本市场和法治发展状况的相关变量可得。接着,考虑到观测值不足可能使投资互动程度的计算产生偏差,剔除了少于 50 个观测值的国家(地区)样本。在进行以上筛选后,样本数为 248005 个。随后,我们发现,有 49.75% 的样本来自中国香港。为避免单一地区来源可能产生的影响,在主要实证分析部分剔除了来自中国香港的样本,但在稳健性检验部分对该部分样本予以保留和汇报。经过以上筛选,最终得到来自 47 个国家的 124607 个样本,其中,23317 个样本为外资企业。前三个 FDI 母国分别为日本(占比 28.57%)、美国(占比 18.85%)、韩国(占比 13.7%)。相比之下,来自新兴市场的外资企业较少。除 2008 年全球金融危机致使全球范围内 FDI 活动减少外,外资企业数量呈现逐年单调递增趋势。

[①] 2010 年的相关变化值使用 2008 年和 2010 年数据进行计算。

表 14-1 变量定义与说明

变量	定义
$\Delta Investment$	第 t 年资本支出的变化值,其中资本支出使用第 $t-1$ 年到第 t 年固定资产总额的变化值除以第 $t-1$ 年总资产加以计算
$\Delta Investment\_ind$	本土企业 $\Delta Investment$ 的行业中位数
Capital market	股票市值与 GDP 之比
Rule of law	Rule of Law 指数
Foreign capital	境外实收资本占实收资本总额之比
Cash	现金与总资产之比
Tangibility	固定资产净额与总资产之比
ROA	经营利润除以第 $t-1$ 年总资产
Firm size	总资产的自然对数
Debt	资产负债率
$\Delta Sales$	第 t 年营业收入相对于第 $t-1$ 年的变化值除以第 $t-1$ 年营业收入
Political stability	政治稳定性和无暴力指数
Corruption control	不廉洁控制程度指数
Government effectiveness	政府有效性指数
Deviation	虚拟变量,当企业处于过度投资或投资不足状况时取 1,反之取 0
Slack	现金与有形资产之比
Loss	虚拟变量,当营业利润小于 0 时取 1,反之取 0

二、变量定义与模型设计

资本市场方面,参考詹科夫等(Djankov et al., 2008),使用股票市值与 GDP 之比(Capital market)衡量资本市场效应。使用该指数作为衡量指标的原因如下:首先,相比于以银行为导向的制度设计,以市场为导向的制度更为透明,对投资者的保护更为有力(Ali & Hwang, 1999; Antoniou et al., 2008);其次,由于缺乏价格信号,以银行为导向的金融系统可能会阻碍外部融资向最具创新性部门的有效流动(Beck & Levine, 2002; Hsu et al., 2014; Rajan & Zingales, 2001)。相比之下,股票市场能够更为有效地将资本分配给创新型企业(Levine & Zervos, 1998)。

法治方面,以往研究大多使用考夫曼等(Kaufmanm et al., 2009)构建的法治指数（Rule of law）(Daske et al., 2008；Faccio, 2006；Faccio et al., 2006；Popli et al., 2016)。该变量反映了"代理人信任和遵守社会规则的程度，特别是契约执行质量、产权保护、警察和法院，以及犯罪和暴力可能性"(Kaufmann et al., 2009)，其对一个国家法治状况的估计为服从标准正态分布的综合得分（例如，分布范围约为-2.5~2.5）。

我们按照行业代码前两位，将全部样本分为39个行业，并在同行业范围内计算外资企业和本土企业的投资互动程度。一家企业与中国本土企业的投资方向可能相同，亦可能相反。参考陈冬华等（2013）和克尼亚泽娃等（Knyazawa et al., 2008）的研究，建立以下模型以衡量外资企业与中国本土企业间的投资互动：

$$\Delta Investment_{i,t} = \alpha + \beta_1 \Delta Investment\_ind_{i,t} + f(controlvariables) + \varepsilon_t \quad (14.1)$$

其中，被解释变量$\Delta Investment_{i,t}$为第i个外资企业在第t年的投资变化值。前文已提到，我们的样本涉及大量非上市公司，其相较于上市公司来说在信息披露方面并不详细。比如，非上市公司并未披露现金流量表。因此，使用固定资产总额的变化值除以上年总资产以衡量企业投资水平。$\Delta Investment\_ind_{i,t}$表示同行业中国本土企业投资额在第$t$年相较于第$t-1$年的变化值，使用相应行业中位数水平作为衡量。若某一外资企业在某年增加（或减少）投资，同时，同行业本土企业投资水平的变化方向与其相同，则$\beta_1>0$，即外资企业与本土企业间存在投资互动。在此，模型（14.1）不仅能够捕捉互动方向，还能够估计这种互动的程度，β_1取值越高意味着外资企业和本土企业间的投资互动程度越高。

为区别母国制度对投资互动的不同影响，本章建立模型如下：

$$\Delta Investment_t = \alpha + \beta_1 \Delta Investment\_ind_t + \beta_2 HomeInstitution_t + \\ \beta_3 \Delta Investment\_ind_t \times HomeInstitution_t + f(controlvariables) + \\ f(Country, Industry, Year) + \varepsilon_t \quad (14.2)$$

其中，$\Delta Investment_t$和$\Delta Investment\_ind_t$的定义如前文所述。为使行文简洁，在此删除代表企业的下标i。HomeInstitution代表了Capital markets和Rule of law两个变量。在分析中，本章将重点关注β_3的变化。

在以上模型中，我们加入了一些公司层面的控制变量。其中，Foreign capital表示实收资本中来自境外投资者的比例，当境外投资者持股比例较高时，母国制度对投资活动的影响可能更大。然而，由于这种影响可能与母国制度质量相关，因此，Foreign capital系数的预期符号尚无法确定。Cash表示现金占总资产的比率，其与投资变化值的相关系数可能为正，也可能为负。一方面，拥有更多现金的企业可能面临更少的融资约束而进行更多投资；另一方面，高现金持有也可能意味着企业生产能力和盈利能力达到峰值，从而导致投资减少。*ROA* 为上年度资产收益率，盈利能力更强的公司可能会选择更多投资。*Tangibility* 为产权、厂房和设备等有形资产与总资产之比，其系数可能为正，因为拥有更多有形资产的企业需进行更多投资以完成固定资产升级改造。*Firm size* 为总资产取自然对数，其系数可能大于0，因为大公司可能拥有更多资源用以投资。*Debt* 表示资产负债率，其系数符号方向并不明确，因为流动性风险可能会促使高杠杆企业减少投资，但避税收益也可能会鼓励企业增加投资。Δ*Sales* 为年度营业收入增长率，其可能与投资变化值正相关。

此外，我们还控制了可能影响企业投资水平的若干母国制度因素。一是政治稳定性，使用全球治理指标（WGI）中的政治稳定和无暴力指数（*Political stability*）进行衡量，该指数体现了"政府可能被违宪或暴力手段，包括政治动机的暴力和恐怖主义破坏或推翻的可能性感知"（Kaufmann et al., 2009）。乐和扎克（Le & Zak, 2006）认为，政治不稳定是一个国家资本流出的最重要原因。二是WGI中描述了"对公共权力为私人利益所用的程度感知，其中包含精英和私人利益对国家的'攫取'"（Kaufmann et al., 2009）。另外，本章还使用WGI中的政府有效性指数（*Government effectiveness*）以衡量公共服务质量。

先前文献已对制度的多种类型和识别制度距离的重要性有所考察（Berry et al., 2010; Cui & He, 2017; Ly et al., 2018）。考虑到一个国家的某些维度，如文化距离（Popli et al., 2016）、地理距离以及通用语言使用（Contractor et al., 2016）等在长时间内保持稳定，因此，本章在模型中使用国家固定效应以控制国家层面特征（Hsu et al., 2014; Rajan & Zingales, 1998）。此外，模型（14.2）还加入了年份固定效应和行业固定效应以分别控制年份和行业的固定影响。另外，也使用了聚类稳健标准误以减轻面板数据的横截面依赖。为削弱极端值影响，对除母国制度因素外的所有变量数据进行了上下1%水平的缩尾处理。

三、描述性统计

表14-2汇报了本章所使用变量的描述性统计。由 Panel A 可以发现，

表 14－2　样本描述性统计

Panel A

变量	数量	均值	标准差	p25（分位数）	中位数	p75（分位数）
ΔInvestment	124607	0.019	0.374	-0.052	-0.0002	0.092
ΔInvestment_ind	124607	0.032	0.090	-0.002	-0.001	0.000
Capital market	124607	0.099	0.042	0.07	0.097	0.121
Rule of law	124607	1.291	0.718	1.136	1.326	1.625
Foreign capital	124607	76.9%	28.9%	50.0%	93.9%	100.0%
Cash	124607	0.147	0.343	0.033	0.138	0.295
Tangibility	124607	0.317	0.231	0.146	0.276	0.441
ROA	124607	0.080	0.154	0.003	0.046	0.128
Firm size	124607	10.57	1.481	9.519	10.431	11.511
Debt	124607	0.602	0.501	0.314	0.527	0.748
ΔSales	124607	17.7%	0.446	-6.70%	14.9%	27.7%
Political stability	124607	0.638	1.529	0.435	0.85	0.999
Corruption control	124607	1.302	0.923	1.18	1.317	1.737
Government effectiveness	124607	1.446	0.882	1.231	1.522	1.647
Deviation	128812	0.457	0.498	0.000	0.000	1.000
Slack	128812	0.754	4.233	0.053	0.397	1.252
Loss	128812	0.216	0.412	0.000	0.000	0.000

Panel B 相关系数检验

变量	ΔInvestment	ΔInvestment_ind	Foreign capital	Cash	ROA	Tangibility	Firm size	Debt	ΔSales	Capital market	Rule of law	Political stability	Corruption control	Government effectiveness
ΔInvestment	1													
ΔInvestment_ind	0.396**													
Foreign capital	-0.015**	-0.045**												
Cash	-0.142**	-0.341**	0.012**											
ROA	-0.008**	0.000	-0.010**	0.048**										
Tangibility	-0.010**	-0.078**	0.106**	0.231**	-0.082**									
Firm size	-0.044**	-0.145**	0.027**	-0.044**	-0.008**	0.042**								
Debt	0.174**	0.429**	-0.006**	0.132**	-0.155**	0.168**	-0.136**							
ΔSales	0.116**	0.076**	0.004	-0.019**	-0.078**	-0.014**	0.031**	0.063**						
Capital market	-0.035**	-0.086**	-0.002	0.052**	0.006**	-0.003	0.070**	-0.023**	0.015**					
Rule of law	0.003	-0.001	-0.031**	0.010**	0.002	-0.019**	0.071**	0.004	-0.001	0.341**				
Political stability	0.025**	0.060**	0.010**	-0.020**	-0.004	0.012**	0.029**	0.021**	0.000	0.046**	0.134**			
Corruption control	0.043**	0.106**	-0.049**	-0.019**	0.000	-0.025**	0.085**	0.050**	0.011**	0.378**	0.461**	0.211**		
Government effectiveness	0.025**	0.053**	-0.003	-0.024**	0.009**	-0.016**	0.052**	0.009**	0.000	0.334**	0.282**	0.047**	0.333**	1

注：此处使用皮尔森相关系数及其显著性水平，其中，** 表示在 5% 的水平上显著。

$\Delta Investment$ 和 $\Delta Investment\_ind$ 的均值都大于 0，说明从平均来看，外资企业和本土企业投资数量均表现出增长趋势。衡量母国制度质量的两变量之间差异较大，一定程度上说明了分别讨论其对投资互动影响作用的必要性。$Foreign\ capital$ 的均值为 76.9%，即境外投资者在实收资本中所占比例平均达到 76.9%。此外，结合所有权特征来看，国有企业（SOE）（国家资本占实收资本 50% 以上的企业）仅占全部样本的 1.8%，也就是说，其余 98.2% 的样本均为私有企业。由于国有企业所占比例较低，本章并未将国有企业的识别变量作为控制变量加入模型。Panel B 是本章变量的相关系数检验。可以看出，$\Delta Investment$ 与 $\Delta Investment\_ind$ 显著正相关，相关系数为 0.396，说明外资企业和中国本土企业间存在显著的投资互动。

第三节　实证结果与分析

本章实证分析主要分为以下三部分：首先，检验了母国制度因素对外资企业与中国本土企业间投资互动程度的影响；其次，考察了资本市场效应和法治效应的条件性作用；最后，讨论了母国制度质量与外资企业投资效率的关系。

一、母国制度影响检验

表 14-3 为使用模型 (14.2) 的回归检验结果。列（1）为不包含国家层面变量的基础回归。其中，$\Delta Investment\_ind$ 的系数为 0.660 且在 1% 的水平上显著，即本土企业平均投资水平每增加 10%，同行业外资企业投资水平将增加 6.6%。这一结果说明外资企业和本土企业间的投资互动程度在统计和经济意义上均显著。列（2）和列（3）为分别加入不同母国制度变量后的回归结果。可以发现，交乘项 $\Delta Investment\_ind \times Capital\ market$ 和 $\Delta Investment\_ind \times Rule\ of\ law$ 的系数均显著为负，这支持了此前关于母国（地区）资本市场和法治发展对于投资互动影响的研究假设。具体来说，交乘项 $\Delta Investment\_ind \times Capital\ market$ 的系数为 -1.044（t 值为 -3.41），这与此前母国资本市场更为发达时国内外企业间投资互动程度较低的研究预期保持一致；交乘项 $\Delta Investment\_ind \times Rule\ of\ law$ 的系数为 -0.031（t 值为 -1.97），支持了母国法治较好时内外

企业间投资互动性较弱的研究预期。在列（4）中，将母国制度变量 Capital market 和 Rule of law 以及相关控制变量同时加入回归，此时交乘项 $\Delta Investment\_ind \times Capital\ market$ 和 $\Delta Investment\_ind \times Rule\ of\ law$ 的系数仍然显著为负。控制变量方面，各控制变量系数大多在统计上显著，且符号方向与预期基本一致。比如，Tangibility 的系数在 1% 的水平上显著大于 0，说明拥有更多有形资产的公司可能进行更多投资。此外，本章也发现，营业收入增长率更高的企业更可能增加投资。

表 14-3　　　　　　　　　　母国制度与投资互动

变量	预期方向	(1)	(2)	(3)	(4)
$\Delta Investment\_ind$	+	0.660*** (12.17)	0.772*** (12.49)	0.701*** (12.10)	0.798*** (12.65)
$\Delta Investment\_ind \times Capital\ market$	−		−1.044*** (−3.41)		−0.903*** (−2.81)
Capital market			−0.098** (−2.35)		−0.117*** (−2.74)
$\Delta Investment\_ind \times Rule\ of\ law$	−			−0.031** (−1.97)	−0.030* (−1.76)
Rule of law				0.005*** (2.65)	0.005** (2.50)
Foreign capital	±/−	−0.001 (−0.66)	−0.001 (−0.68)	−0.001 (−0.53)	−0.001 (−0.69)
Cash	±/−	−0.007*** (−3.00)	−0.007*** (−2.80)	−0.007*** (−3.02)	−0.007*** (−2.84)
Tangibility	+	0.028*** (7.24)	0.028*** (7.30)	0.028*** (7.43)	0.028*** (7.31)
ROA	+	0.005 (0.74)	0.005 (0.74)	0.003 (0.57)	0.005 (0.75)
Firm size	+	0.001** (2.17)	0.001** (2.16)	0.001** (2.13)	0.001** (2.14)
Debt	±/−	0.001 (0.59)	0.001 (0.60)	0.001 (0.43)	0.001 (0.62)

续表

变量	预期方向	(1)	(2)	(3)	(4)
$\Delta Sales$	+	0.057*** (19.89)	0.057*** (19.87)	0.057*** (19.85)	0.057*** (19.87)
Political stability			−0.001* (−1.75)	−0.001** (−1.97)	−0.001* (−1.86)
Corruption control			−0.003* (−1.92)	−0.004** (−2.23)	−0.003** (−2.10)
Government effectiveness			0.001 (0.10)	0.001 (0.17)	−0.001 (−0.35)
常数项		0.016 (0.55)	0.051* (1.70)	0.097*** (3.78)	0.044 (1.45)
国家		是	是	是	是
年份		是	是	是	是
行业		是	是	是	是
N		124607	124607	124607	124607
调整 R^2		0.170	0.170	0.170	0.170

注：被解释变量为 $\Delta Investment$。括号里的数字为 t 值。*、**、*** 分别代表在 10%、5%、1% 的水平上显著。

对于研究样本大多来自发达国家的情况，我们进行了相关稳健性检验。参考母国制度和东道国制度相互作用的有关文献（Mingo et al.，2018），以中国资本市场和法治的得分水平为参照，将样本依次分为资本市场发展较好组和资本市场发展较差组以及法治较为完善组和法治较为薄弱组，以检验假设14.1和假设14.2是否依然成立。这种做法能够削弱发达经济体样本较多导致相关结果不稳健的担忧，并且能够反映当母国制度质量较为薄弱时其对于企业间投资互动的影响程度。我们预期，母国制度质量逊于中国的企业与中国本土企业间的投资互动程度可能更高，反之亦然。相关结果汇报于表14-4，其中，Low（High）表示该组样本来自制度指数低（高）于中国的国家。从回归结果来看，$\Delta Investment\_ind$ 的系数始终显著为正，说明不管母国制度发展状况如何，外资企业与中国本土企业间均存在显著的投资互动。此外，制度质量较低组（列（1）和列（3））$\Delta Investment\_ind$ 的系数均显著大于制度质量较高组。

卡方检验结果进一步说明了两组存在显著性差异，其中，制度变量为 *Capital market* 时组间系数差异在1%的水平上显著，制度变量为 *Rule of law* 时在10%的水平上显著。相比之下，制度变量为 *Rule of law* 时显著性较弱可能是由于法治较为薄弱组的样本数量过少（仅占总样本的2.7%）。总体来说，该稳健性检验说明，相比于母国制度质量优于中国的外资企业，母国制度质量逊于中国的外资企业与中国本土企业间的投资互动程度更高，这进一步支持了我们关于母国制度质量影响作用的相关预期。

表 14-4　母国制度与投资互动：相对于中国制度质量的分组检验

变量	*Capital market*		*Rule of law*	
	(1) Low	(2) High	(3) Low	(4) High
$\Delta Investment\_ind$	1.022*** (6.86)	0.612*** (10.54)	1.223*** (3.46)	0.646*** (11.76)
Diff. in $\Delta Investment\_ind$	$\chi^2 = 6.83$***		$\chi^2 = 2.65$*	
Foreign capital	-0.011** (-2.28)	0.003 (1.29)	-0.001 (-0.06)	-0.001 (-0.55)
Cash	-0.001 (-0.24)	-0.009*** (-2.88)	-0.018 (-1.15)	-0.006*** (-2.61)
Tangibility	0.029*** (3.38)	0.029*** (6.29)	0.066* (1.89)	0.026*** (6.94)
ROA	0.048*** (3.77)	-0.014* (-1.80)	0.098** (2.57)	0.002 (0.28)
Firm size	0.003*** (3.30)	-0.000 (-0.58)	0.005 (1.42)	0.001* (1.87)
Debt	0.012*** (2.87)	-0.002 (-0.85)	0.022 (1.60)	0.000 (0.16)
$\Delta Sales$	0.053*** (10.38)	0.058*** (17.81)	0.107*** (5.67)	0.055*** (19.16)
Political stability	-0.004 (-1.40)	-0.001** (-2.16)	-0.006 (-1.11)	-0.001* (-1.77)
Corruption control	0.001 (0.37)	-0.002 (-0.62)	-0.006 (-0.28)	-0.003* (-1.66)

续表

变量	Capital market		Rule of law	
	(1) Low	(2) High	(3) Low	(4) High
Government effectiveness	-0.000 (-0.16)	0.001 (0.63)	0.003 (1.15)	0.007*** (3.36)
常数项	0.033 (0.41)	-0.022 (-0.34)	-0.387* (-1.80)	0.033 (1.12)
国家	是	是	是	是
年份	是	是	是	是
行业	是	是	是	是
N	36460	88147	3367	121240
调整 R^2	0.073	0.203	0.139	0.171

注：括号里的数字为 t 值。*、**、*** 分别代表在 10%、5%、1% 的水平上显著。

二、母国制度质量的条件性检验

鉴于资本市场效应与法治效应并非互斥，我们接下来对母国制度质量影响作用的可能依存条件予以检验。按照法治指数中位数，将样本分为母国法治较弱企业组和母国法治较强企业组，相关检验结果列示于表 14-5。可以看出，交乘项 $\Delta Investment\_ind \times Capital\ market$ 的系数在母国法治较弱组显著为正，而在母国法治较强组显著为负，且该系数在两组间存在 1% 水平上的显著性差异。也就是说，当母国资本市场和法治均较为完善时，外资企业与中国本土企业间的投资互动程度较低。相反地，当母国法治发展较弱时，若其资本市场发展较为完善，则外资企业与中国本土企业之间的投资互动程度较高。以上结果支持了假设 14.3a 和假设 14.3b 的预期。

表 14-5 母国资本市场发展与投资互动：基于法治水平的分组检验

变量	(1) "Low" Rule of law	(2) "High" Rule of law
$\Delta Investment\_ind$	0.102 (0.79)	0.966*** (13.56)
$\Delta Investment\_ind \times Capital\ market$	4.428*** (7.01)	-2.085*** (-5.67)

续表

变量	(1) "Low" Rule of law	(2) "High" Rule of law
Diff. in $\Delta Investment\_ind \times$ Capital market	\multicolumn{2}{c}{$\chi^2 = 79.53^{***}$}
Capital market	-0.093 (-0.65)	-0.273*** (-5.06)
Foreign capital	-0.013*** (-2.77)	0.003 (1.25)
Cash	-0.022*** (-4.00)	-0.001 (-0.30)
Tangibility	0.050*** (5.98)	0.022*** (5.12)
ROA	0.026** (2.43)	-0.005 (-0.72)
Firm size	0.002** (2.13)	0.000 (1.09)
Debt	0.005 (1.42)	-0.001 (-0.37)
$\Delta Sales$	0.053*** (9.57)	0.058*** (17.61)
Political stability	-0.006*** (-2.79)	-0.001** (-2.30)
Corruption control	-0.003 (-1.62)	0.023*** (4.22)
Government effectiveness	-0.000 (-0.19)	-0.004 (-0.49)
常数项	0.089 (1.13)	0.107*** (2.71)
国家	是	是
年份	是	是
行业	是	是
N	33275	91332
调整 R^2	0.139	0.186

注：括号里的数字为 t 值。**、***分别代表在 5%、1%的水平上显著。

接着，我们按照 Capital market 的中位数水平将样本分为资本市场发展较好组和资本市场发展较差组，相关结果如表 14-6 所示。从列（2）可以发现，在资本市场发展较好组，$\Delta Investment\_ind \times Rule\ of\ law$ 的系数显著为负，这与假设 14.4 预期相一致。同时，在资本市场发展较差组（列（1）），$\Delta Investment\_ind \times Rule\ of\ law$ 的系数不显著，这亦符合本章预期。以上结果说明，当母国资本市场较为发达时，较为完善的法治体系将降低外资企业与中国本土企业间的投资互动程度；而当母国资本市场欠发达时，法治水平对于企业间投资互动并无显著影响。从组间系数差异检验来看，交乘项 $\Delta Investment\_ind \times Rule\ of\ law$ 的组间系数差异在 1% 的水平上显著。综上所述，关于母国制度质量条件性效应的检验支持了前文假设 14.3a、假设 14.3b 以及假设 14.4 的预期。

表 14-6 母国法治与投资互动：基于资本市场发展水平的分组检验

变量	"Low" Capital market	(2) "High" Capital market
$\Delta Investment\_ind$	1.052*** (6.53)	1.083*** (13.87)
$\Delta Investment\_ind \times Rule\ of\ law$	0.028 (1.44)	-0.330*** (-8.90)
Diff. in $\Delta Investment\_ind \times Rule\ of\ law$	$\chi^2 = 78.85$***	
Rule of law	-0.001 (-0.26)	0.008*** (2.64)
Foreign capital	-0.013** (-2.49)	0.001 (0.43)
Cash	-0.000 (-0.00)	-0.009*** (-3.32)
Tangibility	0.051*** (4.72)	0.026*** (6.40)
ROA	0.032** (2.01)	0.002 (0.31)
Firm size	0.002 (1.61)	0.001 (1.48)
Debt	0.011** (2.04)	0.000 (0.11)

续表

变量	"Low" Capital market	(2) "High" Capital market
$\Delta Sales$	0.058*** (8.04)	0.057*** (18.26)
Political stability	-0.004* (-1.70)	-0.001** (-2.22)
Corruption control	0.001 (0.73)	-0.011*** (-2.97)
Government effectiveness	0.001 (0.34)	-0.001 (-0.27)
常数项	-0.024 (-0.58)	0.027 (0.83)
国家	是	是
年份	是	是
行业	是	是
N	16610	107997
调整 R^2	0.133	0.176

注：括号里的数字为 t 值。*、**、*** 分别代表在10%、5%、1%的水平上显著。

三、稳健性检验

为使结论更加稳健，在此部分展开了一些稳健性检验。由于篇幅所限，此部分结果未予列示，但如有需要，可向作者索取。

1. 投资互动的替代性指标

在主检验中，使用了本土企业资本支出年度变化的行业中位数作为衡量投资互动程度的指标。在稳健性检验中，本章以行业均值水平作为投资互动程度指标，再次使用原模型进行了检验，所得结果与主检验结果相近。

2. 母国制度的替代性指标

首先，参考德米尔古奇—昆特和莱文（Demirgüç - Kunt & Levine，1996）的研究，分别计算股票市值与 GDP 之比（标准化指数）、交易总额与 GDP 之比以及交易总额与市值之比，并将三者之和作为衡量资本市场发展程度的指标。此外，参考路江涌等（2014）的研究，本章使用考夫曼等（Kaufmanm et al., 2009) 所构建的监管质量指数作为法治发展程度的替代性指标。考夫曼等 (2009) 认为，该指数能够反映对政府制定和实施有力政策法规以促进私有部门发展的能力的感知。使用以上替代性指标所得回归结果与前文发现保持一致。

3. 来自中国香港地区的样本

为削弱样本集中来自同一地区对所得结论的可能干扰，在主检验中剔除了来自中国香港地区的样本。在稳健性检验中，本章将中国香港地区样本加入检验，发现前文结论保持稳健。

4. "外资企业"的其他定义方式

在前文分析中，将外资企业定义为部分投入资本来自境外实体或个人的企业，而本土企业为所有权结构中不存在境外投资者的企业。按此定义，现有样本中可能存在境外资本所占比例少于 50% 的企业，其受到母国制度的影响可能较弱。因此，为使所得结论更为稳健，将原有关于外资企业的定义修改为"境外资本所占比例超过 50% 的企业"。此外，也尝试将外资企业仅限定于外商独资企业。按照以上两种定义所得回归结果与前文保持一致，说明本章结论具有稳健性。

5. 模型设定

主检验中，控制了行业和国家固定效应。在稳健性检验中，控制了公司固定效应，并发现所得结果与表 14-3 结果相近。

第四节 母国制度和投资效率

第三部分的相关检验结果说明，母国制度质量更优的外资企业与中国本土企业间的投资互动程度较低。然而，菲斯曼和洛夫 (Fisman & Love, 2004) 以及弗朗西斯等 (Francis et al., 2009) 均认为，更为发达的金融系统和更优的信息披露环境能够促成更为有效的资源分配。由此，结合实证分析结果，我们直观预期，相比于母国制度质量较差的外资企业，母国制度质量较好的外资企业所开展的投资活动可能更为有效。对此，参考比德尔等 (Biddle et al., 2009) 的研究方法估计了企业偏离预期投资水平的可能性。投资效率越高，意味着企业过度投资和投资不足的可能性越低。

假定企业预期投资水平为一关于增长机会的函数，可表示为：

$$Investment_{t+1} = \beta_0 + \beta_1 \Delta Sales_t + \varepsilon_t \quad (14.3)$$

其中，$Investment_{t+1}$ 为公司 i 在第 $t+1$ 年的资本性支出，$\Delta Sales_t$ 为其在第 t 年的营业收入增长率。模型（14.3）回归所得残差即为一家公司实际投资水平与其预期水平的偏离程度。接着，逐年对残差值进行排序，将低于下四分位数的样本视为投资不足，而将高于上四分位的样本视为投资过度，处于二者之间的样本为基准组。

为检验母国制度质量与投资效率的关系，建立模型如下：

$$Deviation_t = \alpha_0 + \alpha_1 Home\ Institution_t + \alpha_2 Foreign\ capital_t + \alpha_4 Tangibility_t + $$
$$\alpha_5 Slack_t + \alpha_6 Loss_t + \alpha_7 Debt + \alpha_8 Political\ stability + $$
$$\alpha_9 Corruption\ control + \alpha_{10} Government\ effectiveness + \varepsilon_t \quad (14.4)$$

其中，当企业存在过度投资或投资不足状况时，$Deviation$ 取值为 1，否则为 0。根据本章推论，更优的母国制度质量能够促进企业投资效率，若反映至模型中，则表现为实际投资水平与预期投资水平相差较小，此时系数 α_1 应小于 0。此外，借鉴比德尔等（Biddle et al.，2009）的研究，在模型中加入 $Slack$（现金与有形资产之比）、$Loss$（虚拟变量，当营业利润小于 0 时取 1，反之取 0）以及其他控制变量（包括 $Foreign\ capital$、$Firm\ size$、$Tangibility$、$Debt$、$Political\ stability$、$Corruption\ control$、$Government\ effectiveness$）。

相关回归结果如表 14-7 所示。由列（1）和列（2）可以发现，$Capital\ market$ 和 $Rule\ of\ law$ 的系数均显著为负，这与此前母国制度质量完善的外资企业可能具有更高投资效率的推论相一致。此外，将 $Capital\ market$ 和 $Rule\ of\ law$ 同时加入回归（列（3））后，$Capital\ market$ 的系数依然显著为负，而 $Rule\ of\ law$ 的系数为负但不显著。造成这一结果的原因可能是 $Capital\ market$ 和 $Rule\ of\ law$ 之间的相关性本已较高（如表 14-2 的 Panel B 所示，相关系数为 0.341）。

表 14-7　　　　　　　　　　母国制度与偏离投资水平

变量	预期方向	（1）	（2）	（3）
$Capital\ market$	-	-1.181*** (-7.31)		-1.139*** (-6.91)
$Rule\ of\ law$	-		-0.026*** (-2.93)	-0.014 (-1.52)

续表

变量	预期方向	(1)	(2)	(3)
Foreign capital	−	−0.182*** (−18.11)	−0.181*** (−18.04)	−0.182*** (−18.11)
Firm size	±/−	0.001 (0.13)	0.000 (0.00)	0.001 (0.16)
Tangibility	+	1.668*** (50.41)	1.661*** (50.35)	1.668*** (50.41)
Slack	+	0.004** (2.56)	0.003** (2.13)	0.004*** (2.58)
Loss	±/−	−0.041*** (−2.79)	−0.041*** (−2.81)	−0.041*** (−2.77)
Debt	±/−	−0.106*** (−6.64)	−0.104*** (−6.52)	−0.106*** (−6.65)
Political stability		0.003 (0.76)	0.004 (1.09)	0.003 (0.84)
Corruption control		−0.002 (−0.25)	−0.010 (−1.41)	0.002 (0.26)
Government effectiveness		−0.006 (−0.87)	−0.016** (−2.32)	−0.005 (−0.70)
常数项		−0.363*** (−7.17)	−0.416*** (−8.30)	−0.358*** (−7.04)
N		128812	128812	128812
Pseudo R^2		0.021	0.021	0.021

注：括号里的数字为 t 值。**、*** 分别代表在 5%、1% 的水平上显著。

第五节　研究贡献

我们的发现对于国际商务、管理和金融的相关跨学科研究具有以下贡献。

第一，从已有 FDI 来源国效应和战略特征的相关研究（Luo，1998；Pan，2003；Wang et al.，2009）来看，我们关于外资企业与中国本土企业间存在显著正向投资互动的研究发现，能够为 FDI 东道国企业生产和技术溢出效应的有关研究提供补充（Bitzer et al.，2008），也对促进国内资本形成的相关文献有所增益（Hejazi & Pauly，2003）。同时，也推进了关于母国和东道国制度对投资活动影响作用的研究（Mingo et al.，2018）。

第二，本章的发现可能隐含地说明了母国法治较为薄弱的企业更可能出于逃避母国法治环境而非提高投资效率的考虑而选择在别国投资，这为制度规避的相关研究提供了补充（Collier et al.，2001；Dai et al.，2017；Le & Zak，2006；Witt & Lewin，2007）。

第三，本章深入地讨论了母国制度因素对于企业战略选择和行为决策的影响作用。已有研究大多认为，母国市场环境能够对企业国际化扩张有所影响，例如，有学者发现，市场化改革能够促进企业国际化扩张（Luo & Tung，2007；Singh et al.，2018）。此外，也有研究认为，企业战略应与外部环境变化保持同步（Popli et al.，2017），并强调环境不确定性对企业战略选择具有重要影响（Mukherjee et al.，2013）。从这一角度来说，我们关于母国市场制度能够显著影响企业海外投资效率的研究发现，亦是对该领域研究的延伸。

第四，新兴市场制度环境如何影响企业行为一直是学界关注的热点话题之一（Hoskisson et al.，2013）。例如，有研究发现，外资企业更青睐于在制度较为完善的新兴市场进行投资，也倾向于在那些与母公司间存在较强经济、文化以及历史纽带联结的地区开展投资（Filatotchev et al.，2007）。类似观点也存在于新兴市场跨境并购的研究中（Lebedev et al.，2015）。我们发现支持了新兴市场 FDI 活动可能受到一系列母国和东道国制度因素影响的观点，拓展了新兴市场制度环境影响的相关研究。

此外，从实践方面来看，我们的研究也能够为政策制定者和企业经理人提供有益启示。实证发现，制度质量对于资本配置的促进不仅作用于国内市场（Beck & Levine，2002；Hsu et al.，2014；Rajan & Zingales，2001），还能够以 FDI 流出形式影响国外，因而，政策制定者，特别是新兴市场的政策制定者，需要制定适宜政策以提振资本市场，改善法治环境。与此同时，伴随着新兴市场企业全球化步伐的加快，对于企业管理者来说，深入理解关乎企业国际化战略的路径、过程、机会、阻碍及其潜在经济后果至关重要（Gaur & Kumar，2010）。并且，管理者也需对发达国家与新兴市场的跨国企业间难以避免的激烈竞争予以重视（Estrin et al.，2018）。以我国为例，中国正处于 FDI 流入到

FDI 流出的转折点，这不仅得益于我国政府促进国际化的一系列政策（Buckley et al. , 2007），我国企业的集中所有权结构与集团化也有助于企业的国际多元化经营（Gaur & Delios, 2015；Gaur et al. , 2014）。如前文所述，从两种制度指标排名来看，我国制度水平在全球范围内并不靠前，因而，本章关于投资互动与投资效率的发现也从侧面强调了优化国内制度环境的重要性。

第六节 结论

本章考察了母国制度质量对 FDI 投资互动的影响，并发现母国金融市场较为发达或法治较为完善的外资企业与中国本土企业的投资互动程度较低。在进一步分析后发现，资本市场效应仅存在于母国法治较为完善的外资企业，而法治效应也仅存在于母国资本市场较为发达的外资企业。最后，相关回归分析结果显示，相比于母国制度尚不完善的外资企业，母国制度质量较优的外资企业拥有更高的投资效率。从整体来看，我们的发现表明，在企业管理层决策和政府政策制定的过程中，诸如资本供给和用以保障资本分配的法治环境等制度性因素不应被孤立考虑。

当然，此处研究也存在一定局限。首先，由于数据本身的局限，我们无法获取样本企业所有权的详细信息，但不同所有权类型（如外国政府或境外机构投资者等）和所有权集中度可能对投资互动的程度、动机及其经济后果产生影响。比如，斯托安和莫尔（Stoian & Mohr, 2016）认为，来自新兴市场的企业在海外扩张过程中需要建立一些优势，如所有权优势，以抵消国内监管缺失的负面影响。此外，仅考察了 FDI 的部分环节，即 FDI 流入与本土企业投资活动之间的互动程度，但无法进一步探究 FDI 所生产的产品出口回母国或在中国市场消费的相关情况。这些方面能够丰富我们对于投资互动的理解，也为未来的相关研究指明了方向。

主要参考文献

［1］安同良、周绍东、皮建才：《R&D 补贴对中国企业自主创新的激励效应》，载《经济研究》2009 年第 10 期。

［2］白重恩、路江涌、陶志刚：《中国私营企业银行贷款的经验研究》，载《经济学（季刊）》2005 年第 4 卷第 3 期。

［3］蔡昉：《人口转变、人口红利与刘易斯转折点》，载《经济研究》2010 年第 4 期。

［4］陈斌开、林毅夫：《金融抑制，产业结构与收入分配》，载《世界经济》2012 年第 1 期。

［5］陈德球、陈运森：《政策不确定性与上市公司盈余管理》，载《经济研究》2018 年第 6 期。

［6］陈冬华、陈富生、沈永建、尤海峰：《高管继任、职工薪酬与隐性契约》，载《经济研究》2011 年第 2 期。

［7］陈冬华、范从来、沈永建、周亚虹：《职工激励、工资刚性与企业绩效：来自非上市公司的经验证据》，载《经济研究》2010 年第 7 期。

［8］陈冬华、李真、新夫：《产业政策与公司融资——来自中国的经验证据》，中国会计与财务研究国际研讨会议论文，2010 年。

［9］陈冬华、相加凤：《独立董事只能连任 6 年合理吗？——基于我国 A 股上市公司的实证研究》，载《管理世界》2017 年第 5 期。

［10］陈冬华、徐巍、沈永建：《嵌入理论视角下的中国公司治理与政府行为——一个整体框架》，载《会计与经济研究》2021 年第 3 期。

［11］陈冬华、姚振晔：《政府行为必然会提高股价同步性吗？——基于我国产业政策的实证研究》，载《经济研究》2018 年第 12 期。

［12］陈冬华、姚振晔、新夫：《中国产业政策与微观企业行为研究：框架、综述与展望》，载《会计与经济研究》2018 年第 1 期。

［13］陈冬华、祝娟、俞俊利：《盈余管理行为中的经理人惯性：一种基

于个人道德角度的解释与实证》，载《南开管理评论》2017年第3期。

[14] 程六兵、叶凡、刘峰：《资本市场管制与企业资本结构》，载《中国工业经济》2017年第11期。

[15] 丁守海：《最低工资管制的就业效应分析——兼论劳动合同法的交互影响》，载《中国社会科学》2010年第1期。

[16] 樊纲、王小鲁、朱恒鹏：《中国市场化指数：各地区市场化相对进程2011年报告》，经济科学出版社2011年版。

[17] 范从来、陈冬华、王宇伟等：《宏观问题之微观证据与微观研究之宏观价值——第五届宏观经济政策与微观企业行为学术研讨会综述》，载《经济研究》2017年第1期。

[18] 范从来、路瑶、陶欣等：《乡镇企业产权制度改革模式与股权结构的研究》，载《经济研究》2001年第1期。

[19] 范志勇：《中国通货膨胀是工资成本推动型的吗？——基于超额工资增长率的实证研究》，载《经济研究》2008年第8期。

[20] 方军雄：《劳动收入比重，真的一致下降吗？——来自中国上市公司的发现》，载《管理世界》2011年第7期。

[21] 费孝通：《试谈扩展社会学的界限》，载《北京大学学报（哲学社会科学版）》2003年第3期。

[22] 韩乾、洪永淼：《国家产业政策，资产价格与投资者行为》，载《经济研究》2014年第12期。

[23] 洪银兴、曹勇：《经济体制转轨时期的地方政府功能》，载《经济研究》1996年第5期。

[24] 江小涓：《经济转轨时期的产业政策：对中国经验的实证分析与前景展望》，上海三联书店1996年版。

[25] 江小涓：《论我国产业结构政策的实效和调整机制的转变》，载《经济研究》1991年第2期。

[26] 姜付秀、朱冰、王运通：《国有企业的经理激励契约更不看重绩效吗？》，载《管理世界》2014年第9期。

[27] 姜国华、饶品贵：《宏观经济政策与微观企业行为——拓展会计与财务研究新领域》，载《会计研究》2011年第3期。

[28] 靳庆鲁、侯青川、李钢、谢亚茜：《放松卖空管制、公司投资决策

与期权价值》，载《经济研究》2015 年第 10 期。

[29] 孔东民、刘莎莎、王亚男：《市场竞争，产权与政府补贴》，载《经济研究》2013 年第 2 期。

[30] 黎文靖、李耀淘：《产业政策激励了公司投资吗》，载《中国工业经济》2014 年第 5 期。

[31] 黎文靖、郑曼妮：《实质性创新还是策略性创新？——宏观产业政策对微观企业创新的影响》，载《经济研究》2016 年第 4 期。

[32] 李稻葵、刘霖林、王红领：《GDP 中劳动份额演变的 U 型规律》，载《经济研究》2009 年第 1 期。

[33] 李善民、毛雅娟、赵晶晶：《高管持股、高管的私有收益与公司的并购行为》，载《管理科学》2009 年第 6 期。

[34] 李文贵、邵毅平：《产业政策与民营企业国有化》，载《金融研究》2016 年第 9 期。

[35] 李增泉、叶青、贺卉：《企业关联，信息透明度与股价特征》，载《会计研究》2011 年第 1 期。

[36] 李志军、王善平：《货币政策、信息披露质量与公司债务融资》，载《会计研究》2011 年第 10 期。

[37] 梁上坤、陈冬华：《大股东会侵犯管理层利益吗？——来自资金占用与管理层人员变更的经验证据》，载《金融研究》2015 年第 3 期。

[38] 林毅夫：《新结构经济学：反思经济发展与政策的理论框架》，北京大学出版社 2012 年版。

[39] 林毅夫、蔡昉、李周：《中国的奇迹：发展战略与经济改革》，上海三联出版社 1994 年版。

[40] 林毅夫、李永军：《比较优势，竞争优势与发展中国家的经济发展》，载《管理世界》2003 年第 7 期。

[41] 林毅夫、张建华：《繁荣的求索：发展中经济如何崛起》，北京大学出版社 2012 年版。

[42] 刘青松、肖星：《败也业绩，成也业绩？——国企高管变更的实证研究》，载《管理世界》2015 年第 3 期。

[43] 刘小玄：《民营化改制对中国产业效率的效果分析——2001 年全国普查工业数据的分析》，载《经济研究》2004 年第 8 期。

[44] 刘星、徐光伟：《政府管制、管理层权力与国企高管薪酬刚性》，载《经济科学》2012年第1期。

[45] 刘元春：《国有企业宏观效率论——理论及其验证》，载《中国社会科学》2001年第5期。

[46] 陆正飞、韩非池：《宏观经济政策如何影响公司现金持有的经济效应？——基于产品市场和资本市场两重角度的研究》，载《管理世界》2013年第6期。

[47] 陆正飞、何捷、窦欢：《谁更过度负债：国有还是非国有企业？》，载《经济研究》2015年第12期。

[48] 陆正飞、祝继高、樊铮：《银根紧缩，信贷歧视与民营上市公司投资者利益损失》，载《金融研究》2009年第8期。

[49] 陆正飞、祝继高、孙便霞：《盈余管理、会计信息与银行债务契约》，载《管理世界》2008年第3期。

[50] 逯东、孙岩、周玮：《地方政府政绩诉求、政府控制权与公司价值研究》，载《经济研究》2014年第1期。

[51] 路风：《冲破迷雾——揭开中国高铁技术进步之源》，载《管理世界》2019年第35期。

[52] 罗党论、李晓霞：《官员视察与企业联盟——基于中国制造业上市公司的经验证据》，载《会计与经济研究》2014年第3期。

[53] 倪骁然、朱玉杰：《劳动保护、劳动密集度与企业创新——来自2008年劳动合同法实施的证据》，载《管理世界》2016年第7期。

[54] 钱先航、曹廷求、李维安：《晋升压力、官员任期与城市商业银行的贷款行为》，载《经济研究》2011年第12期。

[55] 渠敬东：《返回历史视野》，载《重塑社会学的想象力——中国近世变迁及经史研究的新传统》2015年第1期。

[56] 饶品贵、姜国华：《货币政策波动、银行信贷与会计稳健性》，载《金融研究》2011年第3期。

[57] 沈永建、范从来、陈冬华、刘俊：《显性契约、职工维权与劳动力成本上升：劳动合同法的作用》，载《中国工业经济》2017年第2期。

[58] 沈永建、梁方志、蒋德权、王亮亮：《社会保险征缴机构转换改革、企业养老支出与企业价值》，载《中国工业经济》2020年第2期。

[59] 沈永建、徐巍、蒋德权：《信贷管制、隐性契约与贷款利率变相市场化——现象与解释》，载《金融研究》2018 年第 7 期。

[60] 田国强：《中国乡镇企业的产权结构及其改革》，载《经济研究》1995 年第 3 期。

[61] 王国松：《中国的利率管制与利率市场化》，载《经济研究》2001 年第 6 期。

[62] 王化成、曹丰、叶康涛：《监督还是掏空：大股东持股比例与股价崩盘风险》，载《管理世界》2015 年第 2 期。

[63] 王克敏、杨国超、刘静等：《IPO 资源争夺、政府补助与公司业绩研究》，载《管理世界》2015 年第 9 期。

[64] 王彦超：《金融抑制与商业信用二次配置功能》，载《经济研究》2014 年第 6 期。

[65] 吴思：《潜规则——中国历史中的真实游戏》，复旦大学出版社 2009 年版。

[66] 夏立军、陈信元：《市场化进程、国企改革策略与公司治理结构的内生决定》，载《经济研究》2007 年 7 期。

[67] 肖成民、吕长江：《市场监管、盈余分布变化与盈余管理——退市监管与再融资监管的比较分析》，载《南开管理评论》2011 年第 1 期。

[68] 辛清泉、谭伟强：《市场化改革、企业业绩与国有企业经理薪酬》，载《经济研究》2009 年第 11 期。

[69] 辛宇、徐莉萍：《公司治理机制与超额现金持有水平》，载《管理世界》2006 年第 5 期。

[70] 徐玉德、张昉：《国企高管薪酬管制效率分析——一个基于信息租金的分析框架》，载《会计研究》2018 年第 5 期。

[71] 许年行、于上尧、伊志宏：《机构投资者羊群行为与股价崩盘风险》，载《管理世界》2013 年第 7 期。

[72] 杨瑞龙、聂辉华：《不完全契约理论：一个综述》，载《经济研究》2006 年第 2 期。

[73] 姚洋：《非国有经济成分对我国工业企业技术效率的影响》，载《经济研究》1998 年第 12 期。

[74] 叶康涛、祝继高：《银根紧缩与信贷资源配置》，载《管理世界》

2009 年第 1 期。

［75］易纲:《中国改革开放三十年的利率市场化进程》,载《金融研究》2009 年第 1 期。

［76］余明桂、潘红波:《金融发展、商业信用与产品市场竞争》,载《管理世界》2010 年第 8 期。

［77］张维迎、吴有昌、马捷:《公有制经济中的委托人—代理人关系:理论分析和政策含义》,载《经济研究》1995 年第 4 期。

［78］张五常:《新卖桔者言》,中信出版社 2010 年版。

［79］张五常:《张五常论新劳动法》,载《法律和社会科学》2009 年第 4 期。

［80］张新民、张婷婷、陈德球:《产业政策、融资约束与企业投资效率》,载《会计研究》2017 年第 4 期。

［81］周黎安:《晋升博弈中政府官员的激励与合作——兼论我国地方保护主义和重复建设问题长期存在的原因》,载《经济研究》2004 年第 6 期。

［82］周黎安:《中国地方官员的晋升锦标赛模式研究》,载《经济研究》2007 年第 7 期。

［83］周亚虹、蒲余路、陈诗一:《政府扶持与新型产业发展——以新能源为例》,载《经济研究》2015 年第 6 期。

［84］朱红军、汪辉:《公平信息披露的经济后果——基于收益波动性、信息泄露及寒风效应的实证研究》,载《管理世界》2009 年第 2 期。

［85］祝继高、韩非池、陆正飞:《产业政策,银行关联与企业债务融资——基于 A 股上市公司的实证研究》,载《金融研究》2015 年第 3 期。

［86］Akerlof, G. A., Labor Contracts as Partial Gift Exchange. *Quarterly Journal of Economics*, Vol. 97, No. 4, 1982, pp. 543 – 569.

［87］Akerlof, G. A., H. Miyazaki, The Implicit Contract Theory of Unemployment meets the Wage Bill Argument. *The Review of Economic Studies*, Vol. 47, No. 2, January 1980, pp. 321 – 338.

［88］Alchian, A. A., H. Demsetz, Production, Information Costs, and Economic Organization. *American Economic Review*, Vol. 65, 1972, pp. 777 – 795.

［89］Bai, C., Lu, J., Tao, Z., The Multitask Theory of State Enterprise Reform: Empirical Evidence from China. *American Economic Review*, Vol. 96, No. 2,

2006, pp. 353 – 357.

［90］Baker, G. , R. Gibbons, K. J. Murphy, Relational Contracts and the Theory of the Firm. *Quarterly Journal of Economics*, Vol. 117, No. 1, 2002, pp. 39 – 84.

［91］Barberis, N. , M. Boycko, A. Shleifer, How does Privatization Work? Evidence from the Russian Shops. *Journal of Political Economy*, Vol. 104, No. 4, 1996, pp. 764 – 790.

［92］Barnett, S. , R. Brooks, What's Driving Investment in China? IMF Working Paper, 2006.

［93］Bebchuk, L. A. , L. Kaplow, Optimal Sanctions and Differences in Individual's Likelihood of Avoiding Detection. *International Review of Law and Economic*, Vol. 13, No. 2, 1993, pp. 217 – 224.

［94］Berle, A. A. , G. C. Means, *The Modern Corporation and Private Property*. New York: Harcourt, Brace and World, 1968.

［95］Boycko, M. , A. Shleifer, R. W. Vishny, A Theory of Privatization. *Economic Journal*, Vol. 106, No. 435, 1996, pp. 309 – 319.

［96］Cai, H. , H. Fang, L. C. Xu, Eat, Drink, Firms, Government: An Investigation of Corruption from the Entertainment and Travel Costs of Chinese Firms. *Journal of Law and Economics*, Vol. 54, No. 1, 2011, pp. 55 – 78.

［97］Cai, J. , R. A. Walkling, Shareholders' Say on Pay: Does it Create Value? *Journal of Financial and Quantitative Analysis*, Vol. 46, 2011, pp. 299 – 339.

［98］Chen, D. H. , O. Z. Li, F. Xin, Five – year Plans, China Finance and Their Consequences. *China Journal of Accounting Research*, Vol. 10, No. 3, 2017, pp. 189 – 230.

［99］Chen, D. H. , X. Yu, Z. Zhang, Foreign Direct Investment Comovement and Home Country Institutions. *Journal of Business Research*, Vol. 95, 2019, pp. 220 – 231.

［100］Chen, D. H. , Y. J. Shen, L. H. Chen, Performance Volatility and Wage Elasticity: An Empirical Research from Listed Enterprises of Chinese A Shares. *China Journal of Accounting Research*, Vol. 2, 2009, pp. 98 – 113.

［101］Cheung, S. N. S. , The Contractual Nature of the Firm. *Journal of Law and Economics*, Vol. 26, No. 1, 1983, pp. 1 – 26.

[102] Claessens, S. , L. Lawven, Financial Development, Property Rights, and Growth. *Journal of Finance*, Vol. 58, No. 6, 2003, pp. 2401 – 2436.

[103] Coase, R. H. , The Nature of the Firm. *Economica*, Vol. 4, No. 16, 1937, pp. 386 – 405.

[104] Coase, R. H. , The Problem of Social Cost. *Journal of Law and Economics*, Vol. 3, 1960, pp. 1 – 44.

[105] Core, J. , W. Guay, D. F. Larcker, The Power of the Pen and Executive Compensation. *Journal of Financial Economics*, Vol. 88, 2008, pp. 1 – 25.

[106] Faccio, M. , D. C. Parsley, Sudden Deaths: Taking Stock of Political Connections. *Journal of Financial and Quantitative Analysis*, Vol. 44, No. 3, 2009, pp. 683 – 718.

[107] Faccio, M. , R. W. Masulis, J. J. Mcconnell, Political Connections and Corporate Bailouts. *The Journal of Finance*, Vol. 61, No. 6, 2006, pp. 2597 – 2635.

[108] Fama, E. F. , G. W. Schwert, Asset Returns and Inflations. *Journal of Financial Economics*, Vol. 5, 1977, pp. 115 – 146.

[109] Fehr, E. , G. Simon, Fairness and Retaliation: The Economics of Reciprocity. *Journal of Economic Perspectives*, Vol. 14, No. 3, 2000, pp. 159 – 181.

[110] Fisman, R. , Estimating the Value of Political Connections. *The American Economic Review*, Vol. 91, No. 4, 2001, pp. 1095 – 1102.

[111] Freeman, E. , A. C. Wicks, B. Parmar, Stakeholder Theory and "the Corporate Objective Revisited". *Organization Science*, Vol. 15, No. 3, 2004, pp. 364 – 369.

[112] Frydman, R. , C. Gray, M. Hessel, When Does Privatization Work: The Impact of Private Ownership on Corporate Performance in the Transition Economies. *Quarterly Journal of Economics*, Vol. 114, No. 4, 1999, pp. 1153 – 1191.

[113] Grossman, S. , O. Hart, Takeover Bids, the Free – rider Problem, and the Theory of the Corporation. *Bell Journal of Economies*, Vol. 11, No. 2, 1980, pp. 42 – 64.

[114] Hart, O. D. , *Firms, contracts, and financial structure*. Oxford: Clar-

endon Press, 1995.

[115] Hart, O. D., Incomplete Contracts and the Theory of the Firm. *Journal of Law, Economic and Organization*, Vol. 4, No. 1, 1988, pp. 119 – 139.

[116] Jensen, M. C., Agency Costs of Free Cash Flow, Corporate Finance, and Takeovers. *American Economic Review*, Vol. 76, 1986, pp. 323 – 329.

[117] McKinnon, R. I., Financial Control in the Transition from Classical Socialism to a Market Economy. *Journal of Economic Perspectives*, Vol. 54, No. 4, 1991, pp. 107 – 122.

[118] Miller, E. M., Risk, Uncertainty and Divergence of Opinion. *Journal of Finance*, Vol. 32, No. 4, 1977, pp. 1151 – 1168.

[119] Murphy, K. J., Corporate Performance and Managerial Remuneration: An Empirical Analysis. *Journal of Accounting and Economics*, Vol. 7, 1985, pp. 11 – 42.

[120] Murphy, K. M., Shleifer, A., R. W. Vishny, Income Distribution, Market Size, and Industrialization. *The Quarterly Journal of Economics*, Vol. 104, No. 3, 1989, pp. 537 – 564.

[121] Olson, M., *The Logic of Collective Action: Public Goods and the Theory of Groups*. Brighton: Harvard University Press, 1965.

[122] Perry, T., M. Zenner, Pay for Performance? Government Regulation and the Structure of Compensation Contracts. *Journal of Financial Economics*, Vol. 62, No. 3, 2001, pp. 453 – 488.

[123] Rajan, R. G., Zingales, L., Financial Dependence and Growth. *American Economic Review*, Vol. 88, No. 3, 1998, pp. 559 – 586.

[124] Ritter, J., The "Hot Issue" Market of 1980. *Journal of Business*, Vol. 57, No. 2, 1984, pp. 215 – 240.

[125] Shapio, C., J. E. Stiglitz, Equilibrium Unemployment as a Worker Discipline Device. *American Economic Review*, Vol. 74, 1984, pp. 433 – 444.

[126] Shaw, E. S., *Financial Deepening in Economic Development*. New York: Oxford University Press, 1973.

[127] Shirk, S. L., *The Political Logic of Economic Reform in China*. California: University of California Press, 1993.

[128] Shleifer, A., Establishing Property Rights. *The World Bank Economic Review*, Vol. 8, 1994, pp. 93 – 117.

[129] Shleifer, A., R. W. Vishny, A Survey of Corporate Governance. *The Journal of Finance*, Vol. 52, No. 2, 1997, pp. 737 – 783.

[130] Stigler, G. J., The Theory of Economic Regulation. *Bell Journal of Economics*, Vol. 2, No. 1, 1971, pp. 3 – 21.

[131] Stiglitz, J. E., Markets, Market Failures, and Development. *The American Economic Review*, Vol. 79, No. 2, 1989, pp. 197 – 203.

[132] Williamson, O. E., Corporate Finance and Corporate Governance. *Journal of Finance*, Vol. 53, 1988, pp. 567 – 591.

后　记

　　自 1997 年硕士研究生入学开始，我追随陈信元先生，开启了自己的学术之路。当时财政部正在酝酿出台现金流量表会计准则，我跟着先生学着写的第一篇论文，就是研究美国现金流量表准则的理论和历史。后来，先生关注到我国资本市场上第一起吸收合并——清华同方吸收合并鲁颖电子，觉得很有示范意义，指导我研究了这一案例中呈现出来的会计与财务问题。这些研究都先后发表在学术刊物上。这些是我进行中国问题研究的初次尝试，觉得很有趣，但是，如今回首，我们当时的研究还处在一个相对早期的阶段。

　　1998 年开始，时任香港科技大学助理教授的黄德尊先生开始造访上海财经大学，为博士生开坛设课，并合作指导学生。我当时作为硕士研究生，也混迹课堂之中，懵懵懂懂，听得一知半解，掌握得一鳞半爪。黄先生始终在提中国制度背景的重要性，记住了这个词，但是其中深意，不甚了了。有幸的是，2000 年博士研究生入学之后，陈先生邀请黄先生共同指导我，中间黄先生给我多次机会去香港科技大学学习交流，以研究助理和博士后研究员的身份，进行合作研究，并旁听香港科技大学的博士生课程及定期不定期举行的学术报告。这期间，追随黄先生左右，朝夕请教。特别是，黄先生和他的研究搭档范博宏教授经常切磋研讨，我在侧旁倾听，不断揣摩两位老师的讨论思路和逻辑。范教授也觉得我虽资质愚钝，但尚勤奋努力，孺子算是可教，也对我悉心教导。香港科技大学的几年时光，渐觉对中国制度背景的理解，日益深入，有所寸进。期间偶遇厦门大学刘峰教授，谈及我所研究的清华同方与鲁颖电子合并案例，刘教授进一步介绍了 1997 年亚洲金融危机后中国政府意欲整顿金融市场、防范金融风险的大背景对吸收合并一事的影响，启发了我进一步认识到中国经济活动背后的中国制度背景的重要。在这一时期，我的研究开始更多地关注政府管制、政府干预等政府行为，以及法律环境等对公司治理、公司财务和会计行为的影响，比如管制刚性带来的微观资源配置效率的下降、契约环境的扭曲以及替代性政府行为的出现,等等。

2005 年,我调任到南京大学工作,同时,我追随范从来先生,开始进一步学习经济学。蒙先生不弃,不嫌我天分不足,基础薄弱。范先生的经济学研究,专攻的既有宏观领域的货币经济学,又有微观领域的公司金融学,是经济学中为数不多的宏微观结合的学者。15 年来,我也渐渐窥见先生所学百之一二,逐渐认识到在中国将宏观环境及政策与微观主体行为结合起来研究的重要性。2008 年,我带着博士生新夫,开始进行产业政策对公司融资影响的研究。范先生近几年来开始关注经济一体化的问题,受范先生影响,我也开始带着博士生武钢,开展经济一体化进程对微观企业行为的影响研究。没有范先生的勉励和催促,这本书恐怕还不能这么快成稿。

2011 年,北京大学姜国华教授和我在北京见面,晚饭后在街上散步,时已深秋,京城的凉意透过我这个从金陵过来的人的薄薄的外套,国华教授点了一根烟,说:"冬华,我们能否做一个学术会议,要主题鲜明,能面向真正的中国问题。"我就想到了跟着范从来先生学习后开始做的产业政策对企业行为影响的研究,而当时国华教授正在着手研究货币政策对企业行为的影响,并且已经有了初步的成果。我们一致认为,也许可以从这里出发思考,去凝练会议的主题。这次见面之后,国华教授和我又邀请了陆正飞教授和范从来教授一起商议,并征求了当时《经济研究》编辑部郑红亮主编、张永山社长和俞亚丽研究员的意见,最后,将会议的主题确定为"宏观经济政策与微观企业行为学术研讨会"。2012 年 11 月 24 日,第一届会议在北京大学召开,由《经济研究》编辑部、北京大学、南京大学联合主办。这一会议历经 9 年,已经成为学术界较有影响力的交流平台。2020 年 11 月 7 日,第九届会议在暨南大学召开,主办方团队也进一步扩大,暨南大学、清华大学、重庆大学、中国人民大学陆续加入,日益成为推动宏观经济政策与微观企业行为研究交叉融合的重要会议。

2012 年,国家自然科学基金委员会管理科学部"2011 年度工商管理学科青年科学基金项目主持人学术交流会"在西安举办,冯芷艳先生邀请我去做分会场主题报告,我的报告主题是"乡土与城邦",主旨是阐发如何立足中国的文化和制度背景,真正从中国的真实且重要的问题出发,来开展我们的学术研究,受到了与会者的好评。会议间隙,我与冯先生攀谈,我坦承道:"这一会议中的每一位主题报告者都是资深大家、长江学者、杰出青年或者优秀青年基金获得者,唯独我默默无闻,没有获得过任何称号,因此,心理压力特别大。"冯先生鼓励我说:"虽然如此,但是,我相信你的研究很有价值,假以时日,定能有所成就。"冯先生的话给了我莫大的鼓励,于是在这条学术道路上,我更加坚定和从容。每次碰到困难和挫折,我就会想起冯先生的勉励与肯定。2017年,我们几个在学术上志同道合的学人,一起创立了"新制度会计学研讨会",共同将中国制度背景下的会计与财务问题研究进一步推向深入。

在二十余年的中国制度背景的研究中,我越来越深刻地体会到政府行为与文化传统对微观企业行为的影响。在某种程度上,文化传统也塑造着政府的行为。政府行为的背后,必须要有文化意义上的合法性支持。这一点,不管是卡尔·波兰尼、麦克尼尔,还是格兰诺维特的论著中都有直接或者间接的论述。所以,我们对于政府行为的认识,不能脱离这样的基础。我们一方面要认真学习斯密的经典理论,同时也要仔细"咀嚼"李斯特的经济思想对我们的启发,并且把这些思想糅合到中国的文化传统和时代使命中来,才能够深刻地认识到政府行为的发生基础、行为逻辑以及评判标准。在这个问题上,我们无法直接借鉴西方基于基督教文明而建构其上的成熟政治与经济体的当下思考与建树。我们需要基于自己的文化传统,立足自己的时代使命,来重新思考我国的政府行为与经济活动之间的关系,而宏观调控、产业政策、货币政策、区域政策、政府管制、政府干预、法治建设,等等,这些正是我国政府行为的集中体现,与西方国家在制度上有着迥然的差异。政府行为对公司治理及企业行为的影响,需要我们不断更新认识,重新构建方法论,特别是能够检验长期乃至跨代的实证检验方法,以及边界难以确定的外部性衡量方法等。研究这些问题,有利于我们梳理自己在实践中不断发展的逻辑体系,并将其上升为话语和理论,成为经济学中的新鲜血液和元素,丰富我们既有的知识体系。

这本书是我这二十年来思考和研究的一个综合呈现,更是我和我的学术团队集体努力的成果,沈永建是我的第一个博士研究生,如今已经在劳动经济学与公司财务、会计行为的研究方面取得了很好的成果。齐祥芹、梁上坤、蒋德权、新夫、全怡、徐巍、姚振晔、相加凤、祝娟、滕蕙阳都是我指导的博士研究生,如今他们都已经成为中国的各会计学重镇的青年学术骨干。这些研究中,还有和陈信元先生、范从来先生一起合作的成果,以及和我的其他合作伙伴,比如李真教授、刘俊教授,等等,恕我在此就不一一列举了。衷心感谢我的师长、好友以及弟子们,是我们共同的努力,才使得本书的问世成为可能。

本书还有很多缺陷与不足，比如更加侧重于宏观对微观的影响，而较少关注微观对宏观的反馈以及检验，包括宏微观的互动及共生互嵌，这些内容有些我们在理论部分有所涉及，但是未能深入展开，尤其是未能在实证层面深入推进。这些问题，我们将在未来的研究中进一步探索，也盼望学界同仁能够共同努力，一起研究。

付梓之前，言不及义，惟此感恩之心，继续前行之志，最宜刊印周知。是为记！

陈冬华

2020 年 10 月 30 日成稿

2023 年 4 月 7 日再改于金陵愚可斋

图书在版编目（CIP）数据

宏观环境、公司治理与企业行为／陈冬华等著．－－
北京：经济科学出版社，2023.10
（高质量发展阶段货币政策研究论丛）
教育部长江学者创新团队发展计划　南京大学文科卓
越研究计划"十层次"项目　"十四五"国家重点出版物
出版规划项目
ISBN 978 - 7 - 5218 - 2226 - 7

Ⅰ．①宏…　Ⅱ．①陈…　Ⅲ．①公司 - 企业管理 - 研究
Ⅳ．①F276.6

中国版本图书馆 CIP 数据核字（2020）第 263942 号

责任编辑：初少磊　赵　芳
责任校对：隗立娜
责任印制：范　艳

宏观环境、公司治理与企业行为

陈冬华　沈永建　等著
经济科学出版社出版、发行　新华书店经销
社址：北京市海淀区阜成路甲 28 号　邮编：100142
总编部电话：010 - 88191217　发行部电话：010 - 88191522
网址：www.esp.com.cn
电子邮箱：esp@esp.com.cn
天猫网店：经济科学出版社旗舰店
网址：http：//jjkxcbs.tmall.com
北京季蜂印刷有限公司印装
787×1092　16 开　24.5 印张　402000 字
2023 年 10 月第 1 版　2023 年 10 月第 1 次印刷
ISBN 978 - 7 - 5218 - 2226 - 7　定价：108.00 元
(图书出现印装问题，本社负责调换。电话：010 - 88191545)
(版权所有　侵权必究　打击盗版　举报热线：010 - 88191661
QQ：2242791300　营销中心电话：010 - 88191537
电子邮箱：dbts@esp.com.cn)